LA FIN DE LA DOMINATION ÉCONOMIQUE DE L'OCCIDENT (ET L'INVASION ORIENTALE)

5-7, rue de l'École-Polytechnique, 75005 Paris

http://www.editions-harmattan.fr

ISBN : 978-2-343-19571-1
EAN : 9782343195711

Maria NEGREPONTI-DELIVANIS

LA FIN DE LA DOMINATION ÉCONOMIQUE DE L'OCCIDENT (ET L'INVASION ORIENTALE)

Traduit du grec par Caroline Luigi

L'Harmattan

À D.D. comme toujours (et aux 21 ans de solitude)

Le choix de la France pour l'édition de mon dernier livre qui est autant un cri d'angoisse quant à l'avenir de la Grèce qu'un appel à l'aide, ne s'est certes pas fait par hasard. Hormis les liens particuliers et de longue date que j'entretiens avec la France, ma collaboration avec des économistes Français, mais aussi ma participation régulière aux activités des deux associations francophones d'économistes, l'AIELF et le CEDIMES, je veux espérer, en ces heures difficiles, que les informations sur ce qui se passe réellement en Grèce sensibiliseront le peuple français et les intellectuels, et que leurs réactions interrompront le cours de notre génocide économique.

Je tiens à remercier chaleureusement les éditions L'Harmattan qui, avec l'Institut CEDIMES, publient pour la deuxième fois l'un de mes livres – le premier étant Mondialisation Conspiratrice*, en 2002. Tous mes remerciements aussi au président du CEDIMES, mon cher collègue Claude Albagli, non seulement pour notre collaboration depuis toujours si constructive au sein de ce réseau académique, mais surtout pour l'initiative qu'il a prise de consacrer et de diffuser partout dans le monde la collection « Mouvements Économiques et Sociaux ». Je ne remercierai jamais assez Caroline Luigi pour sa traduction soignée d'un texte souvent difficile ; très proche de nous puisqu'elle a choisi la Grèce comme seconde patrie, elle est animée par la volonté de faire connaître en France les conditions de « sauvetage » révoltantes imposées à la population grecque depuis cinq ans. Il va sans dire que sans leur aide la publication en français de ce livre n'aurait pas été possible.*

AVANT-PROPOS

L'imagination est plus importante que le savoir

Albert Einstein, 1879-1955, Physicien Juif Allemand

Au cours des dernières décennies, les économies avancées de notre planète ont évolué, telles une tornade, à un rythme effréné. L'économie mondiale donne une impression de chaos, où rien ne fonctionne plus comme nous le connaissions. « Le vieux monde se meurt, le nouveau monde tarde à apparaître et dans ce clair-obscur surgissent les monstres »[1]. Les acquis des luttes sociales des 200 dernières années sont balayés à une vitesse vertigineuse, transformant le lieu de travail en jungle. La totalité de toutes ces merveilleuses promesses, par lesquelles la mondialisation fut imposée et saluée, d'un bout du monde à l'autre, a été lamentablement bafouée. *En somme, la mondialisation n'aura pas été le système qui assure la prospérité à l'ensemble des habitants de la Terre, mais le système qui a enregistré très peu de gagnants et un nombre incalculable de perdants*. Le présent livre se concentre sur le recensement et l'analyse de ces changements dramatiques qui emportent l'ensemble de notre monde connu.

Les maux complexes accumulés par la mondialisation dans le monde, depuis les années 1970, ne peuvent être entièrement imputés à l'ouverture des frontières nationales, qui en est l'essence même. Et cela parce que ses effets négatifs ont été considérablement renforcés par sa coexistence, d'abord, avec un libéralisme économique extrême, d'autre part du fait que l'économie mondiale a été submergée par une série de nouvelles technologies révolutionnaires, et enfin, évidemment le plus important, par les situations

[1]Antonio Gramsci, *Cahiers de Prison*, nrf, éd. Gallimard.

d'impasse cumulées par la maturité croissante du système capitaliste. Autrement dit, une combinaison mortellement dangereuse de développements évolutifs autonomes et provoqués. La mondialisation, sous cet angle, est le dernier stade du « capitalisme occidental » mais aussi le système qui en a accéléré la fin.

L'Occident de ces quelque cinq dernières décennies entre progressivement dans des eaux inconnues. Ce que nous connaissons, la sécurité et la tradition, recule nettement, est remplacé par l'inconnu, le bouleversement et la menace et de nombreux signes annoncent la fin de la mondialisation, qui déjà vacille sous la pression d'un nationalisme montant et du populisme. De nouveaux partis politiques, dont le principal objectif est la maîtrise des frontières nationales, sont déjà au pouvoir ou s'apprêtent à y accéder.

L'hypothèse de base qui traverse le présent livre est la projection de deux évolutions subversives toutes puissantes qui ont envahi la vie de la planète pour envoyer dans le passé tout ce qui constituait les fondements du monde occidental. Je pense premièrement à l'hypothèse vraisemblable selon laquelle la civilisation occidentale a épuisé le temps disponible qui historiquement est imparti à chaque civilisation, et est maintenant appelée à passer sa souveraineté à son successeur. Et je pense deuxièmement au stade sans précédent du capitalisme, que nous sommes en train de traverser et qui menace de stagnation séculaire les économies avancées, avec la fin de la croissance. L'arrivée de cette période obscure est annoncée par de nombreux signes, si ce n'est des preuves. L'analyse des caractéristiques et des conséquences négatives de ces deux menaces qui pèsent sur l'Occident constituera la base des problématiques de cette étude. Il s'agit de :

A. La montée et la fin des cultures

Les centres avancés de la « civilisation occidentale » donnent déjà une image de l'irréfutable déclin général dans toutes les manifestations de la vie sociale, économique, politique et culturelle. Et c'est justement à ce stade que l'Occident se concentre sur ses principes et ses caractéristiques pour soutenir le fait, aussi vigoureusement que possible, que lui et lui seul représente une hypothèque idéale et sans pareil dans le monde. Il s'agit, comme tout porte à le croire, du signe avant-coureur de la fin de l'époque de la culture occidentale, comme cela est arrivé à toutes les précédentes qui ont suivi la même voie déterminée. *C'est ainsi qu'elles croissent, arrivent à leur apogée et s'éteignent.*

Le court texte qui suit corrobore ce constat[2] : « La durée moyenne des grandes civilisations depuis le début des temps historiques, a toujours été d'environ 200 ans. Au cours de ces 200 années, ces nations sont toujours passées par les étapes suivantes : de la servitude à la foi en dieu, de la foi au

---

[2] Attribué à l'Écossais Alexander Fraser Tytler, vers 1810.

courage, du courage à la liberté, de la liberté à l'abondance, de l'abondance à la complaisance, de la complaisance à l'apathie, de l'apathie à la dépendance, de la dépendance à de nouveau la servitude ».

Je pense également, au sujet de notre civilisation occidentale et « faustienne », que la prévision de son déclin a été faite il y a 100 ans par le philosophe Oswald Spengler[3]. « L'homme occidental est un personnage fier et tragique car, tout en se battant et créant, il sait en son for intérieur que son dessein ne se réalisera pas ». Oswald Spengler compare la vie des civilisations aux quatre saisons de l'année et aux quatre phases de la vie humaine. Il prévoit la fin de la civilisation occidentale dès 1918, s'appuyant sur les signes suivants :

• L'étude et la réflexion reculent tandis que la culture en déclin perd son intérêt pour l'analyse et la réflexion. Malheureusement, cela est en train de se produire, surtout chez les jeunes qui lisent très peu, consacrant leur temps à l'internet et autres tablettes et smartphones.

• Les gouvernements deviennent absolutistes et despotiques. Il ne fait aucun doute que nous y sommes déjà ou que nous y allons. Je cite deux événements récents parmi quantité d'autres : premièrement, concernant la Grèce, le procédé inadmissible qui a consisté à changer les 62 % de NON aux mémorandums en OUI, lors du référendum de 2015. Et deuxièmement, la façon dont Madrid a foulé au pied, avec le consentement de l'UE, chaque expression démocratique de liberté, d'autodétermination et de choix, face au résultat du référendum sur la Catalogne (01/10/2017).

• Les peuples sont coupés de leurs racines, de leur mythologie, de leur histoire et du fondement de leur culture, qui pendant des siècles constituaient la base de leur identité, et sont en train de s'éteindre. Et pour rester en Grèce, citons l'inacceptable promotion des nouveaux livres scolaires qui rompent le lien, par des procédés inventifs, entre l'identité nationale et la religion, l'histoire et la culture.

• Les gouvernements absolutistes poussent les populations à retourner à des conditions de vie primitives. Et en Grèce, toujours, sous prétexte de dette, les termes contenus dans les mémorandums sans issue possible et aux effets criminels poussent une part de plus en plus grande de la population à vivre dans des conditions d'un autre temps : l'appauvrissement. Cela, après avoir, entretemps, supprimé toutes les avancées démocratiques qui avaient amélioré sa qualité de vie et qui avaient été acquises dans le passé par la lutte et le sang.

• Les campagnes d'abord, et ensuite les villes sont désertées (v. Detroit) ou sont occupées par des étrangers (v. le flux massif de migrants et réfugiés).

---

[3] *The decline of the West* (1918), éd. Alfred A. Knopf, New York. Vol. 1.

• La fin de l'Occident coïncidera avec celle de la démocratie, laquelle sera dominée par l'argent et rongée par la corruption. Les citoyens cesseront de participer aux élections et les meilleurs candidats s'éloigneront de la vie politique. *Ces pensées et prévisions sont l'expression de la réalité actuelle, alors qu'elles ont été formulées en 1918 ! Et concernant la « démocratie », celle-ci reste une désignation quasiment vide de contenu.*

Comme toutes les cultures ayant accompli de grandes choses ont une fin déterminée, et en principe indépendante de tout acte et omission individuels, la raison de leur déclin n'est pas liée à un régime particulier, ou à une cosmothéorie particulière, ou encore à des actes ou omissions de la part de la politique suivie. Bien au contraire, le déclin des civilisations du passé était indépendant du régime d'alors ou de la cosmothéorie en vigueur, qui avaient pourtant été fissurés ou avaient adopté des extrêmes pendant l'exercice de leur pouvoir. Par conséquent, des systèmes tels que le capitalisme, le socialisme, le néolibéralisme ou la mondialisation à eux seuls ne provoquent pas le déclin des cultures dans lesquelles ils fonctionnent, mais chacun d'eux acquiert des caractéristiques repoussantes et dangereuses, tandis que la culture en question se dirige vers la décomposition et la disparition. Toute culture entre, selon Oswald Spengler, dans la phase terminale de son existence, qui est l'hiver ou, selon Alvin Hansen[4], dans le stade du capitalisme de maturité, qui en signe la fin.

Mais comment le déclin des cultures se traduit-il ? Manifestement, le temps qui passe fatigue les éléments constitutifs de la culture, accentue la difficulté de continuer dans la cohésion, renforce l'impossibilité de réagir efficacement à des stimuli intérieurs et extérieurs, promeut les effets néfastes de la tendance à l'accumulation des décideurs à adopter des mesures de politique économique vouées à l'échec, et met peu à peu en lumière les décisions et les actions excessives des décideurs et des citoyens.

Toutefois, cette fatigue, où les cultures sont comparées aux êtres humains soumis aux phases de la vie que sont la naissance, la croissance, le déclin et la mort, et qui évolue dans des cycles de 200-250 ans, ne marque pas seulement la fin d'une époque, mais aussi l'aube d'une nouvelle, c'est-à-dire l'émersion d'une nouvelle culture qui se substitue à celle qui s'en va. La culture occidentale est née des cendres de la civilisation grecque de l'Antiquité, avec la montée en puissance successive, à partir de 1860, de centres économiques dominants : l'Australie, la Grande-Bretagne et les États-Unis.

La présente étude focalise essentiellement son attention sur l'alternance des cultures, du côté de la domination économique internationale. Autrement dit, quelle économie ou groupe d'économies se trouve au sommet de la pyramide régissant les caractéristiques spécifiques de l'ordre économique international,

---

[4] Les thèses qu'il professe sont analysées plus loin.

influant également de façon décisive sur les autres manifestations de la culture dans laquelle elle fonctionne. Plusieurs signes annoncent le déclin économique dont la phase descendante est continue et longue, conduisant en fin de compte à la marginalisation ou à la disparition des économies matures. Les économies jusque-là émergentes, qui s'empressent de prendre la première place sur la scène mondiale ainsi libérée, sont celles qui ont pu courir plus vite au cours des dernières années que les économies matures dans la course aux réussites économiques, et surtout celles qui sont parvenues à exploiter au mieux les nouvelles technologies déjà connues.

Actuellement, l'économie mondiale traverse de nouveau une phase qui semble piégée dans le tournant des bouleversements socio-économiques. La qualité de vie de millions de personnes sur la planète a déjà été gravement touchée, tandis que sont annoncées des perturbations futures fortes et terrifiantes. Dans cette phase de l'évolution capitaliste, notre culture, la culture occidentale, qui coexiste avec la démocratie, le capitalisme, le libéralisme et depuis 50 ans la mondialisation, est menacée de marginalisation. La démocratie est toujours reconnue et choisie comme étant le meilleur régime qui soit, vraisemblablement du fait que, même sujette à l'érosion, elle arrive à garder un charme irréprochable, uniquement grâce à son nom. C'est justement cette enseigne, cette fausse enseigne à plusieurs points de vue, qui est acceptée par la majorité des habitants du monde entier. Profitant de cette projection plus générale, les élites dirigeantes de toute part se montrent au-dessus de tout soupçon, alors que dans le même temps elles s'octroient des libertés souvent illimitées, au plus grand mépris de tout principe démocratique.

Il ne fait aucun doute que depuis quelques décennies la culture occidentale perd peu à peu de son rayonnement et de son attrait et que ses partisans sont de plus en plus nombreux à l'abandonner. Les États-Unis, cependant, en tant que principal représentant de la culture occidentale, semblent incapables ou refusent d'admettre la réalité.

B. La stagnation séculaire

En plus de la perspective et de la menace de l'avènement d'une autre culture aux normes complètement différentes de la nôtre et dotée d'autres valeurs fondamentales, les économies avancées voient se profiler, ces dernières années, l'ombre d'une deuxième grande menace : *la stagnation économique séculaire*.

Essayer de prévoir ce qui pourrait se produire dans les 5, 10, 20 prochaines années ou souvent davantage a toujours fortement intéressé les économistes, même si la valeur de telles prévisions ne peut être que limitée. Ainsi, après la dernière crise de 2008, une large part des prévisions concernant l'avenir des économies avancées insiste fermement sur l'arrivée de la fin de la croissance, annonçant dans le même temps que la domination économique internationale sera succédée par des pays émergents à croissance rapide, avec, cela va sans dire, la Chine en tête. Plus particulièrement, il semble que dans le domaine économique les prévisions coïncident déjà avec les vraies évolutions actuelles, confirmant une combinaison de bouleversements, causés à la fois par la rotation des cultures et par le processus évolutif du capitalisme. Cette évolution s'accélère chaque fois qu'elle est complétée par un conflit armé, une catastrophe naturelle, un progrès technique révolutionnaire ou l'instauration d'une nouvelle cosmothéorie extrême.

Toujours dans le domaine obscur, mystérieux et même terrifiant de la rotation des cultures, la deuxième menace qui guette l'avenir des économies avancées de la planète a été analysée par le célèbre économiste américain Alvin Hansen. Il s'agit de la théorie sur la *stagnation économique séculaire*, une théorie assez ancienne qui s'insère directement dans la conception économique de la rotation des cultures, mais jamais vérifiée, elle avait été oubliée pendant quelque 78 années. Selon cette théorie, l'arrivée de la phase de *stagnation séculaire* doit être perçue comme une conséquence inévitable du système du capitalisme de maturité lequel, une fois arrivé à un certain point critique, n'est plus capable d'alimenter la croissance. Le sens profond de cette théorie avait déjà été adopté sous différentes formes par de nombreux économistes de premier plan, avant même son analyse fouillée et approfondie par Alvin Hansen. Dans ce domaine, la contribution de J. M. Keynes est considérable, puisque pour lui l'équilibre économique peut être atteint avec le sous-emploi, cas qu'il considère, en outre, comme étant le plus probable. Mais avant Keynes, de nombreux auteurs dont K. Marx avaient adopté l'hypothèse selon laquelle « il y a des limites à la croissance », bien que leurs interprétations du phénomène divergent. Pour les classiques, la fin de la croissance semble coïncider avec l'épuisement du terrain généralement fertile et adapté à l'exploitation économique, tandis que pour Marx, elle semble coïncider avec la tendance à la baisse du pourcentage du profit. Depuis, des économistes renommés[5] ont tenté, au moyen d'analyses théoriques d'origines différentes, de justifier leur inquiétude face à l'arrivée de ce stade. Le retour récent de cette théorie sur le devant de la scène comporte les mêmes bases interprétatives (*ceteris paribus*) que sa version initiale, mais des arguments sont venus s'y ajouter, concernant des choix infructueux ou des négligences de la politique économique et monétaire.

Le présent livre traitera d'abord de quelques changements autonomes et importants qui se sont amorcés et dont plusieurs sont encore en cours au niveau mondial, renforçant dangereusement la menace de l'avènement de ce stade d'évolution indésirable. Parallèlement, on traitera aussi des conséquences de l'adoption ou omission de certaines mesures de politique

---

[5] À titre d'exemple, citons entre autres E.D. Domar, R.F. Harrod, L.R. Klein, P.A. Samuelson, W.W. Rostow et J.A. Schumpeter.

économique ou de cosmothéories qui ont pesé sur les conséquences des changements autonomes ou même, qui ont accéléré l'avènement du stade de *stagnation séculaire*. À ce point, une question essentielle, d'une importance considérable, se pose : à savoir si la rotation des cultures et l'avènement du stade de *stagnation séculaire* sont un seul et même problème ou s'il s'agit, au contraire, de deux problèmes distincts. Je penche pour la première hypothèse, et cela car la culture en déclin influe négativement sur l'ensemble des données qui coexistent et fonctionnent avec la culture. Nous verrons plus loin, et plus particulièrement au chapitre I de la première partie, que l'évolution sur une assez longue période d'une multitude de données économiques et démographiques valide cette position.

L'approche initiale de la fin de la culture occidentale d'un côté, et de la fin de la croissance de l'autre diffère, le plus flagrant étant néanmoins la portée de leurs effets. La rotation des cultures touche l'ensemble de la vie sociale, économique, culturelle et peut-être même religieuse, tandis que le stade de la *stagnation séculaire* touche essentiellement l'économie. Sans pour autant adopter la théorie du matérialisme historique marxiste, il est néanmoins clair que le marasme économique qui devrait s'installer dans les économies avancées avec l'avènement du stade de *stagnation séculaire*, touchera ensuite l'ensemble des manifestations de la culture. Toutefois, hormis cette observation autonome on distingue en plus dans ces deux cas leur *caractère déterminé*. Cela signifie que toute tentative de les maîtriser ne ferait que retarder leur venue ou réduire l'importance en nombre et en intensité de leurs effets, sans qu'il soit possible de les empêcher. Par ailleurs, dans les deux cas, celui de la *rotation des cultures*, comme celui de l'arrivée du stade de *stagnation séculaire*, on prévoit l'existence de successeurs et non un vide. Et enfin, ce sont les économies en déclin qui sont concernées par la rotation des cultures et par l'arrivée de la phase de *stagnation séculaire*. Décadence morale, décadence des valeurs fondamentales de la vie, de l'éducation, de l'administration de la justice, de l'État-providence, explosion de l'argent-roi, de la criminalité, et bien sûr, diminution de l'importance des principes démocratiques.

Revenons à la théorie de la *stagnation séculaire*, dont le contenu vient d'être défini plus haut et ajoutons à cela qu'entre le début et la fin de la rédaction de ce livre, certains signes sont apparus dans l'économie internationale, davantage aux États-Unis que dans l'UE, qui pourraient être considérés comme une reprise de la croissance dans le monde occidental. Il n'est toutefois pas certain que cette évolution dure, étant encore de courte portée et, plus important selon moi, il y manque un élément indispensable à la croissance : l'inflation, qui est maintenue à un niveau anormalement bas, malgré les mesures mises en œuvre par les économies pour la relancer. Nombreux sont les économistes qui s'en félicitent. Ils ont trop vite oublié les dix années de stagnation économique qui ne peuvent pas être prises pour une

« évolution naturelle », dont on peut difficilement considérer qu'elles relèvent du cycle économique et qui donnent l'impression que l'économie mondiale est retournée à la normalité, alors qu'elle n'a pas encore retrouvé son niveau d'avant la crise. Rares sont les économistes qui voient encore de lourds nuages au-dessus des économies avancées et qui affirment que la fin de la croissance est toujours d'actualité[6]. Pourtant, l'avènement de ce stade indésirable de croissance ne signifie pas que les économies concernées seront constamment en situation de stagnation, cela signifie qu'elles présenteront en permanence certaines caractéristiques qui ne pourront être combattues avec les outils disponibles de la théorie économique dominante, et qui l'empêcheront de parvenir à la croissance et au plein-emploi de la main-d'œuvre. La croissance qui en résulte est donc lente, n'est pas auto-entretenue, elle est de plus menacée par des crises et la récession. Caractéristique de cette situation est le fait que, malgré le redressement de ces dernières années (2016, 2017 et d'après les prévisions, 2018), la croissance est plus lente qu'avant la crise. L'anomalie essentielle des économies avancées modernes, qui renvoie à la théorie de la croissance éternelle, présente les caractéristiques suivantes, lesquelles persistent en dépit des signes de croissance. Premièrement, le taux d'intérêt se maintient à un niveau très bas, ou au-dessous de zéro, décrivant une situation figée, où la demande d'épargne est supérieure à la demande d'investissement. Deuxièmement, les Banques, afin de réintroduire l'équilibre entre l'épargne et l'investissement, devraient réduire le niveau du taux d'intérêt. Or, cela n'est pas possible, puisque ce niveau est déjà très bas et qu'il est plutôt question de le remonter. Troisièmement, si la supposée phase ascendante du cycle économique commence avec un taux d'intérêt si bas, ce taux ne pourrait pas descendre encore plus bas pour revigorer l'activité économique, au cas où celle-ci menace de tarder. Cela signifie alors que les économies avancées ne disposent plus de cette arme très efficace qu'est la manipulation du taux d'intérêt pour régler les déséquilibres de l'économie. Quatrièmement, en dépit de la relance de l'économie mondiale et des richesses colossales accumulées dans les mains de quelques-uns, l'investissement productif n'a pas été encouragé, surtout le public. Cinquièmement, la dette mondiale publique et privée est en constante augmentation, malgré l'instauration de la politique d'austérité sur la planète, et surtout en Europe ces dernières décennies. Et sixièmement enfin, malgré le redressement, les salaires sont toujours figés à des niveaux bas.

Ces inquiétudes causées par l'évolution de l'économie mondiale ne peuvent être étrangères à la peur provoquée par la dette mondiale exorbitante, publique et privée, qui ne cesse de grimper et a atteint 164 trillions de dollars. Cette dette correspond à 225 % du PIB mondial annuel et est supérieure de

---

[6] Peter Coy (2017), « Growth Is Gangbusters, but Some Economists Are Still Warning about « Secular Stagnation », *Bloomberg BusinessWeek*, 19 décembre.

12 % par rapport à 2009. Cette évolution préoccupante de la dette mondiale se produit en même temps que l'instauration imposée de la politique d'austérité et de la liquidité excessive de l'économie, et doit être considérée comme le signe que « rien ne marche normalement ».

Dans le présent livre, la fin de la culture occidentale est considérée comme un fait non contestable, en raison de l'arrivée de la Chine au premier rang planétaire. En revanche, à mes yeux, il est plus que probable que la théorie d'Alvin Hansen se vérifie.

C. La désoccidentalisation en chiffres

La baisse chronique de la participation de l'Occidental et la croissance très rapide des économies émergentes est implacable et ne permet pas d'espérer un possible inversement de la tendance. Ainsi, en 1955, la part du G-7 dans le PIB mondial était-elle de 45 %. En 2018, elle était tombée à 31 % et selon des estimations, elle ne devrait plus être que de 20 % en 2050. La part des économies émergentes dans le PIB mondial suit la tendance inverse à savoir qu'en 1995, elle était de 22 %, en 2015, elle était de 36,3 % et devrait atteindre 50 % en 2050. Autrement dit, un renversement complet de l'ordre économique international en vigueur, avec la Chine dans le rôle principal.

INTRODUCTION

« *Mieux vaut une fin misérable qu'une misère sans fin* »

Karl Marx, 1818-1883, économiste Allemand

Des facteurs autonomes et provoqués qui se sont accumulés et intensifiés durant surtout les 50 dernières années environ, et qui se sont peut-être influencés mutuellement, sont à l'origine de déséquilibres économiques insurmontables. Ces déséquilibres apparaissent comme des obstacles ne permettant pas d'atteindre l'équilibre économique de plein-emploi dans les économies avancées, causent de graves problèmes socio-économiques difficiles à résoudre, et acquièrent en plus un caractère de plus en plus permanent. Le facteur décisif à l'origine de ces difficultés semble être la diminution progressive de la classe moyenne (plus exactement, sa destruction) dont on sait que le comportement de consommation et d'investissement a toujours été reconnu comme la base de la stabilité du système capitaliste, mais aussi du maintien de la démocratie. L'affaiblissement de la classe moyenne s'accompagne, depuis quelques années, de la montée sans précédent de toutes sortes d'inégalités.

Les problèmes chroniques et insolubles des économies avancées sont le point de départ qui alimente la colère de millions de citoyens, essentiellement dans ces économies-là, contre les politiques traditionnelles et leurs choix de politique macroéconomique. C'est justement cette colère qui, telle un gigantesque raz-de-marée, balaie les cosmothéories et les systèmes des cinquante dernières années, imposant un cadre de politique économique national et international novateur. Ce nouveau cadre comprend en son sein l'ensemble des expressions de la vie religieuse, économique, sociale, culturelle et politique. *Autrement dit, un nouvel ordre économique international est en train de se mettre en place, dont les caractéristiques sont différentes ou même diamétralement opposées à celles qui prévalaient jusqu'aujourd'hui.*

Une série de causes autonomes semble être à l'origine de ce renversement de la scène nationale et internationale. Concernant l'Europe, le constat selon lequel ce renversement s'est accéléré en raison d'une série de choix politiques malheureux ou de l'inertie politique ne semble pas excessif, notamment là où l'intervention de l'État était nécessaire et a été écartée. *En effet, l'Europe est entrée en contradiction avec elle-même, lorsqu'elle a décidé d'adopter l'exemple américain basé sur le principe du « chacun pour soi ».* Avec ce choix, cette Europe-là s'est engagée dans l'abolition progressive de toutes ses normes extraordinaires qui assuraient éducation, emploi dans un environnement humain, un toit et des aides de l'État à l'ensemble de la population. L'image de l'Europe affichant le visage humain du capitalisme s'est considérablement ternie sous l'effet d'idéologies fanatiques qui se dressent offensivement contre toutes les interventions de l'État dans l'économie, qui adoptent la privatisation massive, même lorsqu'il s'agit de services sensibles d'intérêt général, et qui détruisent la solidarité et la cohésion des relations humaines. Hélas, il n'est pas exagéré de dire que « l'Europe a été trahie par ses élites »[7].

Le nouvel ordre qui s'est emparé des économies avancées redynamise l'intérêt pour l'État-nation et force la mondialisation à reculer. Contrairement à la mondialisation, ce nouvel environnement économique en train d'émerger promet de ne pas reposer sur une poignée de gagnants pour une multitude de perdants, et promet une place au soleil aux laissés-pour-compte du régime précédent.

Les nouveaux partis politiques qui ont surgi en réaction à l'ordre établi sont dits « populistes », qualificatif hypocrite et trompeur que les hommes politiques traditionnels persistent à utiliser à leur encontre. Et justement, ce mauvais qualificatif vide de sens trahit à la fois leur peur d'être évincés et leurs tentatives de dénigrement de l'importance de leurs nouveaux adversaires. En même temps, est systématiquement diffusée l'image fausse que tous ces nouveaux partis politiques versent dans le fascisme, alors que la réalité est assez différente. Assurément, parmi ces formations politiques, un certain nombre inspire la répulsion mais l'élément qui prédomine dans chacune d'elles est leur opposition à la mondialisation et très souvent, elles adhèrent clairement à des idées politiques de gauche.

Les partisans de ces nouveaux partis politiques qualifiés de « populistes » font partie de l'innombrable armée des perdants de la planète qui ont vu leur niveau de vie se dégrader, et qui maintenant affichent leur colère à l'encontre de la mondialisation, à l'encontre de l'hyper-libéralisation, et bien sûr à

---

[7] Raoul Marc Jennar (2004), *Europe : la trahison des élites*, éd. Fayard, Paris.

l'encontre de l'ordre établi qui n'a pas tenu ses promesses et qui a encouragé le système.

Cependant, des parties de cette même armée en colère ont malheureusement intégré le terrorisme international, tandis que parallèlement elles alimentent la grande détresse du flux massif de migrants et de réfugiés. Des personnes désespérées par la misère absolue ou par l'horreur d'une guerre absurde fuient leur maison pour un sort meilleur, choisissant en général l'Europe comme destination. Victimes peut-être d'un plan satanique dont le but essentiel serait l'instauration d'une gouvernance mondiale et la création progressive d'une race humanoïde unique sans nation ni conscience historique et religieuse[8].

Les « populistes », ayant accédé à la présidence des États-Unis avec Donald Trump – probablement leur défenseur le plus éminent – et pas seulement, de la Hongrie, de la Pologne, de l'Autriche, de la Tchéquie, d'Italie, de Suède et d'autres cas similaires émergents, pays et régions, ont enregistré une victoire stupéfiante sur la scène internationale, et se dressent désormais ouvertement contre la mondialisation, la libéralisation incontrôlée du commerce international, les mythes sur l'autorégulation des marchés et de la migration sans limites. Malgré le déchainement de l'ordre politique établi contre les « populistes », le fait est que le fonctionnement de la mondialisation a cumulé, surtout dans les économies avancées, d'indicibles souffrances, parmi lesquelles : • le grignotage des droits individuels,

• la dégradation du travail par la quête effrénée d'une plus grande compétitivité,

• l'explosion de toutes sortes d'inégalités dans la répartition des revenus et des richesses,

• le laminage de la classe moyenne,

• l'encouragement du recul de la démocratie, de l'émaciation de l'État social, du mépris de la dignité humaine, de la recherche de procédés pour rejeter l'application de décisions judiciaires à tous les échelons, de la fabrication et diffusion de fausses informations, du recul de l'économie réelle au moyen de l'économie virtuelle/boursière, de l'ouverture incontrôlée des frontières, etc. On ne doit et on ne peut certainement pas mettre en doute les bienfaits de la mondialisation, qui a fait sortir de la pauvreté plus d'un milliard d'habitants de la Chine et de l'Inde, même si cela s'est accompagné d'une répartition des revenus très inégale. On peut facilement défendre l'idée que les souffrances dues à la mondialisation, comptant parmi les causes provoquées, ont accéléré la mutation du régime international.

Parallèlement aux mutations défavorables qui ont accompagné les choix cosmothéoriques et mesures de politiques économiques dangereux et

[8] Voir la théorie de Goudenof Kalergi.

unilatéraux durant les cinquante dernières années, quantité de changements autonomes importants sont en cours, qui devraient influer de façon décisive le mode de vie des habitants de la planète dans les prochaines années. Citons entre autres, de manière sélective, la baisse du nombre de riches au niveau mondial, et l'augmentation du nombre des plus pauvres. On estime que la population active dans l'ensemble des économies avancées devrait baisser sensiblement, de telle sorte que de 1,2 milliard durant la période 1995-2015 elle ne sera dans la période 2015-2035, que de 850 milliards[9]. Citons aussi le vieillissement de la population des économies avancées, au contraire des émergentes où la population demeurera relativement jeune, à l'exception de la Chine. Vieillissement des riches, mais pas des pauvres.

Il convient d'insister, dans le champ strictement économique, sur l'importance des mutations qui réduisent la dépense globale de l'économie (consommation et investissement), et qui constituent l'un des principaux obstacles à l'équilibre général dans les économies modernes avancées. Il s'agit, en plus des mutations démographiques qui restreignent la demande, de l'inégalité dans la répartition des revenus qui réduit les revenus des personnes à forte propension à consommer et augmente celles à faible propension ; il s'agit des conséquences du progrès technique qui réduisent la quantité de travail nécessaire à la production d'une unité de produit ; il s'agit des robots qui remplacent le travail humain etc.

Le problème de la *stagnation séculaire*, même s'il fait déjà l'objet d'un intérêt scientifique considérable à l'étranger auprès de nombreux économistes de renom, n'intéresse toujours pas la pensée économique grecque. Pourtant, notre pays est directement concerné par une telle évolution, considérée internationalement comme néfaste, car justement elle en rendra le redressement beaucoup plus difficile, peut-être même impossible, le fixant à un niveau extrêmement bas[10]. Il s'agit de la théorie qui revient déjà en force, 78 ans après avoir fait parler d'elle pour la première fois. Rappelons qu'Alvin Hansen, le célèbre économiste et président de l'American Economic Association, formula cette théorie en 1939[11], affirmant alors qu'une foule de signes conduisaient à l'arrivée de ce stade de la *stagnation éternelle*. Alvin Hansen définit ainsi cette phase évolutive du capitalisme : « les faibles et

---

[9] *Le monde en 2035 vu par la CIA et le Conseil National du Renseignement : Le paradoxe du progrès* (2017), (rapport de la CIA trouvé par Donald Trump dans un tiroir du Bureau ovale, à son arrivée à la Maison Blanche), éd. des Équateurs, p. 29 de l'édition originale.

[10] Si, pour une raison ou pour une autre, l'évolution de nouvelles situations ne peut pas être mise à profit de façon décisive, comme le rôle primordial et immense que s'apprête à jouer la mondialisation chinoise au port du Pirée.

[11] « Economic Progress and Declining Population Growth » (1939), *American Economic Review* 29 (1):1-15.

éphémères reprises de l'activité qui meurent à peine nées, des dépressions qui s'auto-alimentent et conduisent à un chômage persistant ». Cette prévision pessimiste initiale fut très vite démentie par la croissance rapide de l'immédiat après-Deuxième Guerre mondiale dans le monde entier. Sa récente réapparition s'explique par la stagnation et le rythme faible du progrès qui persistent en Europe, aux États-Unis et au Japon. C'est Laurence Summers[12], entouré d'économistes renommés[13], qui a relancé cette théorie en 2013. Comme nous l'avons déjà souligné dans l'avant-propos, l'arrivée de la *stagnation séculaire* est perçue comme un fait déterminé, et par conséquent, la partie de l'humanité économiquement avancée doit l'accepter. Selon Alvin Hansen, l'instigateur de cette théorie, cette situation est due à la maturité des économies avancées.

Ce qui caractérise essentiellement la *stagnation séculaire*, dans les économies modernes avancées, est l'impossibilité durable de l'équation épargne et investissement. Ce déséquilibre qui a fini par se figer se présente sous la forme d'une surabondance d'épargne incapable d'égaler l'investissement toujours insuffisant. La demande globale, dans les économies avancées, est insuffisante et ne peut soutenir une situation d'équilibre de plein-emploi. Le problème de la stagnation apparaît plus sérieux dans la phase ascendante que dans la phase descendante du cycle économique.

Il est toutefois prématuré d'affirmer que l'économie mondiale est définitivement entrée dans une phase de stagnation, étant donné que ces dernières années, les prévisions ont très souvent été démenties par une évolution complètement différente. On ne peut donc affirmer avec certitude que la croissance anémique, la stagnation et la récession relèvent d'un phénomène structurel et non cyclique, malgré le fait que tout plaide en faveur de la première hypothèse. Surtout parce que depuis les derniers mois de 2017, les économies avancées semblent avoir repris de la vigueur, autorisant peut-être un certain optimisme. Il ne faudrait cependant pas que cette lueur d'espoir soit prétexte à une inertie et un optimisme démesurés et justifie un désintérêt des nouvelles données de la situation. Et cela car, premièrement, le spectre de la stagnation est une réalité depuis environ dix ans, lorsque la deuxième grande crise de 2008 a éclaté. Car, deuxièmement, ce problème est depuis quelques temps sous le feu des projecteurs, alimente les débats et soutient des hypothèses qui imposent une investigation plus approfondie. Et enfin, qu'il s'agisse d'une situation irréversible ou d'une situation simplement provoquée

---

[12] « Why Stagnation Might Prove to be the New Normal » (2013), *Financial Times*, 15/12.

[13] Entre autres : Richard Baldwin, Paul Krugman, Bob Gordon, Olivier Blanchard, Ricardo Caballero, Coen Teulings, Barry Eichengreen, qui constatent tous un ralentissement, ou inexistence, de la croissance mais dont les points de vue pour l'interpréter sont différents.

par de mauvais choix politiques, il est absolument nécessaire d'en limiter les effets néfastes.

Comprendre la *stagnation séculaire* et, le cas échéant, la combattre, n'est aucunement chose facile, étant donné que cela nécessite le recours à l'outillage de la politique monétaire qui a perdu son efficacité et qui doit être enrichi par de nouveaux outils, ou même par le renouvellement de leur mode d'utilisation.

Le plus manifeste de ces problèmes, concernant les difficultés pour atteindre l'équilibre de plein-emploi et de stabilité monétaire, mais aussi celui qui en englobe de plus petits, est connu comme la *trappe à liquidité*. Ce problème dure depuis environ huit ans, et l'on sait déjà qu'il durera encore longtemps. Je rappelle qu'il s'agit du cas où le taux d'intérêt est tombé si bas que les estimations n'envisagent pas qu'il puisse continuer à descendre, et attendent au contraire qu'il remonte. Une combinaison prometteuse, avec un taux persistant à un niveau si bas, serait une inflation relativement forte et un taux de chômage faible. Or, l'inflation est stabilisée à des niveaux très bas, autour de 1 %, nul ou négatif, tandis que l'UE en particulier s'efforce, sans succès, de le faire monter à 2 %. En effet, une inflation plus forte exige que les prévisions de l'évolution de l'activité économique soient optimistes, ce qui n'est pas le cas dans la phase actuelle. L'inflation faible et le maintien d'un taux bas coexistent, dans les économies modernes avancées et surtout dans l'UE, avec un taux de chômage élevé sur le long terme et, naturellement, avec un rythme de croissance faible ou nul[14].

Parmi les interprétations proposées, concernant l'apparition à long terme de cette situation décevante dans les économies avancées, il y a le fait que depuis 1980, la politique monétaire a cessé d'être complétée par la politique financière, et n'est donc plus assez efficace pour ramener des conditions de plein-emploi, la stabilité et un rythme de croissance rapide.

Mais que signifient des économies avancées n'affichant pas de rythme de croissance positif, et quels effets cela aura-t-il sur cette situation permanente ? Cela signifie tout simplement que chaque nouvelle génération n'améliorera pas sa condition par rapport à la précédente, contrairement à ce qui avait prévalu pendant quelques années, avant aujourd'hui. L'amélioration du niveau de vie de chaque nouvelle génération était ainsi considérée comme un droit acquis mais il s'avère que ce n'est pas le cas. Déjà, il ressort d'un sondage que la majorité des personnes interrogées sur le sujet en France, en Grande-Bretagne, en Espagne et en Allemagne, croit que cette projection pessimiste est tout à fait réaliste[15].

---

[14] À la fin 2017, un certain optimisme a repris le dessus grâce à l'accélération du rythme de la croissance.

[15] N. D. Schwartz (2017), « Future looks grim to many in the West ». Survey finds optimism in developing world, but U.S. and others are fearful, *The International New*

Si la *stagnation séculaire* autorise peut-être encore quelques doutes ou plus exactement, justifie l'espoir d'un avenir meilleur, les choses sont toutefois différentes s'agissant de la fin de la domination économique de l'Occident. Cette fin semble inéluctable et l'évolution des choses dans ce sens ne laisse aucune place au doute. Les ayants droit des trônes de la planète, d'ici à quelques années, ne seront plus les Occidentaux mais les pays d'Asie qui émergent rapidement, avec en première ligne la Chine qui s'encadre progressivement d'économies africaines et sud-américaines. Des points de similitude et de différences entre la Chine et l'Occident, la *stagnation séculaire,* le passage du flambeau de la domination planétaire seront examinées dans le corps principal de ce livre. L'hypothèse plus générale qui parcourt cette étude et qui est celle adoptée par l'auteure, est que soit en même temps, soit avec un léger décalage, l'Occident subira ces deux bouleversements, ce qui signifiera la fin de son temps.

Ces bouleversements apparaissent comme des catastrophes, ce qu'ils sont assurément, dans la mesure où ils sont envisagés sous l'angle de la longue domination mondiale de l'Occident. Or, si l'on se résout à l'inéluctabilité de ce double problème, et surtout si l'on essaie de garder le plus de privilèges et avantages possibles à l'égard de l'Occident, on en déduit ainsi que :

• premièrement, la très probable entrée des économies occidentales avancées dans la phase de *stagnation séculaire* n'est pas un événement aussi grave qu'il n'y paraît, étant donné que le niveau de vie de leurs habitants est déjà le plus élevé du monde,

• deuxièmement, les économies occidentales devraient prendre des mesures efficaces afin de conserver, autant que possible, leurs avantages matériels acquis qui consistent essentiellement à essayer de réduire en leur sein les inégalités extrêmes,

• enfin, troisièmement, et cela concerne plus spécifiquement l'Europe, une mesure efficace qui viserait à amoindrir les effets de la *stagnation séculaire* ou à en reporter l'installation, serait de s'attacher à réduire rapidement le fossé de la croissance entre le nord et le sud de l'Europe. Mesure que je qualifiais, dès 1986, de « bouée de sauvetage de l'Europe »[16].

Ces sujets d'actualité seront l'objet des deux parties principales de ce livre. Dans la première partie, le problème de la *stagnation séculaire* sera analysé, de même que ses causes probables. Quelques paragraphes de cette première partie seront consacrés à l'aspect technique de l'équilibre économique, jugé indispensable à la compréhension de ce problème. Même si je me suis efforcée, autant que faire se peut, d'en simplifier l'analyse, celle-ci déroutera peut-être certains lecteurs qui ne disposent pas de connaissances en matière

---

York Times Edition, 7 juin.

[16] Maria Negreponti-Delivanis (1986), *Το σωσίβιο της Ευρώπης είναι οι καθυστερημένες της περιοχές*, éd. Paratiritis, Thessalonique (en grec et en anglais).

d'économie. Puis, les caractéristiques du nouvel ordre économique mondial feront l'objet de la seconde partie de la présente étude, avec les nouveaux dominants de la planète et le nouveau monde qui se met en place, et dans la conclusion, il sera question des moyens dont disposera l'Occident pour survivre dans ce nouvel ordre économique international duquel il aura été évincé.

Je voudrais profiter de l'occasion pour adresser mes remerciements à mes nombreux collègues et anciens étudiants pour les conversations que nous avons eues sur tous les sujets et sur l'esprit central de ce livre. Ces problématiques ont fonctionné exactement comme elles fonctionnaient autrefois, dans les salles de cours, où nombre de vues se clarifiaient en moi grâce aux réactions des étudiants.

Maria NEGREPONTI-DELIVANIS

Thessalonique, le 9 juin 2018

PARTIE I

L'OCCIDENT EN PROIE À DES PROBLÈMES INSURMONTABLES

« L'analyse économique est utile seulement lorsqu'elle permet d'améliorer la vie des hommes »

Arthur Cecil Pigou (économiste)

INTRODUCTION

Les problèmes qui sont apparus après la grande crise économique de 2008 et le risque, pour l'économie mondiale, d'une installation définitive de la *stagnation séculaire*, se résument à l'inefficacité de plus en plus fréquente et longue de la politique macroéconomique qui ne parvient pas à réaliser l'équilibre général, à savoir économique et monétaire. Les causes de cette situation nouvelle et extrêmement difficile sont nombreuses, et leur nombre varie selon les bases théoriques de chaque chercheur et de ses domaines de compétence.

Après la Deuxième Guerre mondiale, les idées de J. M. Keynes, telles qu'il les formula dans sa *Théorie générale de l'emploi, de l'intérêt et de la monnaie*, furent très vite adoptées. Depuis lors, les économistes connaissent la possibilité de deux cas d'équilibre général : celui qui s'accompagne du plein-emploi[17] et celui qui coexiste avec le sous-emploi. Compte tenu des effets néfastes de ce second cas d'équilibre général, la politique monétaire et jusqu'aux années 1970 la politique budgétaire, avaient pour mission essentielle de *changer l'équilibre de sous-emploi en équilibre de plein-emploi.*

---

[17] Et qui était la seule connue jusqu'en 1936, année de la publication de la *Théorie générale* de J. M. Keynes.

Plus spécifiquement, les mesures de politique macroéconomique pour le plein-emploi prirent davantage d'importance avec l'apparition de la fameuse courbe keynésienne inspirée par A. W. Phillips[18] (1958). Grâce à cet outil, nouveau à l'époque, la politique macroéconomique eut la possibilité d'intervenir dans la réussite de la forme d'échange souhaitée entre une inflation plus élevée et un taux de chômage plus bas, ou une inflation plus basse et un taux de chômage plus haut[19]. La philosophie de la courbe de Phillips s'appuie sur l'hypothèse théorique de Keynes selon laquelle le niveau des prix, et par conséquent celui des salaires aussi, ne monte pas en tant que conséquence de l'augmentation de la liquidité dans l'économie, jusqu'à parvenir au plein-emploi, à quelques exceptions près où l'on observe une hausse du niveau général des prix avant même que le plein-emploi ne soit atteint. Jusqu'aux années 1970, ce procédé était suivi sans problèmes et permettait de parvenir au plein-emploi de la main-d'œuvre dans les économies avancées, dans un contexte de relative stabilité monétaire.

Jusqu'aux années 1970, la prédominance des idées keynésiennes qui, dans le domaine de l'équilibre économique, reposent sur une série d'équations simples, assurait aux technocrates la possibilité d'intervenir et de régler les affaires économiques. Néanmoins, dans les années 1970, des difficultés considérables surgirent, telles que le ralentissement du rythme de croissance, la hausse de l'inflation ou l'instabilité monétaire. C'est ainsi que le doute commença à planer sur la capacité des économistes technocrates à trouver des solutions valables aux problèmes économiques. La *Théorie Générale de l'Économie* de Keynes perdit son prestige en tant que « théorie générale », capable de donner des solutions à toutes les économies avancées de n'importe quelle époque. Au-delà du changement incontestable constaté dans la nature des difficultés des économies modernes avancées par rapport aux précédentes, le plus gros inconvénient à l'efficacité des économistes technocrates semble être leur obligation de se maintenir à distance de toute forme d'influence politique[20]. À l'époque moderne, il est devenu difficile, voire impossible, de se conformer à cette interdiction du fait de l'explosion de la corruption, surtout concernant les liens entre les hommes politiques et les grandes entreprises, en règle générale multinationales. Il suffit de se pencher sur les résultats du rapport de Transparency International selon lesquels au cours des dernières années, sur un total de 512 Européens ayant achevé leur carrière politique, plus de 50 % d'ex-commissaires et 30 % d'ex-députés du Parlement européen

---

[18] « The relation between unemployment and the Rate of Money Wage Rates in the United Kingdom 1861-1957 », *Economica 25*, p. 283-289.

[19] La relation de la courbe de Phillips est connue sous la forme $\pi = f(u)$. Pour de plus amples informations concernant cette relation, v. M. Negreponti-Delivanis, *Ανεργία, Ένα Ψευδοπρόβλημα* [Chômage, un faux-problème], éd. Sakkoula, Thessalonique 1995, p. 119 et suiv.

[20] « Free exchange-Remote control » (2017), *The Economist*, 16 septembre.

ont été recrutés par des entreprises ou des organismes liés à l'UE. Il serait irréaliste de croire que dans les économies modernes, la présence d'hommes politiques démobilisés mais aussi le comportement d'hommes politiques en activité qui briguent un poste similaire après leur mandat, n'altère pas gravement, et en tout cas pas dans le bon sens, leurs prises de décisions[21], créant des inégalités, réduisant la compétitivité et servant les intérêts de quelques entreprises au détriment des autres.

C'est donc précisément à partir de 1970 qu'apparaissent les premiers nuages annonciateurs de l'inefficacité de la courbe de Phillips, mettant en doute les capacités de la politique macroéconomique à conduire au plein-emploi une économie de sous-emploi et en récession. Plus précisément, la courbe de Phillips semble ne plus répondre à l'échange mécanique entre l'inflation (axe des Y) et l'emploi (axe des X), mais au contraire, elle reste presque verticale sur l'axe des X (sous-emploi), malgré l'augmentation du taux d'inflation. Autrement dit, l'ajout de liquidité dans l'économie ne peut plus faire varier le volume d'emplois. Depuis 1970, celle relation idyllique entre inflation et emploi s'est rompue, ce qui a eu pour effet de rendre le sous-emploi permanent dans les phases du cycle économique, surtout en Europe, cela va de soi, où l'économie paraît plus vulnérable, et dans un second temps dans les autres économies avancées.

Dans les années 1980, la problématique de cette nouvelle situation sans issue se généralise, c'est ce que l'on appelle la *stagflation*. Autrement dit, l'inflation et le sous-emploi coexistent et aucun outil connu n'est en mesure de les combattre, puisque les mesures qui réduisent l'inflation font augmenter le chômage et inversement.

D'abord, on a tenté d'interpréter cette situation sans issue au moyen de concepts théoriques plus anciens, mais sans chercher à renouveler les outils de recherche. Comme le résume une étude à ce sujet[22] (1994), aucune de ces interprétations, tournant autour des hypothèses néoclassiques ou keynésiennes, n'a démontré de façon assez pertinente les causes qui ont rendu inefficace le fonctionnement de la courbe de Phillips. Et plus exactement, aucune de ces tentatives d'interprétation n'est parvenue à donner une réponse satisfaisante aux questions suivantes :

• comment et pourquoi le chômage n'a-t-il cessé d'augmenter en Europe et pas seulement, malgré l'affaiblissement des organisations syndicales et malgré le recul de l'État-providence[23],

---

[21] « Why do European companies bother to hire ex-politicians? » (2017), *The Economist*, 16 septembre.

[22] D. Snower, « Unemployment Policy-Theories and Facts », *CEPR,* No 60, p.12.

[23] Il est connu que les classiques et néoclassiques attribuent le chômage à des interventions extérieures telles que les syndicats d'ouvriers et la protection générale des travailleurs.

• comment se fait-il que la baisse de la part du travail dans le PIB s'accélère depuis longtemps dans les économies avancées, évolution qui va à l'encontre des enseignements de la théorie en vigueur[24], et comment le chômage a-t-il acquis un caractère permanent et croissant.

Cette incapacité de longue date à parvenir au plein-emploi, et qui aboutit nécessairement à un rythme de croissance plus lent que son potentiel, a réhabilité la théorie d'Alvin Hansen sur la venue du stade de *stagnation éternelle*, et avec elle l'inquiétude face à ce qui adviendra si des outils efficaces pour la contrer ne sont pas trouvés.

Les conditions nécessaires et les difficultés à atteindre l'équilibre général constituent le chapitre 1. Dans le chapitre 2, nous nous pencherons sur les causes de la fin de la croissance. Enfin, dans le chapitre 3 de la première partie, seront exposés les effets néfastes de la mondialisation qui ont activement contribué aux difficultés insurmontables du monde occidental avancé, et vraisemblablement aussi à la mise en place de son successeur.

---

[24] Considérant comme stables les parts du travail et du capital dans le PIB des économies avancées.

CHAPITRE 1

L'IMPOSSIBILITÉ D'ATTEINDRE L'ÉQUILIBRE GÉNÉRAL[25]

« La collecte de plus d'impôts qu'absolument nécessaire est un vol légalisé »

John Calvin Coolidge Jr (président américain) 1872-1933

Introduction

Ce premier chapitre de la Partie I est assez technique mais néanmoins nécessaire à la compréhension des conditions préalables à l'équilibre général et des difficultés, pour les économies modernes avancées, à le réaliser, en raison des problèmes dus à la *stagnation séculaire*. L'analyse reprendra point par point les conditions à remplir afin que, de l'équilibre économique, l'on s'engage dans l'équilibre monétaire qui requiert ses propres conditions pour arriver à l'équilibre général. Ensuite, nous en distinguerons les deux alternatives, à savoir l'équilibre de plein-emploi et l'équilibre de sous-emploi.

I. LES CONDITIONS NÉCESSAIRES À L'ÉQUILIBRE GÉNÉRAL

A. Équilibre économique et monétaire

Pour comprendre les raisons pour lesquelles le plein-emploi dans les économies modernes avancées n'est plus possible, il est utile de reprendre succinctement les termes et les conditions requises pour l'équilibre général,

---

[25] Pour une analyse plus détaillée des problèmes de l'équilibre général et leur illustration par des graphiques, v. M. Negreponti-Delivanis (1977) *Οικονομική Ανάλυση, Μακροοικονομική Ισορροπία στον Καπιταλισμό και Σοσιαλισμό* [Analyse économique, équilibre macroéconomique dans le capitalisme et le socialisme], Titre I, éd. Papazissis, Athènes, p. 33-105.

économique et monétaire, dont la réalisation était la règle jusque dans les années 1970.

1. Équilibre économique

L'équilibre économique requiert l'égalité entre la demande globale et l'offre globale. La demande globale de l'économie comprend aussi la demande globale de biens d'équipement, c'est-à-dire l'investissement, tandis que l'offre globale comprend l'épargne. Investissement et épargne constituent une part du revenu qui n'est pas disponible pour satisfaire les besoins de consommation. L'épargne est forcément égale à l'investissement (S = I). Où S = épargne et I = investissement[26].

Or, cette identité entre l'investissement et l'épargne qui comprend l'équation entre la demande globale et l'offre globale de biens de l'économie, se réalise toujours *ex post* et pas nécessairement *ex ante*. En effet, si les ménages considèrent que le taux en vigueur sur le marché ne les satisfait pas, ils ne prêteront pas leur épargne aux entrepreneurs (et par conséquent il n'y aura pas d'investissement). L'épargne des ménages se transformera ainsi en thésaurisation et il y aura un déséquilibre *ex ante* dans l'économie de type S > I. C'est cette forme de déséquilibre qui conduit à la récession de l'économie.

Par conséquent, la réalisation de l'identité S = I porte sur l'épargne qui s'est transformée en investissement et qui d'habitude ne constitue pas *ex ante* une règle générale.

La possibilité de ne pas réaliser *ex ante* l'identité de l'investissement et de l'épargne découle de différentes motivations qui déterminent l'épargne et l'investissement, puisque ceux qui épargnent ne sont pas forcément les mêmes que ceux qui investissent. Tandis que l'épargne est fonction de la hauteur du revenu, l'investissement est influencé par les prévisions des entrepreneurs et par le niveau du taux d'intérêt. La fonction investissement et taux d'intérêt est négative, tandis que la fonction épargne et revenu est positive. Les prévisions *ex ante* pour l'investissement et l'épargne se font sur la base de différents critères et par des groupes différents, de sorte qu'il est rare qu'elles coïncident avec leur réalisation *ex ante*. Cette éventuelle inégalité *ex ante* de la forme I > S ou de la forme I < S se corrige nécessairement après coup à travers les variations de stocks et ces deux grandeurs macroéconomiques s'égalisent, tandis que dans le cas S > I, les stocks vont augmenter *ex post*, et il y aura de nouveau une identité de ces deux grandeurs macroéconomiques.

---

[26] Y = C + I et Y = C + S. Donc l'identité I = S (où Y = revenu, C = consommation, I = investissement, S = épargne).

Par ailleurs, la thésaurisation éventuelle de périodes précédentes ne constitue pas un facteur perturbant de l'équilibre *ex post* car l'augmentation du taux d'intérêt pourra la réintroduire sur le marché.

Toutefois, l'équilibre *ex post* durable de l'économie ne sera assuré que si l'offre globale égalise la demande globale et si l'épargne égalise *ex ante* l'investissement. Autrement, le niveau général des prix et le niveau d'emploi auront tendance à augmenter. Lorsque l'investissement *ex ante* excède l'épargne, notamment, le niveau général des prix et de l'emploi présentent une tendance ascendante, et lorsque l'épargne *ex ante* excède l'investissement, l'économie entre dans une phase de récession. *L'égalité entre l'épargne et l'investissement détermine l'équilibre sur le marché des biens.*

2. Équilibre monétaire

Dans la réalisation de l'équilibre général, aussi bien en termes réels que monétaires, le niveau du taux d'intérêt a une importance particulière. Le rôle de l'argent s'avère donc considérable et non neutre comme le prétendaient les classiques. L'équilibre monétaire requiert l'équation offre et demande de monnaie (L = M, où L = demande de monnaie et M = offre de monnaie). La demande globale de monnaie est fonction du niveau du revenu et du niveau du taux d'intérêt. La demande de monnaie comporte deux parties : la demande, afin de répondre aux besoins d'échanges pour satisfaire le motif de précaution, et l'offre de monnaie pour des raisons spéculatives. La première partie de la demande de monnaie est fonction du revenu, tandis que la deuxième est fonction du taux d'intérêt. L'offre de monnaie est autonome et une fois mise en circulation forcée, sa quantité est régulée par la banque d'émission du pays, en fonction de ses besoins de transactions. Supposons que le niveau des prix s'élève car la quantité de monnaie a augmenté dans l'économie, tandis que le niveau du taux d'intérêt est resté inchangé. Cela signifie que la valeur réelle de cette partie-là de l'argent qui est demandé dans un but spéculatif a baissé, et que la décision éventuelle des individus de ne pas augmenter la demande de monnaie apportera un déséquilibre entre l'offre de monnaie qui a augmenté, et la demande qui est restée inchangée. L'équilibre sera rétabli avec la baisse du niveau du taux d'intérêt. Par ailleurs, l'augmentation du taux d'intérêt sera indispensable au rétablissement de l'équilibre, au cas où le niveau général des prix présente une baisse après la diminution de la quantité de monnaie dans l'économie.

3. Détermination du niveau de l'intérêt

La détermination, par conséquent, du niveau du taux d'intérêt est un facteur essentiel pour parvenir à l'équilibre économique et surtout à la relance de l'économie en récession et en sous-emploi de main-d'œuvre. Toutefois, les possibilités de rétablir l'équilibre général en faisant baisser le niveau du taux d'intérêt ne sont pas illimitées, lorsque celui-ci entre dans l'aire de la courbe d'égalité de l'offre et de la demande de monnaie. Cette courbe comporte une infinité de points d'égalité d'intérêt et de revenu, qui satisfont les termes de l'équilibre monétaire, et qui sont atteints à des niveaux du taux d'intérêts et de revenus aussi bien bas qu'élevés. Si, par contre, le niveau du taux d'intérêt tombe au-dessous d'un seuil critique où commence la zone inélastique, connue comme *trappe à liquidité* et *domaine de Keynes*, et où le taux d'intérêt varie entre 1 et 2 %, une nouvelle baisse n'impactera pas l'emploi et les revenus. Et cela parce que les entrepreneurs refusent d'accepter l'éventualité d'une baisse du taux d'intérêt, espérant plutôt qu'il augmentera et, par conséquent, ils ne s'engagent pas dans des investissements. Ainsi, dans ce cas, l'augmentation de la quantité de monnaie, qui viserait à faire baisser le taux d'intérêt, à encourager la propension à investir et à accroître le volume d'emplois, n'aura pas lieu. Il s'agit d'une situation qui apparaît vraisemblablement en période de forte récession[27]. Or, même dans ce cas où l'économie est en profonde récession et dans l'aire de la *trappe à liquidité*, il reste un espoir de relance, grâce au fameux *effet Pigou*[28]. Selon ce phénomène, la mise en œuvre de la déflation conduira à une baisse du niveau général des prix et des salaires. La baisse des coûts de production restreindra l'intérêt des particuliers pour la liquidité, car ils se sentiront plus riches, étant donné qu'avec moins d'encaisses monétaires, ils pourront satisfaire le motif de spéculation. Ils diminueront ensuite le taux d'épargne à travers leur revenu disponible et ils augmenteront les investissements, de manière à augmenter leur revenu. Dans le même temps, les particuliers augmenteront leur taux de consommation, et l'économie sera ainsi en mesure d'atteindre le plein-emploi, ajustant l'investissement sur l'épargne et la demande de monnaie sur son offre. Il s'agit d'une spécialisation des concepts classiques de base, dans le cas de la *trappe à liquidité*, dont les effets favorables ont une portée très discutable et d'une manière générale limitée[29], surtout parce que les estimations des particuliers, en période de récession, ne sont pas assez propices et n'augmentent pas la consommation et l'investissement qui ne peuvent absorber le sous-emploi et atteindre le plein-emploi.

4. Atteindre l'équilibre général

Il existe une multitude de points d'équation entre l'épargne et l'investissement avec différentes combinaisons de revenus et de taux d'intérêts, et il en va de même pour l'équation demande et offre de monnaie.

---

[27] J.R. Hicks (1938), *Value and Capital*, Oxford, p. 472.

[28] Gottfried Haberler (1952), « The Pigou Effect Once More », *Journal of Political Economy*, Vol. 60, 3 juin.

[29] Bien que ces concepts théoriques soient généralement appliqués dans l'UE et la zone euro (avec des résultats aucunement satisfaisants), mais aussi pour assainir les économies endettées du sud de l'Europe, avec des résultats décevants, surtout en Grèce.

Toutefois, l'équilibre général requiert à la fois une équation épargne et investissement sur le marché des biens (S = I) et offre et demande de monnaie sur le marché de la monnaie (M = L). Supposons qu'avec un taux d'intérêt supérieur à celui de l'équilibre, il résulte un déséquilibre du modèle I < S, mais en même temps M > L, étant donné que la majeure partie de la liquidité est dirigée vers des titres boursiers, où le prix a baissé par rapport à leur rendement. Cette forte demande de titres boursiers va en augmenter le prix, va baisser le taux d'intérêt, et l'équilibre général sera ainsi réalisé. En revanche, si le niveau du taux d'intérêt est inférieur à celui de l'équilibre, il engendre un déséquilibre du type I > S et L > M, la baisse de la demande de titres boursiers fera baisser leur prix et le niveau du taux d'intérêt augmentera, rétablissant ainsi l'équilibre général. Dans une économie donnée et dans un intervalle donné, un seul point de taux d'intérêt et de revenu permet d'assurer l'intersection des deux courbes IS et LM. À ce point, il ne renvoie pas toujours au plein-emploi, mais peut renvoyer aussi à des situations de sous-emploi, qui sont, comme l'observait J. M. Keynes, plus fréquentes que celle du plein-emploi. Keynes rejetait la théorie classique selon laquelle la baisse des salaires réels, par le biais de la baisse des salaires nominaux absorbe le chômage et réalise automatiquement le plein-emploi[30], grâce à la flexibilité des prix. Au lieu de la théorie classique, Keynes soutenait exactement l'inverse. À savoir que le niveau de l'emploi dans une économie dont les conditions sont jugées statiques[31] dépend de la demande, et c'est pourquoi la baisse des salaires, dans une phase de sous-emploi, ne conduit aucunement au plein-emploi, mais augmente au contraire le chômage.

---

[30] Ces idées des classiques furent jugées erronées après la parution de la *Théorie générale* de J.M. Keynes, et après la Deuxième Guerre mondiale par les idées keynésiennes sur la réalisation du plein-emploi. En revanche, à partir du milieu des années 1970, les difficultés rencontrées pour parvenir au plein-emploi furent attribuées par les classiques et néolibéraux au fondement de la théorie soi-disant erronée de Keynes, lesquels profitèrent de l'occasion pour ramener, avec fanatisme, leurs idées théoriques plus anciennes sur le plein-emploi. À noter ici que depuis lors, toutes les mesures de politique macroéconomique adoptées au niveau mondial, de même que les programmes de stabilisation imposés par les organisations internationales aux économies en difficulté telles que la Grèce depuis 2010, reposent totalement sur la théorie classique. Les résultats sont de plus en plus décevants, tandis que la deuxième grande crise de 2008 est attribuée à cette politique macroéconomique qui est un échec. V. M. Negreponti-Delivanis, *Η Φονική Κρίση και η Ελληνική Τραγωδία* [La crise meurtrière et la tragédie de la Grèce], Fondation Dimitri et Maria Delivanis et éd. Livani, Athènes 2010 (en anglais sur Amazon).

[31] La spécialisation des travailleurs, la quantité de main-d'œuvre, la qualité et la quantité des installations de production, etc.

Le graphique 1 illustre la réalisation de l'équilibre général.

Graphique 1 - Équilibre général

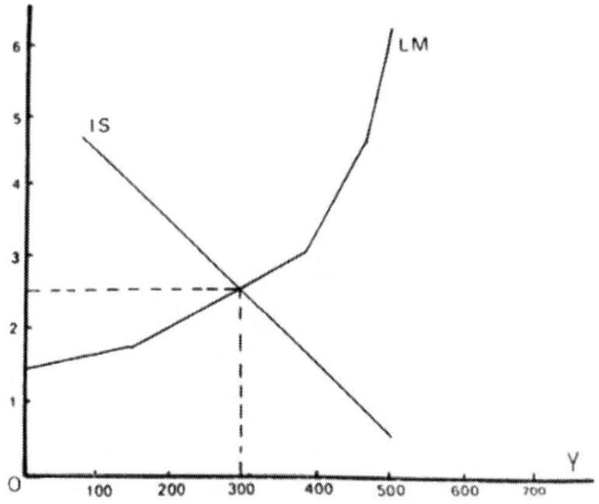

Source : Maria Negreponti-Delivanis (1977), *Analyse économique, équilibre macroéconomique dans le Capitalisme et le Socialisme*, éd. Papazissis, p. 102.

5. Réalisation de l'équilibre de plein-emploi

Le plein-emploi est effectif lorsque le point d'intersection des courbes IS et LM assure le niveau du revenu nécessaire pour y parvenir. Si, en revanche, le niveau du revenu est insuffisant, la seule possibilité de sortir de la situation de sous-emploi est de prendre des mesures afin d'augmenter la demande globale, mesures qui feront monter la pente du niveau du revenu et du taux d'intérêt.

C'est justement sur ce point qu'entre en jeu la politique monétaire qui est appelée à déterminer la quantité nécessaire de monnaie à mettre en circulation et le niveau du taux d'intérêt compatible, afin d'empêcher la récession (S > I), l'inflation (I > S) ou encore des inégalités du type L > M ou M > L. L'État intervient, recourt à la politique monétaire et budgétaire pour atteindre le plein-emploi et la stabilité monétaire.

B. Les possibilités limitées de la politique monétaire

L'intervention de l'État dans l'économie, dans le cadre de l'exercice de la politique monétaire, comporte de nombreux mécanismes structurels et équilibrants visant à compléter les décisions et les actions du secteur privé. L'intervention de l'État n'est cependant pas toujours efficace pour des raisons qui seront décrites ci-après, mais aussi parce que l'environnement de l'économie réelle et monétaire est extrêmement complexe et multiforme. L'efficacité limitée de la politique monétaire s'explique par :

- la lenteur avec laquelle sont habituellement prises les décisions,
- le risque de mise en œuvre des mesures dont les effets se neutralisent mutuellement,
- la difficulté de définir exactement le problème, de façon à spécifier correctement l'étendue des mesures pour le régler,
- l'inertie éventuelle du secteur privé face aux mesures de politique économique, duquel dépend le succès,
- plusieurs objectifs simultanés, chose s'avérant en fin de compte impossible.

1. L'intensité de l'activité économique

La politique monétaire, lorsque l'économie est menacée ou est déjà en phase de récession, cherche à intensifier l'activité économique (ou à la brider). Le moyen dont elle dispose est l'augmentation de la quantité de monnaie dans l'espoir de faire baisser le niveau du taux d'intérêt et d'encourager les investissements. L'augmentation des dépenses d'investissements vise à mettre en marche le fonctionnement positif du multiplicateur[32] et de l'accélérateur[33], et ainsi un nouveau point d'équilibre se réalisera-t-il, avec un revenu plus élevé par rapport au revenu initial. Toutefois, il n'est pas certain que cette évolution favorable se produise, si pour une raison ou pour une autre, les anticipations des entrepreneurs sont défavorables ou si la mesure visant à baisser le taux d'intérêt ne parvient pas à les améliorer.

1a. Augmentation de la quantité de monnaie

L'augmentation de la quantité de monnaie qui sera mise en circulation permet également d'espérer une hausse de la consommation des ménages, lesquels se contenteront d'une moindre quantité de monnaie, en liquidité. Or, il n'est pas certain que les ménages fassent ce choix, car on ne peut savoir à l'avance si la consommation augmentera ou non, et dans ce domaine aussi les prévisions jouent un rôle considérable. D'abord, en cas de baisse du niveau du taux d'intérêt, le désir de liquidité diminue également, et par conséquent, il s'ensuivra une hausse de la consommation. D'autre part, si l'on prévoit une baisse du prix des titres boursiers ou des biens, de consommation et d'équipement, que les détenteurs voudraient échanger contre de l'argent, ils

[32] Mesure la dernière augmentation de revenu à cause de l'augmentation initiale de l'investissement (positif) ou sa baisse (négatif).

[33] Comme la relation entre le capital et le rendement est habituellement supérieure à l'unité, la variation de la demande de biens de consommations entraîne une plus grande variation de la demande de biens d'équipement (en cas d'augmentation de la demande, l'accélérateur est positif, et négatif en cas de diminution).

vont le remettre à plus tard et continueront de préférer largement la liquidité. Les limites strictes de l'efficacité de la politique monétaire apparaissent dans le cas très probable où les prévisions, d'un côté, des ménages et de l'autre, des entrepreneurs évoluent dans le sens inverse. Dans ce cas, qui est la règle, la politique monétaire, pour être efficace, doit prendre en compte tout autant la vélocité de la monnaie que sa quantité. La vélocité de la monnaie mesure le nombre de fois où chaque unité monétaire exécute des paiements en un temps donné : une minute, une heure, un jour.

1b. Vélocité de la monnaie

Supposons, donc, que l'objectif de la politique monétaire soit d'encourager l'activité économique d'une économie donnée, et que pour cela elle procède à une augmentation de la quantité de monnaie en circulation. Or, cet objectif ne sera pas atteint si la quantité de liquidité est importante, car celle-ci en réduira la vélocité. La politique monétaire sera tout aussi inefficace si l'objectif visé est la réduction de l'activité économique, car dans ce cas là quantité de circulation de la monnaie sera réduite. Si la préférence pour la liquidité est faible, la vélocité de la monnaie augmentera et l'objectif de la politique monétaire ne sera pas atteint.

La fameuse équation des échanges d'Irving Fisher[34] prend en compte la vélocité de la monnaie aussi bien que sa quantité : MV = PT (où M = masse de monnaie, V = vélocité de circulation de la monnaie, P = niveau des prix, T = volume des transactions). Depuis la grande crise de 1929, mais aussi depuis la crise de 1990 au Japon, les banques centrales sont convaincues qu'il vaut mieux prévenir que lutter contre la déflation. Cette règle s'est malheureusement vérifiée en 2008, la politique monétaire ayant été incapable d'augmenter le taux d'inflation qui reste très bas et empêche l'économie de se redresser.

2. Baisse de l'activité économique

Lorsque l'économie est menacée d'inflation, la politique monétaire intervient pour en réduire les dépenses globales de l'économie. Les moyens dont elle dispose pour réaliser cet objectif sont :

- la politique du marché ouvert, avec la vente de titres d'État,
- une relation plus étroite entre les dépôts à vue que les banques commerciales sont obligées d'avoir à la banque centrale et les réserves disponibles des banques commerciales,
- l'augmentation de l'intérêt à escompte qui entraîne un accroissement des charges pour les banques commerciales, lorsqu'elles doivent emprunter afin d'assurer les disponibilités dont elles ont chaque fois besoin.

---

[34] 1867-1947.

Les mesures ci-dessus vont réduire la capacité de prêt des banques commerciales, car la quantité de monnaie (M) va diminuer et le taux d'intérêt augmenter. Lorsque ces mesures parviendront à faire baisser M de façon significative, les consommateurs et les investisseurs réexamineront leurs décisions concernant le ratio revenu et liquidité, et réduiront la deuxième. L'augmentation de la vélocité de la monnaie neutralisera en partie la baisse de la quantité de monnaie en circulation. Les chances de réussite de la politique monétaire sont en règle générale plus grandes lorsqu'elle cherche à réduire l'activité économique que lorsqu'elle cherche à l'encourager. Le danger de cette politique réside toutefois dans le fait qu'il est impossible d'en apprécier les conséquences sur l'activité économique, car elle peut facilement finir par provoquer une récession et une déflation.

C. La politique budgétaire en complément de la politique monétaire

L'efficacité de la politique monétaire étant pour le moins restreinte, elle doit nécessairement être complétée par la politique budgétaire dont les chances de réussite sont reconnues comme plus importantes. C'est en 1936 qu'a été décidé pour la première fois le recours à la politique budgétaire, justement parce que la politique monétaire n'était pas parvenue à aider suffisamment les économies avancées, au moment de la grande crise économique de 1929-1933. Les principaux objectifs de la politique budgétaire sont les mêmes que ceux de la politique monétaire, ils sont entrepris avec la rigoureuse intervention de l'État dans l'économie, avec comme outils de base les variations de la demande de biens et services par le secteur public, les changements du genre et des taux imposés, et les revenus sans contrepartie. La mission essentielle de la politique budgétaire (d'inspiration keynésienne) est de compléter les dépenses globales souvent insuffisantes du secteur privé avec le public, jusqu'à ce que le plein-emploi soit atteint. L'équation de la politique budgétaire se présente comme suit : $E = C + I + G$ où E = dépenses globales de l'économie, C = consommation du secteur privé, I = investissement du secteur privé, G = dépenses du secteur public.

C'est l'augmentation des dépenses globales (E) plus que la baisse provoquée par la hausse de la fiscalité qui est visée, de sorte à augmenter le revenu (Y) grâce à l'augmentation de la consommation (C) et de l'épargne (S). L'augmentation finale du revenu dépendra du niveau du multiplicateur positif des dépenses publiques en augmentation, et ne sera égale au multiplicateur (soit 3) que dans le cas où les dépenses publiques en augmentation sont financées en totalité par l'emprunt de l'État à la banque centrale. Si, au contraire, les dépenses publiques en augmentation sont en partie ou en totalité financées par une augmentation de la fiscalité, il faudra soustraire le multiplicateur négatif de l'augmentation du revenu.

La politique budgétaire, comme cela a été souligné plus haut, réalise généralement ses objectifs mieux que la politique monétaire. La raison de cette différence entre ces deux politiques réside dans le fait que dans le cas de la politique monétaire, le degré de réussite dépend de la réaction des particuliers, autrement dit des consommateurs et des entrepreneurs, et que dans le cas de la politique budgétaire, celle-ci s'engage dans la réalisation des objectifs visés, ignorant les anticipations et les réactions des particuliers qui peuvent être opposées. Par ailleurs, c'est cette différence qui explique la décision d'abandonner, au début des années 1980, la politique budgétaire lors de l'instauration de la doctrine néolibérale de l'économie.

II. LA PERTURBATION DE L'ÉQUILIBRE GÉNÉRAL (La menace de la *stagnation séculaire*)

Bien que plus de dix années aient passé depuis l'explosion de la Grande Récession, en 2008, l'économie mondiale n'a pu retrouver son rythme normal d'avant la crise. Au début, un grand optimisme régnait parmi les économistes qui, légitimement même si cela n'a jamais eu lieu, prévoyaient un rythme de croissance rapide à l'issue de la crise, en dépit des mesures de politique monétaire extrêmement drastiques mises en œuvre dans le monde entier. Il est encore prématuré de déduire s'il s'agit, en fait, d'une crise du cycle, ou plutôt du commencement d'une période de stagnation éternelle. Toutefois, les arguments en faveur de cette interprétation pessimiste sont de plus en plus nombreux et de plus en plus fréquents sur la scène mondiale.

Dans la sous-section A de la section II, nous nous intéresserons aux signes qui renforcent l'hypothèse du commencement du stade de la stagnation éternelle, dans la section B, seront examinées les mesures désespérées prises pour lutter contre l'incapacité de la politique monétaire à relancer les économies avancées, et enfin, dans la section C, nous nous intéresserons à quelques causes qui sont à l'origine du stade de la *stagnation séculaire*, l'ont renforcée et en ont accéléré le commencement.

A. Les signes de la stagnation éternelle[35]

1. Signes dont les effets sont susceptibles d'être renversés :

• *La longue baisse du PIB*

Plus de dix ans après le début de la deuxième Grande Récession celle-ci n'est, en réalité, pas terminée, étant donné que la taille économique de l'économie mondiale n'a pas encore retrouvé son niveau d'avant la crise. Selon des prévisions de l'OCDE, le revenu des États-Unis devrait retrouver

[35] Lawrence H. Summers « The age of secular stagnation », *Foreign Affairs-The world is flat*, mars/avril 2016, p. 2 et suiv.

son niveau d'avant la crise en 2018. Depuis le début de la crise, le PIB de l'Amérique a baissé de 4,4 % par rapport à son niveau potentiel, de 3,3 % en Europe et de 2,8 % en France. On estime que si le PIB des États-Unis avait évolué normalement, il serait aujourd'hui supérieur de 1,3 milliard par rapport à son PIB actuel. L'économie européenne, par ailleurs, ne cesse de s'enfoncer dans une longue récession qui s'intensifie de temps à autre, les symptômes étant la déflation et la baisse du prix de produits de base, tandis que la propension à investir est faible et donc incapable de redresser l'économie. Les augmentations annuelles du PIB sont, par conséquent, inférieures aux prévisions. Notons à ce sujet qu'en 2015, le revenu des 19 économies de la zone euro avait atteint le niveau des premiers mois de 2008. En 2015, le PIB mondial avait affiché une chute de l'ordre de 6 %.

• *La faiblesse du rythme de croissance*

Jusqu'en 2017, presque dix ans après le début de la crise, l'économie américaine se développe d'environ 2 %, alors que l'UE se développe à un rythme encore plus lent que celui de l'Amérique. Ces rythmes sont décevants pour ceux qui établissent des plans et pour les consommateurs, car ils sont inférieurs à leurs prévisions, et alimentent leur crainte que la récession va durer encore longtemps.

• *L'effondrement de l'investissement*

Depuis le début de la crise financière de 2008 et jusqu'en 2016, les investissements ont baissé de 30 %[36] en Europe.

• *Le chômage de longue durée*

En 2016, le sous-emploi, au niveau mondial, touche 197,1 millions de personnes, dépassant de 27 millions son niveau d'avant 2007. Les prévisions, par ailleurs, sont extrêmement pessimistes, affichant pour 2018 un accroissement de 3,4 millions du nombre de chômeurs.

Le taux de chômage reste élevé en Europe, et très élevé dans plusieurs économies du sud de l'Europe. Le taux d'emploi dans l'UE des 28, pour les 15-64 ans, était en 2007 de 65,2 et de 64,9 en 2014. Mais dans les économies du sud de l'Europe, surtout en Grèce, la baisse est dramatique entre 2007, où le taux d'emploi était de 60,9 et 2014 où il n'était plus que de 49,4. Tout aussi importante est la baisse du volume d'emplois en Espagne durant la même période (65,8 et 56,0) et dans une moindre mesure au Portugal, en Italie et en Irlande[37].

Concernant le taux de chômage aux États-Unis, malgré une politique monétaire moins déflationniste – et parfois agressive comparée à l'Europe –, il a baissé parallèlement au PIB, renforçant l'idée qu'il s'agit là du

---

[36] The Mechanics of a Strong Euro Area : IMF Policy Analysis.

[37] Eurostat.

commencement d'un nouveau stade de l'évolution d'où la croissance est absente, et non d'une simple récession déterminée qui se rencontre dans la phase descendante du cycle économique. Comme il ressort d'une étude sur le sujet[38], le nombre d'hommes de 24 à 54 ans ne cesse de baisser dans l'emploi depuis 40 ans, de même que la création de nouveaux emplois. Inquiétante est l'évolution parallèle du PIB et de l'emploi observée depuis aussi longtemps que 1947 et ce jusqu'en 2015.

2. Des tendances qui alimentent la crainte de la fin de la croissance :

2a. Un taux d'intérêt bas[39]

Bien que le rôle du taux d'intérêt soit d'une importance cruciale pour la réalisation de l'équilibre général, son niveau dans les économies avancées depuis 2008 résiste aux tentatives de la politique monétaire pour le faire remonter. Depuis 1986, on observe une baisse constante et considérable de son niveau, comme on peut le voir dans le graphique ci-dessous.

Graphique 2
Taux d'intérêt mondial réel à court et long termes (% par an)

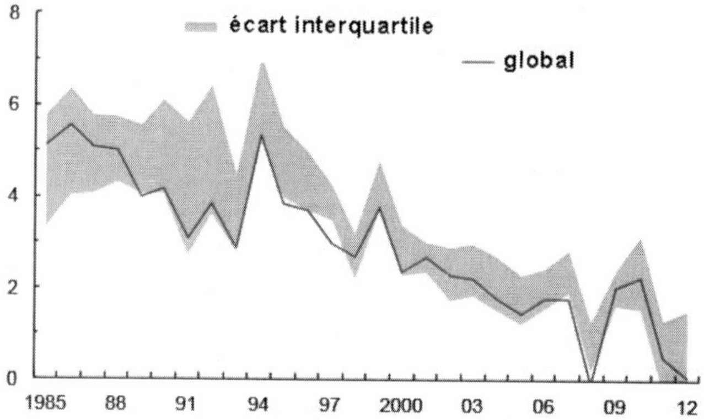

Source : FMI (2014). Concerne les États-Unis, la Grande-Bretagne, l'Autriche, la Belgique, la France, l'Allemagne, l'Italie, les Pays-Bas, la Norvège, la Suède, la Suisse, le Canada, le Japon, la Finlande, la Grèce, le Portugal, l'Espagne, l'Australie, la Nouvelle-Zélande.

2b. La différence entre le taux d'intérêt nominal et réel

Au cours du temps, le niveau du taux d'intérêt a évolué. Il était de 4,8 % en 1694[40], de 5 % en 1986, est tombé à 2 % avant la crise de 2008, et depuis

[38] Bureau of Economic Analysis. Bureau of Labour Statistics and US Census.
[39] Olivier Blanchard, Davide Furceri, Andrea Pescatori (2014), « A prolonged period of low interest rate? », CEPR PRESS 2014, p.101 et suiv.
[40] « Law pressure », Briefing, The fall in interest rates, *The Economist*, 24 septembre

2012 il est nul, voire négatif. L'Allemagne est la première économie à avoir émis une obligation de la zone euro qui promet de verser aux investisseurs un montant inférieur à celui de son achat. En outre, deux entreprises, le groupe pharmaceutique français Sanofi, et l'entreprise allemande de détergents Henkel, ont émis des obligations à taux de rendement négatif[41].

Le niveau du taux d'intérêt est un facteur décisif d'équilibre monétaire atteint une fois qu'il a été remboursé. Il s'agit du taux d'intérêt réel et physique, qui ajuste l'offre à la demande d'épargne et atteint l'équilibre de plein-emploi. Pour calculer le taux d'intérêt réel, le taux d'inflation est soustrait au taux d'intérêt nominal. Deux économistes, Mervin King et David Law, ont étudié l'inflation et le taux nominal d'intérêt depuis 1980, pour en mesurer le taux réel[42]. Les résultats de leurs recherches montrent que dans les 20 années qui ont précédé la crise financière de 2008-2009, le taux d'intérêt réel est tombé de 4 à 2 %, et qu'après la crise il s'est effondré pour se stabiliser autour de – 0,5 %.

Les épargnants prévoient un accroissement possible du rythme d'inflation qui entraîne la hausse du taux d'intérêt, et préservent ainsi une partie de leur pouvoir d'achat. Au contraire, les débiteurs désirent que le taux d'intérêt réel reste bas, indifférents au fait qu'il ne pourra peut-être pas couvrir l'inflation puisque cela est dans leur intérêt. Par conséquent, si l'inflation, dans une économie donnée et à un moment donné, tourne autour de 2 % avec un taux d'intérêt autour de 5 %, le taux d'intérêt réel sera de 3 %. Depuis 2000, la FED s'efforce de régler cette situation anormale en augmentant le taux d'intérêt à court terme. Mais le résultat est assez mystérieux et au premier abord absolument inexplicable selon les bases des enseignements de la théorie monétaire traditionnelle, puisque, normalement, la hausse du taux d'intérêt entraîne la hausse du rendement des obligations d'État. Or, depuis 2000, le rendement des obligations d'État baisse, non pas seulement aux États-Unis mais dans le monde entier.

Une autre question, parmi les nombreuses qui sont apparues depuis 1980, en raison de la baisse forte et continue du taux d'intérêt réel au niveau mondial, est la forme de sa fonction avec la croissance. À savoir, à quel niveau du taux d'équilibre le plein-emploi réel peut-il être atteint. Une étude sur le sujet datant de 2015[43] n'a pu conclure à l'existence d'une relation solide entre

---

2016.

41 *Ibid.*

42 Measuring the « World » Real Interest Rate Mervyn NBER Working Paper No. 19887, février 2014 JEL No. E4, E43, G12.

43 James D. Hamilton, U.C. San Diego, NBER Ethan S. Harris (2015), « The equilibrium real funds rate: Past, present and future », février, Bank of America Merrill Lynch Jan Hatzius, Goldman Sachs Kenneth D. West, U. Wisconsin and NBER.

ces deux grandeurs, car, manifestement, pour parvenir à l'équilibre, en plus du taux d'intérêt, d'autres facteurs entrent en jeu. Parmi les questions soulevées par cette étude, il ressort, malgré quelques doutes, que le taux d'intérêt d'équilibre varie entre 0 et 2 %.

3c. Une inflation faible

Dans les économies modernes avancées, c'est une inflation faible qui vaut ces dernières années, frôlant souvent la déflation, où les économies qui y entrent se retrouvent piégées et ne peuvent en sortir. Depuis 2012, le taux d'inflation au niveau mondial, y compris dans les économies émergentes, mais dans l'UE en particulier, ne cesse de baisser. Les économistes sont inquiets, surtout du fait que les mesures de politique monétaire des banques centrales s'avèrent inutiles. Cet état de fait renforce l'hypothèse selon laquelle la persistance de l'inflation à un taux faible, frôlant la déflation, est le résultat de la constance des prévisions des entrepreneurs et consommateurs qui pensent que cette tendance va s'aggraver. Le tableau 1 ci-dessous montre cette aggravation des prévisions depuis quatre ans, l'Allemagne seulement étant épargnée, ce qui était prévisible.

Tableau 1. Prévisions des entrepreneurs et consommateurs de l'évolution de l'inflation* 2012-2018

Pays	**2013** *(en %)*	**2018** *(en %)*
Canada	1,8	1,2
France	1,6	0,9
Allemagne	1,3	1,7
Italie	1,4	0,9
Japon	1,1	1,0
Royaume-Uni	2,0	1,5
États-Unis	1,9	1,4

*Taux d'inflation du PIB annuel.
Sources : FMI, WEO, octobre 2013 et avril 2016

De toute évidence, cette situation à haut risque d'inflation faible peut devenir chronique et cumuler les effets dévastateurs sur l'économie[44]. Et cela est très probable car les marchés des économies avancées attendent une

[44] Jonas E. Arias, Christopher Erceg, Mathias Trabandt (2016), « The Macroeconomic Risks of Undesirably Low Inflation », *Board of Governors of the Federal Reserve System International Finance Discussion*, Papers Number 1162, avril.

inflation de l'ordre de 1 % et un taux d'intérêt nul pour les dix prochaines années. Par ailleurs, l'inquiétude face à l'évolution des choses est entretenue aussi par le fait que les efforts des deux dernières années pour relancer l'inflation ont eu des résultats très inférieurs à ceux escomptés. La raison « technique » de cette inefficacité de la politique monétaire est certainement la coexistence d'une inflation faible et d'un taux d'intérêt tournant autour de zéro, la limite inférieure (et surtout qui ne peut baisser davantage). Dans l'histoire, l'inflation faible est étroitement liée à un taux d'intérêt bas. Ce constat vient de l'observation sur de longues périodes du passé où pendant des dizaines d'années, les taux d'inflation faibles évoluaient parallèlement à des taux d'intérêt faibles, comme : 1876-1919 et 1924-1958[45].

L'inflation très faible non voulue, associée à des prévisions misant sur la continuité dans le même sens, augmente le poids de la dette et pousse peut-être même aussi les économies avancées modernes surendettées à adopter des mesures restrictives, essentiellement du côté de la baisse des dépenses publiques, mesures qui ne font qu'aggraver la situation. De plus, au cas où le niveau général des prix vienne à atteindre un rythme dangereusement anémique ou descende, les consommateurs, dans l'attente d'une baisse future, seront tentés de limiter leurs achats. En effet, à l'exception des États-Unis et de la Grande-Bretagne, qui en juin 2014 ont vu le niveau des prix des biens de consommation augmenter de 2 %, les prix sur les biens équivalents étaient dans les autres économies européennes en moyenne de 0,4 %, tandis qu'en Grèce ils étaient à – 0,8 %, au Portugal à – 0,7 %, en Espagne à – 0,4 % et en Slovaquie à – 0,2 %[46].

L'évolution la plus dangereuse, toutefois, en phase d'inflation très faible ou de déflation, est la hausse du taux d'intérêt physique, qui excède le niveau du taux nominal, puisque ce dernier évolue dans l'aire keynésienne de la trappe à liquidité. Des observations, des études et des hypothèses conduisent à cette conclusion qui exclut tout équilibre de plein-emploi, et qui condamne l'économie au sous-emploi et à la stagnation, et rend impuissante la politique monétaire.

B. Des mesures de politique monétaire désespérées

Pendant longtemps, la politique monétaire, aux États-Unis et en Europe, a gardé le taux d'intérêt à des niveaux très bas, très proches du zéro, afin de relancer l'économie, mais sans résultats convaincants. Plus précisément, les banques centrales des économies avancées ont injecté 29 trillions d'euros,

---

[45] Neil Irwin (2015), « Why low rates may persist », *The International New York Times Edition*, 15 décembre.

[46] Source : *Alternatives Économiques*, « L'Événement, Comment éviter la déflation », No 338, septembre 2014.

dans le but de relancer leurs économies, tandis que la FED a écoulé sur le marché 4,5 milliards d'euros depuis 2008. Dans les banques centrales, on a par conséquent raison de croire que la relance n'aura effectivement pas lieu et surtout, qu'elle ne sera pas permanente. On se montre désarmé face aux nouvelles situations qui n'ont rien à voir avec ce qui se produisait auparavant, on n'en comprend pas les changements, et surtout, on ne sait pas comment les aborder. Un élément essentiel caractéristique de cette situation est l'incertitude et l'insécurité. L'ex-présidente de la FED, Janet Yellen, déclara dans une interview pour le magazine *Time* que les économistes, les investisseurs et les hommes politiques, aussi bien aux États-Unis qu'à l'étranger, sont incapables de comprendre ce qui se passe, comme par exemple, le fait que la nouvelle technologie n'augmente plus la productivité comme par le passé, que les obligations et les actions ne vont plus dans le même sens, que la hausse du chômage ne fait pas baisser le niveau des salaires etc., et que leur pessimisme encourage la proposition et la prise de mesures hétérodoxes, comme entre autres :

1. Lancé d'argent par hélicoptère

Le 13 juillet 2016, la directrice de la FED de Cliveland, Loretta Mester, déclarait qu'étant donnée la très grande médiocrité des résultats qu'avaient eu jusque-là les mesures de politique monétaire, le pas suivant devrait être le « lancé de dollars par hélicoptère ». Bien que cette mesure, pour le moins paranoïaque, n'ait pas encore été mise à exécution, le simple fait qu'elle ait été sérieusement discutée est la preuve que la politique monétaire traditionnelle est dans l'impasse.

2. Assouplissement quantitatif

La BCE a décidé de mettre en œuvre la mesure d'assouplissement quantitatif en faisant acheter des titres de dette par les États membres de la zone euro, espérant ainsi relancer l'économie européenne qui affiche depuis longtemps une stagnation économique et un taux de chômage à deux chiffres. Avec un rythme d'achat des titres de dettes par les États membres de la zone euro d'une valeur mensuelle initiale de 60 milliards d'euros, et ensuite de 80, la BCE a dépensé de mars 2015 à février 2017 un montant total de 1 trillion et 700 milliards d'euros. Toutefois, l'objectif, qui était de parvenir à une inflation égale à 2 %, n'a pas été atteint. Et justement, les résultats étant inférieurs à ceux escomptés, une prolongation du plan jusqu'à fin 2017, et peut-être davantage s'il le faut, a ainsi été décidée. Pour la Grèce, plus spécifiquement, la BCE pourrait décider d'acheter des titres de dette d'une valeur supérieure à 35 milliards d'euros maximum, et il resterait encore une dette d'environ 290 milliards d'euros. Cependant, cette mesure, indépendamment de ses résultats très contestables, ne peut à l'heure actuelle, être mise en œuvre en Grèce, car la dette du pays est jugée (et d'ailleurs est) fortement non viable par le FMI.

3. Des taux d'intérêt négatifs

Enfin, je vais ici m'intéresser à une mesure pas du tout orthodoxe, qui a d'abord été adoptée par l'UE[47], qui exhale l'angoisse et qui est la preuve irrécusable que toutes les mesures disponibles et traditionnelles de politique monétaire ont été incapables de relancer l'économie européenne. Il s'agit de la décision d'instaurer des taux d'intérêt négatifs sur les dépôts bancaires, mesure tout aussi inconcevable qu'incompréhensible pour les économistes[48]. C'est la plus grande expérimentation économique de l'histoire mondiale, dont les effets sont à ce jour encore inconnus. Une chose est sûre par contre, c'est que cette mesure, comme d'ailleurs l'assouplissement quantitatif, n'a pas encore donné de résultats concrets dans l'économie réelle.

L'existence d'un taux d'intérêt est reconnue comme une rémunération, une récompense pour avoir renoncé à la consommation directe en faveur de la consommation future. Néanmoins, les taux d'intérêt négatifs pénalisent les épargnants ayant choisi de se priver de la satisfaction de la consommation présente d'une part de leur revenu, pour la future. À n'en pas douter, la satisfaction de la consommation présente dépasse la future, et c'est justement cette différence qui vient couvrir le taux d'intérêt.

Autrement dit, sur la base de cette décision, les citoyens européens qui placeront leur épargne dans les banques commerciales européennes, non seulement ne seront pas récompensés par un taux d'intérêt positif, ne serait-ce que très bas, comme c'était la règle ces dernières années, mais en plus ils devront eux-mêmes payer un taux d'intérêt négatif aux banques, pour la garde de leur argent. Cette incroyable mesure abolit la quintessence de l'épargne, entraîne des bouleversements sans précédent et une révision complète de la théorie et de la politique monétaires et du contenu des notions et principes essentiels de la science économique. Cette mesure désespérée et improvisée s'éloigne des principes de base de l'économie, cherchant à surmonter l'échec des taux d'intérêt bas et très bas qui n'ont pas permis de relancer l'économie européenne. En outre, le paradoxe de cette mesure, pour l'Europe, se situe dans le prolongement de la fameuse déclaration, en juin 2016, du président de la BCE Mario Draghi, « il n'y a pas de limites » à ce qu'il va faire pour atteindre les objectifs qu'il s'est fixés pour son mandat. La BCE est la première banque à avoir mis en œuvre cette mesure, il y a de cela plus d'un an déjà.

[47] Et aussi par le Japon et la Suisse.

[48] Il y a bien sûr le cas où le taux d'intérêt est inférieur à zéro, avec un taux d'inflation supérieur au taux d'intérêt. La situation est alors différente d'abord parce qu'elle est la conséquence d'une conjoncture et non d'une mesure prise en toute connaissance de cause, et ensuite parce qu'elle n'entraîne pas d'impressions négatives et un sentiment d'incertitude qui conduit à imposer officiellement des taux d'intérêt négatifs.

Mais, que sont ces taux d'intérêt négatifs ? Et que peut-on espérer de leur instauration ?

3a. Ce que signifient les taux d'intérêt négatifs

Il s'agit d'une mesure monétaire non orthodoxe qui pénalise l'épargne et vise à encourager les dépenses globales, autrement dit la consommation et l'investissement. Les taux d'intérêt négatifs, du point de vue théorique, visent à rendre l'emprunt moins cher, entraînant ainsi l'augmentation de la demande et un réchauffement de l'économie. Quant aux épargnants, ils sont dissuadés d'épargner, puisqu'ils sont forcés de verser une contrepartie aux banques pour la garde de leur épargne[49]. Les instigateurs de cette mesure espèrent que ceux qui renonceront à épargner à cause des taux d'intérêt négatifs se tourneront vers la consommation ou l'investissement. Or, cela n'est nullement certain. Il est plus probable qu'en cette période de profonde récession qui sévit actuellement dans les économies européennes et pas seulement, et dont l'aggravation est attendue, ils préfèreront thésauriser en attendant une évolution des choses plus favorable. Car en thésaurisant, ils auront un taux d'intérêt nul, alors qu'en déposant leur épargne dans une banque, ils seront obligés de lui verser un taux d'intérêt négatif.

La préférence pour la thésaurisation est également renforcée par le fait que la politique des taux bancaires négatifs est combinée avec des rendements d'obligations d'État négatifs depuis le premier semestre 2015, tandis que dans le même temps les causes qui sont à l'origine de ces rendements négatifs renforcent la conviction qu'ils risquent de l'être pour longtemps. Il s'agit d'obligations d'État à risque très faible qui, en période hautement incertaine comme l'est la période actuelle, sont très demandées tandis que l'offre est restreinte. En février 2015, des obligations d'État à taux de rendement négatif ont été vendues pour une valeur de 7 milliards de dollars[50]. Notons bien, toutefois, que le rendement des obligations d'État de 1990 à 2014 pour les quatre économies figurant dans le graphique 4 baisse de façon constante, mais qu'il reste dans la zone positive, alors qu'en 2015, il est négatif. Le rendement des obligations d'État a baissé plus rapidement en Europe, surtout dans le sud, qu'aux États-Unis. Pendant plus de dix ans, les obligations d'État ont fait l'objet de la préférence des investisseurs, surtout parce que les petits investisseurs considéraient que le risque des actions était plus grand que celui des obligations. Le rendement négatif des obligations d'État est un fait sans précédent, étant donné qu'il est le plus bas depuis son apparition il y a 500 ans et comporte de sérieux risques à venir, notamment pour les caisses d'assurance dont les dividendes proviennent du rendement des obligations. Il convient ici de souligner qu'en règle générale la baisse du rendement des obligations d'État

---

[49] Cette décision s'accorde avec l'idée soutenue pour la première fois par Alan Greenspan, l'ex-administrateur de la FED, sur la surabondance de l'épargne.

[50] Bloomberg Quick Take, 3 mai 2016.

coïncide avec la hausse du rendement des sociétés. Cependant, cette fois-ci, la baisse du rendement des obligations des sociétés privées est parallèle à celle des obligations d'État.

Graphique 3 - Rendements faibles (%) d'obligations d'État à dix ans, dans 4 économies, 1990-2014.

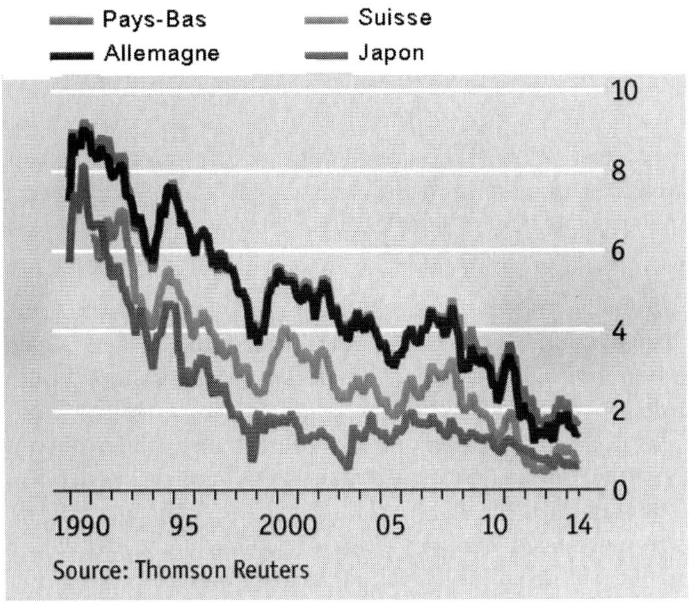

Cette préférence des investisseurs pour les obligations d'État au détriment des actions s'inverse depuis le début du 21e siècle, tandis que les rendements de ces dernières sont en hausse. À ce renversement contribue aussi de façon déterminante l'accroissement de la dette publique, laquelle a augmenté le risque que représente le marché obligataire. Il est évident que si cette tendance se poursuit, elle provoquera des problèmes de service et de remboursement de la dette publique mondiale. C'est justement pour lutter contre ce risque réel que les banques centrales et diverses caisses d'assurance et de retraite sont encouragées à acheter de grandes quantités d'obligations d'État, afin d'éviter les déboires de 2008. Ainsi, les banques centrales du Japon, la BCE, la Banque Nationale Suisse, la Banque d'Angleterre et la Banque de Chine ont-elles augmenté l'achat d'obligations d'État, de 3 milliards de dollars en 2002 à plus de 18 milliards aujourd'hui[51]. Ce sont des « acheteurs forcés » qui ne sont pas

[51] Government Bonds « Who is scary now? » (2016), *The Economist*, 22 octobre.

intéressés par la vente de leurs obligations, pas plus qu'ils ne le sont par la hausse de leurs rendements qui augmenteraient leurs engagements futurs.

La mesure relative aux taux d'intérêt négatifs, au-delà du fait qu'elle va à l'encontre de l'épargne, va également à l'encontre des banques qui sont pénalisées car elles accumulent et ne prêtent pas assez, tandis que les taux d'intérêt négatifs permettent d'espérer une augmentation des prêts à l'investissement et à la consommation. Il n'est toutefois pas du tout certain que se vérifie l'hypothèse selon laquelle il y aura d'un côté assez de dépôts dans les banques, en dépit des taux négatifs que les déposants seront contraints de payer, et de l'autre la volonté des banques d'augmenter les prêts auprès des particuliers, et cela pour deux raisons :

- Premièrement, parce qu'il est plus probable que les épargnants privés, qui préfèreront la thésaurisation sans frais à un placement de leur argent dans les banques, même à bas coût, réduiront ainsi leurs dépôts, lesquels sont la base du prêt, et

- Deuxièmement, parce qu'il est fort possible que les banques soient moins disposées à accorder des prêts qu'avant l'instauration des taux négatifs, au cas où leurs profits diminuent entre la possible réduction des dépôts et les pertes qu'elles essuieront en octroyant des prêts[52]. Les profits des banques commerciales baisseront également car – désormais –, elles doivent payer à la Banque centrale un taux d'intérêt négatif sur le taux de ses dépôts supérieur à celui qu'elles sont forcées d'avoir chez elle. Et cette mesure complémentaire vise aussi à inciter les banques commerciales à octroyer des prêts aux particuliers, au lieu de garder leur liquidité disponible à la Banque centrale.

Hormis les taux d'intérêt négatifs des obligations d'État, cette mesure non orthodoxe s'étend également aux titres de créances privés européens d'une valeur de 65 milliards d'euros[53]. Que peuvent bien chercher les particuliers lorsqu'ils placent leurs économies dans des titres pour lesquels ils devront payer une certaine somme comme frais de garde ? Cherchent-ils la sécurité ? Autre question de taille : les particuliers croient-ils qu'il s'agit d'une situation provisoire ou croient-ils au contraire qu'elle est permanente ?

3b. Les raisons du recours aux taux d'intérêt négatifs

La mise en place de cette mesure économique absurde est jugée nécessaire à plus d'un titre :

• L'échec de l'UE et de la zone euro : Cette mesure artificielle semblant avoir vu le jour en Europe[54], c'est là qu'il faut logiquement en chercher les

---

[52] Dans son rapport de mars 2016, la Bank of international settlements avertit d'une « incertitude de grande ampleur ».

[53] Jacques Adda, « Taux négatifs : le prix de la peur » (2016), *Alternatives Économiques*, No. 356, avril.

[54] La mesure est apparue pour quelque temps seulement aux États-Unis en 2008, et a

causes. Cette mesure est une mesure désespérée étant donné qu'elle est destinée à apporter une solution non conventionnelle, c'est une mesure choisie par les institutions et les particuliers dans le but d'assurer leur épargne même s'ils doivent renoncer à recevoir un taux d'intérêt positif, même s'ils doivent accepter un taux d'intérêt négatif. Ce taux d'intérêt négatif est appelé à combattre les conditions d'inflation anormalement faibles, ou de déflation et de récession, combinées à une chute du niveau général des prix, phénomènes que l'on observe depuis assez longtemps en Europe. Il a pour but essentiel de convaincre les banques commerciales de consentir des prêts aux particuliers au lieu de cumuler leur liquidité disponible à la BCE où déjà, comme cela a été mentionné plus haut, elles sont contraintes de payer elles-mêmes un taux d'intérêt négatif. Il y a une certaine logique au taux d'intérêt négatif lorsque, en période de baisse du niveau général des prix, le débiteur ayant emprunté à un taux positif enregistre des pertes, alors que le créancier enregistre un profit supplémentaire au-delà du taux d'intérêt nominal positif par le biais de l'augmentation du taux d'intérêt réel qui fructifie. Par conséquent, en période de baisse des prix, les déposants, même s'ils sont obligés de payer un taux négatif aux banques, bénéficient en fin de compte de la hausse du pouvoir d'achat qui aura été entretemps garantie par leurs dépôts. C'est justement le cas de l'UE qui est entrée dans une phase de récession et de baisse du niveau général des prix. Les taux d'intérêt négatifs, par ailleurs, ont pour but de transformer, en Europe, la déflation en inflation. Notons à ce propos que la construction de l'UE tout entière, et tout particulièrement de la zone euro, est structurée de telle sorte qu'elle protège la monnaie unique de l'inflation, alors que manifestement, ses fondateurs considéraient qu'elle ne serait pas menacée par la déflation. Or, l'Europe désire déjà davantage d'inflation.

Le fait que l'UE ait eu recours à cette mesure sans précédent, à savoir le taux d'intérêt négatif, témoigne à n'en pas douter de son incapacité à faire face aux multiples problèmes qui se sont accumulés avec les moyens traditionnels. Les problèmes de l'Europe, en résumé, sont les conséquences du manquement total à l'ensemble de ses promesses initiales faites aux citoyens européens, qui consistaient en un rythme de croissance rapide, la convergence des économies les moins développées vers les plus avancées, le plein-emploi et une répartition plus juste des revenus. Quant à l'hypothèse de la convergence des économies, qui devait être automatique d'après les croyances infondées des néolibéraux, non seulement elle ne s'est pas concrétisée, mais en plus le fossé entre le nord riche et le sud pauvre ne cesse de s'élargir. Les promesses de plein-emploi non plus ne se sont pas concrétisées, ni la croissance rapide. L'Europe n'a pas tenu non plus sa promesse d'une répartition plus juste des revenus, puisque les inégalités se sont accrues en raison de la concentration des richesses dans les mains d'un nombre de plus en plus petit d'oligarques.

---

ensuite été instaurée en Europe, en 2012. En 2016, le Japon s'y est également engagé.

Cependant, dans l'environnement fortement mondialisé de l'UE, qui combine dans le même temps les vues dogmatiques extrêmes des néolibéraux et les effets de l'activité chaotique du capitalisme financier, ce qui a une importance capitale pour la valorisation des résultats de son économie, ce sont les chiffres et non les données de l'économie réelle. Les profits des places boursières et autres instituts financiers servaient, pendant des années, d'indicateur trompeur de bonheur, et dans le même temps régnait une indifférence prononcée pour le degré de bien-être des citoyens européens, pour le recul de la démocratie appliquée, pour l'euroscepticisme en constante augmentation, pour la baisse de la solidarité et de la cohésion en Europe. L'introduction de la monnaie unique, non seulement n'a pas amélioré le fonctionnement des économies des États membres, mais en plus elle a aggravé leur situation et a fait prendre pleinement conscience de la situation d'impasse dans laquelle se trouve l'Europe.

L'Europe a essayé de réagir face au douloureux état de son économie par le biais de la politique monétaire qui n'a cependant rien donné (Partie I, Chap. 1, B). L'économie européenne s'enfonce invariablement dans une récession chronique, laquelle de temps à autre s'intensifie avec des symptômes tels que déflation et baisse du prix des produits de base. Le taux de chômage reste élevé et même très élevé dans certaines économies du sud de l'Europe, tandis que la propension à investir est faible et par conséquent ne suffit pas à relancer l'économie. Les estimations annuelles sur le rythme de croissance sont sans cesse révisées, tandis que les prix réels sont en deçà des estimations. La principale cause de cette incapacité durable de l'UE et de la zone euro à se redresser est très probablement l'austérité imposée qui, de mesure à court terme est devenue mesure à long terme, sans date limite. Récemment, de nouvelles raisons sont venues s'ajouter, rendant plus difficile la relance de l'Europe, telles que la baisse du prix du baril de pétrole, le ralentissement de la croissance de la Chine et d'autres économies émergentes, l'apparition de multiples signes de fatigue de l'Allemagne – le moteur de l'Europe –, ou encore la montée en Europe de partis populistes d'extrême-droite. Cette évolution alimente les estimations pessimistes concernant l'avenir de l'UE. Dans le sombre paysage européen, il faudrait aussi tenir compte des échecs continuels de ses objectifs. Bien que l'un de ses principaux objectifs ait été la réduction de la dette publique, celle-ci ne cesse au contraire d'augmenter, malgré la mise en œuvre incessante d'une austérité asphyxiante.

Il est par conséquent difficile, sur la base de la situation décevante de l'économie européenne, d'interpréter l'optimisme de Mario Draghi affirmant que les taux d'intérêt négatifs « vont faire des miracles ». Et il n'est pas le seul à sembler convaincu de l'efficacité de cette mesure, puisque plusieurs économies l'ont déjà adoptée[55]. Le doute justifié concernant la capacité des

[55] Dans la zone euro, au Danemark, en Suisse, en Suède et au Japon.

taux d'intérêt négatifs à relancer l'économie européenne est alimenté par des rumeurs selon lesquelles l'objectif caché des taux d'intérêt négatifs est en fait la suppression de l'argent liquide et son remplacement par le plastique[56]. Cette opinion est renforcée par le fait que :

- En France, toute transaction en argent liquide supérieure à 1000 euros est interdite.
- En Espagne, les transactions en argent liquide supérieures à 2 500 euros sont interdites.
- En Uruguay, ce sont les transactions en argent liquide supérieures à 5 000 euros[57] qui sont interdites.
- La Grèce enfin, depuis plus de deux ans, est soumise au contrôle des capitaux.

• L'estimation d'une croissance nulle : En plus de l'austérité qui, bien qu'étant désormais la politique macroéconomique ordinaire de l'Europe, politique qui la condamne à une récession profonde, pourrait théoriquement changer sur décision des États membres, il semble qu'il y ait quelque chose de bien plus grave, sombre et menaçant. Une menace qui ne se limite pas à l'Europe même si elle en constitue le choix essentiel, et à laquelle il est extrêmement difficile d'échapper, si ce n'est impossible. C'est l'intrusion très probable sur la scène mondiale, surtout en Europe[58] qui représente un cas lourd, de conditions décrites dans la théorie d'Alvin Hansen[59] et réactualisées par Lawrence Summers[60]. Cette théorie donne absolument raison aux marchés qui prévoient une inflation très faible et des taux d'intérêt très bas pour plusieurs années : 1 % d'inflation et 1 % de taux d'intérêt. Il s'agit de la théorie de la récession durable, laquelle prévoit que les économies développées risquent d'être touchées, au-delà des effets de la crise de 2008, par une forte inégalité entre la propension à épargner et la propension à investir, la première excédant la seconde. Ce déséquilibre tire les taux d'intérêt vers le bas, et lorsque ceux-ci atteignent un niveau trop bas, la politique monétaire n'est plus en mesure de les influencer, et c'est alors que l'économie entre dans une période de longue récession[61]. Il s'agit toujours de la *trappe à liquidité*[62], qui

---

[56] Phoenix Capital research, extrait de Nikolaos Bayartakis (notification +pdfhecle+facebookmail.com), 6 mai 2016.

[57] *Ibid.*

[58] Et pas seulement, le Japon aussi et presque toutes les économies développées.

[59] « Economic Progress and Declining Population Growth », discours du Président, 1938.

[60] Dans son discours au FMI, en novembre 2013.

[61] « Secular depression » selon le terme d'Alvin Hansen.

[62] John Hicks, *Capital and growth,* New York (1965), p. 472, M. Negreponti-Delivanis (1977), *Μακροοικονομική Ισορροπία στον Καπιταλισμό και Σοσιαλισμό* [Équilibre macroéconomique dans le capitalisme et le socialisme], éd. Papazissis, Athènes, p.190-1.

apparaît dans les périodes de forte récession et où le taux d'intérêt descend tellement que les individus refusent d'accepter une nouvelle baisse. Une étude récente[63] démontre que durant les trente dernières années, les taux d'intérêt réels, aussi bien dans les économies avancées que dans celles en développement, ont baissé d'environ 4,5 points de pourcentage. Cette baisse est due à de nombreux facteurs, dont certains fonctionnent en cercle vicieux, tels que des rythmes de croissance faibles, ou encore des changements de préférence d'épargne et d'investissement, causés par la surabondance de l'épargne en même temps que la réticence à investir. On estime que les facteurs responsables de ce déséquilibre devraient influer sur les taux d'intérêt, en les gardant à un niveau bas et éventuellement négatif pour une durée assez longue, et peut-être même à partir d'aujourd'hui.

La perspective d'un monde sans croissance est effrayante[64], et les taux d'intérêt négatifs peuvent être envisagés comme « le prix de la peur »[65]. Un monde fait de sociétés où la nouvelle génération connaîtra un degré de prospérité moindre que celui de la précédente.

3c. Taux négatifs et théorie économique

L'introduction des taux négatifs dans la théorie économique générale, surtout lorsqu'ils sont considérés comme un phénomène durable et non passager, donne lieu à des difficultés insurmontables. Et cela, car le taux d'intérêt est un phénomène monétaire déterminé par quatre facteurs[66] :

• La préférence temporelle (*time preference*) : Les individus n'attribuent pas une importance égale à la consommation présente ou future. La préférence temporelle indique leur mécontentement lorsqu'ils sont contraints de reporter dans le temps une satisfaction qui pourrait être réalisée immédiatement et sans retard, *et c'est justement ce retard qui est rémunéré par le taux d'intérêt*. Dans le cas du taux d'intérêt négatif, ce raisonnement est inversé et perd son sens : les individus préfèrent la consommation future à la consommation présente et pour se l'assurer, ils acceptent d'en payer le prix : le taux négatif.

• La productivité marginale du capital, qui est le rendement d'une unité supplémentaire investie. Dans le cas du taux négatif, l'individu attendra probablement un rendement marginal négatif du capital, en raison de la récession et de la baisse de la demande de consommation et par conséquent, il n'investira pas (le déséquilibre entre l'épargne supérieure à l'investissement s'en trouvera amplifié).

---

[63] Lukasz Rachel, Thomas D. Smith (2015), « Secular drivers of the global real interest rate », Staff working Paper No. 571, 11 décembre.

[64] Patrick Artus, Marie-Paul Virard (2015), *Croissance zéro,* éd. Fayard, Introduction.

[65] Jacques Adda, « Taux négatifs : le prix de la peur », *op. cit.*

[66] Raymond Barre, *Économie Politique*, T. 2, sous la direction de André Marchal (1956), éd. Presses Universitaires de France; John Bates, *Keynes, Rate of Interest, Essays in Monetary Theory* (1940).

• L'augmentation de la quantité de monnaie en circulation, assurée par le privilège d'émission des banques (l'augmentation de la quantité de monnaie, dans le cas du taux négatif, ne réduira pas davantage son niveau, et il n'y aura pas de relance économique).

• La préférence des individus pour la liquidité (laquelle ne se manifeste pas en cas de taux négatif, étant donné qu'elle indique l'existence d'une liquidité excessive).

Le maintien sur une longue durée des taux d'intérêt négatifs constitue un cas qui ne peut être interprété par les principes généraux de l'économie (d'un commun accord, dans de nombreux autres cas qui n'obéissent plus à des règles établies, à cause des conséquences incompatibles de la quasi-invasion de la mondialisation, du néolibéralisme extrême et du stade de développement du marché boursier)[67].

3d. Ce qui empêche les économies avancées modernes d'atteindre l'équilibre[68]

Lawrence Summers, en ressortant la théorie d'Alvin Hansen de la fin de la croissance, explique pourquoi la baisse du taux réel de plein-emploi, associée à une inflation faible, ne permettra peut-être jamais d'atteindre le plein-emploi[69].

D'abord, Lawrence Summers démontre qu'en 2008, le revenu réel était beaucoup plus bas que le potentiel anticipé. En Europe, notamment, le PIB de 2008 était de 15 % inférieur à celui escompté, lequel avait été estimé à seulement 10 % de moins que le potentiel. Le même constat vaut également pour les États-Unis et le Japon, avec un écart toutefois moins important. Cet écart menace de rester important en Europe, comparé aux autres économies avancées, en raison d'une évolution dans le mauvais sens de sa démographie, de sa productivité, de sa dette élevée et de ses mesures de politique économique moins efficaces[70]. Cet écart fait apparaître une perte de revenu permanente, tandis que le revenu potentiel tombe à un niveau de plus en plus bas. *Il en ressort que des mutations drastiques ont eu lieu dans l'environnement macroéconomique, et qu'elles ne permettent plus l'hypothèse d'un revenu et d'un emploi stables et durables*. En d'autres termes, les forces du marché (selon l'hypothèse des classiques), ou la politique monétaire et budgétaire (selon l'hypothèse keynésienne), ne sont plus en mesure de ramener

---

[67] M. Negreponti-Delivanis, « La dévalorisation de la théorie économique dans le nouvel ordre économique international », rapport au Colloque à l'Université Valachia (Targoviste), 17-18 octobre 2014 - Espaces Européens (publié dans le procès-verbal).

[68] Lawrence H. Summers (2014), « Reflections on the New Secular Stagnation Hypothesis », CEPR *op. cit.*, p. 27-38.

[69] FERIR= Taux d'intérêt réel de plein-emploi.

[70] Comme le soutient Nicholas Crafts (2014), « Secular stagnation : US hypochondria, European disease ? », CEPR, *op. cit.*, p. 91et suiv.

les grandeurs, essentielles pour atteindre l'équilibre, à leur point de départ. *Cela signifie que la politique monétaire traditionnelle sera dorénavant dans l'incapacité de parvenir simultanément à des conditions de plein-emploi, de croissance rapide et de stabilité financière. Europe et Amérique émettent depuis 2009 des signaux économiques qui ne réagissent pas aux stimuli intérieurs et extérieurs.* Supposons que l'économie subisse un déséquilibre de la forme S > I. Comment l'équilibre pourra-t-il se rétablir sur le marché des bien (v. analyse Partie I, Chap. 1 et graphique 1) ? Il le pourra grâce à la baisse du taux d'intérêt, jusqu'à ce qu'à ce que l'investissement augmente et atteigne l'épargne au point du plein-emploi. Or, le problème réside justement dans le fait que la baisse du taux d'intérêt exige une flexibilité absolue, laquelle fait toutefois défaut aux économies modernes avancées (v. Partie I, Chap. 2). Ainsi, la politique monétaire et budgétaire n'aura-t-elle une incidence sur le FERIR (taux d'intérêt réel de plein-emploi) que dans la partie épargne et investissement, sans satisfaire toutefois les conditions de l'équilibre général ni les exigences du plein-emploi. Les changements qui ont eu lieu dans les grandeurs macroéconomiques de base des économies avancées, comme l'explosion des déséquilibres dans la répartition des revenus qui augmente la propension à épargner et diminue la propension à consommer, comme la baisse des prix des biens d'équipement qui nécessitent une quantité d'épargne pour leur achat moindre qu'auparavant, comme la baisse de la population active consécutive au vieillissement de la population mais aussi au remplacement du travail par le capital etc., tous ces changements font baisser le FERIR. En outre, la baisse des dépenses due à l'importance de la dette privée qui est passée de 126,3 % en 2005 du PIB à 131,5 % en 2015[71] constitue un important facteur défavorable de lutte contre la stagnation. Il est estimé que cette dette restreint d'en moyenne 4 % les dépenses globales des économies de l'OCDE et constitue un facteur de baisse du taux d'intérêt réel naturel. Du point de vue de la dette, la position du sud de l'Europe et de la Grèce en particulier est jugée critique, celle-ci ayant été contrainte d'atteindre un excédent primaire de 3,5 % de son PIB jusqu'en 2022 et régler, dans ces conditions, le problème de la stagnation économique est tout simplement impossible. En outre, les économies plombées par une dette élevée doivent, pour la combattre, réduire les investissements publics et les dépenses d'éducation et de santé.

On peut se demander, finalement, dans quelle mesure le recours à des taux d'intérêt négatifs offre une solution satisfaisante à ce problème actuel. Et la réponse n'est pas simple. D'abord, le problème est le concept non orthodoxe de l'instauration du taux d'intérêt négatif, dont le recours renverse presque complètement la théorie économique. Si le taux d'intérêt réel physique tourne autour de ne serait-ce que − 4 %, l'équilibre ne pourra être atteint avec une inflation inférieure à 4 %, lequel objectif ne sera probablement ni poursuivi ni

---

[71] Données provenant de la Banque mondiale.

atteint. C'est le cas de l'aire que Paul Krugman appelle le « piège de la timidité »[72] où un taux d'inflation relativement élevé est exigé pour atteindre l'équilibre, comme les 4 % lorsque le taux d'intérêt réel est à − 4 %. Or, ce taux d'inflation relativement élevé sera considéré comme un choix de politique monétaire possiblement dangereux et à rejeter par les décideurs des économies avancées qui restent attachés à la conception en vigueur de l'austérité et de la nécessité de réaliser des balances, tandis que pour les taux d'inflation les plus bas, aucune solution n'est envisageable.

Mais au-delà de cette difficulté, le succès de l'instauration d'un taux d'intérêt bas présuppose des estimations optimistes d'une inflation forte[73]. En phase de récession, toutefois, les estimations sont favorables à la poursuite de la baisse du taux d'inflation et ne sont pas favorables à sa montée. Tous les efforts visant la reprise de l'économie en phase de récession ont très peu de chances d'aboutir, et rappellent avec constance la nécessité de réviser les outils de la politique macroéconomique.

3e. Le rôle obscur du système parabancaire

En périodes de taux d'intérêt bas, de rendements obligataires et de demande élevée d'investissements sûrs, le « système bancaire parallèle » fleurit, contournant tous les règlements auxquels les banques sont normalement soumises. L'actif du système bancaire parallèle est estimé à 75 trillions de dollars[74], montant astronomique qui représente à peu près 25-35 % du système bancaire international. Si cette somme venait à être retirée, cela provoquerait un bouleversement extraordinaire de l'économie mondiale. À ce propos, Gaston Gelos, chef de l'équipe d'analyses de la finance mondiale du FMI, déclara mot pour mot : « Il est très important de comprendre ce qui se passe dans cet univers mystérieux et secret pour évaluer les dangers qui nous menacent, nous et notre entourage ».

C. Les bouleversements dans la théorie économique dominante

Si cet ensemble de difficultés a été gardé pour la fin de ce chapitre, ce n'est pas parce que ses effets sont moins graves que les autres. Ces bouleversements ont peu à peu rendu extrêmement difficile, voire souvent impossible, l'utilisation des outils classiques de la théorie dominante pour résoudre les problèmes socio-économiques fondamentaux. Cela crée ainsi des problèmes insurmontables aux économies modernes, les empêchant de fonctionner normalement, d'atteindre l'équilibre général, facilitant des conditions

---

[72] Paul Krugman (2014), « Four observations on secular stagnation », CEPR, *op. cit.*, p. 61 et suiv.

[73] *Ibid.*, p. 66.

[74] « Η σκιώδης τραπεζική απειλεί την παγκόσμια οικονομία » [Le système bancaire parallèle menace l'économie mondiale] (2014), *To Vima*, 12 octobre.

d'exploitation du travail et affermissent la conviction que la normalité économique a disparu des économies modernes avancées.

En effet, au cours des dernières décennies, des mutations considérables se sont produites dans le tronc économique des économies modernes avancées, et en paralysent peu à peu le fonctionnement normal, du moins dans la forme que lui connaît la théorie dominante. Ces procédés auraient dû provoquer une grande inquiétude, or, il semble plutôt qu'ils n'aient pas suscité l'attention nécessaire des économistes qui s'avèrent être dans l'incapacité d'aborder et de résoudre les problèmes socio-économiques essentiels au moyen des outils théoriques classiques de l'économie.

Il est en effet incontestable que les nouveaux aspects en constante évolution du stade de développement post-industriel que sont en train de traverser les économies avancées, marquent la fin de presque tous les théorèmes, convictions et hypothèses économiques. Une part importante du contenu classique de l'Économie politique, telles qu'elle était enseignée et continue de l'être dans les universités du monde entier, n'est plus en mesure d'interpréter la nouvelle réalité économique et d'offrir des solutions à ses problèmes épineux. *Nous avons besoin de nouveaux outils d'interprétation qui – à l'heure actuelle – ne sont pas encore disponibles. Du fait de cette lacune, le fonctionnement des économies modernes est devenu chaotique, soumis à la loi de la jungle*[75].

Cette désorganisation des économies avancées ne s'explique pas uniquement par l'adoption, au milieu des années 1970, d'un système tel que le laissez-faire, laissez-passer. Car le simple manque d'interventionnisme de l'État ne suffit pas à abolir, de manière aussi drastique, les lois économiques sur lesquelles reposent les fonctions essentielles de l'économie. Au contraire, le rejet de ces lois est dû, comme il ressort de l'évolution moderne, aux effets parallèles de la mondialisation, au passage du capitalisme à un stade de développement industriel postérieur, à l'adoption d'un modèle néolibéral fanatique, le tout, imprégné d'idéologies extrêmes. Par conséquent, chaque forme de barbarie que nous vivons quotidiennement est, d'abord le résultat combiné d'évolutions inéluctables s'intensifiant avec des interventions dans le même sens, mais aussi celui de l'absence d'interventions.

Ce sujet d'une importance capitale, à savoir la constatation et l'analyse des transformations que subissent, depuis les années 1970, les outils théoriques traditionnels d'interprétation de la réalité économique, n'est qu'une simple introduction. Il vise plus précisément à concentrer l'intérêt d'autres chercheurs du futur, car il y a un besoin urgent de trouver de nouveaux dispositifs

---

[75] Pour autant que je sache, aucune étude sérieuse n'a été réalisée sur les effets que ces changements combinés ont pu avoir sur la portée de l'application des principes de la théorie économique moderne.

d'interprétation qui remplaceraient tout ce que les mutations transversales des économies modernes ont rendu obsolète. *Car il est clair que sans ces outils, il sera désormais très difficile de parler de science économique.*

Ci-après, certains problèmes appartenant à cette catégorie.

1. Changements autonomes qui abolissent des projets théoriques du passé :

1a. Dans le facteur « travail » :

• Combinaison d'heures de travail et heures de repos : La théorie économique dominante enseigne que le travailleur équilibre[76] en combinant heures de travail et heures de repos, de sorte que le mécontentement provoqué par la dernière heure de travail s'ajuste sur l'utilité qui ressort de la rémunération de cette dernière heure. L'analyse des courbes d'indifférence de l'offre de travail s'appuie sur l'hypothèse d'optimisation de l'utilité du travailleur, par la combinaison heures de travail et heures de repos, en rejetant les deux extrêmes qui ne permettent pas de combinaison : à savoir qu'un extrême prévoit 16 heures de travail – qui est la limite supérieure naturelle de la durée de travail – et l'autre extrême est le salaire le plus élevé que le travailleur puisse s'assurer s'il accepte de travailler 16 heures, qui serait de 100 euros par jour. Dans ces conditions, il aura zéro heure de repos –à l'exception des huit heures de sommeil[77].

La possibilité de choisir, pour le travailleur, entre les heures de travail et les heures de repos a toujours rencontré des difficultés qui provenaient notamment des conventions collectives, lesquelles déterminaient les heures de travail pour l'ensemble des travailleurs. Mais, en dehors du fait que cette règlementation générale était censée exprimer le point d'équilibre des travailleurs dans leur ensemble, il a toujours été possible pour ceux qui le voulaient, du moins en théorie, d'avoir des heures de travail en plus ou en moins par rapport au règlement général.

Avec le nouveau régime qui prend forme d'une manière particulièrement oppressive, surtout au sein de l'UE (et à un degré plus modéré au niveau mondial), il est devenu presque impossible pour les travailleurs de choisir entre les heures de travail et de repos, et cela car :

– Premièrement, avec un taux de chômage de la population active européenne persistant à deux chiffres[78], et surtout avec un taux de chômage

---

[76] Autrement dit, il parvient au maximum par rapport aux données existantes et ne désire pas modifier sa position si les données ne changent pas. V. M. Negreponti-Delivanis (1983), *Μικροοικονομική Ανάλυση* [Analyse microéconomique], Vol. I, Partie II, éd. Sakkoulas, 2e édition.

[77] *Ibid.*

[78] Avril 2014.

devenu permanent, le travailleur n'a aucune latitude pour choisir (s'estimant chanceux d'avoir un emploi), mais par contre, il est de plus en plus obligé de se soumettre aux exigences de son employeur : heures de travail indéterminées et sans cesse modifiées, travail dominical et les jours fériés, rémunération non négociable, imposée unilatéralement par l'employeur[79].

– Deuxièmement, on ne peut plus parler de défense des travailleurs qui, par le passé, pouvaient compter sur la « classe ouvrière » et la « conscience de classe »[80], capables de défendre et de revendiquer leurs droits[81]. Depuis deux décennies, le syndicalisme recule dans presque tous les pays et a vu sa densité passer à tout juste 20 %. La société post-industrielle a détruit les liens socio-économiques et la solidarité face à des revendications démocratiques communes. Il y a trois raisons principales à ce changement. La première, ce sont les changements radicaux apportés par la mondialisation dans le mode de production de la société post-industrielle, transformant le travail de plein-emploi en une forme de travail atypique, et mettant de plus en plus à l'écart le régime du plein-emploi. La deuxième raison concerne le fait que la production n'a plus lieu dans l'usine, où les travailleurs avaient la possibilité d'organiser leurs revendications pour des conditions de travail plus humaines et un salaire plus équitable. Au contraire, la production est fragmentée et en général disséminée dans plus d'un pays, tandis que le travail intellectuel, qui a largement remplacé le travail physique du stade industriel, peut être effectué n'importe où[82]. Et enfin, la troisième raison, complémentaire des deux précédentes, met en lumière l'existence de nombreux types de travail dans la société post-industrielle qui ne permettent pas le regroupement et l'action commune des travailleurs et qui, de plus, rendent inapplicable la dépendance de leur salaire par rapport à la productivité, comme le prévoit et l'exige la théorie dominante. Pour quelle raison, avec quels outils de la théorie économique devrait-on interpréter la différence entre le salaire le plus élevé des patrons de grandes entreprises et le salaire moyen des travailleurs de la même entreprise qui était supérieur de 45 fois en 1989[83], et de 475 fois en 1999[84] ? Certainement pas sur la base de la différence de leur productivité.

– Troisièmement, lorsque le salaire est pendant longtemps « immobilisé » au niveau le plus bas possible, comme c'est de plus en plus partout le cas, notamment dans le sud surendetté de l'Europe, le travailleur est forcé de

---

[79] Je précise que tout cela est plus visible et habituel dans les économies du sud de l'Europe.

[80] Alain Touraine (2013), *La fin des sociétés*, éd. Seuil, Paris, p. 45, 62, 97, 205, 548.

[81] M. Negreponti-Delivanis (2002), *Mondialisation conspiratrice,* Paris, L'Harmattan, Chap. 2, III.

[82] *Ibid.*

[83] *The Economist,* 8 mai 1999.

[84] A. Bianco, L. Lavelle (2000), « The CEO Trapp », *Business Week*, 11 décembre.

travailler le plus d'heures possible par jour et par semaine (dans la mesure, bien sûr, où il a un emploi) et par conséquent, il ne peut se permettre de combiner heures de travail et heures de repos[85].

– Et quatrièmement enfin, le produit de la société post-industrielle n'est plus matériel ou exclusivement matériel, comme l'était celui du stade industriel. Il est constitué de concepts nouveaux et d'éléments immatériels qui rendent extrêmement difficile, voire impossible, le calcul de la productivité des travailleurs. Comme le mode de calcul de la productivité des travailleurs n'a pas été remplacé par un nouveau et qu'il repose sur la même base, la définition de la rémunération du travail suit des méthodes indéterminées et conjoncturelles, propices à toutes sortes d'exploitation. Le problème, toutefois, ne se réduit pas au seul domaine des injustices sociales, puisque selon la théorie économique dominante des néoclassiques, de Marx mais aussi de Keynes, le non rendement de la productivité dans chacun des facteurs de production utilisés dans un processus de production donné, notamment s'agissant d'une stratégie à long terme, est la cause de graves déséquilibres et crises économiques.

• Le calcul de la productivité du travail : L'estimation de la productivité du travail, dans tout processus de production est la condition *sine qua non* de la théorie économique dominante pour de nombreuses actions entrant dans le cadre plus général de la réalisation de l'équilibre de l'entreprise, des facteurs de production, mais aussi de l'ensemble de l'économie. Or, dans le nouveau contexte de l'économie post-industrielle et mondialisée, on pourrait dire que le calcul de la productivité du travail[86] (et du capital d'ailleurs) est en pratique impossible. Et cela, parce qu'il s'agit de services et non de biens matériels, et qu'il n'est pas possible d'établir une évaluation de la productivité, qui demande des calculs marginaux, alors que le prix des nouveaux produits, dans l'économie, n'est pas lié à leur coût de production. Plus exactement, les sociétés cherchent à maximiser leurs profits grâce à la hausse du prix de leurs actions qui sont habituellement sans aucun rapport avec le coût de production[87]. De plus, la plus grande part du coût des nouveaux produits est elle aussi immatérielle, car les dépenses fixes sont très restreintes[88]. Et comme

---

[85] La réduction des salaires est une tactique habituelle, non seulement dans les économies du sud de l'Europe où elle a pris une dimension démesurée, mais aussi dans le monde entier, où elle est facilitée d'abord par la menace de délocalisation d'entreprises, ensuite par l'afflux de migrants essentiellement clandestins qui font baisser le niveau du salaire moyen et enfin, par la doctrine de la compétitivité basée sur les licenciements massifs de main-d'œuvre.

[86] Ce calcul prévoit un équilibre de l'entrepreneur lorsque le salaire pour un travail marginal est égal au revenu marginal.

[87] M. Negreponti-Delivanis (2002), *op. cit.* p. 398 et suiv.

[88] Les frais de vente ont beaucoup baissé en raison du commerce en ligne et de la généralisation du travail à temps partiel – qui réduit le plein-emploi –, réduisant

le fait clairement remarquer Élie Cohen[89], « notre appareil statistique a été construit pour mesurer des actifs tangibles, des frigos, des voitures, des immeubles. Il a du mal à apprécier l'amélioration de la qualité et n'est plus très adapté à la quantification de l'immatériel ». Par ailleurs, la fragmentation de la production en différents stades et lieux géographiques a pour but de favoriser les *paradis fiscaux* pour ne pas avoir à payer d'impôts.

L'incapacité criante de calculer la productivité du travail à l'époque économique moderne vient aussi du fait que son importance, partout dans le monde, a été dégradée par les agents compétents en tant que base pour déterminer le salaire des travailleurs. Mais si cette base traditionnelle est devenue obsolète, y en a-t-il une autre pour la remplacer ? Et s'il n'y en a pas, comment le salaire est-il déterminé, *in fine*, dans les économies modernes ? Il va sans dire que cette façon finalement arbitraire de déterminer le niveau de la rémunération du travail peut entraîner de nombreux et dangereux déséquilibres.

• L'entrepreneur classique a disparu : Dans la nouvelle époque de la mondialisation, du néolibéralisme et du stade post-industriel, la forme, les compétences, les objectifs et l'attitude en général de l'entrepreneur classique ont été remplacés par un être aux visages multiples qui ne ressemble en rien à la description que fit de lui Joseph Schumpeter. Les principales différences entre l'entrepreneur classique et ce qui l'a remplacé peuvent se résumer comme suit[90] :

– Les entrepreneurs, tels que décrits dans les livres classiques d'économie, ces chefs d'entreprise n'existent plus, et ceux qui existent ne sont pas propriétaires de l'entreprise. Les véritables propriétaires de l'entreprise moderne sont des individus doués *qui sont obsédés par l'entreprise*. Mais de l'autre côté, la rémunération des facteurs traditionnels de production est comprimée, alors que leur poids spécifique dans la valeur finale du produit (lequel est généralement immatériel) baisse. Dans la forme moderne de l'entreprise, le personnage central est le CEO/manager, dont la rémunération est souvent astronomique et qui doit être doté d'aptitudes exceptionnelles et multiples.

– Les nouveaux chefs des entreprises modernes sont des innovateurs, des créateurs d'idées capables d'assurer des monopoles et de réaliser d'importants profits monopolistiques, rendant dépassées les pratiques précédentes. Par ailleurs, l'apparition de nouveaux produits et services informatiques ne permet

---

sensiblement les dépenses fixes.

[89] Directeur de recherche au CNRS. Cité par Béatrice Mathieu (2017), « Les chiffres trompeurs de la croissance », *L'Express*, 31 mai.

[90] R. Reich, interview au journal *Le Monde*, 7 septembre 1997, *Business Week*, 28 août 2000.

souvent pas de réaliser des profits, si le marché a été gagné par des concepts nouveaux et produits de la concurrence.

– Faire accepter de nouveaux concepts c'est se confronter à des obstacles difficiles. Cela suppose une éducation exigeante qui soit en mesure d'assurer la formation d'un petit nombre d'enfants doués, avec un goût exceptionnel – et ce dès le plus jeune âge – pour la résolution de problèmes liés aux nouvelles technologies. De toute évidence, dans ce domaine, les aptitudes ne suffisent pas, elles doivent s'accompagner d'une facilité de financement très élevé de cette éducation spécifique. Il s'agit en fait d'un *circuit fermé*, dont les membres se retrouvent et échangent connaissances et points de vue, de sorte que les nouveaux concepts finissent par avoir des résultats cumulés[91].

– L'environnement de la nouvelle technologie rend obsolète, en outre, le capital considérable de la théorie économique dominante concernant la formation des prix. D'après la théorie économique dominante, vendeurs et acheteurs se retrouvent sur le marché et déterminent ensemble le prix des produits. Mais cette façon de déterminer les prix appartient surtout au passé, étant donné que le nouvel environnement économique, pour autant que le produit ou service en question, en l'absence de produit ou service de substitution proche, aura très probablement un prix de vente sans rapport avec le coût de production ou avec son degré de rareté. On pourrait bien entendu rétorquer que le prix est fonction de l'utilité sociale du bien ou du service, et qu'il est calculé selon la quantité d'utilisateurs. Cependant, même le contenu de l'utilité sociale est loin d'être clair dans la nouvelle économie, étant donné que le nombre d'utilisateurs détermine fortement le prix de l'action de la société, tandis que la valeur réelle des sociétés est par principe indéterminée, et son calcul difficile, voire impossible. En effet, les actions de sociétés, qui ont assuré d'importants profits pendant longtemps, pourraient s'avérer après coup être de mauvais investissements, comme ce fut le cas pour de nombreuses fusions de sociétés qui avaient en fait dissimulé certaines de leurs caractéristiques indésirables. Soulignons encore à ce propos le fait que la tendance à comprimer le poids spécifique de la classe moyenne, dans les économies modernes[92], aggrave l'instabilité des préférences des consommateurs qui est illustrée par les prix des biens et services dans la *nouvelle économie*.

1b. Dans le mode de distribution du produit

La théorie économique dominante accepte l'hypothèse de la stabilité sur le long terme des parts du travail et du capital, surtout, évidemment, dans le secteur industriel où 1/3 du produit rémunère le capital et les 2/3 le travail.

---

[91] *Ibid.*, p.137.

[92] Au moyen des très grandes inégalités dans la répartition des revenus et du recul de la fiscalité progressive.

Ces parts résultent de la productivité marginale du capital et du travail multipliée par le nombre d'unités utilisées dans chaque processus productif. Cette stabilité était réelle pendant toute la période qui a suivi la Deuxième Guerre mondiale jusqu'à il y a une vingtaine d'années, en dépit des conditions de mise en place exigeantes et à première vue difficiles[93]. La stabilité des parts des deux facteurs de production de base[94], le travail et le capital, durant cette longue période, a été rendue possible par les compensations et substitutions entre le travail et le capital. Le principe généralement admis est que la productivité marginale du facteur dont le rythme de croissance de la demande est plus rapide que celui du deuxième, assure une rémunération inférieure (correspondant toujours à sa productivité marginale) et que chaque unité supplémentaire augmente moins le produit qu'une unité supplémentaire du deuxième facteur. *Toutefois, tout cela ne vaut plus depuis les deux dernières décennies, et au contraire on constate une chute considérable de la part du travail en faveur du capital.*

Le fait que le mode de répartition, basée sur la fonction de Cobb-Douglas et qui après avoir été longtemps efficace ne fonctionne plus, s'explique essentiellement par le genre de progrès technique qui semble désormais dominer dans le stade de développement post-industriel. Contrairement au progrès technique intégré qui prévalait dans le stade industriel précédent et augmentait la productivité des deux facteurs de production de base – davantage pour celui du capital[95] –, maintenant le progrès technique est non intégré et sa mise en œuvre n'exige aucun investissement antérieur en capital fixe[96], car il se présente sous la forme de connaissances humaines améliorées. Le progrès non intégré permet l'amélioration de la productivité des deux facteurs de production de base, mais pas nécessairement dans la même proportion. Ce qui signifie que le progrès technique non intégré entraîne une baisse simultanée des relations Capital/Produit et Travail/Produit[97]. La différence majeure entre ces deux formes de progrès technique qui est, en outre, à l'origine des difficultés du nouveau stade de développement, réside dans le fait que le progrès technique non intégré crée une augmentation qualitative de la productivité et non plus quantitative, ce qui est très difficilement mesurable. L'absence d'outils théoriques qui remplaceraient les exigences préalables de la fonction de Cobb-Douglas, laisse le champ libre à

---

[93] Conditions de compétitivité parfaite, mobilité absolue des facteurs de production, homogénéité des facteurs de production.

[94] Joan Robinson (1964), « Factor Prices not Equalized », *Quarterly Journal of Economics*, mai 1964, p. 205.

[95] R.M. Solow (1960), « Investment and Technical Progress in Mathematical Methods in the Social Sciences », éd. K.J. Arrow, Stanford, p. 89-104.

[96] D. Dewey (1965), *Modern Capital Theory*, New York, p. 141.

[97] M. Negreponti-Delivanis (1974), « Réflexions sur le rendement du progrès technique », Mélanges en l'Honneur du Professeur Émile James, p. 293-302.

l'exploitation du facteur « travail ». Or, même le déséquilibre de cette forme, surtout parce qu'il dure depuis longtemps et n'est pas passager, provoque de graves problèmes macroéconomiques dans les économies modernes. Ces problèmes relevant du mode de répartition des revenus se résument au fait que le rythme de croissance du capital est plus rapide que celui du PIB. Notons ici que les conséquences de l'explosion du déséquilibre dans la répartition des revenus révèlent de façon flagrante que les économistes qui en ignorent les dangers sous prétexte que « l'important c'est l'augmentation du PIB et non sa distribution », se trompent.

1c. Dans le secteur du développement et de la croissance économiques

Dans les économies modernes, la diminution de l'importance du processus de croissance est de plus en plus sensible. Il s'agit d'une évolution autonome du nouvel ordre économique international, mais il s'agit également d'un choix conscient des agents compétents dans le but de protéger la libre circulation des capitaux en quête du profit maximum d'un bout à l'autre de la Terre. Dans cette section, nous allons nous intéresser à la dégradation autonome de la croissance. Telle un château de cartes, elle commence à s'ébranler, puis s'effondre complètement. Et c'est justement ce qui s'est produit à la fin des Trente glorieuses, autrement dit du milieu des années 1970 à aujourd'hui. La croissance et le développement économiques ne sont plus une priorité dans les économies avancées, car des difficultés intrinsèques s'opposent à leur réussite. Il s'agit essentiellement de la maturité économique qui, étant arrivée à un certain point critique de croissance, fonctionne de manière réduite, freinant le rythme de la croissance rapide du passé. Hormis les effets néfastes de la maturité économique sur le processus de croissance, la négligence dont elle est l'objet dans les économies modernes semble inéluctable, puisqu'elle appartient à l'économie réelle, laquelle a vu son importance reculer considérablement par rapport à l'économie boursière. Rappelons simplement qu'entre les années 1992 et 2007, la taille du marché boursier avait augmenté de 150 fois[98] par rapport à celle des économies réelles. Mais il ne faut pas ignorer non plus le fait que le souci traditionnel d'accélérer le rythme de la croissance[99] est sérieusement contrarié à cause aussi de l'insuffisance de la demande qui affaiblit toutes les propensions à la production : la consommation, l'épargne, l'investissement et l'innovation. Dans la nouvelle réalité économique où les déséquilibres ont atteint des sommets, les riches n'investissent pas dans l'économie réelle, mais thésaurisent leurs gains ou préfèrent les placer en bourse[100], toujours en quête de profits faciles et rapides. En outre, le rapport économie réelle et virtuelle/économie boursière tel qu'il

[98] « Le crach du libéralisme » (2008), *Manière de voir*, No 102, janvier.

[99] Du moins pendant de longues périodes entrecoupées de crises, plus fréquentes que dans le passé.

[100] M. Dolan (2014), « Why the rich are hoarding their cash », *The International New York Times Edition,* 12 juin.

est devenu dans les économies modernes, explique assez bien les déséquilibres importants et ingérables qui se sont établis. Les liquidités dans l'économie internationale approchent les 230 trillions de dollars, autrement dit trois fois la valeur du PIB mondial. Selon des estimations, près de la moitié de la masse de liquidités mondiales est localisée dans les paradis fiscaux, alors que seulement 2 % sont utilisés pour le paiement des exportations, des importations et des échanges de services, et 98 % servent la spéculation[101]. La politique monétaire est ainsi devenue inutile, puisque *in fine* elle ne peut influer que sur 2 % environ de la masse des liquidités mondiales.

La diminution de l'importance de la croissance est particulièrement visible dans la zone euro, en raison des spécificités de la monnaie unique dont la survie nécessite un contexte de récession, elle-même assurée par l'austérité. Dans la zone euro, par ailleurs, la relance de la croissance est rendue encore plus difficile par le fait que l'euro est en réalité une monnaie neutre, c'est-à-dire qu'il n'est pas en état de créer de l'inflation ou de la déflation[102].

1d. Dans le secteur monétaire

Le schéma, au début incroyable, des taux d'intérêt négatifs qui n'avait pas même été imaginé au moment de la grande crise économique de 1929-33 est désormais une réalité que la théorie économique dominante a du mal à interpréter. Cette évolution incroyable peut se prévaloir du fait que 30 % de la totalité de la dette publique des pays de l'OCDE, autrement dit environ 13 trillions de dollars, a un taux d'intérêt négatif[103]. Mais même dans le secteur privé, des cas apparaissent qui, il y a peu, auraient été qualifiés d'anecdotiques, comme par exemple celui d'un médecin danois ayant contracté auprès d'une banque de son pays un emprunt sur trois ans pour l'achat d'un logement et, alors qu'il pensait devoir payer des intérêts, recevait au contraire 17 couronnes par mois[104]. En Suisse, des obligations d'État suisses à cinquante ans ont un rendement négatif, et il en va de même en Allemagne. Des situations de toute évidence sans précédent qui annihilent tous les cours d'économie sur le sujet dans le monde entier, et donnent raison à ceux qui sont convaincus de l'arrivée de la *stagnation séculaire* dans le monde.

---

[101] M. Rocard (2015), *Suicide de l'Occident-Suicide de l'Humanité*, éd. Flammarion, Paris, p. 109.

[102] M. Negreponti-Delivanis (2004), *Ητύχητουευρώ, μετάτηνκηδείατου Συμφώνου Σταθερότητας* [Le sort de l'euro après l'enterrement du Pacte de stabilité], éd. Fondation Delivanis et Kornilia Sfakianakis, Thessalonique.

[103] Tyler Durden « With over $ 13 trillion in negative yielding debt, this is » (http://www.zerohedge.com/print/565787); The Pain A 1% Spike in Rates Would Inflict (http:// zerohedge.com/print/565787), Zero Hedge, 10 juillet 2016.

[104] *Ibid.*

2. Les agents compétents choisissent sciemment d'accentuer leur impuissance face aux problèmes économiques

2a. Chômage et inégalités sont des choix inavouables

Je vais commencer avec la compétitivité dont la quête frénétique et les manœuvres pour l'atteindre expliquent, à mon avis, bien des souffrances dans les économies modernes, et surtout européennes. Je voudrais faire remarquer, à ce propos, qu'avec l'introduction dans l'UE du Pacte de compétitivité, l'Allemagne appelle les États membres à la prendre en exemple et à s'efforcer de devenir aussi compétitifs qu'elle. Or, on sait bien que si tous les pays essaient d'imiter l'Allemagne et suivent son modèle mercantiliste[105], il n'en sortira rien de bon[106]. En outre, une telle entreprise entraînerait tous les pays dans le marasme économique[107]. La compétitivité, contrairement à la concurrence saine, a un caractère hautement agressif et hostile, car sans parvenir nécessairement à maximiser le résultat économique, elle vise avant toute chose à éliminer tous les rivaux. C'est une stratégie qui vient de l'environnement classique et néoclassique où tous les opérateurs économiques dans le commerce international sont censés tirer profit, tandis que dans l'environnement sauvage de la compétitivité, la hausse de la compétitivité de l'économie A entraîne une baisse de la compétitivité de la B. En effet, la façon dont la compétitivité est appliquée, sachant qu'elle n'obéit à aucune règle bien définie, montre que son objectif premier est la maximisation de la part du commerce extérieur de chaque économie, réduisant nécessairement les parts de ses concurrents. Il va sans dire que les moyens utilisés ont une importance particulière dans la réalisation de la compétitivité, car ce sont justement eux qui sont à l'origine du chaos économique actuel. Il convient ici de souligner que le principal moyen utilisé pour accroître la compétitivité est la compression du coût de la main-d'œuvre. Celle-ci se fait premièrement en minimisant la rémunération du travail, et cette mesure oblige les économies modernes à se mettre en concurrence avec les autres et à baisser toujours plus le niveau des salaires, retirant ainsi une part des exportations à leurs rivales. La compression des salaires, dans l'économie mondiale, a été considérablement facilitée par la tolérance ou même l'encouragement de l'immigration clandestine et par les facilités offertes par la délocalisation d'entreprises des économies avancées vers les émergentes. Ne serait-ce que la menace d'une simple intention de délocalisation conduit souvent les

---

[105] Justement, toutes proportions gardées, dans le passé la théorie des mercantilistes n'eut pas les résultats positifs recherchés, lorsque tous les États avancés d'alors cherchaient à accumuler la plus grande quantité possible de métaux précieux.

[106] Il y a déjà des années, la Convention de Lisbonne prévoyait qu'en 2000 l'UE serait devenue la région la plus compétitive au monde.

[107] Lesquels, mêmes s'ils y parvenaient, engageraient immanquablement dans le marasme économique, v. Gu. Duval (2011), « Faut-il imiter l'Allemagne ? », *Alternatives Économiques*, No 300, mars.

travailleurs à accepter une baisse de rémunération, pensant ainsi éviter la délocalisation de leur entreprise. Par ailleurs, la baisse du niveau des salaires ne se limite pas au salaire direct, elle s'en prend aussi au salaire indirect ou social, désactivant progressivement les fonctions primordiales de l'État-providence. Mais il convient également d'insister sur le fait que la compression du coût du travail se fait aussi par les licenciements massifs qui restreignent le volume de l'emploi. Par conséquent, le renforcement de la compétitivité des économies modernes implique également qu'elles tolèrent une hausse du chômage, officiel ou déguisé, puisqu'il est reconnu, indirectement pour ne pas dire clairement, que le chômage sert leurs objectifs, ce qui explique l'absence de mesures efficaces pour l'absorber. *La compétitivité apparaît donc comme l'ennemi numéro un des travailleurs, car elle s'éloigne incontestablement de l'effort visant à augmenter la productivité qui est répartie entre les deux facteurs de production de base, le travail et le capital. La compétitivité est dopée par la baisse des salaires et ne bénéficie qu'au capital.* Dans ces conditions, l'explosion des inégalités dans la répartition des revenus, rigoureusement analysée dans l'excellent livre de Thomas Piketty[108], est la conséquence de ces profonds déséquilibres qui, s'ils ne sont pas combattus avec efficacité, risquent de s'intensifier dans un avenir proche et de déstabiliser complètement l'économie mondiale. La réduction des inégalités, comme on le sait, se fait au moyen de la fiscalité progressive, et même si ce moyen n'est pas parfait, il apparaît comme étant le plus efficace de tous. Et pourtant, aussi bien la progressivité de l'impôt que l'imposition du capital sont en recul dans les économies avancées modernes. Les inégalités sont exacerbées par l'augmentation du poids spécifique de l'économie parallèle, laquelle est tacitement tolérée par les néolibéraux comme l'une des expressions importantes de la liberté individuelle. Or, en fait, la liberté individuelle exempte d'impôts et c'est ainsi que se créé une dualité de l'économie, officielle et l'officieuse. Ajoutons à cela que le contexte de la mondialisation, combiné avec le néolibéralisme effréné, encourage discrètement l'évasion fiscale malgré la signature, par le G-20 en août 2009, de l'obligation de prises de mesures efficaces pour lutter contre les paradis fiscaux. C'est pour cela donc, que les dépôts dans les paradis fiscaux sont restés pratiquement intouchés pendant la période 2007-2011[109] [110].

2b. Les économies modernes indifférentes à la croissance

La préoccupation première des économies modernes, notamment l'UE, est la lutte contre l'inflation et rien d'autre, ou simplement la lutte contre une inflation fictive par un recours systématique à la politique déflationniste

---

[108] *Le capital au XXIe siècle* (2013), éd. Seuil, Paris.
[109] G. Zucman (2014), « Knocking on haven's door », LSE Connect, été.
[110] V. les informations complémentaires et l'analyse du problème des paradis fiscaux dans la Partie I, Chap. 3, B et D.

réalisée au moyen d'une austérité incessante. C'est ainsi que pendant ce temps, la révolution keynésienne, comme si elle n'avait jamais eu lieu, a été complètement oubliée, elle qui a pourtant apporté, au lendemain de la Deuxième Guerre mondiale, l'intervention de l'État comme facteur de création du plein-emploi et de développement économique rapide. Ainsi, 50 % des mesures de politique économique sont-elles tombées en désuétude, puisque seule la politique monétaire est encore utilisée, mais seulement pour créer de la déflation[111]. Par contre, la politique budgétaire, et particulièrement celle du déficit budgétaire qui, lorsqu'il n'est pas provoqué par un ralentissement de l'activité économique, permet de parvenir au plein-emploi et à la reprise de l'économie, a été complètement abandonnée. Tombés en désuétude aussi, les deux principes du multiplicateur et de l'accélérateur qui, lorsqu'ils fonctionnent de manière positive et dans certaines conditions, peuvent contribuer de façon décisive à faire sortir l'économie de la crise[112]. Il est clair que les choix des économies avancées modernes ne sont mus ni par le souci du plein-emploi, ni par le souci de la relance économique, ni par celui du retour à un rythme de croissance rapide. Bien au contraire, leurs choix visent à créer autant que possible un climat de sécurité pour les placements de capitaux en bourse, où « le capitalisme à l'état pur, sous sa forme financière, celle qui n'a plus de fonction économique, qui ne fait pas tourner les machines, n'exploite pas de nouvelles matières premières, ne développe pas les marchés, *sert un capital qui ne produit que du capital* »[113].

2c. Et la volte-face contre l'État-providence

La destruction progressive de l'État-providence, d'abord en Grèce et ensuite, à un moindre degré pour le moment, dans presque toute l'UE, est l'œuvre exclusive des néolibéraux fanatiques qui le jugent non seulement superflu et inutile, mais aussi responsable d'un gaspillage vertigineux inconcevable. À ce propos, les néolibéraux sont contredits par les résultats d'une étude récente dont il ressort qu'il s'agit là d'une idée reçue, car le coût de l'État-providence est inférieur à celui des assurances privées du fait des économies d'échelle[114]. L'émaciation délibérée de l'État-providence par les agents compétents des gouvernements modernes aggrave les inégalités dans tous les domaines et crée un climat général d'insécurité qui décourage l'activité économique. Ainsi, l'environnement dans lequel fonctionne la nouvelle

---

[111] À l'exception de la toute dernière période où les difficultés pour atteindre l'équilibre économique exigent un taux d'inflation élevé d'au moins 2 %.

[112] M. Negreponti-Delivanis (1977), *Οικονομική Ανάλυση, Μακροοικονομική Ισορροπία στον Καπιταλισμό και στον Σοσιαλισμό* [Analyse économique, équilibre macroéconomique dans le capitalisme et le socialisme], éd. Papazissi, Athènes, p. 125 et suiv.

[113] Alain Touraine, (2010), *Après la crise*, éd. Seuil.

[114] Éloi Laurent (2014), *Nouvelles mythologies économiques*, éd. Les liens qui libèrent, https://blogs.alternatives-economiques.fr/.../2016/.../eloi-laurent-et-l.

invention économique internationale de la combinaison mondialisation, néolibéralisme débridé et stade post-industriel de croissance est-il anarchique et procure le désordre au lieu de l'ordre à tous les secteurs. Il s'agit d'un assemblage qui fait ressurgir des conditions propices à la loi de la jungle, qui légitime des situations d'exploitation multiniveaux, qui abaisse l'importance des frontières nationales, qui détruit la solidarité humaine et qui soutient le crime sous toutes ses formes[115].

La révolution informatique apporte manifestement avec elle de nouvelles règles dans l'économie, la société et la politique, complètement différentes de celles de la révolution industrielle, mais qui ne sont pas encore connues et ne sont pas maîtrisées par les sociétés modernes. C'est pour cela que règne une insécurité extrême, visible à la façon maladroite dont sont traités les événements et leurs conséquences.

[115] M. Negreponti-Delivanis (2002), *op.cit.*, Introduction.

CHAPITRE 2

LES CAUSES DE LA FIN DE LA CROISSANCE

« La consommation est l'unique but, l'unique terme de toute production »

Adam Smith (économiste écossais)

Si les économies avancées occidentales sont effectivement entrées dans la dernière phase du capitalisme de maturité – qui se caractérise par une incapacité à poursuivre la croissance ou un développement discontinu et anémique –, il faut absolument trouver les causes de cette évolution, et quels en sont les signes annonciateurs. Même si pour le moment, on ne peut globalement certifier l'exactitude de ces estimations pessimistes, produites d'abord par Alvin Hansen et maintenant par Lawrence Summers et son équipe, on ne peut nier l'apparition, il y a assez longtemps au sein des économies avancées, de très sérieux dysfonctionnements.

Dans ce chapitre, je vais tenter de regrouper les évolutions des dernières décennies qui font partie des signes et preuves autonomes dont la plupart ont soutenu la théorie initiale d'Alvin Hansen sur la *stagnation séculaire*. Il s'agit, avant tout, d'évolutions qui ne visaient pas des mesures de politique économique, qui n'en étaient pas non plus le résultat mais qui semblent en revanche autonomes et dont la plupart sont durables. Et puis, comme nous le verrons dans le chapitre suivant, il y a aussi des évolutions et signes qui semblent avoir provoqué, accéléré et qui annoncent maintenant ce stade peu souhaitable de l'évolution capitaliste, et qui sont les conséquences d'interventions et omissions regrettables.

Le principal diagnostic de la crise moderne du capitalisme renvoie aux observations de Karl Marx, telles qu'il les formula et analysa dans son œuvre fondamentale *Le Capital*. En d'autres termes, il s'agit d'une crise de surproduction causée par une demande insuffisante de consommation et d'investissement. L'impossibilité, par conséquent, de réaliser l'équilibre s'explique comme suit :

• Épargne > Investissement

• M > L, en offre de monnaie supérieure à la demande, mais en V, à savoir en vélocité de la monnaie, insuffisante et ne permettant pas de réaliser l'équilibre sur le marché monétaire.

• un taux d'inflation inférieur à celui de l'équilibre.

• un taux d'intérêt supérieur à celui de l'équilibre.

• l'impossibilité d'absorber l'ensemble de la population active, et l'apparition du chômage permanent (équilibre de sous-emploi).

Autrement dit, les changements autonomes dans les économies modernes ne permettent pas d'aboutir à un point commun où l'épargne serait égale à l'investissement, à l'offre, à la demande de monnaie et au taux d'intérêt et assurerait le plein-emploi et la stabilité monétaire.

Reste encore à savoir notamment, concernant la probable arrivée, dans les économies avancées, d'un stade de *stagnation séculaire* des plus sombres, si les résultats négatifs pourraient être interprétés globalement au moyen de la loi des rendements décroissants. Autrement dit, si l'économie, telle l'organisme humain, pour utiliser la comparaison plus générale des Physiocrates, est déterminée par une tendance au vieillissement qui relève de la loi des rendements décroissants (ou non proportionnels). Comme on le sait, cette loi essentielle de l'économie conçoit comme un fait normal le résultat des rendements décroissants, en supposant que l'un des deux facteurs de production de base (n'incluant pas le terrain dans les activités urbaines) reste stable, tandis que des unités de l'autre facteur s'ajoutent au processus de production. Il est d'ailleurs admis que les conséquences néfastes de la loi des rendements décroissants sur l'économie sont traitées, jusqu'à un certain degré, par la mise en œuvre du progrès technique.

Et à cet égard, même si cela sort des eaux économiques traditionnelles, est-il permis de se demander si et comment il se pourrait que les symptômes de la *stagnation séculaire* – tels qu'ils apparaissent déjà dans les économies avancées – se combinent avec le fonctionnement de la loi des rendements décroissants ou non proportionnels, mobilisant aussi des critères qualitatifs en plus des critères quantitatifs de base ? On pourrait proposer dans ce sens interprétatif le rendement décroissant marginal des investissements, la portée limitée du progrès technique, la baisse de la productivité, la saturation relative de la consommation de denrées alimentaires de base. Des symptômes, donc, relevant de la maturité économique et non du cycle économique.

Cet argument général qui permettrait, dans une certaine mesure, d'expliquer le ralentissement ou l'arrêt du progrès économique, pourrait éventuellement s'appuyer sur le recul du « principe de complémentarité » des investissements initiaux en raison de leur dévalorisation rapide[116]. Selon ce principe, l'investissement initial crée le besoin d'investissements complémentaires, soit parce que la demande est déjà existante, soit parce que l'on estime qu'elle sera créée grâce à l'investissement initial combiné au nouvel investissement (complémentaire). Concernant la propension à consommer, une saturation relative réduit ce principe, tandis que pour le progrès technique, la théorie de Robert Gordon sur sa portée réduite au 21e siècle, comparée à celle du stade de développement industriel et combinée à l'éventualité du fait que le progrès technique non intégré[117] prédomine sur l'intégré, pourraient expliquer le recul du « principe de complémentarité » des investissements.

Les arguments avancés par Tyler Cowen[118] dans son livre où il interprète et analyse la fin de la croissance vont plus ou moins dans le même sens. Selon lui (s'agissant d'abord de l'Amérique) : « L'économie américaine a mangé les fruits des branches les plus basses depuis presque le 17e siècle, c'est-à-dire le terrain libre, le travail des migrants ou les nouvelles technologies. Mais ces 40 dernières années, les fruits sur les branches basses finissent et nous soutenons qu'il y en a encore. Nous feignons de ne pas comprendre que nous sommes dans une phase technologique où les arbres sont plus nus que ce que nous voulons bien croire. C'est de cela qu'il s'agit. C'est là que le bât blesse ».

La longueur de la crise confirme l'hypothèse qu'elle n'est pas passagère, et par conséquent il faut absolument que soit trouvée la cause de ces écarts d'équilibre et ce qui pourrait être fait pour les réduire. Dans les deux sous-sections A et B qui suivent, seront examinées en premier les causes de la

---

[116] A. Hirschman (1955), *The Strategy of Economic Development*, Yale, p. 40-44 et 70.

[117] C'est l'investissement qui n'exige pas d'accumulation de capital fixe préalable, étant exclusivement constitué d'éléments qualitatifs, comme la formation améliorée des travailleurs, leurs connaissances avancées, la meilleure organisation de l'entreprise. Le concept de progrès technique non intégré réside dans l'argument que le rendement du travail ne constitue pas une simple fonction de la quantité et de la valeur du capital fixe par travailleur, mais dans le fait que viennent s'y ajouter des éléments qualitatifs. En 1955, Maurice Allais avait mené une recherche (« The Influence of the Capital-Output Ratio on Real National Income », *Econometrica*, Vol.4, octobre 1962, p.700-728) qui démontra que bien que la France et les États-Unis aient le même ratio capital/rendement (légèrement supérieur pour la France), la productivité par travailleur aux États-Unis était de 2 à 5 fois supérieure à celle de la France. Par conséquent, la productivité ne dépend pas uniquement de la quantité de capital fixe par travailleur, mais d'une série d'autres facteurs difficilement identifiables et mesurables, et qui pourtant existent, même lorsque la propension à investir baisse, conséquence de la loi des rendements décroissants.

[118] *The great stagnation - how America ate all the low-hanging fruit of modern History, and will (eventually) feel better* (2014), A Penguin Special, éd. Dutton Kindle.

réduction de la demande, et en deuxième les causes de l'augmentation de l'offre qui concernent essentiellement les économies avancées.

A. Facteurs de la réduction de la demande

1. Évolution démographique jusqu'en 2035

L'une des interprétations les plus importantes de la théorie de la *stagnation séculaire* d'Alvin Hansen est le ralentissement du rythme de croissance de la population. Cette évolution s'observe dans nombre d'économies avancées modernes, et davantage en Europe qui affiche un rythme négatif depuis 2010. Les conséquences néfastes du vieillissement de la population européenne sont multiples, et réduisent :

- le PIB réel par rapport au potentiel,
- la demande de nouveaux logements,
- la propension à investir et à innover,
- et davantage encore le taux d'intérêt naturel, réel, rendant ainsi durables les difficultés pour atteindre l'équilibre, dans l'aire de la trappe à liquidité.

Plus précisément, la population mondiale devrait passer de 7,3 milliards actuellement à 8 milliards en 2030, à 9 milliards en 2050 et à 11,2 milliards en 2100. Cette augmentation de l'ordre de 50 % de la population mondiale en 2100 sera inégalement répartie, puisqu'on estime que l'Europe et l'Asie orientale verront leur population baisser, que la population augmentera aux États-Unis, alors qu'elle augmentera considérablement dans les économies en développement pour atteindre environ 4 milliards, ce qui risque de ralentir leur croissance. Le pourcentage de la population des États-Unis et de l'UE en 2025 ne dépassera pas les 9 % de la population mondiale, tandis qu'en 2016, la population en Asie est déjà de 50 %. De plus, cette explosion démographique devrait concerner essentiellement les économies les plus pauvres, où les conditions sanitaires sont les pires. Ce sont justement ces évolutions qu'explique l'une des conclusions les plus pessimistes du rapport de la Fondation Bill et Melinda Gates, selon laquelle dans l'avenir, les grands progrès accomplis contre la pauvreté et la mortalité infantile et néonatale ces dernières années ne seront plus possibles dans les pays en développement.

Toutefois, la plus grande menace qui plane sur les économies avancées est le vieillissement de leur population. Selon des projections moyennes des Nations-Unies, le nombre de personnes de plus de 65 ans va augmenter de plus de 600 millions et en 2100 approchera les 2,5 milliards, autrement dit, il va presque doubler par rapport à aujourd'hui. On a tendance à penser que le problème du vieillissement ne touche que les économies avancées, mais cette idée ne reflète qu'une partie de la réalité puisque de nombreuses régions du monde telles que la Chine, l'Inde, les Caraïbes, l'Afrique du Sud, le Liban, le Maroc et l'Iran figurent dans cette catégorie.

Parallèlement au fait réjouissant qu'elle vivra plus, l'humanité aura à affronter de multiples problèmes connexes[119]. Les projections, dans ces études, ne s'accordent pas toujours sur les conséquences qu'aura le vieillissement dans les économies en développement, mais rapportons-nous à celles qui paraissent les plus plausibles. D'abord, le vieillissement de la population va réduire la demande d'éducation et augmenter celle des services de santé. La baisse de la population active par rapport à l'ensemble de la population restreindra le revenu par rapport au potentiel, de même que les recettes fiscales. Et puis, les économies où la population sera âgée auront du mal à attirer des IDE[120], en raison de la baisse de leur capacité à produire des richesses. En outre, les économies où la population est âgée sont exposées à des déficits, en raison d'une part, d'un besoin de dépenses publiques élevées pour les services de santé et de l'autre, en raison des faibles capacités de perception fiscale. Mauvaises, en outre, pour la croissance, sont les trouvailles et estimations d'une baisse de la propension à consommer des biens et services non liés à la santé, et d'une augmentation de la propension à épargner. La baisse de la population active entraîne la baisse de l'accumulation du capital par travailleur, et par conséquent une baisse de la productivité. Une recherche qui concernait les économies de l'OCDE aboutit à la conclusion que le vieillissement de leur population (à l'exception de la Turquie) aura des conséquences négatives sur la croissance[121]. Malgré le caractère évident de cette conclusion générale, aucune étude, jusqu'à aujourd'hui, n'avait cherché à estimer le pourcentage de la baisse de la croissance, en tant que conséquence du vieillissement de la population. C'est justement ce qu'entreprend une étude récente. Ainsi, selon des recherches empiriques faites dans des États américains pendant la période 1980-2010, lorsque la part de la population de plus de 60 ans augmente de 10 %, la croissance baisse de 5,5 % par tête. Les 2/3 de cette baisse sont attribués à la baisse de la productivité du travail et 1/3 au ralentissement de l'évolution de la population active[122]. De grands changements démographiques sont également prévus dans l'UE des 27. Les plus importants devraient résider dans le pourcentage des personnes âgées et de la population active. On prévoit une baisse notable du pourcentage des 15-

[119] « The impact of population ageing on economic growth: an in-depth bibliometric analysis », par Renuga Nagarajan CEF.UP, Faculdade de Economia, Universidade do Porto Aurora A.C. Teixeira CEF.UP, Faculdade de Economia, Universidade do Porto; INESC Porto, OBEGEF Sandra Silva CEF.UP, Faculdade de Economia, Universidade do Porto (pour les références à de nombreux articles).

[120] Investissements Directs Étrangers.

[121] « Program on the global demography of aging », Working Paper Series Population Aging and Economic Growth, David E. Bloom David Canning Gónther Fink April 2008 PGDA Working Paper No. 31 http://www.hsph.harvard.edu/pgda/working.htm.

[122] Nicole Maestas, Kathleen J. Mullen, David Powell (2016), « The Effect of Population Aging on Economic Growth, The Labor Force and Productivity », *RAND Labor and Population*, août.

64 ans, de 67 % en 2010 à 56,2 % en 2060, ce qui signifie que pendant les 50 prochaines années la population active perdra 42 millions de personnes. Jusqu'en 2030, ces changements apporteront une augmentation impressionnante du nombre des plus de 65 ans qui, de 17,4 % passeront à 25,6 % de la population active. Pour résumer, la population européenne âgée doublera presque, et devrait passer de 87,5 millions en 2010 à 152,6 en 2060. Et plus particulièrement, les plus de 80 ans, de 5 % de la population totale en 2010, seront plus du double et approcheront les 12 % en 2060. Tandis qu'aujourd'hui dans l'Union européenne, on compte[123] 4 personnes en âge de travailler (15-64 ans) pour 1 retraité de plus de 65 ans, en 2060 il y aura seulement 2 personnes pour chaque retraité. La Grèce est le pays le plus âgé de l'UE. En 2060, 30 % de la population totale aura plus de 65 ans, par rapport à 14 % aujourd'hui. La crise de la dette a déjà réduit de 3 % la population grecque. Le problème du vieillissement de la population est le résultat combiné de l'allongement de l'espérance de vie et de la baisse de la natalité. Mais à ces deux causes du vieillissement de la population grecque, il faut maintenant en ajouter une troisième, celle de l'émigration massive des jeunes, qui fuient la crise[124].

Au-delà des changements dans la population prévus pour les années à venir dans les économies avancées, on observe aussi un changement qualitatif avec des effets particulièrement néfastes, non seulement sur le fonctionnement économique mais aussi institutionnel. Je pense plus exactement au laminage de la classe moyenne[125], opéré même dans certaines économies en développement, résultat de deux décennies de croissance faible et de stagnation. Comme l'enseigne l'histoire, en dehors de la stabilité garante de l'économie, une classe moyenne forte constitue le fondement de la démocratie. Pour exister, la classe moyenne a besoin d'un revenu d'au moins 10 dollars par jour et par personne, de façon que ses membres se situent à peu près au milieu de la répartition des revenus et soient en mesure de planifier leur avenir, qu'ils puissent faire face aux aléas de la vie tels que la perte d'emploi, un problème

---

[123] Selon l'exposé des motifs de la Comission européenne sur l'Année européenne du vieillissement actif 2012 (COM (210) 462/06.09.2010) et sur la base d'éléments et projections d'Eurostat.

[124] En 2009, la population de la Grèce était de 11 094 745 et représentait 2,21 % de la population de l'UE des 28 (502.090.235). En 2017, elle était de 10 757 293, représentait 2,10% de la population de l'UE des 28 (511.805.088). La population grecque représente une part infime de la population mondiale (7,6 milliards de personnes en 2018), une goutte d'eau dans l'océan humain. Tiré du livre d'Ira Emke-Poulopoulou, *Ο πληθυσμός της Ελλάδας υπό διωγμόν* [La population de la Grèce persécutée], Société grecque d'Études démographiques, éd. Voyatzis, Athènes, 2018, p. 75-76, Tabl. I.1.4 p. 588 et ill. 2 p. 76.

[125] Nancy Birdsall (2016), « Middle-Class Heroes, The Best Guarantee of Good Governance », *Foreign Affairs*, mars/avril, p. 25 et suiv.

de santé ou la faillite d'une petite entreprise, sans que leur mode de vie s'en ressente trop. L'importance de la classe moyenne dans le domaine de l'économie réside essentiellement dans le fait que ses membres préfèrent acheter les biens et les services sur le marché national, ce qui fait avancer la croissance. Et plus généralement, dans le mode de gouvernance d'un pays, la classe moyenne – environ 30 % de la population – est le garant d'une gouvernance démocratique satisfaisante, ce qui est crucial dans la limitation des privilèges des très riches. Néanmoins, le maintien, l'extension et le développement de la classe moyenne exige un progrès constant et non la stagnation[126] dont on prévoit, pour les économies occidentales avancées d'abord, qu'elle s'est malheureusement installée pour longtemps. Déjà, l'impact de la stagnation économique sur la classe moyenne se ressent surtout dans le fait que ses membres se tournent vers le « populisme ». Ce terme employé par la classe politique traditionnelle ne restitue pas correctement, à mon avis, le contenu de cette nouvelle tendance politique.

Même si le problème du vieillissement de la population et le laminage de la classe moyenne ont été interprétés par Alvin Hansen comme la conséquence de la maturation du système capitaliste, et même si, à sa suite, je le classe moi aussi parmi les changements autonomes, je ne suis pas certaine que cela corresponde exactement à la réalité. Autrement dit, à quel point le vieillissement de la population est-il caractéristique des seules économies capitalistes de maturité ? Comme aucun précédent ne peut venir contredire cette thèse, *le vieillissement de la population doit donc être perçu, jusqu'à preuve du contraire, comme une évolution autonome du capitalisme de maturité.*

Il convient également d'ajouter le fait que les régions qui assureront la croissance mondiale ne sont plus les mêmes et, ce qui est particulièrement significatif, qu'elles s'éloignent de l'Occident, ce qui renforce les estimations selon lesquelles celui-ci sera rattrapé par la *stagnation séculaire*. Plus précisément, on prévoit[127] que, pour les dix prochaines années, 50 % environ de l'augmentation du revenu mondial sera assuré par 440 villes et régions en développement rapide, situées en Asie ou dans d'autres régions émergentes du monde. Parallèlement, selon les estimations issues de la même source, dans ces villes et régions, un milliard de personnes bénéficieront d'un revenu supérieur à 10 dollars par jour et, par conséquent, feront partie de la classe moyenne. *Alors qu'en Occident, la classe moyenne, moteur du progrès de toute économie, est laminée, son poids spécifique au niveau mondial est en train d'augmenter considérablement.*

---

[127] McKinsey Global Institute.

Le graphique 4 ci-dessous montre la baisse annuelle de la population active dans la zone euro pendant la période 2006-2014.

Graphique 4 - Variation annuelle de la population active dans la zone euro (en %)

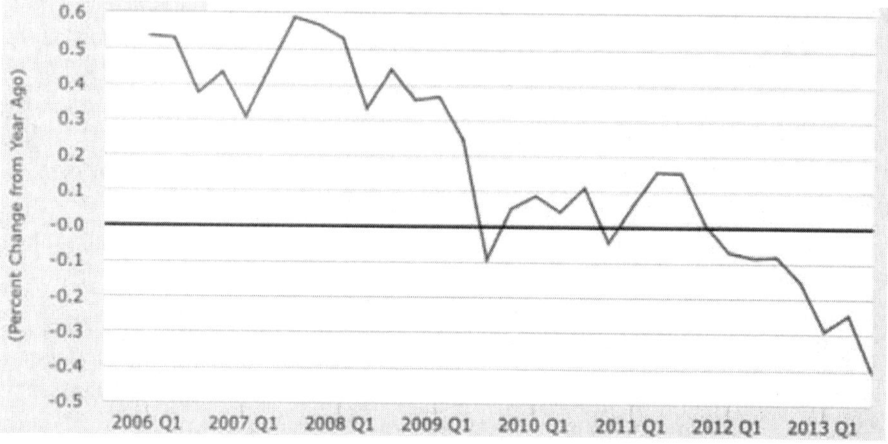

Source : OCDE. « Main Economic indicators-complete database » http://dx.doi.org/10.1787/data-00052-en (accessed on 6 August 2014). Copyright, 2014, OECD, Reprinted with permission.

2. La baisse de la propension à investir

Il s'avère que depuis quelques décennies la demande d'investissement dans les économies avancées ne suffit plus à absorber l'épargne existante. Comme l'avait déjà observé Ben Bernanke en 2015[128], « un taux d'intérêt réel bas est la preuve que les opportunités d'investissement sont réduites et peu rentables ». On voit, dans le graphique 5, que les rendements réels des obligations d'État américaines pour la période 1985-2015 sont en baisse constante. Cette baisse est peut-être le résultat d'un cercle vicieux, c'est-à-dire qu'elle est due aussi bien à la baisse de la demande de consommation qui enclenche le *principe d'accélération* aux conséquences négatives, qu'au recul du « principe de complémentarité » des investissements initiaux ou à la désactivation de la *destruction créative à cause de la maturité du capitalisme*, qui, selon Joseph Schumpeter, est à la base de la croissance capitaliste ou encore, à la hausse de l'incertitude et de l'insécurité qui se développent en ce stade de maturité capitaliste.

[128] « Why are interest Rates So Low ? », 30 mars, 2015 (http://www.brookings.edu/blogs/ben-bernanke/posts/2015/03/30-why-interest-rates-s0-low).

Cependant, outre ces interprétations, la baisse de la demande d'investissement qui finit par ne plus suffire à absorber l'épargne résulte du fait que les grandes entreprises n'ont plus besoin de recourir à des emprunts, car elles disposent elles-mêmes d'une épargne très importante dont elles ne savent pas vraiment quoi faire. Il s'agit de la *transformation du rôle traditionnel des entreprises dans l'économie mondiale, qui étaient débitrices et sont devenues créancières*. Comme il ressort d'une recherche récente[129], les entreprises, de 1990 à aujourd'hui sans interruption, au lieu d'emprunter aux ménages, accumulent elles-mêmes l'épargne qui s'ajoute à l'abondance de liquidité et aggrave ainsi le déséquilibre entre l'épargne et l'investissement – la première excédant l'autre – qui est à l'origine de la stagnation économique mondiale. Cette épargne sociétaire est estimée à environ 5 % du PIB mondial et alimente un auto-financement extrêmement élevé[130], mais surtout la thésaurisation.

C'est dans l'aggravation sans précédent du déséquilibre dans la répartition des revenus aux dépens de la part des salaires et en faveur des profits qu'il faut absolument chercher la cause de cette variation peu orthodoxe du point de vue économique du rôle des entreprises, et par extension des ménages. Ainsi, le revenu des ménages baisse et ne laisse aucune marge à l'épargne une fois satisfaits les besoins de consommation de base, tandis que l'augmentation des profits déplace les intentions d'épargne vers les entreprises.

L'abondance d'épargne dans l'économie mondiale ne peut plus être absorbée par l'investissement. Ce déséquilibre général fixe la valeur du taux d'intérêt à un niveau très bas et souvent négatif, semblant vérifier la théorie de l'arrivée du stade de stagnation éternelle[131].

Plus précisément aux États-Unis, où les tendances générales de l'économie ne diffèrent pas de celles de l'Europe, même si les profits des années 2009-2017 étaient, après prélèvement des impôts, supérieurs de 31 % en tant que pourcentage dans le PIB par rapport à ceux des cinquante années précédentes, l'investissement était au contraire, dans la même période, de 4 % inférieur en tant que pourcentage dans le PIB. Les profits les plus élevés proviennent de la hausse du prix des actions et non des investissements productifs[132].

---

[129] Peter Chen, Loukas Karabarbounis, Brent Neiman (2017), « The global rise of corporate saving », Federal Reserve Bank of Minneapolis, *Working Paper*, No 736, mars.

[130] Estimé jusqu'à 85 %.

[131] Théorie formulée pour la première fois par l'économiste Alvin Hansen en 1933, elle semble se vérifier aujourd'hui, reprise par Lawrence Summers et d'autres.

[132] « A boom like no other » (2018), *The Economist*, 26 mai.

Graphique 5 - Rendements réels des obligations d'État américaines (1985-2015)

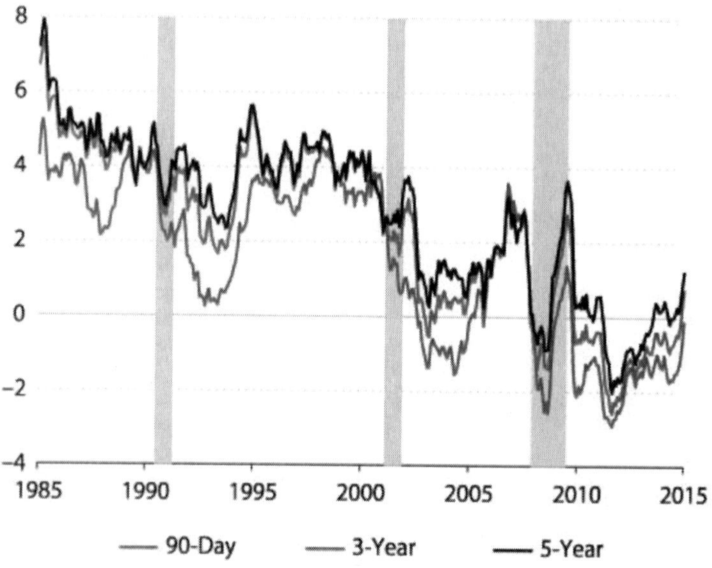

Source : FRED, Federal Reserve Economic Data of St. Louis : and authors's calculations (Secular Stagnation and Returns on Capital, by Paul Gaume, B. Ravkumar, and Peter Rupert, 2015, No 19, pdf//files.stlouisfer.org/ research/ publications/es/15/ES_19_2015-08-18.pdf).

Le déséquilibre entre l'épargne et l'investissement est plus intense en Allemagne, avec une tendance chronique à la hausse. Plus de 8 % des richesses produites y sont épargnés, ce qui explique la tendance vers le bas du taux d'intérêt. Le paradoxe est que, de l'avis général, les infrastructures de l'Allemagne sont en mauvais état et au lieu d'utiliser son excès d'épargne pour les améliorer, elle a choisi de transformer l'épargne en thésaurisation, afin d'accumuler les excédents dans le budget[133].

Notons à ce propos que la dernière décennie a privilégié les actionnaires mais non la société. Leurs profits, pour la période 2009-2017, étaient supérieurs de 31 % dans le PIB par rapport à la moyenne du siècle précédent. Or, ces profits n'ont pas été affectés à l'investissement qui a baissé de 4 %, ils ont servi à racheter des actions[134].

[133] Christian Chavagneux (2016), « Un trop-plein d'épargne en Allemagne », *Alternatives Économiques*, No 356, mai.

[134] « A boom like no other » (2018), *The Economist*, 26 mai.

Intéressons-nous maintenant à la diminution de la propension à investir qui touche le secteur de la construction au niveau mondial[135], et qui est très probablement liée entre autres à la diminution et au vieillissement de la population et à la baisse du taux de la population active dans son ensemble. Bien que ce secteur donne l'impression de bien se porter et que sa valeur totale soit estimée à 10 trillions de dollars, avec un rythme de croissance de 3,5 % pour 2017, 90 % de ses projets pour la planète sont soit retardés, soit ont excédé leur budget initial[136]. Nombreux sont les cas où un retard dans la livraison de bâtiments est observé, comme le siège d'Apple dans la Silicon Valley qui a été livré deux ans après la date prévue, avec un surcoût de 2 milliards de dollars. Mais aussi en Grande-Bretagne, où les architectes affirment que 60 % des bâtiments sont livrés en retard. Cette faiblesse du secteur semble être due au fait qu'il présente la productivité la plus faible par rapport à toutes les autres filières de production et des marges bénéficiaires réduites, bien que les prix des matériaux utilisés n'aient pas augmenté. Ces signes montrent que l'on s'attend à une nouvelle récession[137]. Selon l'interprétation générale, la stagnation du secteur est due à l'absence de modernisation dans la construction, à la difficulté de subordination des travaux du secteur dans les économies d'échelle et à l'utilisation insuffisante de méthodes d'intensité capitalistique. Toutefois, malgré ces difficultés rencontrées par le secteur de la construction, surtout dans les économies avancées, la Chine affiche un taux de croissance annuel de la productivité de 7 %.

3. Le nouveau contenu des innovations technologiques

La nouvelle forme du progrès technique dans le capitalisme de maturité diffère largement du caractère novateur de la fonction de production Cobb-Douglas, d'inspiration néoclassique, apparue après la Deuxième Guerre mondiale. Sa substitution par le progrès technique non intégré est un obstacle au calcul de la productivité des facteurs de production et, par voie de conséquence, à la détermination du niveau du salaire. Il s'agit des nouvelles technologies qui ne s'intègrent pas au capital, ne s'ajoutent pas à son volume, ne supposent pas d'investissement de capital fixe, car elles ne sont pas quantitatives, même si elles augmentent la productivité des deux facteurs de production. Le progrès technique immatériel comprend les connaissances « améliorées et avancées » qui réduisent la quantité de travail nécessaire et la quantité de capital dans le processus de production et qui appartiennent à l'humanité tout entière. Grâce à ces connaissances qui marquent le point d'orgue du travail humain, à savoir le travail intellectuel, l'humanité peut

[135] « The construction industry-Least improved » (2017), *The Economist*, 19 août.
[136] Selon l'étude de Bent Flyvbjerg de la Saïd Business School of Oxford.
[137] Selon le cabinet de consulting Luc Luyten de la Bain & Company.

désormais s'assurer une plus grande abondance avec moins de travail, augmenter ainsi la durée de son temps libre et décider de ce qu'elle en fera.

Le problème, toutefois, vient du fait que le calcul de la productivité dans cette nouvelle forme de progrès technologique est extrêmement difficile puisqu'il concerne pour l'essentiel des données qualitatives et non quantitatives. Selon Robert Gordon[138], les innovations du stade de croissance actuel ne sont pas comparables avec les résultats merveilleux de l'augmentation de la productivité pendant la période 1870-1970 qui apportèrent une véritable révolution dans le mode de fonctionnement de l'économie mondiale et qui, selon lui, ne peuvent se répéter. Par contre, toujours d'après les résultats des recherches de Robert Gordon, le progrès technique semble conduire à la baisse de la productivité horaire moyenne du travail aux États-Unis. Ces résultats montrent en effet une baisse constante de la productivité horaire moyenne du travail comme suit : 2,8 % pour la période 1947-1983, 2,6 % pour la période 2000-2007, et à peine 1,3 % pour la période 2007-2014[139]. Robert Gordon attribue ces résultats médiocres observés depuis 1983 au vieillissement de la population, à la montée des inégalités, à la stagnation de l'éducation et à l'augmentation de la dette. Selon l'économiste, la génération américaine actuelle (et pas seulement, puisque la tendance va plus ou moins dans le même sens dans l'ensemble des économies avancées) sera la première à ne pas dépasser le niveau de vie de ses parents. Le pessimisme de Robert Gordon sur l'avenir de l'économie est également partagé par Robert Solow, connu pour le paradoxe qui porte son nom : « On voit des *ordinateurs* partout, sauf dans les statistiques de *productivité* » (1987)[140].

Le *paradoxe de Solow* a donné lieu à de nombreuses tentatives d'interprétations sur ce qui peut subvenir avec l'ère numérique et comment s'explique le fait qu'elle a une productivité relativement faible. Parmi les multiples arguments, retenons le fait que les données statistiques pour le PIB ne tiennent pas compte du bénéfice incalculable du divertissement et des informations gratuites apportés par l'internet, le fait qu'il n'est pas possible de calculer la différence énorme entre le prix et la valeur des services des nouvelles technologies[141], le fait qu'il est peut-être trop tôt pour se faire une idée claire de l'impact de ce nouveau stade de développement, le fait que les

---

[138] Robert J. Gordon (2016), *The rise and fall of american growth*, éd. Princeton University Press.

[139] « Productivity change in the non farm business sector, 1947-2014 », United States Department of Labor Bureau of Labor Statistics, www.bls.gov/lpc/prodybar.htm.

[140] Robert Solow (1998), *The Solow productive paradox: What do computers do to productivity ?*, Jack E.
Triplett Brookings Institution.

[141] Martin Wolf (2015), « Why the techno-optimists are wrong », *Foreign Affairs*, juin/août, p.15-22.

améliorations s'étendent à l'économie entière et à ses branches, et qu'il n'est donc pas facile d'en faire une estimation statistique, le fait que la baisse fantastique du prix des ordinateurs réduit d'autant plus leur contribution en pourcentage du PIB, mais plus que tout, le fait que dans ce stade, il est extrêmement difficile d'évaluer la productivité, justement parce qu'elle consiste en des résultats immatériels et qualitatifs et non quantitatifs, lesquels se propagent dans de nombreux secteurs de l'économie. Ces arguments sont corrects pour la plupart, mais les situations évoquées pour les justifier ne sont pas nouvelles, elles valaient déjà au 19e siècle[142]. L'opinion selon laquelle le calcul de la productivité du travail est difficile dans le stade post-industriel est appuyée par le paradoxe suivant : malgré le fait qu'une baisse des gains de la productivité du travail ait été observée aux États-Unis ces cinq dernières années, les 50 entreprises américaines les plus grandes ont pu accumuler plus de 50 milliards de dollars en liquidités, et qui plus est, avec un taux d'intérêt de zéro ou négatif[143]. Il existe néanmoins une autre interprétation tout aussi convaincante[144], selon laquelle les secteurs de production où la productivité est forte ont reculé alors que parallèlement, les secteurs où la productivité est faible progressent. Mais, on peut également soutenir que l'ampleur de l'économie mondiale a considérablement augmenté par rapport à celle du 19e siècle et par conséquent, un accroissement de la productivité du travail de, disons 2 %, n'a pas le même poids spécifique dans les statistiques auparavant et aujourd'hui.

Bien plus pessimiste quant à la portée des dernières innovations est l'opinion exprimée par un économiste et un entrepreneur dans leur récent livre[145], où ils affirment qu'à l'exception de certaines entreprises à l'esprit hautement novateur, telles qu'Amazon ou Google, le capitalisme montre d'intenses signes de vieillissement, puisque parmi les 100 entreprises européennes les plus importantes, aucune n'a été créée au cours des 40 dernières années et qu'aucun successeur n'est assuré. Ce vieillissement se reflète dans le taux d'entreprises matures de 11 ans et plus, qui en 1987 représentaient 1/3 de l'ensemble, alors qu'en 2012, selon des estimations, elles représentaient 50 % de l'ensemble. La majorité des innovations, comme le soutiennent les deux auteurs, sont impressionnantes mais n'ont pas d'impact sérieux et ne figurent certainement pas parmi celles qui, comme par le passé, étaient à la base de l'augmentation de la productivité. Dans le même temps, comme il est écrit dans leur livre, on observe une baisse sensible du nombre des entreprises nouvellement créées. Les auteurs attribuent cette évolution néfaste aux changements structurels du capitalisme, et plus spécifiquement au

---

142 *Ibid.*, p. 16.
143 Klaus Schwab (2017), *The Fourth Industrial Revolution*, p. 46.
144 Martin Wolf, *op. cit.*, p. 18.
145 Fredrik Erixon, Bjorn Weigel (2016), *The Innovation Illusion*, Yale University Press.

fait que les entreprises n'appartiennent plus à des entrepreneurs qui prennent des risques, mais à des organismes gigantesques qui sont davantage intéressés par un rendement préalable important et sûr que par l'avenir de l'entreprise même. Selon les auteurs de cet excellent livre, « le capitalisme est victime des rentiers ».

La baisse des résultats des innovations est très probablement en relation avec la diminution du nombre des idées novatrices, dont la recherche nécessite des dépenses plus importantes qu'avant. Compte tenu du fait que la création de nouveaux concepts est le moteur du progrès et de l'augmentation des revenus, une nouvelle étude[146] a tenté de surmonter les difficultés évidentes et de mettre en lumière le niveau de fatigue des capacités du cerveau humain. Les chercheurs sont parvenus à compter le nombre de chercheurs et la productivité de leur travail de recherche auprès d'un très grand nombre d'entreprises. Les résultats obtenus sont assez décevants, car il ressort que le nombre de chercheurs augmente au fil du temps mais que leur productivité est en chute libre. Plus précisément, cette chute de la productivité obéit à la loi de Moore, selon laquelle le rendement des ordinateurs double tous les 2 ans. Or, les chercheurs de l'université de Stanford ont trouvé que maintenant, le doublement de ce rendement nécessite 18 fois plus de temps que dans les années 1970. Les idées deviennent de plus en plus difficiles à trouver et leur nombre baisse de 6,8 % par an. Cependant, vu sous un autre angle, il ressort que le problème n'est pas tant le manque d'idées que leur exploitation. Les nouvelles technologies sont habituellement destinées à réduire la quantité de travail utilisée, ce qui, toutefois, n'intéresse que très peu à une époque où les salaires sont si bas. Par ailleurs, les profits très élevés assurent aux entreprises une liquidité élevée, mais l'insuffisance de la demande décourage le recours aux nouvelles technologies. Or, récemment, un nouveau problème est apparu, résultat du fait que l'on a pris conscience que les géants des nouvelles technologies détiennent une puissance énorme et ont acquis un certain pouvoir sur l'opinion publique, ce qui peut facilement conduire à des excès et à des erreurs fatales[147]. Les normes initiales des nouvelles technologies dont, du reste, quasiment toutes les activités ont été acceptées par les milliards d'utilisateurs, étaient la promesse d'une plus grande liberté et d'un avenir meilleur pour l'humanité. Mais déjà, les firmes colossales (Facebook, Google, Chrome, Twitter, Safari, Gmail, etc.) ne sont plus du tout vues du même œil et sont attaquées de tous côtés par des rafales d'accusations, car il s'est avéré que leurs services ne ciblaient que le profit et le traitement adéquat des informations afin d'empocher le plus de gains possibles. Le pire qui pouvait

---

[146] Nicholas Bloom, Charles I. Jones Stanford University et NBER Stanford University et NBER John Van Reenen Michael Webb, « Are Ideas Getting Harder to Find ? » (2017), MIT et NBER Stanford University 6 septembre 2017 - Version 1.0.

[147] David Streitfeld (2017), « Tech giants once saviors, now viewed », *The International New York Times Edition*, octobre.

se produire avec ces informations dirigées combinées à la tentative d'influencer l'opinion publique, est que ces géants de la technologie sont maintenant soupçonnés d'avoir aidé la Russie à intervenir dans la formation du résultat des dernières élections américaines. Déjà, le monde prend conscience que « la technologie n'est pas neutre »[148], tandis que les gouvernements nationaux s'efforcent de trouver des mesures de protection pour lutter contre les abus de pouvoir de la part de ces firmes, ce qui s'annonce particulièrement ardu. Le récent scandale Facebook avec la fuite et l'exploitation des données personnelles de 50 millions d'usagers a largement alourdi l'atmosphère dans le domaine des nouvelles technologies et a conduit à des mesures dont on peut gager qu'elles seront efficaces.

4. La dette

La dette est également un facteur de baisse important de la demande. Dans toutes les grandes économies, on constate que 10 ans après le début de la grande crise de 2008, leur dette, au lieu de se réduire, ne cesse d'augmenter. Ainsi, la dette cumulée pendant cette période a-t-elle augmenté de 57 trillions de dollars, pesant sur le PIB mondial de 17 %. La dette des pays du G-20, en outre, est estimée à 135 trillions de dollars qui représentent 235 % de leur PIB, et le risque d'une crise de l'économie mondiale ne fait aucun doute. Le déficit des économies européennes les plus faibles auxquelles ont été imposés des programmes de stabilité, à l'exception de l'Irlande qui était avant la crise de 2008, comme on le sait, la « vitrine du néolibéralisme » (et qui maintenant affiche de nouveau une augmentation de son PIB et de ses exportations, ainsi qu'une baisse du chômage), l'Espagne et le Portugal ont été menacés, en 2015, de sanctions par les dirigeants de l'UE, en raison de leur déficit trop élevés (respectivement 5,1 % et 4,4 %), tandis que celui de la Grèce, malgré les programmes inhumains qu'elle est contrainte d'appliquer, était de 7,1 %[149].

En temps de stagnation économique où l'épargne est plus importante que l'investissement, un fossé se creuse qui doit être comblé par l'État au moyen de l'emprunt. Si la situation de dépression économique se prolonge dans le temps, comme c'est le cas actuellement, l'augmentation de la dette est inévitable[150]. Mais habituellement, l'emprunt conduit à la politique d'austérité, qui dans un premier temps, exclut l'inflation –cette solution n'est pas indiquée, car elle aggrave la situation. Compte tenu de la forme extrême du libéralisme en place et de la mise à l'écart de la politique budgétaire depuis les années 1970, ce choix semble, pour le moment, inévitable. Depuis le début de la crise de 2008 et jusqu'à 2015, la dette publique en tant que pourcentage du PIB est

---

[148] Déclaration de Matthew Prince, président de Coudflare.

[149] *Alternatives Économiques* (2017), hors-série No 110, janvier.

[150] E. D. Domar (1944), « The burden of the debt and the national income », *American Economic Review*, 34, 798-827.

passée de 64 % à 104 % aux États-Unis, de 66 % à 94 % en Europe, de 176 % à 237 % au Japon. Et concernant la dette des ménages dans la zone euro, de 67 % du PIB en 2001, elle a grimpé à 94 %. Selon des estimations, en Europe, ce pourcentage de la dette restreint la demande de 4 %. Il s'agit d'une situation qui dure depuis longtemps, et que l'on pourrait considérer comme permanente, étant donné que la dette, en tant que pourcentage dans le PIB, suit une tendance croissante.

La lutte contre la dette varie d'un pays à l'autre et d'une époque à l'autre. En matière de dette, les États-Unis suivent une politique complètement différente de celle de l'UE, convaincus que son augmentation ne menace pas nécessairement l'économie, mais qu'au contraire, dans certaines conditions, elle peut doper la croissance. Et justement, les Républicains viennent de décider de réaliser leurs promesses électorales et baissent fortement les taxes, ce qui risque de faire exploser la dette. Or, le taux d'intérêt bas réduit les taux qui doivent être payés et dont le montant est celui de 1960, lorsque la dette américaine représentait 1/3 de l'actuelle. Ce qui a changé, c'est qu'aujourd'hui, par rapport à 1960, 40 % de la dette vont vers des investisseurs étrangers.

Dans le passé, les théories sur la dette soutenaient aussi que la montée de celle-ci renforçait l'inflation, réduisant le pouvoir d'achat des particuliers, et réduisant aussi par conséquent les investissements et le progrès de l'économie. Or, selon les résultats d'une étude de 2003, effectuée par le FMI et portant sur 107 pays, on ne constate aucune relation positive entre les déficits et l'inflation. Quoi qu'il en soit, il convient de noter que l'UE reste attachée aux enseignements tirés des libéraux, à savoir que les balances doivent être réalisées partout, tandis que les États-Unis, pourtant dotés d'un gouvernement jugé conservateur, se montrent largement ouverts aux idées de Keynes. Cette position différente des États-Unis devrait leur faire gagner du temps et retarder leur entrée dans le stade de stagnation éternelle.

L'augmentation de la dette privée est toutefois source d'inquiétudes, car théoriquement elle se réduit en période de crise, mais cela n'est pas le cas depuis 2008 où elle ne cesse d'augmenter dans toutes les économies avancées, sauf en Allemagne.

B. Facteurs d'augmentation de l'offre

1. Le chômage permanent

1a. Le problème

La distinction entre les facteurs de baisse de la demande et d'augmentation de l'offre de main-d'œuvre est relative, car il s'agit en fait du même problème qui peut se présenter sous deux aspects différents mais aboutit au même résultat de déséquilibre, du type Offre > Demande. Le chômage, justement, est la conséquence de nombreux facteurs ayant acquis un poids spécifique dans les économies avancées modernes. Premièrement, la demande de biens de consommation de base a fortement baissé, conséquence surtout de la montée en flèche des inégalités de revenus et de richesses. Le capitalisme de maturité a moins besoin de main-d'œuvre dont l'offre, malgré la baisse de la population active, ne peut plus être absorbée par la demande existante. Et deuxièmement, la demande de main-d'œuvre, laquelle est fonction de la demande de biens et services, a baissé en raison surtout de l'inégalité désormais incontrôlée dans la répartition des revenus et des richesses, de la diminution de la classe moyenne, de la baisse des principales propensions à la croissance de l'économie, mais aussi en raison de l'augmentation, ne serait-ce que limitée, de la productivité du travail. Ces symptômes sont caractéristiques du capitalisme de maturité mais aussi des choix malheureux des autorités compétentes. Plus spécifiquement, concernant la surabondance du travail dans les économies développées modernes, le déséquilibre, tel qu'il se manifeste avec le chômage de longue durée, est le double résultat à la fois de la baisse de la demande de travail et de l'accroissement de l'offre de travail, tandis que pour les variations démographiques, de l'investissement et des innovations technologiques, seul le facteur « baisse » fonctionne. Michel Rocard[151] donne une très bonne définition du chômage moderne : « Le chômage est la conséquence d'un système économique qui n'est plus capable de créer de l'emploi car il a mis au centre une idole qui s'appelle *l'argent* ».

Les prévisions pour les 10 à 20 prochaines années sont mauvaises pour l'emploi, selon les conclusions de la récente étude de Carl Benedikt Frey et Michael Osborne, chercheurs à la Martin School d'Oxford, selon lesquels le chômage sera essentiellement créé par les technologies de la robotique. Ils en ont conclu que 47 % des emplois aux États-Unis, avec un salaire moyen et un travail routinier, sont menacés de disparition. Les nouveaux emplois qui seront créés concerneront le travail créatif et intellectuel[152]. Ensuite, avec l'essor de l'intelligence artificielle, ce ne sont pas seulement les emplois non qualifiés qui seront menacés, comme cela s'est produit à l'ère numérique et de la mondialisation, mais aussi les travailleurs hautement qualifiés tels que les avocats, les conseillers fiscaux, les bibliothécaires, les secrétaires, les employés administratifs, etc. Il sera donc très facile, pour un groupe de spécialistes, restreint mais puissant, de finalement diriger l'économie et le marché, tandis que la multitude devra se contenter d'emplois précaires et mal rémunérés.

---

[151] *op. cit.*, p. 139.

[152] « The future of the employment: How susceptible are jobs to computerisation? » (2013), *Oxford Martin School, Programme on the Impact of Future Technology, University of Oxford,* 17 septembre, www.oxfordmartin.ox.ac.uk/downloads/academic/The_Future_of_Employment.pdf.

1b. Les causes

Alors que la deuxième révolution industrielle est liée à une répartition des revenus plus juste, ce qui était indispensable pour absorber la production massive, le troisième stade du processus capitalistique a apporté chômage et pauvreté à l'humanité, donnant raison aux prévisions de Michael Kalecki[153]. Les mutations transversales, combinées à la mise en œuvre de mesures politiques inefficaces, ont mis un terme au régime de plein-emploi, et ont semé l'incertitude et souvent le chaos dans les économies modernes.

Depuis la fin de la deuxième révolution industrielle, on observe une montée du chômage, essentiellement au sein de l'UE[154] mais pas seulement, qui persiste même après la fin de la récession. Le chômage s'accompagne d'un niveau de bien-être de plus en plus élevé, réparti toutefois de façon de plus en plus inégale. Or, la lutte contre le chômage, bien qu'étant déjà désignée en 1993[155] par l'UE comme un problème primordial, s'est avérée impossible jusqu'à aujourd'hui. La persistance du chômage fait ressurgir d'anciennes théories économiques qui soutiennent que le capitalisme, en arrivant à maturité, est de moins en moins capable d'absorber la main-d'œuvre disponible[156]. Cette incapacité est interprétée de multiples manières qui souvent se complètent mutuellement, telles que :

• La surabondance du facteur de production « travail » : Depuis 1970, on constate une saturation relative de la demande traditionnelle dans les économies avancées et dans les pays de l'OCDE[157]. Cette saturation s'accompagne d'un ralentissement du rythme de la variation annuelle de la consommation privée. À la baisse de la demande effective de consommation contribuent également la politique d'austérité à long terme de l'UE, l'explosion des inégalités dans la répartition des revenus qui favorise l'épargne ou plus exactement, la thésaurisation, le chômage combiné au gel des salaires dont le niveau est inchangé depuis des décennies, et aussi le recul généralisé de l'État-providence. Les économistes de l'OFCE, dans un numéro spécial de leur revue, attribuent la chute de l'investissement, de 2/3, à une demande de consommation insuffisante[158], tandis que le FMI fait le même constat[159]. Ajoutons encore à cela qu'à l'insuffisance de la demande effective de

---

[153] Joan Robinson, F. Wilkinson (1977), « What has become of employment policy? », *Cambridge Journal of Economics*, 5-14 mars.

[154] Probablement dû à sa politique économique conservatrice.

[155] Livre Blanc.

[156] M. Negreponti-Delivanis (1990), *Europ's life buoy is its less developed regions*, éd. Paratiritis, Thessalonique.

[157] OCDE, National Accounts.

[158] « Le ralentissement de la croissance du côté de l'offre ? » (2015), *Revue de l'OFCE*, No 142.

[159] « Private Investment : what's the Hold-Up? » (2015), *World Economic Outlook*, avril.

consommation et d'investissement, qui réduit le taux d'emplois, contribuent de façon décisive les paradis fiscaux qui, selon des estimations, désactivent une part colossale du pouvoir d'achat, de l'ordre de 20 trillions de dollars. Les dépenses faibles de consommation et d'investissement, dans les économies avancées modernes, coexistent, notamment ces dernières années, avec une baisse générale du niveau des prix, conduisant à une inflation inférieure à celle exigée par l'équilibre (autour de 2 %) et qui, dans un certain nombre de cas, s'est déjà transformée en déflation.

• Le peu d'opportunité de nouveaux emplois dans le capitalisme de maturité : Aux États-Unis, où la tendance sur ce point précis ne diffère pas beaucoup de celle des autres économies avancées, on estime que le secteur financier concerne 25 % de la totalité des profits sociétaires et représente 7 % environ de l'économie. Cependant, il parvient à créer tout juste 4 % du total des nouveaux emplois[160]. La forme de croissance, dans ce stade, cesse d'être expansive, comme elle l'était dans le précédent, celui de la révolution industrielle, et devient intensive, c'est-à-dire qu'elle utilise une quantité de plus en plus faible des deux facteurs de production pour créer une unité de produit donnée[161]. Le degré de la baisse n'est pas proportionnel, mais il dépend du type de progrès technique choisi[162]. Le vide provoqué par la baisse de la quantité des facteurs utilisés dans le processus de production et qui se voit à la baisse de la relation Travail-Produit et Capital-Produit, est comblé par l'amélioration de la qualité des deux facteurs de production de base, autrement dit dans la nouvelle forme de progrès technique dont il sera question juste après de façon plus analytique. Une augmentation de la relation Capital-Produit pourrait apparaître en raison de la désindustrialisation, tandis que le taux des installations de production inutilisées augmente. Il s'avère toutefois que cette montée n'a pas influencé négativement la part du capital dans le PIB des économies avancées, mais c'est le contraire qui se produit, à savoir que le stade post-industriel de la croissance capitalistique renforce sa capacité à garder et à augmenter avec constance sa part dans le PIB car manifestement, dans l'actuel stade de développement, les outils traditionnels de production et de répartition des revenus ont été désactivés.

Par ailleurs, on observe, dans le stade post-industriel, un épuisement des marges de croissance dans les économies avancées, épuisement qui apparaît à travers les variations de déplacement entre les secteurs productifs des deux

---

160 « Saving Capitalism » (2016), *Time*, 23 mai. Basé sur le nouveau livre de Rana Foroohar *Makers and Takers.*

161 « Has the ideas machine broken down? » (2013), Briefing innovation pessimism, *The Economist*, 12 janvier.

162 M. Negreponti-Delivanis (2007), *Μεταρρυθμίσεις, Το ολοκαύτωμα των εργαζομένων στην Ευρώπη* [Réformes, L'assassinat des travailleurs Européens], éd. Fondation Delivanis et éd. Livani, Athènes, p. 48 et suiv.

facteurs de production de base. On estime que ce déplacement augmente la productivité de 44 %, lorsqu'il s'opère du secteur primaire au secteur secondaire, tandis que lorsque le déplacement se fait du secteur secondaire vers le tertiaire, la productivité n'augmente que de 15 %[163]. Et justement, dans le troisième stade de l'évolution capitalistique, le déplacement des deux facteurs de production de base se fait dans ce sens, c'est-à-dire, du secteur secondaire (désindustrialisation) vers le tertiaire. Le ralentissement de la croissance qui en résulte fait obstacle au fonctionnement positif du taux d'intensité d'emploi, malgré le fait qu'avec le temps, il se soit fortement réduit en Europe (dans les années 1960, la relation croissance et création d'emplois était de 4,2 %, et aujourd'hui, elle est estimée à tout juste 2 %)[164].

• La mesure de la productivité : La productivité résultant de cette nouvelle forme de progrès technique est extrêmement difficile à mesurer, car elle a trait à des données qualitatives et non plus quantitatives[165]. Ainsi le *paradoxe de Solow* qui réside dans le fait que l' « on voit des ordinateurs partout, sauf dans les statistiques de productivité » et dont il a été question plus haut (Chap. 2, A, 3).

Une autre tentative d'interprétation de la baisse de productivité va toutefois dans un sens complètement différent des précédentes. Dans une récente étude[166], il est affirmé que la productivité est fonction de la qualité de l'emploi, laquelle qualité dépend du niveau des salaires et des inégalités, du type de contrat de travail (à durée indéterminée ou déterminée), de la spécialisation, etc. L'étude parle plus précisément de la création, après 2009, d'une nouvelle catégorie de travailleurs en France, les auto-entrepreneurs, qui n'ont rien à voir avec la catégorie traditionnelle des travailleurs indépendants, et qui déclarent environ 1/3 des revenus par rapport à ceux de cette dernière. Selon les résultats, donc, des deux auteurs de cette étude, la productivité horaire des non-salariés a baissé d'environ 20 %, et cette évolution est la seule responsable de la baisse de 3 % de la productivité du travail en France depuis 2008.

Le problème de la baisse ou de la non augmentation de la productivité préoccupe naturellement beaucoup les économistes, surtout maintenant que l'économie américaine et mondiale montrent des signes de reprise. Une étude récente du McKinsey Global Institute[167] laisse espérer la possibilité d'une

---

[163] A. Maddison (1980), *Growth and structural change in the advanced countries, in western economics in transition,* éd. I. Levenson and J.W. Wheeler, Hudson Institute.
[164] Commission économique pour l'Europe, 1991.
[165] Robert Gordon (2016), *The rise and fall of american growth, The U.S. standard of living since the civil war,* éd. Princeton University Press.
[166] Philippe Askenazy et Christine Ethel (2017), *Qualité de l'emploi et productivité,* éd. Rue d'Ulm.
[167] Neil Irwin (2018), « Hope for a productivity revival », *The New York Times International Edition*, 23, 21 février.

augmentation de la productivité et ajoute un nouvel élément, à savoir que celle-ci ne dépend pas uniquement de l'offre, mais aussi de la demande. Cela signifie que l'augmentation de la productivité n'a pas simplement lieu avec l'apparition d'une nouvelle technologie, mais qu'elle nécessite en même temps une augmentation de la demande qui contraindra l'entreprise en question à augmenter sa production.

• La contribution négative de la mondialisation à l'emploi : La libéralisation totale des échanges internationaux a considérablement accrû l'offre, essentiellement de travail non qualifié, dans les économies avancées en provenance d'économies en développement, et a encouragé dans le même temps la délocalisation massive des entreprises des économies avancées vers les économies en développement, ce qui a eu pour effet une importante perte d'emplois dans les premières. Par ailleurs, avec la mondialisation, la compétitivité a acquis un rôle majeur dans les décisions et actions des entrepreneurs et des gouvernements nationaux des économies avancées. Cependant, cette nouvelle forme de compétitivité est de plus en plus agressive à l'égard des pays concurrents, puisque la médaille de la victoire et du succès revient à celui qui gagne avec une part toujours plus grande du commerce international. Et le moyen reconnu comme étant le plus important et efficace pour augmenter la compétitivité est la réduction du coût du travail à coups de licenciements massifs.

2. La baisse du prix des biens d'équipement

La baisse de la propension à investir a entraîné la baisse parallèle du prix des biens d'équipement, ainsi qu'il apparaît dans le graphique 6.

Un prix bas des biens d'équipement se traduit par une réduction de la demande d'épargne à utiliser pour la production d'une unité de biens d'équipement, tout en incluant indirectement la dimension croissante de l'offre. La principale raison de la baisse du prix des biens d'équipement est à imputer aux nouvelles technologies qui ont remplacé les deux facteurs de productions, surtout celui du travail, car la possibilité de baisser le niveau des salaires semble avoir atteint ses limites. Mais, en plus de l'impact des nouvelles technologies, la réduction de la propension à investir contribue de façon décisive à la baisse du prix des biens d'équipement, en raison de la baisse de la demande de consommation due à la diminution de la part du travail dans le PIB, à la baisse du niveau des salaires et au régime de sous-emploi permanent.

Graphique 6 - Baisse du prix des biens d'équipement
Ratio indice des prix des biens d'équipement/déflateur du PIB

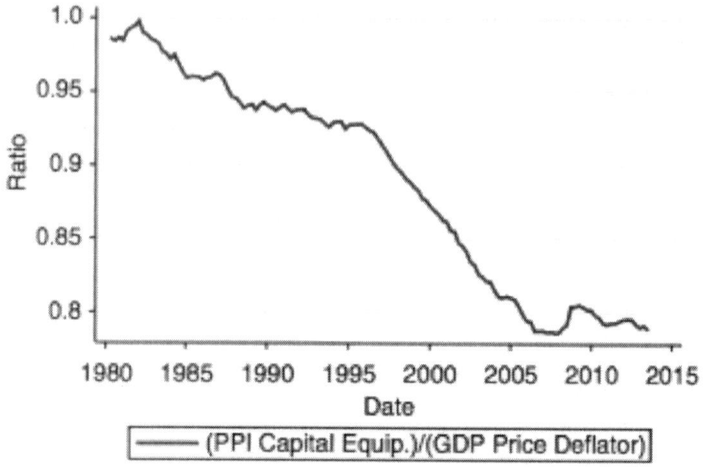

Source : OCDE, « Base de données complète sur les principaux indicateurs économiques ». Par Lawrence Summers, *Four observations on secular stagnation*, p. 61.

3. La hausse de l'épargne

L'autre aspect de la surabondance d'épargne à l'échelle mondiale est l'insuffisance de la demande. Cette conséquence est inéluctable, provenant du choix néolibéral qui, systématiquement et par tous les moyens, écoule une part toujours plus grande de la productivité accrue dans les profits qui, de fait, est retirée des salaires et amenuise de plus en plus la part du travail dans le PIB mondial. Les grandes inégalités dans la répartition des revenus au niveau opérationnel et personnel favorisent les revenus dont les bénéficiaires ont une faible propension à consommer, ayant déjà satisfait leurs besoins de base et en partie, leurs besoins de luxe. Ils écoulent ainsi le reste de leur revenu, lequel augmente à mesure que les inégalités se creusent, dans la thésaurisation, dans la spéculation boursière et dans les paradis fiscaux. *Avec la baisse de la demande de biens de consommation de base, c'est l'errance, dans le monde entier, de la surabondance d'épargne qui est encouragée, ne pouvant se transformer en investissement productif et qui projette l'image économique dramatique d'une époque acculée par les extrêmes.*

Toutes les grandeurs économiques de base glissent vers le bas et s'alimentent très souvent mutuellement. Des déséquilibres et des situations d'impasse apparaissent partout, tandis que dans le même temps, les politiques monétaire et économique semblent incapables d'y faire face. Bien qu'il soit encore trop tôt pour s'exprimer avec certitude sur le fait que ce qui est en train de se produire dans les économies occidentales avancées est caractéristique du stade de la *stagnation séculaire*, tout semble aller dans ce sens.

Pour conclure, il convient de souligner que dans une économie aussi mondialisée que l'est encore l'actuelle, si le stade de stagnation apparaît dans l'une des économies avancées, il s'étendra au monde entier, telle une « maladie contagieuse »[168].

---

[168] Gauti Eggertsson, Neil Mehrotra, Sanjay Singh, Lawrence H. Summers (2016), « A contagious malady ? Open economy dimensions of secular stagnation », *NBER Working paper* 22299, juin.

CHAPITRE 3

LA CONTRIBUTION DE LA MONDIALISATION À LA DÉCOMPOSITION DE L'OCCIDENT

« Quand le dernier arbre sera mort, la dernière rivière aura été empoisonnée,
et le dernier poisson aura été attrapé, alors seulement
nous prendrons conscience que l'argent ne se mange pas »

Poète américain (anonyme)

À ce stade ainsi peuplé d'incertitudes où nombre d'optimistes persistent à croire que les problèmes de l'économie mondiale relèvent du cycle économique et seront surmontés, il est difficile de déterminer la part de responsabilité des évolutions autonomes et des évolutions provoquées. Il est bien plus aisé, par contre, de défendre l'idée que la politique économique inefficace des dernières décennies, notamment le laissez-faire, laissez-passer, porte une lourde responsabilité dans les affaires économiques du monde. Cette hypothèse suggère qu'une politique adéquate pourrait apporter des améliorations considérables et reporter à plus tard des catastrophes plus grandes encore.

Au cours des dernières décennies, des mutations transversales, des renversements et des conflits au niveau cosmothéorique mais aussi au niveau des choix des lignes directrices de la politique macroéconomique ont été observés. Face à ces mutations, cruciales aussi bien pour la société que pour l'économie, l'État reste inactif et ne cherche pas à en atténuer les conséquences désastreuses.

Dans ce chapitre, je vais tenter de regrouper les effets négatifs qui se sont abattus sur l'économie mondiale et qui pour la plupart découlent de la mondialisation, imposée dans les années 1970 comme étant la nouvelle cosmothéorie.

Il s'agit, si je peux le qualifier ainsi, d'un système conspirationniste[169], lequel a toutefois été adopté sans hésitation par l'ensemble des économies nationales il y a une cinquantaine d'années, et dont les conséquences négatives à de multiples niveaux ont surtout causé des déséquilibres insurmontables. Ces déséquilibres, comme tout le montre, constituent des obstacles à la croissance.

J'ai choisi de montrer, dans la section I de ce chapitre, certaines des caractéristiques de la mondialisation ayant alimenté les conséquences fatales qui ont préparé le terrain à la venue de la *stagnation séculaire*. Dans la section II, j'insisterai sur les politiques les plus représentatives et les mesures économiques qui ont provoqué, accéléré ou n'ont pu empêcher les graves déséquilibres. Enfin, dans la section III, je m'intéresserai à un problème très sérieux, résultante de la mondialisation, à savoir la résiliation de la garantie du respect des frontières nationales.

I. LA MONDIALISATION

La mondialisation, renforcée par un néolibéralisme extrême et par l'arrivée du stade post-industriel capitalistique, est parvenue à s'imposer dans le monde entier en tant que phénomène sans alternative. En effet, dans les années 1980, les puissants de la planète, avec à leur tête les États-Unis[170], se rallièrent autour de l'idée qu'un nouvel ordre économique international, auquel ils donnèrent le nom jusqu'alors inconnu de mondialisation, pourrait maximiser leurs gains et asseoir durablement leur domination. Pour que les populations acceptent massivement ce nouveau système, des campagnes de propagande furent méthodiquement organisées. Cette propagande quotidienne en faveur de la mondialisation, avec la participation sans réserve des médias, outre la promesse de l'avènement d'un paradis économique pour tous, présentait cette nouvelle forme comme déterminée. Des réactions à son encontre apparurent dès le début car certains en prévoyaient les épouvantables conséquences[171].

---

[169] M. Negreponti-Delivanis (2002), *Mondialisation Conspiratrice*, Introduction, éd. L'Harmattan, Paris (traduit du grec).

[170] Dans les années 1980, les États-Unis, effrayés, constatèrent le ralentissement du progrès, une baisse de la productivité par rapport à l'Allemagne et au Japon, une baisse de la propension à investir et une désinstrualisation précoce. L'élément toutefois décisif du virage des États-Unis vers la libéralisation des échanges internationaux et la mondialisation aura incontestablement été la baisse de la marge bénéficiaire des entreprises américaines.

[171] Parmi lesquels l'auteure du présent livre, avec des articles et un livre publié en 2001 et traduit en russe, en roumain et en français sous le titre : *Mondialisation*

Or, tout fut bien planifié pour jeter le discrédit sur ces réactions, tandis qu'en plus de l'intensification des efforts de persuasion, furent mobilisées des stratégies qui faisaient des partisans de cette cosmothéorie – laquelle ne tarda pas à acquérir les dimensions d'une « religion » – des « progressistes » et des « éduqués » et les sceptiques, des « conservateurs », des « incultes », des « marginaux », des « attardés ». Le nivellement des plus nombreux et non spécialistes dans ces déclarations propagandistes s'explique par la nature humaine qui veut généralement faire partie de la classe des « élites » et non de celle des « rétrogrades ».

Les conséquences dramatiques qui suivirent l'installation de la mondialisation et son fonctionnement pendant quelque 50 ans seraient sensiblement moindres si celle-ci n'avait été encadrée de deux systèmes complémentaires : celui du libéralisme extrême et celui du nouveau stade du capitalisme[172]. C'est justement cette combinaison dangereuse, comme cela s'est avéré au fil du temps, qui a conduit à cette mondialisation au contenu imprécis et ambigu, renforçant ainsi son caractère fallacieux. Par ailleurs, le rôle des gouvernements nationaux s'est affaibli, ayant délégué une grande part de leur souveraineté à la « main invisible », censée réguler les marchés. Plus spécifiquement, dans l'UE et la zone euro, la politique commune macroéconomique imposée aux États membres ne laisse pas de marges à la mise en œuvre d'une politique économique nationale, adaptée à leurs besoins spécifiques.

La mondialisation du 20e siècle comportait incontestablement quelques réussites, qui se sont toutefois limitées presque exclusivement à certaines économies en développement, où des millions de personnes ont pu sortir de la misère[173].

Revenons sommairement sur le constat que je faisais en 2001[174] relativement au contenu de la mondialisation : *« L'environnement dans lequel fonctionne le nouveau régime remet à l'ordre du jour les conditions qui permettent le règne des lois de la jungle. Il légitime des situations d'exploitation à plusieurs niveaux, diminue l'importance des frontières nationales, fait disparaître la solidarité humaine élémentaire et fomente le crime sous toutes ses formes. Un nombre important d'évolutions parallèles, sans lien entre elles, favorise des conditions qui étaient en vigueur au Moyen Âge, et ce pour l'ensemble de la vie économique, sociale et affective ».* Imputer tous les malheurs de l'humanité depuis les années 1970 à la « mondialisation », dont le levier essentiel est la libéralisation du commerce international, serait

---

conspiratrice, éd. L'Harmattan, coll. « Mouvements économiques et sociaux », Paris 2002.

[172] Qui appartient de toute évidence à la catégorie des changements autonomes.

[173] Deux exemples par excellence, la Chine et l'Inde.

[174] M. Negreponti-Delivanis (2002), *Mondialisation conspiratrice*, *op.cit.* p. 34.

pour le moins spécieux. Et cela, parce que, comme nous l'avons mentionné ci-dessus, la libéralisation du commerce international qui nous a été imposée dont le parcours évolutif et les effets multiples ne pouvaient être ni isolés ni attribués avec certitude à chacun d'eux, et que l'on ne pouvait pas non plus distinguer entre causes et effets. Plus précisément :

• La coexistence de la mondialisation et d'une forme extrême de libéralisme économique qui a complètement dérégulé le fonctionnement des gouvernements nationaux, et par la suite l'économie mondiale, instaurant l'anarchie totale et encourageant le crime organisé et le terrorisme.

• La venue, et surtout l'arrivée à maturité du stade post-industriel capitalistique qui a peu à peu renversé les principes théoriques de base de la science économique. L'économie réelle a reculé face à l'économie virtuelle, celle des marchés boursiers. Le progrès s'est complètement séparé de la prospérité des peuples.

• Un supercapitalisme dominant qui a affaibli le rôle des gouvernements nationaux et la souveraineté des États-nations grâce aux marchés, déplaçant le centre de gravité sur l'efficacité au détriment de l'égalité[175].

• Le net recul de l'importance des frontières nationales, causé par la création d'unions supranationales telles que l'UE, lesquelles ont affaibli les gouvernements nationaux et réduit la portée de la démocratie.

• Le recul systématique de l'État-providence.

Ce régime chaotique s'est finalement doté d'une cohorte innombrable de perdants et d'une poignée de gagnants, ce qui explique la remise en cause, avec plus de virulence que par le passé, des bienfaits du libre-échange[176].

Si la mondialisation était restée dans le cadre de la libéralisation des échanges, la distinction que je fais dans mon livre[177] entre mondialisation innocente et mondialisation conspiratrice ne serait pas justifiée. En réalité, il n'y a pas de systèmes bons ou mauvais, mais le problème réside toujours dans la façon dont ils sont appliqués, et qui souvent cumulent des doctrines excessives et fanatiques. Et, alors que la mondialisation aurait pu théoriquement concilier le libéralisme avec l'interventionnisme, comme c'était le cas durant les Trente glorieuses qui suivirent la fin de la Deuxième Guerre mondiale et qui eurent de brillants résultats en termes de rythme du progrès et de paix sociale, ce ne fut malheureusement pas le cas. Au contraire même, la mondialisation, qui s'est imposée dans nos vie dans les années 1970, a adopté un capitalisme sauvage[178] qui a fait surgir tout ce que la nature humaine a de

---

[175] R. Reich, *Supercapitalisme* (2007), éd. Vuibert, Paris, p. 10.

[176] R. Foroohar (2016), « After decades of consensus, the value of global free trade is being contested by the left and the right », *Time*, 11 avril.

[177] M. Negreponti-Delivanis (2008), « Mondialisation innocente et mondialisation conspiratrice », *Sciences, Technologies et Développement*, Algérie, No 4, p. 235-247.

[178] « Charlemagne/Euro snakes and ladders » (2012), *The Economist*, 14 août.

plus inaltérable et répugnant en elle, comme notamment la cupidité, la soif de pouvoir, la démonstration de force à l'égard des plus faibles ou l'individualisme excessif. Ainsi, tous les progrès de la civilisation dont nous étions si fiers, surtout en Europe sous le label général du capitalisme à visage humain, ont peu à peu disparu. La mondialisation, en accumulant pendant une cinquantaine d'années des déséquilibres sans précédent dans le monde entier, a fini par devenir un assemblage de dysfonctionnements inextricables, tous provoqués par la dérégulation sans exception de l'ensemble des marchés et qui a fatalement conduit à un régime d'impunité totale. Ainsi, la mondialisation a-t-elle substitué le but souverain de la science économique, à savoir le bien-être des citoyens, par la recherche d'une compétitivité hostile et agressive à l'encontre de tous[179]. Elle a brutalement séparé la rémunération du travail de la productivité, s'efforçant avec outrance de l'aligner sur les salaires en vigueur dans les économies les moins avancées du monde. Ce nivellement s'est fait au moyen de l'ouverture incontrôlée des frontières nationales, qui ont contraint les travailleurs, dans les économies avancées, à se mettre en compétition avec les niveaux de salaires dégradants des travailleurs dans les économies en développement. La mondialisation a réduit la capacité de négociation des travailleurs en faveur des entreprises qui se sont empressées de l'exploiter à leur avantage. La mondialisation a considérablement augmenté la richesse de quelques-uns au détriment du bien-être de la classe moyenne et des plus pauvres. Et puis, la mondialisation tolère et soutient – tout en s'abstenant systématiquement de prendre les mesures qui s'imposent – les inégalités qui ont pris une ampleur inimaginable dans la répartition des revenus[180] et des richesses[181]. La mondialisation a excessivement renforcé la liberté des transactions boursières qui exacerbe les inégalités de revenus[182]. Elle a affaibli la puissance des organisations syndicales, lesquelles ont été récupérées par les entreprises. Dani Rodrik résume parfaitement bien le résultat de la mondialisation, surtout dans ses derniers stades, à savoir les inégalités à outrance, étant exactement ce qui est en train de se produire : « Elle prend tout simplement de l'argent à un groupe pour le transférer à d'autres »[183]. La mondialisation s'est également montrée indifférente à la généralisation de la

---

179 « Model Deutschland óber alles » (2012), *The Economist*, 14 avril.

180 Selon le FMI, mars 2008, la chute de la part du travail dans le PIB des pays du G-7 est estimée à 5,8 % pour la période 1983-2006, et selon la Commission européenne, la chute de la part du salaire dans le PIB des économies de l'UE, pour la période 1983-2006, était de 8,8 %.

181 John Kristensen, Directeur du TJN de la Grande-Bretagne : de telles inégalités n'existaient plus depuis la Révolution Française (republié dans le journal grec *To Vima*).

182 « La libéralisation financière nourrit les inégalités » (2016), *Alternatives Économiques*, No 353.

183 Dani Rodrik (2018), « The New deal as true populism », *The International New York Times Edition*, 23 février.

spéculation et de la corruption, à la dématérialisation de l'économie, à la suppression du plein-emploi, à la paupérisation absolue des peuples du Tiers-monde (à l'exception de l'amélioration du niveau de vie dans certaines économies en développement). Mais ajoutons encore que les choix de la mondialisation ont affaibli la démocratie au moyen d'un pouvoir atypique – je me permets ici d'employer le terme de « bancocratie » – qui asphyxie les peuples et marginalise les États pour maximiser ses gains[184]. Il s'agit d'un assemblage difficile à interpréter du point de vue de la théorie économique, mais qui conduit à des déséquilibres criants du type « épargne supérieure à la consommation » et « consommation inférieure à la production » et génère des crises récurrentes.

Dans la sous-section A, il sera succinctement question des conséquences de la mondialisation, conséquences aussi bien économiques que non économiques, à l'origine de la colère de la multitude de perdants qui ont encouragé la montée des dénommés (par leurs opposants) partis populistes, et qui ont conduit, semble-t-il, au début de la fin de la mondialisation, autrement dit à la dé-mondialisation. À noter avant tout que la conséquence surtout négative de la mondialisation, qui est la montée en flèche et sans précédent de l'inégalité dans la répartition des revenus et richesses mondiaux et nationaux, est au cœur des problèmes du capitalisme de maturité et qu'elle est due à l'incapacité des économies modernes avancées d'atteindre l'équilibre général avec la stabilité monétaire et le plein-emploi. Dans la sous-section B, il sera question de certains choix économiques malheureux qui, s'ils ne l'ont pas provoqué, ont certainement poussé dans l'impasse les économies avancées dont la situation était déjà épineuse.

A. Conséquences économiques - Inégalités abyssales dans la répartition des revenus et richesses

La conséquence la plus néfaste de la mondialisation, considérée comme le stade le plus avancé du capitalisme, est l'explosion des inégalités de répartition, à tous les niveaux, avec des gouvernements incapables (ou refusant) de les combattre. Le capitalisme est le système qui crée des inégalités parce que trop peu de gens sont capables de tirer profit des opportunités qui sont théoriquement offertes à tous ; mais aussi, cela va sans dire, parce que l'État, obéissant aux consignes de la vision extrême néolibérale, s'abstient d'assister les moins compétitifs. C'est ainsi qu'une insécurité plus générale, qui s'est intensifiée au fur et à mesure de sa maturation, caractérise le capitalisme. L'État social avait été créé pour réduire les inégalités qui menaçaient le système capitaliste et la démocratie. Malheureusement, comme cela apparaît maintenant au grand jour, ni l'État social ni la politique

[184] Marc Chevalier (2012), « Faut-il limiter le salaire des patrons ? », *Alternatives Économiques*, No 315, juillet/ août.

économique n'ont pu contenir la montée incontrôlée des inégalités dans le stade post-industriel du capitalisme. Les exigences toujours plus grandes et compliquées du capitalisme boursier combinées à la mondialisation ont réduit au strict minimum le nombre de personnes capables et en mesure d'exploiter les opportunités qui leur étaient offertes. Et dans le même temps, les secteurs traditionnels de l'économie ont de moins en moins besoin de main-d'œuvre, essentiellement en raison de l'extraordinaire essor des nouvelles technologies.

1. Répartition personnelle du revenu

La répartition personnelle du revenu, qui se mesure par le coefficient de Gini[185], a intégré des évolutions en cascade dès l'installation de la mondialisation et du néolibéralisme. Plus spécifiquement, pour l'ensemble de la population mondiale, le coefficient de Gini est de 0,70, c'est-à-dire qu'il indique une hausse sans précédent des inégalités, jamais atteinte par aucun pays dans le passé. En réponse à ceux qui, aujourd'hui encore, soutiennent que « les inégalités ont toujours existé », la montée faramineuse de celles-ci depuis l'installation de la mondialisation et du néolibéralisme effréné est la preuve de l'aggravation démentielle de la situation. En effet, 1 % des Américains les plus riches gagnait autour de 10 % du PIB de leur pays en 1915, et en 2007, ce taux avait grimpé à 24 %. Concernant la répartition de la richesse, l'évolution des inégalités est encore plus implacable, puisque dans le même intervalle (1915-2007), la part de la richesse des ménages les plus riches, à savoir 0,1 % de la population, est passée de 9 % à 22 %. Par ailleurs, une récente étude[186] révèle qu'aux États-Unis, en 1980, 1 % des citoyens adultes disposaient d'un revenu 27 fois supérieur en moyenne à celui de 50 % des adultes américains les plus pauvres. Cette différence est maintenant de 81 fois. En d'autres termes, la différence de revenus équivaut à la différence entre le revenu moyen américain et le revenu moyen des habitants les plus pauvres au monde, comme au Congo. Et puis, continuons avec les formes inimaginables d'inégalités qui hantent les économies avancées, à savoir les 16 000 familles qui appartiennent au 0,01 % de la population américaine et dont les richesses ont doublé depuis 2012. Malgré le fait que les inégalités de toutes sortes ont toujours été plus fortes aux États-Unis que dans les autres économies avancées, une étude de l'OCDE constate que cette situation s'est maintenant généralisée au reste du monde. La Chine ne fait pas figure d'exception puisqu'elle s'est développée en aggravant les inégalités qui sont déjà proches de celles des États-Unis : 1,5 % des Chinois les plus riches disposent de 40 % du PIB, alors qu'aux États-Unis

---

[185] L'économiste italien créa, au milieu du 20e siècle, un indicateur permettant de mesurer le niveau d'inégalité de la répartition des revenus personnels. Cet indicateur varie de 0, soit l'égalité parfaite (tous les revenus sont égaux) à 1, soit l'inégalité extrême (une seule personne touche 99 % du revenu et tous les autres, 1 %).

[186] Emmanuel Saez, Gabriel Zucman (2016), « Economic growth in the United States: a tale of two countries », *Washington center for equitable growth*, Working paper.

l'équivalent dispose de 50 % du PIB. Et à l'inverse, 50 % des Chinois les plus pauvres doivent se contenter de 15 % du PIB, et leur équivalent américain de plus ou moins 12 %[187].

Un autre changement, dans le champ plus large des inégalités, a trait au recul de l'importance de la lutte entre les classes populaire et moyenne. Cette lutte a laissé sa place à une autre forme d'opposition, celle d'une poignée de Crésus d'un côté, et de l'autre tout le reste de la population[188]. Les raisons de ces inégalités d'une ampleur inimaginable sont complexes et sont souvent imbriquées les unes dans les autres, situation bien résumée dans la simple constatation suivante : « les préférences de la majorité des citoyens ne semblent pas avoir d'influence décisive sur ce que fait ou s'abstient de faire le gouvernement »[189]. Justement, cette phrase contient la principale explication à la montée du *populisme*. Cette situation anormale, pour se créée et se consolider, a nécessité la contribution d'un grand nombre de facteurs qui coexistent avec la mondialisation, tels que (entre autres) : la liberté du marché des actions, comme l'observe un rapport du FMI sur la base d'une étude empirique portant sur 149 pays, dans la période 1970-2010[190], la charge fiscale sur les revenus deux fois plus élevée que sur les profits des entreprises[191], la généralisation de la politique d'austérité[192], l'inefficacité de la lutte contre les paradis fiscaux ou tolérance à leur égard, la renonciation de l'État face à la politique redistributive, les liens souterrains des hommes politiques avec les richesses des entreprises, et naturellement, le ralentissement de la croissance dans les économies avancées.

Jusqu'à récemment, l'inégalité dans la répartition des revenus et de la richesse était envisagée comme un phénomène incontournable, comme un problème exclusivement social et non économique, et souvent même comme une évolution voulue car elle relançait les investissements et l'emploi. Néanmoins, des études plus récentes tirent la sonnette d'alarme. Le FMI[193] notamment, établit dans un rapport que lorsque les 20 % les plus riches de la population augmentent leur revenu de 1 %, la croissance ralentit de 0,08 % dans les cinq années suivantes, et inversement, une augmentation de 1 % du

---

[187] *Alternatives Économiques* (2017), No 366, mars.

[188] Ronald Inglehart (2016), « Inequality and modernization », *Foreign Affairs*, Inequality, janvier/février, p. 2-10.

[189] Constat fait par Ronald Inglehart (ibidem), et attribué au politologue Martin Gilens.

[190] David Furceri et Prakash Lungari (2015), « Capital account liberalization and inequality », FMI, Working Paper No WP/15/243, 11.

[191] L'impôt le plus élevé sur les profits des investissements est de 20 %, tandis que l'impôt le plus élevé sur les revenus atteint 39,6 %.

[192] Le deuxième rapport de l'ONU sur la Grèce conclut que l'austérité est incompatible avec les droits humains.

[193] Intitulé « Causes and consequences of income inequalities : a global perspective », 2015.

revenu des 20 % les plus pauvres de la population accélère la croissance de 0,38 % dans les cinq années suivantes. Les constats issus d'un rapport récent de l'OCDE[194] sont similaires, puisqu'il affirme que la montée des inégalités durant la période 1990-2010 a eu pour effet le ralentissement du rythme de croissance de ses pays membres de 4,7 %. Ces conclusions sont complétées par des interrogations qui tournent essentiellement autour du fait que les riches peuvent faire pression sur les gouvernements au moment des élections en votant pour l'un ou pour l'autre, afin d'empêcher une éventuelle augmentation des impôts, limitant ainsi la possibilité pour le secteur public de réaliser des investissements dans des travaux d'infrastructure, dans l'éducation et dans l'État-providence[195]. En outre, cette inégalité qui dure depuis longtemps, jamais combattue par aucun gouvernement – au contraire même, elle prend de l'ampleur – provoque un blocage psychologique qui se tourne contre la mobilité sociale, car elle donne l'impression que la situation ne peut en aucun cas s'améliorer[196].

Selon les conclusions de l'OCDE, l'augmentation considérable de la richesse des 10 % les plus riches à l'échelle mondiale est attribuable aux revenus du travail, tandis que seuls les bénéfices de 0,01 % des plus riches proviennent du capital. Il y a toutefois une différence à cet égard dans les économies nationales. À savoir qu'en Espagne, en Italie et aux États-Unis, 30 % des bénéfices des 10 % les plus riches proviennent du capital, alors qu'en France, ce taux s'élève à 60 %[197].

2. Répartition fonctionnelle

Les parts du travail et du capital dans le revenu national, telles qu'elles sont mesurées dans la fonction de Cobb-Douglas, restèrent inchangées jusqu'aux années 1980, autrement dit, jusqu'à l'installation de la mondialisation et aux évolutions qui l'ont accompagnée. L'OCDE publia en 2010 un calcul qui cumule les résultats macroéconomiques de quinze de ses États membres. Il en ressort que de 1976 à 2006, la part des salaires dans le PIB, y compris les salaires indirects, représentait 67,3 % jusqu'en 1980, c'est-à-dire jusqu'à l'arrivée de la mondialisation, et en 2006, elle enregistrait une baisse de 10 % pour n'être plus que de 57,3 % du PIB[198]. Et puis, selon les estimations du

---

[194] Intitulé « Tous concernés : pourquoi moins d'inégalité profite à tous », 2015.

[195] Mark Zandi (2017), « What does rising inequality mean for the macro economy ? », in *After Piketty*, éd. Heather Boushey, Harvard University Press.

[196] *Ibid.*

[197] Dossier-Inégalités : « L'onde de choc Piketty » (2014), *Alternatives Économiques,* No 336, juin.

[198] Les chiffres de la Réserve fédérale sont similaires aux résultats obtenus : il y a dix ans, la part des salaires dans le PIB américain s'élevait à 70 %, contre 61 actuellement. Cet écart considérable représente les bénéfices tirés des investissements par les très riches.

FMI[199], la part des salaires dans les pays membres du G-7 a baissé de 5,8 % durant la période 1983-2006, et plus précisément de 8,8 % dans les pays membres de l'UE[200]. Cette baisse, qui est évaluée entre 100 et 200 trillions de dollars, n'a pas profité à la consommation et encore moins à l'investissement[201]. Par ailleurs, sur 51 des 73 pays dans le monde sur lesquels ont été établies des statistiques, la part des salaires a reculé avec constance tout au long des 20 dernières années. Sachons que ces évolutions ne sont pas le monopole des économies déjà avancées, mais elles sont observées plutôt au sein des économies en développement telles que la Chine, l'Inde ou le Mexique[202]. Comme il ressort d'estimations, entre les années 1999 et 2007, la productivité des travailleurs, au niveau mondial, a augmenté de 30 %, et les salaires réels de seulement 18 %[203]. Cette baisse verticale de la part du travail en faveur des profits dans le PIB des économies avancées s'est accompagnée d'une vague de réformes qui eut pour résultat le recul de la protection des travailleurs. Cette baisse ayant eu lieu surtout au sein de l'UE et davantage encore dans les économies endettées du sud de l'Europe, il n'est donc pas excessif de parler d'acharnement contre le travail[204]. L'absence d'intervention de l'État n'a pas amélioré, en ces temps particulièrement délicats, la situation de l'emploi qui ne cesse d'empirer. Ainsi, on enregistre une perte considérable de la part du travail et, du point de vue de la théorie économique dominante, « non orthodoxe » au profit du capital. Cette situation devrait durer encore et même s'aggraver, à cause de l'introduction et de la généralisation d'un stratagème qui présente comme indépendants des travailleurs embauchés pour des emplois précaires et temporaires, lesquels travailleurs sont ainsi privés de toute forme de protection[205]. Ce système amoral occupe déjà les tribunaux, surtout en Europe, mais pour l'heure, aucun résultat définitif n'a suivi. C'est ce procédé non orthodoxe qui a permis à des entreprises géantes telles qu'Uber ou Deliveroo de s'assurer « une réussite entrepreneuriale considérable et naturellement d'importants profits ». La valeur d'Uber avoisine les 70 milliards de dollars. Cette entreprise, de même que Deliveroo et beaucoup d'autres tout aussi importantes recourent systématiquement à cette trouvaille qui dispense les entreprises de cotisations sociales, étant donné que les

---

[199] Mars 2008.

[200] Commission européenne.

[201] Michel Rocard (2015), *Suicide de l'Occident, Suicide de l'Humanité ?,* Flammarion, Paris, p. 38.

[202] Loukas Karabarbounis et Brent Neiman, *op. cit.*

[203] P. Artus et M.P. Virard (2008), *Globalisation, le pire est à venir,* La Découverte, Paris, p. 33.

[204] M. Negreponti-Delivanis (2007), *Μεταρρυθμίσεις, Το ολοκαύτωμα των εργαζομένων στην Ευρώπη* [Restructurations, L'élimination des travailleurs Européens], éd. Fondation Delivanis et Livani, Athènes, 2007.

[205] Liz Alderman (2017), « Regulators turn to Europe's on-demand economy », *The International New York Times Edition*, 3 septembre.

travailleurs qu'elles emploient ont un statut d'indépendants. Ce nouveau procédé d'arnaque au salaire par le capital, en hausse fulgurante, est un chaînon de plus dans une suite sans fin de mesures où tout relève du label néolibéral, incitant à « toujours plus de flexibilité sur le marché du travail ».

L'Europe, sous prétexte que la régulation excessive des marchés freine la compétitivité, n'a pas résisté à la tentation d'installer une anarchie de plus en plus importante sur le marché du travail. Cette évolution défavorable renverse les hypothèses de base sur lesquelles s'appuie la fameuse fonction néoclassique de production et répartition des revenus, la fonction de Cobb-Douglas, qui consiste en trois facteurs essentiels : le premier étant la libre circulation du travail et du capital, le deuxième, le bouleversement apporté dans l'économie par le stade post-industriel de développement et le troisième les nouvelles technologies[206]. À cause de la mondialisation, le niveau du salaire des ouvriers dans les économies avancées est concurrencé par son équivalent des économies en développement et, naturellement, est tiré vers le bas. Il se peut que la prévision bien connue des néoclassiques de l'égalisation des deux niveaux de salaire vers le haut soit théoriquement fondée, mais elle requiert des conditions préalables qui ne sont pas remplies à l'heure actuelle. Cette hypothèse, pour se concrétiser, demande notamment beaucoup de temps, et par conséquent, il est possible qu'elle soit entravée par la rotation du régime en vigueur qui a lieu environ tous les 40 ans. Notons encore que le stade post-industriel a considérablement réduit les besoins en travail non qualifié, entraînant en même temps une baisse de la rémunération. Nous devons également tenir compte du fait que les nouvelles technologies du stade post-industriel ont rendu vraiment plus difficile le calcul de la productivité du travail et du capital dans un processus de production donné, ce qui a eu pour effet de faciliter l'exploitation du facteur « travail » par le facteur de production traditionnellement « puissant », à savoir le capital, surtout parce que l'interventionnisme de l'État a été désactivé. Le résultat est l'augmentation du volume d'emplois à temps partiel et généralement précaires. Ajoutons à ces raisons l'essor fulgurant de la robotique, le travail humain étant peu à peu remplacé par les robots, et qui fera l'objet d'une analyse plus poussée dans le troisième chapitre de la deuxième partie de ce livre.

En poursuivant la recherche et en y ajoutant d'autres interprétations de l'explosion des inégalités sur la répartition personnelle et fonctionnelle des revenus pendant la mondialisation, on peut aisément affirmer que la libéralisation des échanges et des délocalisations d'entreprises ont contribué à son installation tout en encourageant la compétitivité entre les salaires dans les économies avancées et en développement. Je voudrais encore parler de la

---

[206] Ce troisième facteur aurait pu être absorbé par le stade post-industriel capitalistique qui fonctionne avec des technologies complètement différentes de celle du stade industriel.

tendance à la baisse de la productivité, en raison de la substitution des emplois sans qualification dans l'industrie – délocalisés vers des économies en développement – par des emplois dans le secteur des services, moins productifs. Dans le même temps, la baisse du nombre d'emplois créés à productivité très élevée, avec des salaires souvent astronomiques, doit être essentiellement imputée à la séparation brutale de l'économie virtuelle de la réelle. Ce sont les rémunérations des *traders*, lesquels gèrent des sommes considérables d'épargne qui sont traitées sans aucun contrôle et qui circulent d'un bout à l'autre de la planète, en quête du maximum de profit, de même que la rémunération de ceux qui travaillent sur le web ou dans le marketing moderne. Pourtant, une interprétation contraire rejette l'argument selon lequel les inégalités proviennent de la libéralisation des échanges, et fournit des données d'où il ressort qu'aux États-Unis en particulier, les échanges sont insuffisants vue la dimension telle ampleur et qu'il serait donc plus correct d'attribuer aux nouvelles technologiques[207]. À noter également que la délocalisation des entreprises a créé, dans certaines des économies en développement, la montée d'une classe moyenne qui réagit face aux inégalités.

L'explosion des inégalités dans la répartition personnelle et fonctionnelle des revenus durant la mondialisation s'interprète aisément par le résultat de la libéralisation des échanges qui comporte de multiples aspects. Une interprétation manifestement forte est que l'intensité de la compétitivité entre entreprises est responsable de l'important nivellement des salaires vers le bas. Cette interprétation découle des théorèmes de base de l'enseignement de la Gestion des entreprises qui sont déjà très sérieusement remis en cause, étant donné que la compétitivité n'est plus ce qu'elle était sur le marché international, ayant cédé sa place depuis 2008 aux rachats massifs et fusions, autrement dit, à la concentration des entreprises. Cette tendance affaiblit la compétitivité, augmente le degré d'oligopole et le profit, et à son tour accentue les inégalités fonctionnelles de la répartition des revenus. On évalue à 30 000 par an en moyenne le nombre de ces rachats et fusions, et leur valeur approche les 3 % du PIB mondial[208].

3. Des écarts démesurés et de plus en plus grands entre les salaires des CEO et le salaire moyen dans une même entreprise

Le fait de ne pas envisager la productivité comme une mesure de détermination des parts du travail et du capital découle également des écarts abyssaux qui existent entre les salaires. En effet, en 1989, le salaire le plus élevé des patrons de grandes entreprises était 45 fois[209] supérieur au salaire

---

[207] Daniel Cohen (1997), *Richesse du monde, pauvreté des nations*, éd. Flammarion.
[208] « Schumpeter/Out with the old-management theory is becoming a compendium of dead ideas » (2016), *The Economist*, 27 décembre.
[209] *The Economist*, 8 mai 1999.

moyen des travailleurs dans la même entreprise, et en 1999 l'écart était de 475 fois[210]. Or, cet écart déjà énorme en 1999, non seulement ne s'est pas réduit au fil du temps, mais il ne cesse de s'amplifier. À titre d'exemple, le fabricant de jouets Mattel, en Asie, utilise des centaines d'ouvriers pour un salaire très bas. Dans cette entreprise, le salaire du CEO est 4 987 fois[211] plus élevé que le salaire moyen. Un autre moyen de mesurer l'inégalité des rémunérations entre le CEO d'une grande entreprise et le travailleur, est de calculer le nombre d'années de travail que le travailleur moyen devrait effectuer pour gagner le salaire du CEO. Chez Live Nation Entertainment, le nombre d'années serait de 2 893 et chez Time Warner, il serait de 651[212]. Comme si le CEO des grandes entreprises gagnait chaque année le gros lot au loto. Mais ces écarts invraisemblables, ou plus exactement, ce niveau de rémunération incompréhensible, sont expliqués par les capacités exceptionnelles des CEO, lorsqu'ils en sont dotés. Les CEO, en d'autres termes, cherchent par tous les moyens (même illégaux, à condition que cela n'apparaisse pas au grand jour), parvenant souvent à l'augmenter, la valeur de leur action, même si la situation réelle de l'entreprise ne le justifie pas. Ainsi, les actionnaires sont-ils satisfaits et ne voient aucun problème à rémunérer le CEO en conséquence, pour services « spéciaux » rendus. Tout argument soutenant que l'ampleur de ces écarts reflète ceux de la productivité du travail ne tient pas.

4. Des inégalités persistantes dans la répartition des salaires - Une situation qui empire à chaque génération

Un autre angle – parmi tant d'autres – permettant d'examiner les problèmes de répartition des revenus et des richesses, est l'évolution dont il sera question dans cette section et qui, à première vue, semble inexplicable. Il s'agit de la dimension entre le PIB qui, ne serait-ce que faiblement, s'améliore d'année en année, et le mécontentement grandissant surtout de la classe moyenne, qui constate que son niveau de vie stagne dans la durée ou même se dégrade. Et c'est manifestement cela qui a porté Donald Trump au pouvoir, lui qui a justement promis que ceux qui avaient été exclus du progrès (essentiellement la classe moyenne) y seraient réintégrés pendant son mandat. Une étude menée aux États-Unis[213] révèle de nombreux aspects inacceptables du problème de la répartition des revenus[214], qui justifient parfaitement le mécontentement de

---

210 A. Bianco, L. Lavelle (2000), « The CEO Trapp », *Business Week*, 11 décembre.

211 David Gelles (2018), « Millions at the top, and a pittance below », *The International New York Times Edition*, 29 mai.

212 *Ibid.*

213 Faith Guvenen, Greg Kaplan, Jae Song, Justin Weidner, « Life times incomes in the United States over six decades », repris par Patricia Cohen (2017), « Why pain persists as incomes rise », *The International New York Times Edition*, 18 septembre.

214 Qui ne diffèrent pas de la situation des autres économies avancées, la tendance étant similaire.

cette part importante de la population. En voici quelques-unes des conclusions :

• En 1973, le revenu d'un travailleur à plein temps (ajusté à l'inflation) s'élevait à 54 030 dollars par an, et en 2016 il était d'à peine 51 640 dollars.

• En 1967 le salaire moyen (ajusté à l'inflation) d'un homme âgé de 25 ans était de 33 300 dollars par an, et en 2011 de seulement 25 000 dollars.

• Dans les années 2000-2017, le niveau des salaires aux États-Unis était inférieur de 10 % par rapport à celui des cinquante années précédentes[215].

• Les choses ont commencé à se détériorer avec les jeunes de 25 ans, qui touchaient un salaire de plus en plus bas par rapport à la tranche d'âge supérieure à la leur, de sorte que pendant toute leur vie professionnelle, ils gagnaient moins que leurs prédécesseurs, et par conséquent avaient un niveau de vie plus bas.

• En fin de compte, il s'avère que depuis 1970, les 3/4 des travailleurs aux États-Unis n'ont pas vu leur niveau de vie s'améliorer. 4 travailleurs sur 5 n'ont pas connu de véritable progrès. Les fruits du progrès allaient directement aux 1 % de la population les plus riches des États-Unis.

5. Le fossé entre le nord et le sud

Le fossé entre le nord et le sud a cessé de se resserrer ces dernières années[216], surtout concernant les indicateurs de base de la mortalité infantile, de l'espérance de vie et de l'analphabétisme[217]. Quant au fossé entre l'habitant moyen des pays pauvres et des pays riches, il s'élargit : en 1990, un Américain moyen était 38 fois plus fortuné qu'un Tanzanien moyen, mais en 2007, l'écart était de 61 fois[218]. *Le problème de l'approfondissement des écarts, notamment entre le nord et le sud de l'Europe, est devenu incontrôlable et dangereux pour l'avenir de l'UE, impactée à la fois par son avilissement et par la mondialisation*[219].

Concernant les inégalités grandissantes entre le nord et le sud de l'Europe[220], les politiques mercantilistes atypiques utilisées par l'Allemagne pour cumuler croissance et puissance économique se tournent contre les

---

[215] « A boom like no other » (2018), *The Economist*, 26 mai.

[216] World of Work Report-TWN Info Service on Finance and Development, 23 octobre 2008, Third World Network-Labour: « Income inequality expected to rise to financial crises », publié dans SUNS No 671, 20 octobre 2008.

[217] PNUD.

[218] *Ibid.*

[219] *Ibid.*

[220] M. Negreponti-Delivanis (2012), « The end of the Eurozone: European North against European South », 29 juillet (Web), *The Hellenic News of America*, 23 août, *Real-World Economics Review Blog*, 4 septembre, *Congo/European Business*, 24 août 2012, *Big News Network*, 24 août, Romanian Distribution Commitee Magazine, 2012, Vol. 3, No 3, p. 05-30.

autres, surtout les plus faibles, et remettent au goût du jour des situations qu'Halford Mackinder avait analysées il y a un siècle[221]. Selon les analyses du fondateur de la géopolitique, l'Allemagne applique dans ses relations avec les autres États les principes du commerce international et de la mondialisation, alors qu'à l'intérieur de ses frontières, elle impose le protectionnisme et l'autosuffisance. « Le point clé des projets du Parti national-socialiste des travailleurs allemands est la conquête de l'espace vital par les Allemands, c'est-à-dire un espace assez grand et riche en ressources naturelles pour que les Allemands puissent vivre en autarcie économique à un niveau non inférieur à celui des autres nations. Il est clair que ce projet qui est une provocation et une menace pour toutes les autres nations, ne peut se réaliser que par l'hégémonie allemande à l'échelle mondiale »[222]. La réapparition des idées d' Halford Mackinder explique l'impasse dans laquelle se trouve le sud de l'Europe depuis le début de la crise de 2008, et glacent littéralement le sang des Grecs (sans pour autant que l'on puisse les situer dans la catégorie des complotistes)[223] : « L'occupation de la Grèce par une puissance terrestre serait peut-être l'événement qui marquerait la suprématie allemande sur l'Île du monde »[224]. C'est ainsi que Sotirios Bellos interprète la position inflexible de l'Allemagne à l'égard de la dette grecque, et son refus de changer de politique, sourde aux exhortations des États-Unis.

De l'autre côté, la mondialisation a restreint l'ouverture des revenus entre les pays riches occidentaux et les pays asiatiques pauvres, notamment la Chine, où environ un milliard de Chinois gagnent, grâce à la mondialisation, à peu près 5 dollars par jour.

---

[221] « The geographical pivot of History » (1904). Cité et analysé dans un très bon article de Sotirios Bellos (2018), « Η Ευρωπαϊκή οικονομική κρίση και η Γερμανία » [La crise économique grecque et l'Allemagne], *Foreign Affairs, The Hellenic Edition*, février/mars 2018, p. 86-107.

[222] *Ludwig von Mises (2017), « The heart of nazism was national self-sufficiency »,* Foundation for Economic Education, 27 janvier. Extrait du livre *Le gouvernement omnipotent - De l'État totalitaire à la guerre totale* (1944). Ludwig von Mises (1881-1973) enseigna à Vienne et à New York et collabora étroitement avec la Foundation for Economic Education. Il est considéré comme le théoricien le plus éminent de l'École de Vienne du 20e siècle. L'article a d'abord été publié en anglais le 17 janvier 2017 et est présenté en grec avec la permission de la Foundation for Economic Education en collaboration avec le Centre d'études libérales Markos Dragoumis (KEFIM).

[223] Tiré de l'article de Sotirios Bellos, *art. cit.*

[224] Île mondiale (de l'anglais Heartland). Définition de l'espace terrestre présentant des particularités géographiques telles que hauts plateaux, abondantes ressources naturelles, possibilité d'étendre sa puissance dans toutes les directions, etc. V. Sotirios Bellos, *op. cit.*, p. 87 (en grec).

6. Les inégalités profondes réduisent l'espérance de vie des plus pauvres[225]

La conséquence peut-être la plus dramatique des inégalités désormais incontrôlées dans la répartition des revenus a été mise en lumière par des économistes de la Brooking Institution qui en ont conclu que « les pauvres ne perdent pas seulement leur revenu et leur qualité de vie, ils perdent aussi des années de vie ». Et la perte d'années de vie chez les pauvres augmente en même temps que le degré d'inégalités. Autrement dit, chez les hommes nés en 1920, entre les 10 % les plus riches et les 10 % les plus pauvres, l'écart était de 6 ans. Cet écart double chez les hommes nés en 1950. La durée de vie moyenne des plus riches est de 87,2 ans et de 73,6 chez les plus pauvres. Par conséquent, les inégalités de revenu tuent les plus pauvres.

7. Les « horreurs » du mode de répartition des revenus dans la toute-puissante Amérique

Au pays qui domine l'économie mondiale, les États-Unis, certaines révélations détaillées et inconnues du grand public, relatives aux inégalités dans la répartition des revenus et des richesses, suscitent non seulement un sentiment de surprise désagréable, mais affermissent aussi des perspectives dangereuses pour l'avenir des économies avancées occidentales qui tolèrent elles aussi cette situation. La grandeur de l'économie américaine a en effet doublé durant les 30 dernières années[226], et pourtant :

• 117 millions d'Américains adultes au seuil de revenu le plus bas (50 %) ont été complètement exclus du progrès, leur revenu étant gelé depuis 1970.

• Les États-Unis, pays occidental le plus riche et le plus avancé, a deux fois plus de pauvres que les autres grandes économies avancées et a, comparativement toujours, le taux le plus élevé de mortalité infantile et le taux d'espérance de vie le plus bas.

• La stabilité des salaires et la progression de l'économie américaine ont entraîné la baisse de la part dans le PIB de la moitié de la population la plus pauvre, part qui est passée de 20 % en 1980 à 12,5 % en 2014. Cet écart est allé aux 1 % les plus riches de la population, dont la part dans le PIB a doublé (plus de 20 %) au cours des 34 dernières années.

• Une étude récente[227] révèle qu'en 2015 et 2016, les employeurs avaient volés des salaires pour un montant de 2 milliards de dollars, en rémunérant moins que ce qui était spécifié dans leur contrat, c'est-à-dire en forçant les travailleurs à travailler plus d'heures.

---

[225] Sabrina Tavernise (2016), « Widening gap in wealth plays out in life spans », *The New York Times International Edition*, 13 avril.

[226] Patricia Cohen (2016), « It's slim picking for the bottom 50 % » (chiffres basés sur les recherches de Thomas Piketty, Emmanuel Saez, Gabriel Zucman). Vidéos.

[227] Celine McNicholas, Zane Mokhiber, Adam Chaikof (2017), « Raising America's Pay », *Economic Policy Institute*, 13 décembre.

• Les efforts de l'ex-président Obama pour atténuer ces disparités dangereuses du point de vue social et économique ont été durement contrés par l'équipe du nouveau président Donald Trump, sous prétexte qu' « aider les pauvres les incite à ne pas travailler ».

• Le revenu moyen déflaté a augmenté de 61 % dans la période 1980-2014, mais 7 dollars par tranche supplémentaire de 10 dollars sont allés aux 10 % les plus riches de la population.

• En 2014, 50 % des Américains adultes avaient un revenu annuel tournant autour de 16 000 dollars, tandis que les 1 % les plus riches de la population avaient un revenu moyen de 1 304 800 dollars !

• Depuis 1990, l'affaiblissement de la compétitivité aux États-Unis, dû au fait que les 2/3 des entreprises industrielles se sont regroupées en cartels, constitue également un facteur non négligeable d'augmentation de l'inégalité des revenus[228].

• Malgré le fait que les membres des familles jeunes américaines aient un meilleur niveau d'éducation que dans le passé, ils gagnent moins. Selon des données statistiques, en 1989, un chef de famille de moins de 35 ans gagnait 41 509 dollars par an, et en 2013 il ne gagnait plus que 35 509 dollars par an. Le facteur décisif de cette évolution semble être la baisse chronique de l'importance d'un enseignement de meilleure qualité. En 1989, un diplôme universitaire valait deux fois plus qu'un certificat de fin d'études secondaires et en 2013, l'écart n'est que de 52 %[229]. Cette évolution peut s'expliquer par l'augmentation du nombre de jeunes qui arrivent sur le marché du travail bardés d'un diplôme universitaire.

8. L'oxymore de l'Allemagne : la pauvreté et les disparités s'accentuent dans l'économie la plus forte d'Europe[230]

Le modèle de croissance allemand est généralement reconnu comme parfaitement réussi, et nombreux sont ceux qui recommandent au reste du monde de l'imiter. Or, derrière la flamboyance de l'économie allemande se cache une pauvreté croissante et des disparités abyssales. Il y a 22 ans, la banque alimentaire Tafel ouvrait ses portes dans un quartier de la ville de Bremerhaven, reconnue aujourd'hui comme faisant partie du district le plus pauvre d'Allemagne, et servait des repas aux plus démunis, qui sont déjà plus de 1,5 million. Or, à l'origine, la banque offrait 300 repas. À l'arrivée au pouvoir de Mme Merkel, elle en offrait 1 500, et aujourd'hui, elle nourrit 10 885 personnes, tandis que 120 familles attendent dans la queue. Les recettes néolibérales mises en œuvre durant les 12 années de pouvoir de Mme Merkel,

---

228 « Business in America - Vertical limit » (2016), *The Economist*, 29 octobre.

229 Floyd Norris (2014), « Income slips for young U.S. families », *The New York Times International Edition*, 13-14 septembre.

230 Melissa Eddy (2017), « Germany's elusive prosperity », *The International New York Times Edition,* 23-24 septembre.

considérées comme une belle réussite, ont élargi le fossé entre les riches et les pauvres, en raison du maintien des salaires à un niveau bas et de l'exemption d'impôt sur les bénéfices. C'est ainsi que 7,2 % de la population doit sa survie à l'aide de l'État. Par ailleurs, parallèlement à un taux très faible de chômage en Allemagne, 7 millions de travailleurs pauvres n'ont pas droit au système de santé gratuit.

9. Les écarts de salaire selon la couleur de peau s'amplifient[231]

Les écarts de salaires entre les travailleurs « Blancs » et les travailleurs « de couleur », qui s'étaient réduits de 1940 à 1970 semblent retrouver leur niveau de 1950.

10. L'évolution des inégalités à l'ère de la robotique[232]

Parmi les scénarios malheureux mais plausibles, il en est un qui prévoit l'augmentation de la productivité des robots. Or, ce ne sont pas les travailleurs qui en bénéficieront mais les propriétaires des robots et les auteurs d'innovations. Ceux-ci appartiennent à un groupe très restreint qui gagneront de hauts revenus, contribuant à l'aggravation de la répartition, déjà extrêmement inégale, des revenus et des richesses. De récentes études concluent que les causes de la concentration sans précédent des revenus dans les mains de Crésus qui représentent une part infime de la population américaine, à savoir 1,0 %, 0,1 % et 0,01 % peuvent s'expliquer dans une large mesure par leurs activités liées aux innovations technologiques[233].

B. D'autres causes non économiques et leurs conséquences

Penchons-nous maintenant sur deux autres causes et leurs conséquences. Elles ne sont pas purement économiques, mais leur impact sur les données économiques est assez fort. Il s'agit de :

1. La vague migratoire vers l'Europe

Le problème le plus sérieux qui divise actuellement l'Europe se présente sous plusieurs formes et encourage la création de nouveaux partis politiques, lesquels sont difficiles à classer – à l'extrême droite ou à l'extrême gauche –, est celui des réfugiés et migrants. À titre d'exemple, citons la France où 75-80 % des partisans de gauche sont favorables à l'égard des réfugiés, tandis que

[231] « The wage gap between white and black men is widening » (2018), *The Economist*, 7 août.

[232] Jeffrey D. Sachs, Laurence J. Kotlikoff, « Smart machines and long-term misery », *NBER Working Paper* No.18629, 12/2012 NBER Program(s) : *PE et* Eric Brynjolfsson, Andrew McAfee, Michael Spence (2014), New World Order, F.A. juin/août, p. 44-53.

[233] Melissa S. Kearney (2017), « How should government's address inequality ? » (putting Piketty into practice), *Foreign Affair,* novembre/décembre, p.133 et suiv.

60 % des partisans de droite et 85 % des partisans de Marine Le Pen ne veulent pas des réfugiés. En dépit des principes du Droit international[234], l'Europe refuse d'accepter les cohortes de réfugiés et migrants qui arrivent par vagues continuelles d'Asie Mineure, d'Afrique ou d'Asie du sud par la Méditerranée. Pour les années 2014, 2015 et 2016, on estime à 1,5 million le nombre d'arrivants. La plupart des États européens se protègent en fermant leurs frontières, de façon officielle mais surtout non officielle. Et cela, car le taux d'Européens qui sont opposés à l'arrivée de migrants sur leur sol est important, sachant qu'il s'élève à 56 %, atteignant tout de même 81 % en Tchéquie, 78 % en Lettonie et en Slovénie, et 70 % en Lituanie. Ainsi, bien que la majorité des États membres de l'UE aient voté pour les propositions de M. Juncker sur la nécessité de se répartir les réfugiés, la réalité s'est par la suite avérée différente, puisqu'ils n'avaient en fait nullement l'intention de les respecter. La Tchéquie, la Slovénie et la Roumanie ont catégoriquement refusé d'accueillir des réfugiés sur leur territoire, tandis que la Finlande a préféré être absente de la discussion[235]. L'absence d'un plan sérieux et généralement accepté par l'UE dans le but de faire face à ce gros problème des réfugiés a provoqué la mort ou la disparition dans la Méditerranée de 3072 personnes en 2017. Depuis lors, on ne peut que déplorer la poursuite de cette tragédie. Et, sauf imprévu, ce sont des milliers de réfugiés qui resteront bloqués en Grèce, ce petit pays particulièrement mis à mal par les mémorandums, davantage depuis juin 2018, la Turquie ayant déclaré qu'elle mettait un terme au pacte migratoire pour tout ce qui concernait la Grèce. Compte tenu du fait que la population européenne vieillit, et si l'Europe se décide à vite abandonner la politique macroéconomique suicidaire d'austérité, elle aura bientôt besoin de main-d'œuvre. Toutefois, la baisse, dans le même temps, de la natalité en Europe[236] et la montée en puissance de l'islamisme et de l'État islamique sont source de confusion, d'une généralisation de la xénophobie, et surtout empêchent la prise de décisions adéquates. Et pourtant, malgré la baisse de la natalité, l'Europe affichait en 2015 une augmentation de sa population de 1,8 million, grâce à l'arrivée des migrants[237].

---

[234] Notamment les textes de la Convention de Genève du 28 juillet 1971 et le protocole conclu à New-York le 32 janvier 1967 relatif au statut des réfugiés, qui contraint 145 pays à accueillir toute personne craignant avec raison d'être persécutée du fait de sa race, de sa religion, de sa nationalité, de son appartenance à un certain groupe social ou de ses opinions politiques.

[235] Article-Discussion, *« Crise migratoire en Europe »*.

[236] Selon Eurostat, en 2015, il y a eu 5,1 millions de naissances pour 5,2 millions de décès.

[237] Gulio Meotti, *Europe : The Substitution of a Population*, https://www.gatestoneinstitute.org/8761/europe-population-substitution.

Selon des estimations[238], quelque 250 millions de personnes vivent et travaillent ailleurs que dans leur pays de naissance, dont 78 millions environ en Europe. Au niveau mondial, on calcule[239] que leur présence augmente le PIB de 6,7 trillions de dollars par an, soit 9 % du PIB, et proportionnellement celui de l'Europe de 1/3.

2. Le terrorisme

Le terrorisme n'est pas un phénomène nouveau en Europe, et n'a aucun lien direct avec la crise migratoire, mais il est très certainement renforcé et facilité par celle-ci. La mondialisation, avec l'inimaginable assemblage d'impasses économiques et excessives qui l'accompagne[240], est le principal responsable de la montée du terrorisme. Le terrorisme est l'un des fruits de la mondialisation, l'autre étant le fascisme[241]. L'agressivité des États-Unis, surtout depuis la destruction des tours jumelles, et le profond mépris qu'éprouve un grand nombre d'États (majoritairement musulmans) qualifiés d'États-voyous, d'États-assassins, d'États-criminels (en 2001, par le président américain d'alors et aujourd'hui sous d'autres formes, avec l'actuel), rend difficile l'éloignement de l'Islam des terroristes qui s'en revendiquent. La montée du racisme, les persécutions religieuses, la dévalorisation systématique des religions et des cultures sont malheureusement parties intégrantes de la mondialisation qui s'en prend à toute forme de spécificité[242] et qui est tenue responsable de nombreux conflits armés, sans raison apparente ou suffisante, à l'encontre desdits « États-voyous », « États-parias » ou « États-criminels ». Depuis le 11 septembre 2001, tous ces États forment l' « axe du mal »[243]. Inéluctablement, ces accusations généralisées et infondées ont provoqué le mécontentement de l'Islam tout entier et pas uniquement des terroristes qui, de ce fait, se sont multipliés. Depuis 2003, on rapporte[244] que des organisations terroristes recrutent une nouvelle génération de terroristes aux quatre coins du globe. Nombre de jeunes gens et de jeunes femmes sont disposés à rejoindre les rangs des Islamistes. Quelque 30 000 Musulmans du monde entier sont ainsi devenus des combattants de l'État Islamique et des terroristes[245], et représentent une menace sérieuse pour l'Occident. Les

---

238 Nations Unies (2017).

239 Mc Kinsey Global Institute.

240 M. Negreponti-Delivanis (2002), *Mondialisation Conspiratrice, op. cit.*, Introduction.

241 M. Negreponti-Delivanis (2004), *Τα παιδιά της παγκοσμιοποίησης:Τρομοκρατία και Φασισμός* [Les enfants de la mondialisation : Terrorisme et fascisme], éd. Fondation Delivanis et Papazissis, Athènes.

242 *Ibid.*, p. 486.

243 *Ibid.*, p. 480.

244 Don Van Natta, D. Butler (2003), « Qaeda Recruiting drive draws on Iraq crisis », *International Herald Tribune*, 17 mars.

245 K. Mahbubani, L. H. Summers (2016), « The Fusion of Civilizations », *Foreign*

récentes attaques terroristes en Europe ont considérablement accrû le nombre des partisans de la fermeture des frontières. La peur, désormais, est partout présente. Pour la seule Allemagne, les réfugiés et les migrants étaient responsables, en 2015, de 200 000 crimes et délits[246]. Ajoutons à cela que la lutte contre le terrorisme est le prétexte, depuis 2001, à la restriction progressive des libertés individuelles et au non-respect du Droit international, tandis que l'interdiction de l'utilisation des armes de destruction massive a été discrètement levée[247].

3. La mise en œuvre du plan Coudenhove-Kalergi : Le génocide des peuples d'Europe[248]

Il se peut que le flux migratoire vers l'Europe soit la mise en œuvre d'un sombre plan datant de 1922[249]. Le texte qui suit n'est pas le produit de la science-fiction, et n'appartient pas non plus à la catégorie des « théories du complot ». Tout ce qui suit est véridique. Nul ne peut, bien entendu, affirmer avec certitude que ce qui se produit aujourd'hui en Europe avec la vague migratoire et ses conséquences relève du plan Kalergi. Néanmoins, je dirais qu'il est difficile pour qui lit cet article de ne pas se demander « ce qui se passe exactement », « ce qui peut bien se cacher » derrière ce drame indicible, quel rapport il y a « entre la caste européenne et les prix Kalergi », etc.

Le plan Coudenhove-Kalergi pourrait tout aussi bien être le produit de l'imagination d'un jeune halluciné, qu'un complot visant le génocide des peuples d'Europe. En 1922, Richard Coudenhove-Kalergi, un jeune homme à l'esprit brillant d'origine aristocratique, fonda à Vienne le mouvement « Paneuropéen », son ambition étant de créer un nouvel ordre international autour de l'union des pays européens, qui serait régi par les États-Unis. L'union des pays européens serait le premier pas vers la création d'une gouvernance mondiale. Bien que ce plan fût connu de très peu de monde et oublié par la suite pendant près d'un siècle, Richard Coudenhove-Kalergi est considéré, à juste titre d'ailleurs, comme le fondateur de l'Union européenne. *Encore moins nombreux sont ceux qui savent que le plan « Paneuropéen » dissimulait une prédiction « satanique » et un objectif que nul ne souhaite pour l'avenir de l'Europe : sa disparition.* En effet, sur la couverture de son livre, *Praktischer*

Affairs, mai/juin, p. 126 et suiv.

[246] https://fr.wikipedia.org/wiki/Crise migratoire-en- Europe#citenote-H-all150.

[247] *Ibid.*, p. 650.

[248]http://identità.com/blog/2012/12/11/il-piano-kalergi-il-genocidio-dei-popoli-europei/. (traduit en français: Le plan Kalergi: le génocide des peuples européens).

[249] Ce texte est une prépublication du présent livre, publié dans *Epikaira*, le 16 décembre 2017.

Idealismus, Kalergi affirme que les habitants des futurs « États Unis d'Europe » n'auront plus rien à voir avec les anciens peuples du Vieux Continent, qu'ils seront une sorte de sous-hommes issus du métissage des races. Il développe sans détours l'idée que les Européens doivent se mélanger avec des races asiatiques et africaines, dc sorte à devenir une race sans qualités spécifiques, facilement contrôlable par l'Amérique qui serait secondée par une élite restreinte. Kalergi précise : « L'homme du futur aura un sang mélangé. Les races et les classes actuelles vont peu à peu disparaître à mesure de la disparition de l'espace, du temps et des préjugés. La future race européenne, très semblable avec les Égyptiens anciens, va remplacer la multiplicité des peuples ». La disparition des nations et des peuples peut notamment se faire, selon Kalergi, par les migrations. Et justement, la réapparition de ce plan semble directement liée avec l'arrivée récente et incontrôlable, en Europe, de migrants et réfugiés appartenant tous à ces « races » qui ont la préférence du plan de Kalergi. Cependant, d'aucuns, qui exècrent l'odeur du complot, pourraient être tentés de rétorquer, dédaigneusement, qu'il ne s'agit là que d'une simple coïncidence. Et pourtant, le plan est encadré de certains faits difficilement imputables à une « simple coïncidence ». En voici quelques-uns :

• Premièrement, le prix Coudenhove-Kalergi, décerné tous les deux ans, a été créé en son honneur pour récompenser les Européens qui contribuent à la promotion du plan Kalergi. Les personnalités jusqu'à présent distinguées comme telles sont Angela Merkel et Herman Van Rompuy, deux « excellents pions » du groupe Bilderberg[250].

• Deuxièmement, cela est bien connu, les États-Unis encouragent l'Europe, par le biais de l'ONU, à accueillir des millions de migrants, le but étant de résoudre le problème de la baisse du taux de natalité et du vieillissement de sa population. Plus précisément, on peut mentionner une étude de l'ONU datant de janvier 2000 et intitulée « Migration de remplacement : une solution au déclin et au vieillissement de la population ? » où il est écrit que d'ici à 2025, l'Europe aura besoin de 159 millions d'immigrés[251]. Surprenant, en effet, ce chiffre précis qui, associé à ce qui précède, fait tout de suite penser à un plan bien étudié. On peut raisonnablement se demander pourquoi les Nations Unies ne conseillent pas à l'Europe de trouver d'autres solutions, comme des programmes d'aide aux familles, semblables à ceux qui existent en France depuis des décennies, au lieu de l'inciter à se soumettre à des plans génocidaires.

[250] Leo Lio Zagami (2015), Report : EU Internationally Collapsing European Countries with Illegals-The « Kallergi Plan », commencé dans les années 1970, 28 août.

[251] http://identità.com/blog/2012/12/11/il-piano-kalergi-il-genocidio-dei-popoli-europei/. (traduit en français: Le plan Kalergi: le génocide des peuples européens).

• Troisièmement, la déclaration suivante de G. Brock Chisholm, ancien directeur de l'OMS à propos de cet article, renforce les soupçons de l'existence d'un plan obscur contre la viabilité de l'Europe, sur la base des idées de Kalergi. Voici : « Ce que l'on doit développer en tous lieux, est le contrôle des naissances et les mariages mixtes (interraciaux), dans le but de créer une seule race dans un monde unique et dépendant d'une autorité centrale » (c'est-à-dire une gouvernance mondiale).

• Quatrièmement, enfin, il est difficile de ne pas associer la mise en œuvre possible du plan Kalergi et la tendance de certaines économies européennes, dont la Grèce, de supprimer l'enseignement de la religion à l'école, de dévaloriser l'enseignement de la langue nationale ou de falsifier l'histoire nationale dans les manuels scolaires, de mésestimer les valeurs humaines, les symboles nationaux et les victoires historiques qui entretiennent la fierté et l'identité nationales.

Pour conclure, je dirais qu'il est difficile, même pour ceux qui s'y attachent, de se tenir à distance des « théories du complot » de quelque forme qu'elles soient, parce qu'ils ne les jugent ni sérieuses ni scientifiques[252] et d'ignorer l'impérieuse réalité : ce que l'Europe est en train de vivre avec le flux migratoire incontrôlable a été décrit en détail dans le livre de Kalergi, sous la forme de vœux qui se réalisent déjà. Bien sûr, on ne peut nier qu'il s'agit là peut-être d'une « simple coïncidence » et non d'un plan concerté. Mais même si l'on respecte l'opinion de ceux qui refusent catégoriquement d'admettre l'existence de complots dans la réalité internationale, on ne peut ignorer le fait que nous sommes en train de vivre tout ce qui a été détaillé en 1922 et que Kalergi voulait fermement pour l'Europe. Kalergi, par ailleurs, qui fut le premier à avoir l'idée d'une Europe unie, proposa comme hymne celui de Beethoven, mais rêva aussi d'une renaissance d'un « Saint-Empire Romain ». Kalergi n'était pas seul, il avait le soutien de grands hommes de son temps qui furent enthousiasmés par l'idée d'une Europe unie. Chefs d'État, princes et banquiers sont connus pour avoir soutenu et financé ses idées, et après la fin de la Deuxième Guerre mondiale, Winston Churchill et le *New York Times*, et finalement la CIA aussi, acceptèrent son projet et le soutinrent[253]. Le plan Kalergi était et reste inconnu du plus grand nombre, non par manque d'intérêt, mais par une sorte de censure autour de ce sujet. On dit que le livre de Kalergi est introuvable. En 1990, le journal allemand *Independent News* en publia un résumé et formula l'intention de le rééditer, mais la police confisqua l'unique exemplaire qui circulait encore à l'époque. Il est, en outre, étrange que le livre de Kalergi ne soit pas mentionné dans les pages bibliographiques officielles sur l'internet traitant du mouvement Paneuropéen[254].

---

[252] Même si, hélas, le monde danse chaque jour à leur rythme.
[253] Article cité plus haut.
[254] Leo Lio Zegamió, *op. cit.*

4. La fin de l'Europe : constats parallèles et avertissements

Le vieillissement et la baisse de la natalité en Europe associés à l'incoercible flux migratoire ne sont pas en rapport direct avec le plan Kalergi, mais leurs conséquences sont toutefois similaires, à savoir la disparition de l'Europe. Les faits suivants ont été tirés de l'article de Giulio Meotti[255]:

• La population européenne baisse de quelque 2 millions de personnes chaque année, et est remplacée avec constance par une population immigrée. Ce remplacement est ainsi caractérisé par David Coleman[256]: *La baisse suicidaire du taux de natalité en Europe, associée avec le nombre des immigrés qui augmente vite, vont changer la culture européenne. La baisse du rythme de la natalité chez les indigènes européens coïncide en réalité avec la mise en place de l'Islam en Europe et avec le renouvellement de l'islamisation de ses Musulmans.*

• Lord Sacks déclara récemment : « La baisse de la natalité signifie peut-être la fin de l'Occident ». L'Europe, alors qu'elle vieillit, ne renouvelle pas ses générations mais elle accueille l'immigration de masse, du Moyen-Orient, d'Afrique et d'Asie, qui va remplacer les indigènes européens et qui apporte avec elle des cultures aux valeurs radicalement différentes dans le rapport entre les deux sexes, le pouvoir politique, la démocratie, la culture, l'économie et la relation de l'homme à Dieu.

• Le cardinal Raymond Leo Burke prédisait que « l'Islam va envahir l'Europe par la croyance religieuse et son fort taux de natalité ».

Les néolibéraux envisagent avec exactement la même passivité le problème de la destruction de l'environnement et le problème migratoire : ils attendent que la « main invisible » vienne remettre les choses en ordre. Et entretemps, ils utilisent des arguments qui, dans un contexte plus normal conviendraient à une situation réelle, comme par exemple, le fait que dans un avenir proche, l'Europe aura besoin de main-d'œuvre ou que des sociétés mélangées améliorent la qualité de vie, pour justifier leur bienveillance à l'égard des nouveaux migrants.

Ainsi, « dans une génération, l'Europe sera méconnaissable. Les peuples européens prennent pleinement conscience que leur culture est menacée essentiellement par une libéralité superficielle, une idéologie qui se cache derrière le masque de la liberté et qui vise à la suppression de tous les liens qui unissent l'individu à sa famille, ses parents, son travail, son histoire, sa religion, sa langue, sa Nation, sa liberté. Cette position semble provenir d'une

---

[255] « Europe : The substitution of a population » - Gatestone Institute. https://www.gatestoneinstitute.org/8761/europe-population-substitution, 27 août 2016.

[256] Intitulé, dans son étude : « Immigration and ethnic change in low - Fertility countries : A third demographic transition », https://kostasxan.blogspot.com/2017/12/1922.html.

inertie qui nous rend indifférents à la réussite ou à la destruction de l'Europe, à la survie ou non de notre culture, étouffée par le chaos national, ou si elle sera ravagée par une nouvelle religion venant du désert »[257].

Vue sous cet angle, la libre circulation des migrants et réfugiés devrait être considérée comme le dernier stade – après la mondialisation et le libéralisme extrême – de la marche vers l'instauration d'une gouvernance mondiale de notre planète[258].

II. DES MESURES DANGEREUSES DE POLITIQUE ÉCONOMIQUE

Ces choix découlent des orientations fondamentales de la mondialisation et d'un libéralisme extrême, ponctués de nouvelles technologies informatiques. Les politiques en question sont au centre d'une idéologie fanatique, quoiqu'elles n'aient jamais été vérifiées. Il s'agit, pour résumer, de la toute-puissance supposée des marchés qui n'ont pas besoin de l'intervention de l'État car ils s'autorégulent, il s'agit de la conviction que toute forme de protection du travail quelle qu'elle soit est cause de chômage, il s'agit de l'individualisme et de la compétitivité avant tout au mépris de la cohésion sociale et de la solidarité, il s'agit de l'hostilité à l'égard de l'État-providence vu comme une anomalie du système, il s'agit des balances qui doivent être atteintes partout et à tout prix[259], de la mise en œuvre quasi-exclusive de la politique monétaire au détriment de la politique budgétaire, de la terreur de l'inflation mais pas face à la déflation, et beaucoup d'autres. Cette combinaison de croyances politiques qui, avec quelques modifications, pourrait figurer sous le label du laissez-faire, laissez-passer du 18e siècle, est systématiquement appliquée dans le monde entier depuis une quarantaine d'années, de façon nettement plus soutenue dans l'UE et la zone euro qu'aux États-Unis[260]. Il convient de souligner que pour les néolibéraux fanatiques, le cœur de la cosmothéorie qui est la leur n'est pas tant la garantie de la liberté du commerce international ou la nécessité de réaliser l'équilibre dans les balances intérieure et extérieure, ni leur fidélité à l'infaillible main invisible des marchés. Le cœur de la vision fanatique néolibérale est, en fait, la haine acharnée de l'État, et particulièrement de l'État-providence. Ainsi, l'objectif primordial des néolibéraux, qui acceptent sans preuves et sans exceptions la supériorité

---

257 Giulio Meotti, *op. cit.*

258 Maria Negreponti-Delivanis (2014), *L'assassinat économique de la Grèce*, éd. CEDIMES et L'Harmattan. Introduction.

259 Et qui pourtant tolère, depuis des décennies, les énormes excédents commerciaux de l'Allemagne.

260 Qui recourent, chaque fois qu'ils le jugent nécessaire, à des mesures keynésiennes, ce qui expliquerait que leur économie se porte globalement mieux que celle de l'Europe.

absolue et *a priori* plus grande du secteur privé, est la diminution de la grandeur de l'État en matière d'économie, sa désactivation et sa neutralisation. Or, il n'a jamais existé et n'existera jamais d'État neutre, étant donné que l'État a toujours joué un rôle clé dans l'économie. Le problème est ailleurs, à savoir : la politique interventionniste de l'État vient-elle en aide à ceux qui en ont besoin ou au contraire, son inertie apparente tourne-t-elle à leur désavantage ? Car effectivement, la neutralité, autrement dit la non intervention de l'État, s'avère être le meilleur alibi politique pour favoriser les puissants et appauvrir les faibles.

En admettant que le problème de la stagnation chronique qui touche les économies avancées ces dernières années est le résultat, à la fois de changements autonomes et de mauvais choix faits en matière de politique économique, ils doivent absolument, autant que faire se peut, être révisés.

La politique macroéconomique qui a dominé, des années 1970 à nos jours, a été la politique monétaire restrictive, dans le but essentiellement de lutter contre la hausse de l'inflation. États-Unis, UE et Japon ont fait le choix de l'austérité car ils jugeaient que le danger venait du côté de l'inflation et non de la stagnation et de la déflation. Dans le même temps, le fait qu'ils n'aient pas recouru à des mesures de politique budgétaire les a empêchés de revigorer leur économie et de lutter plus facilement contre la hausse de leur dette publique. Dans les banques centrales des économies avancées, outre les convictions d'origine idéologique, c'est l'idée que cette politique est dangereuse et pas assez efficace qui a dominé. La politique budgétaire d'inspiration keynésienne vise à compléter les dépenses privées de consommation et investissements par des dépenses publiques, lorsque, en période de récession, les particuliers ne dépensent pas assez pour que le plein-emploi soit assuré. L'État emprunte à la banque centrale et écoule ce pouvoir d'achat supplémentaire dans les salaires et les profits, lesquels sont répartis en consommation et épargne, entraînant une hausse des revenus supérieure au montant initial de l'emprunt. Il s'agit du *multiplicateur*, dont la taille dépend du montant de l'accroissement de la consommation (propension marginale à consommer = pourcentage d'accroissement de la consommation) dans les dépenses croissantes de l'État. Plus le montant des dépenses publiques ajoutées à l'économie, consacré à la consommation, est élevé, plus le *multiplicateur de revenu* est élevé. Un multiplicateur, ne serait-ce que de 3, signifie que le revenu triple par rapport au montant initial des dépenses publiques accrues mise à disposition pour les salaires et profits des entreprises.

Les idées néolibérales en vigueur dans les années 1970 ont installé un climat non seulement hostile à toute forme d'intervention de l'État mais également hostile à la création de déséquilibres. Ces déséquilibres, les néolibéraux ne croyaient pas qu'ils conduiraient ensuite à un équilibre d'un niveau supérieur au niveau initial. Plus spécifiquement, les néolibéraux craignaient de recourir à un emprunt supplémentaire, compte tenu de l'importance de la dette publique. Ils croyaient qu'une nouvelle aggravation de la dette amènerait les créanciers à demander des taux d'intérêt plus élevés, ce qui l'aurait rendue non viable. Ces idées favorables aux politiques d'austérité et non aux politiques expansives furent renforcées par le surendettement du sud de l'Europe et tout particulièrement de la Grèce. Toutefois, l'envers du décor révèle, premièrement, qu'avec la politique restrictive et la stagnation ou baisse du PIB, comme c'est le cas en Grèce, la dette est de moins en moins viable. Et en effet, au niveau mondial, non seulement l'austérité n'a pas réduit la dette, mais surtout elle l'augmente. Deuxièmement, comme l'affirme une étude récente[261], en période de récession, le fait de ne pas procéder à des investissements pendant un certain temps, ou encore le départ massif de jeunes, affaiblissent la base productive de l'économie et, par voie de conséquence, sa croissance potentielle. Ce danger pourrait être neutralisé au moyen de l'augmentation des dépenses de l'État dans le cadre d'une politique budgétaire.

Le deuxième argument des néolibéraux contre la politique budgétaire est sa prétendue inefficacité. Ceux-ci soutenaient que depuis 1970, l'élan donné par l'emprunt à l'économie grâce au multiplicateur est anémique et par conséquent ne suffit pas à relancer l'économie en récession, et dès lors la dette publique augmente. L'explication générale qui était donnée, à propos du multiplicateur supposé trop bas, était les soi-disant préférences des ménages qui, au lieu de dépenser le pouvoir d'achat supplémentaire mis à leur disposition par l'État, préféraient le thésauriser, de peur que le surendettement de l'État n'entraîne une hausse des impôts. Or, une étude récente[262] aboutit à des conclusions tout à fait différentes :

• d'abord, la politique économique restrictive risque fort d'accroître la dette en tant que pourcentage dans le PIB,

• ensuite, l'emprunt décidé dans le cadre de la politique budgétaire en vue de revigorer l'économie en récession n'augmente pas la dette en tant que pourcentage dans le PIB et de plus, les marchés révisent leurs prévisions négatives concernant la viabilité de la dette, prévoyant que le coup de fouet donné à l'économie où aura été injecté du pouvoir d'achat aura des résultats positifs,

• et enfin, les études ci-dessus, ainsi que de nombreuses autres, montrent que c'est surtout dans les économies traversant une période de récession et de politique économique restrictive que le multiplicateur augmente et varie entre 2 et 3.

---

261 J. Bradford DeLong et Lawrence Summers, « Fiscal Policy in a Depressed Economy » (printemps 2012), *Brookings Papers.*

262 Alan J. Auerbach, Yuriy Gorodnichenko (2012), « Measuring the output responses to fiscal policy », American Economic Journal: Economic Policy, 4(2) : 1-27.

On peut affirmer sans exagération que les conséquences de cet assemblage de préférences néolibérales qui ont prévalues ces dernières décennies sont négatives et hautement dangereuses, et pas seulement du point de vue économique mais aussi social, éthique et institutionnel. Dit autrement, il s'agit d'un complet dysfonctionnement du système mondial qui déifie le gain quelles que soient les méthodes employées pour l'obtenir, qui réduit les salaires en séparant leur hauteur de la productivité du travail, qui ne veut pas de l'intervention de l'État dans l'économie, qui encourage l'individualisme à outrance, qui se montre indifférent à la montée en flèche de la corruption, qui abolit froidement les droits élémentaires du travail, qui appauvrit et exclut des fruits du progrès des groupes sociaux de plus en plus grands, qui décime petit à petit la classe moyenne, qui n'hésite pas à faire travailler des enfants de moins de 8 ans et qui finit par provoquer des crises de plus en plus fréquentes et violentes. Toutes ces crises, toutefois, proviennent de la suppression de l'ensemble des règlementations du marché et de la tolérance à l'égard des flux de capitaux spéculatifs d'un bout à l'autre du globe. Quant à l'hypothèse de la dérégulation des marchés qui est l'un des principes les plus cruciaux du libéralisme, c'est celle qui provoqua la deuxième grande crise de 2008[263]. Il y eut ce deuxième désastre, provoqué donc par la prétendue « dérégulation des marchés », il y eut aussi les profonds regrets de l'ancien président de la FED, Alan Greenspan, peut-être le néolibéral fanatique le plus éminent qui soit. Celui-ci déclara en effet, en octobre 2007 : « tout le système intellectuel s'est effondré l'été dernier ». On pourrait s'attendre, après cette déclaration empreinte de repentir, que la politique macroéconomique du monde entier changerait d'orientation. Pourtant, cela ne se passa pas ainsi. Ce sont ceux-là mêmes qui provoquèrent la crise de 2008, les libéraux extrêmes et dogmatiques, qui furent chargés de s'en occuper.

Les politiciens de ces dernières années ont jugé que le problème primordial qui devait être résolu, particulièrement en Europe[264] et dans la zone euro, était la dette croissante et le déficit. Les politiques choisies ont toutes été d'inspiration néolibérale extrême et ont donné le résultat inverse de celui recherché. Et cela, car le problème n'était pas le déficit, ce n'était pas non plus l'inflation, c'était le ralentissement de la croissance et le sous-emploi. De plus, les mesures de stabilité prévues visaient à réduire l'inflation, tandis que pour la déflation qui, par la suite, s'est avérée être un problème d'une importance majeure et insoluble, aucune mesure ne fut envisagée. Par ailleurs, la recherche d'une plus grande compétitivité s'appuyait sur la baisse de la taille des salaires, qui souvent restaient pour une longue période au même niveau ou bien subissait une baisse conséquente.

---

[263] Comme d'ailleurs celle de 1929, toutes proportions gardées.

[264] Étant donné que les États-Unis peuvent se permettre d'avoir une dette élevée (pour le moment du moins, car ils dépendent des décisions de la Chine).

La crise de 2008, dont les économies mondiale et européenne ne se sont pas encore complètement remises, a été justement provoquée par ces politiques inefficaces, et pour l'instant, il semble que le libéralisme extrême et le laissez-faire tous azimuts se soient considérablement réduits. Notons encore que cette dangereuse combinaison politique n'est pas responsable seulement des crises économiques, mais qu'elle est aussi responsable de l'aggravation de l'état climatique de la planète, de la cohésion sociale défaite par le crime organisé, de la généralisation de la corruption et de la montée du terrorisme. Or, bien que les erreurs politiques qui ont plongé l'économie pour la deuxième fois dans une grande crise soient reconnues, non seulement aucun changement de cap n'a été opéré, mais en plus, rappelons-le, les mêmes décideurs ont décidé de poursuivre la même politique. Plus spécifiquement :

A. La mise à l'écart de la politique fiscale

Le souci de savoir si les efforts accomplis pour relancer l'économie mondiale, et notamment l'économie européenne paieront, fait ressortir un manquement dans la politique macroéconomique adoptée par l'UE. Il s'agit de la décision de l'UE, à la fin des années 1970, de mettre en place une politique exclusivement monétaire, rejetant presque totalement la politique fiscale. Ce choix unilatéral de l'UE vient contredire le fait qu'en 1936 l'inefficacité de la politique monétaire, incapable d'aider l'économie, avait été généralement reconnue lors de la grande crise de 1929-33. On avait également pris conscience, grâce à la *Théorie Générale* de J. M. Keynes, de l'importance d'augmenter les dépenses de l'économie pour maîtriser les récessions. Par ailleurs, l'augmentation constante des dépenses publiques dans le PIB des économies avancées avait rendu absolument indispensable de compléter la politique monétaire par la fiscale. Or, ce qui modifia nettement le mode de fonctionnement des économies nationales à la fin des années 1970, ce fut la prévalence absolue de la vision néolibérale, laquelle dégrada l'importance de la demande au profit de l'offre, et par conséquent, la politique fiscale avait été jugée superflue. Or, elle ne l'était pas[265]. En effet, cette décision s'avéra non seulement erronée mais en plus extrêmement dangereuse, puisque les facteurs défavorables qui ont conduit l'économie européenne dans une récession chronique ne pouvaient d'aucune façon être combattus par la seule politique monétaire. Davantage encore, dans le cas présent, le recours à des taux d'intérêt bas ou déjà négatifs n'en garantit aucunement l'efficacité, sachant qu'ils ont été appliqués à des économies ayant subi les conséquences néfastes de l'austérité chronique et qui sont confrontées à des problèmes nombreux et épineux. Ces économies, pour se remettre sur pied, ont besoin d'une révision

---

[265] M. Negreponti-Delivanis, *Μακροοικονομική Ισορροπία στον Καπιταλισμό και Σοσιαλισμό* [Équilibre macroéconomique dans le capitalisme et le socialisme], *op. cit.* p. 157 et suiv.

en profondeur et d'une restructuration de tout leur système économique. Et plus spécifiquement, seul un recours plus large à des mesures correctement choisies parmi celles dont dispose la politique fiscale pourraient résoudre leurs problèmes cumulés. Reconnaissant comme une grave erreur l'abandon de la politique fiscale, de nombreux économistes soutiennent aujourd'hui que si les gouvernements avaient attaché de l'importance à la demande depuis les années 1970, leurs économies auraient actuellement un taux de sous-emploi faible, un revenu élevé et une inflation faible.

B. La désactivation du rôle redistributif de l'État

Ayant commencées aux États-Unis, les réformes fiscales, qui ont fortement réduit la charge fiscale, la progressivité des impôts et les capacités redistributives de l'État et de l'État-providence, se sont étendues aux autres économies avancées du globe. L'amplification dangereuse des inégalités dans la répartition des revenus était inévitable[266]. La mondialisation, combinée au libéralisme extrême est par principe hostile à l'impôt, considérant en général nuisible le rôle interventionniste de l'État dans l'économie. À l'ère de la mondialisation, les paradis fiscaux se sont développés de façon démesurée, tout comme la corruption[267]. Les fortunes cachées dans les paradis fiscaux sont estimées à 4,7 trillions de dollars, et durant des dizaines d'années, les gouvernements occidentaux les ont laissées tranquilles, même si les répercussions sur les injustices de la surimposition de tous ceux qui n'y avaient pas transféré leur argent étaient flagrantes. Or, une étude menée par Gabriel Zucman, l'économiste français de 31 ans qui, en 2008[268], a été reconnu comme le meilleur jeune économiste de moins de 40 ans, double presque ce montant, l'évaluant à 79 trillions d'euros, à peu près 8 % du PIB mondial. Finalement, la grande décision a été prise de supprimer l'obligation de confidentialité des comptes bancaires et, par conséquent, les gouvernements ont désormais la possibilité de les contrôler, grâce à la signature d'accords qui ont eu lieu en 2009-2010. Cependant, malgré cette décision que l'on pourrait qualifier d'historique, les choses ne semblent pas avoir changé de manière significative, étant donné que certains pays sont restés en dehors de ces accords qu'ils n'ont pas signés (Hong-Kong, Singapour, Uruguay) et que des fortunes cachées y ont été transférées[269]. L'Amérique non plus ne fait pas exception à cette mauvaise règle, et le cas du Delaware, ce petit État peuplé de 900 000 habitants mais concentrant 65,6 % des 500 plus grandes entreprises du monde vaut la peine d'être évoqué. Comment cela s'explique-t-il ? C'est tout

---

[266] Paul Krugman (2008), Conférence de presse à la revue *Alternatives Économiques*, octobre.

[267] M. Negreponti-Delivanis (2010), *Η φονική κρίση* [La crise meurtrière], éd. Fondation Delivanis et Livani, p. 89 et suiv.

[268] Cercle des économistes (2018), *Le Monde*, 27 mai.

[269] Gabriel Zucman (2014), « Knocking on haven's door », *LSE Connect.*

simplement un paradis fiscal où le taux d'imposition est nul[270]. Il est très facile pour les riches de transférer leurs biens dans des lieux où la charge fiscale[271] est très basse ou inexistante, ou encore de faire pression sur les gouvernements pour qu'ils la réduisent. Le nombre total de riches dont la fortune excède les 50 millions de dollars est évalué[272] à 140 900, la moitié se trouvant en Amérique. Ces dernières années, l'augmentation annuelle de la fortune de ces milliardaires était d'environ 8 %, tandis que le rythme de croissance annuelle de l'ensemble des richesses était de 3 %. Il est clair que l'augmentation de ces grosses fortunes provient de la contraction des revenus des plus pauvres et qu'elles sont réalisées grâce à des combinaisons complexes de dissimulation illégale de richesses qui aboutissent toutes à l'évasion fiscale.

La question de la baisse des impôts sur les profits est de nouveau d'actualité, depuis la décision de Donald Trump dernièrement de baisser de 30 % les charges des entreprises. Au même moment, il promettait de réduire aussi le déficit commercial des États-Unis avec le reste du monde. Notons que l'impôt sur les profits des entreprises, aux États-Unis, était de 39,6 % et qu'il était le plus élevé des économies avancées. L'optimisme des Républicains se fonde sur l'espoir que grâce à cette baisse des impôts, les investissements vont augmenter et que le rythme de croissance de l'économie va s'accélérer. Cet espoir, pourtant, risque de s'avérer infondé, étant donné qu'aux États-Unis, les profits des entreprises étaient déjà très élevés avant la baisse de leur taux d'imposition et qu'ils n'ont pas été dirigés vers l'investissement, mais vers la spéculation boursière. C'est effectivement ainsi que s'expliquent les résultats si merveilleux de la Bourse américaine en dépit du taux d'inflation très bas, en dépit de la faiblesse des rendements des obligations d'État, et en dépit des prévisions relativement pessimistes concernant le rythme de croissance de l'économie chinoise[273]. Il convient ici de mentionner le fait que la prévision de la baisse, et non de la hausse, du rythme de croissance de l'économie de 1 %[274], se base sur l'augmentation des inégalités dans la répartition des revenus, laquelle ralentit le progrès. Mais aussi au fait qu'il n'y a pas relation de cause à effet entre la baisse des impôts et l'accélération du rythme de croissance. Et puis, notons encore à ce propos que cette baisse d'impôts, qui a été votée le 16 novembre 2017 et qui ne concerne que les plus riches, aggravera davantage les inégalités de répartition, et entraînera une baisse de la propension à consommer des plus pauvres et l'augmentation de la thésaurisation des plus riches. Il faut également prendre en considération le fait que les candidats de Donald Trump, aux dernières élections présidentielles américaines, avaient

---

[270] *Alternatives Économiques*, No 357, mai 2016.

[271] Jeffrey Sachs (2012), « Tripped up by Globalization », *Financial Times*, 18 août.

[272] Par le Crédit Suisse.

[273] Button wood/Wrong numbers (2017), *The Economist*,10 juin.

[274] Selon la prévision du Left-leading Economic Policy Institute.

promis la hausse de la charge fiscale des plus riches[275]. Rappelons encore que la baisse des impôts entraîne une baisse des services de l'État social et que cette baisse touche essentiellement les plus démunis. Par ailleurs, une récente étude souvent citée[276] prévoit que la baisse des impôts entraînera une augmentation du déficit de la balance commerciale de 800 milliards de dollars dans les 10 prochaines années, alors que le déficit augmentera de 5 trillions[277]. Selon un autre argument en faveur de la baisse des impôts aux États-Unis, celle-ci aurait un effet positif car elle entraînerait une hausse des salaires. Or, l'expérience basée sur des cas similaires ailleurs qu'aux États-Unis montre que la baisse des impôts est très rarement suivie d'une hausse des salaires. Comme il s'est récemment avéré en Amérique, même si l'ensemble des entreprises ont paru satisfaites de cette mesure, très peu sont celles qui y ont répondu par une hausse des salaires de leurs employés[278]. Et enfin, un troisième argument favorable à la baisse des impôts sur les sociétés se fonde sur l'espoir d'une hausse du taux d'emploi consécutive à la décision des entrepreneurs américains de rapatrier les entreprises ou parties de leur entreprise qui avaient été délocalisées à l'étranger. On estime que les profits de ces entreprises s'élèvent à 250 milliards de dollars et que si les entrepreneurs tablent sur le fait qu'ils ne paieront que 10 % d'impôts, ils les rapatrieront. Mais, compte tenu des conditions particulièrement difficiles qui prévalent dans l'économie mondiale et qui ont fait l'objet d'une analyse détaillée dans le chapitre précédent du présent livre, il y a peu de chances que ces espoirs se réalisent. En effet, même la Goldman Sachs prévoit que, malgré la possibilité du rapatriement de 200 milliards de dollars aux États-Unis, il est peu probable que cet argent aille dans les investissements productifs. En revanche, au moins les 3/4 de cette somme devraient aller dans l'achat d'actions[279]. Les premiers signes de la baisse des charges fiscales sur les entreprises des États-Unis ne correspondent aucunement aux résultats attendus concernant la hausse des salaires. En effet, il semble que les principales bénéficiaires de ces baisses soient les banques, et non les travailleurs[280]. Il est vrai que dernièrement, l'économie américaine se porte bien, le chômage a baissé, les prévisions des consommateurs et des entrepreneurs sont plus optimistes et les revenus suivent une courbe ascendante. Mais la Bourse aussi, qui pour les Américains

---

[275] « Inequality-Fat tails » (2017), *The Economist*, 7 janvier.

[276] Penn Wharton Budget Model.

[277] Patricia Cohen et Nelson D. Schwartz (2017), « Economists see little growth magic in proposed tax cuts », *The International New York Times Edition*, 26 mai.

[278] Jim Tankersley (2017), « Would workers get raises out of tax cuts? », *The International New York Times Edition*, 25 novembre.

[279] Marc Chevalier (2017), « Trump veut soigner les entreprises », *Alternatives Économiques*, No 364, janvier.

[280] Jim Tankersley (2018), « Banks reap big gains from Trump tax overhaul », *The International New York Times Edition*, 18 janvier.

mesure de façon déterminante l'état de santé de l'économie, est en hausse, malgré de nombreuses variations. Cependant, la majorité des personnes interrogées n'impute pas ces améliorations à la politique du président Trump, dont les choix, surtout ceux portant sur la baisse des impôts sur les entreprises, ne sont pas populaires[281].

La tolérance fiscale à l'égard des hauts revenus des riches se justifie habituellement par l'idée que « ce sont eux qui font marcher l'économie ». Bien que le président Emmanuel Macron ait lui aussi récemment déclaré approuver ce concept, la réalité semble différente. Comme il ressort d'une étude à ce propos[282]:

• La consommation des très riches consiste en des produits de luxe, dont les prix sont très élevés et qui ne participent pas à la croissance[283].

• L'exonération d'impôts des plus fortunés encourage rarement les innovations, car les grandes fortunes résultent habituellement d'héritages et n'appartiennent pas à des entrepreneurs dotés d'idées nouvelles et originales.

• Rien n'est moins sûr que l'hypothèse selon laquelle l'exonération fiscale engendrera une augmentation des investissements, mais ce qui est certain, c'est qu'elle réduira les recettes fiscales de l'État.

• Il n'est pas du tout certain qu'un taux d'imposition relativement élevé sur le capital décourage l'arrivée d'investissements étrangers.

Il semble néanmoins qu'il y aura une suite à la baisse drastique des impôts sur les grandes entreprises américaines, laquelle vise d'abord à compléter les recettes de l'État, et ensuite à combattre, ne serait-ce que sans grands résultats, les paradis fiscaux. Plus précisément, et en supposant que les grandes entreprises délocalisent leurs bénéfices par des moyens techniques, il a été décidé que celles qui présentent un chiffre d'affaires supérieur à 500 millions de dollars seront contraintes de payer 5 % d'impôts en 2018, 10 % jusqu'en 2025 et ensuite 12,5 %. Le rendement des investissements délocalisés supérieur à 10 % sera également imposable, au taux minime de 13,125 %[284].

C. L'abandon délibéré de la politique de plein-emploi

Après la Deuxième Guerre mondiale, il était communément admis que le plein-emploi était le droit de toute personne désirant travailler, et que le chômage constituait une menace pour le capitalisme. Avec la propagation des

[281] Ben Casslman, Jim Tankersley (2018), « Unbeat on economy, warming to new tax law», *The International New York Times Edition*, 18 janvier.

[282] Christian Chevagneux (2017), « Les riches tirent-ils l'économie », *Alternatives Économiques*, No 373, novembre.

[283] M. Negreponti-Delivanis (2010), *Η Φονική κρίση και η ελληνική τραγωδία* [La crise meurtrière et la tragédie de la Grèce], éd. Fondation Delivanis et Livani, Athènes.

[284] Christian Chavagneux (2018), « Le bras de fer fiscal a commencé », *Alternatives Économiques*, No 378, avril.

idées de J. M. Keynes dans les économies avancées d'alors, le plein-emploi de la main-d'œuvre était devenu un objectif à atteindre qui s'est généralisé, et le taux de sous-emploi ne devait pas excéder les 4 %. Cette politique amena une hausse de la part des salaires dans le PIB au détriment des profits. Deux économistes donnèrent une explication à cette hausse. Michal Kalecki d'abord, et ensuite un économiste plus jeune qui a donné son nom à la *loi de Goodhart*. Il s'agit du fait qu'en période de plein-emploi de la main-d'œuvre, le déplacement d'un travailleur d'une entreprise à l'autre s'accompagne d'une augmentation de son salaire, chose qui ne vaut pas en cas de sous-emploi. Ensuite, cette hausse des salaires passe dans les prix. Ce phénomène est dénommé « inflation des coûts ». Or, après 1970, ce sont les idées néolibérales qui ont prévalu ainsi que la peur de l'inflation, laquelle a favorisé la tolérance à l'égard du sous-emploi. Cette peur a également favorisé des formes d'emplois atypiques et précaires, qui ont peu à peu réduit le taux de plein-emploi dans les économies avancées, entraînant une baisse de la part de l'emploi dans le PIB en dessous de celle prévue par la fonction de Cobb-Douglas, de même que l'explosion des inégalités dans la répartition des revenus. Plus précisément, en 2017, un travailleur sur cinq dans l'UE, soit 19,4 % de l'emploi, ou encore 43 millions de travailleurs âgés de 15 à 64 ans, avaient un emploi à temps partiel. Ainsi, dans la Grèce ravagée par les mémorandums, l'emploi à temps partiel concerne-t-il environ 7 travailleurs sur 10. Il s'agit, en d'autres termes, d'un choix délibéré de la part des néolibéraux, aux dépens du travail et en faveur du capital, avec un impact négatif sur la croissance et positif sur le déclin.

D. S'est ensuivie une politique hypocrite et sélective face à l'évasion fiscale[285]

Le problème de la lutte contre l'évasion fiscale, notamment au sein de l'UE, est lié à ceux qui ont été mentionnés ci-dessus. Le fait est certain que depuis des années l'UE ne cesse d'annoncer qu'elle s'engage dans des mesures contre l'évasion fiscale et les paradis fiscaux, mais il est aussi un fait certain que, selon des estimations, l'évasion fiscale continue d'augmenter, alors que l'objectivité et l'efficacité des mesures qui sont prises de temps à autre pour la combattre sont sujettes à caution. À cet égard, la dernière liste des paradis fiscaux, publiée par l'UE le 5 décembre 2017 est une fois encore décevante, car :

- 29 pays qui y figuraient en ont été retirés à la dernière minute.
- Sont restés, en fin de compte, les « coupables habituels », tandis que 47 autres pays (reconnus pour être des paradis fiscaux) tels que la Suisse, Jersey,

[285] Christian Chavagneux (2018), « Une déception attendue », *Alternatives Économiques*, janvier, No 375.

les îles Caïman, Hongkong etc., ont été renvoyés dans une liste grise, leurs engagements pour « se mettre à niveau » étant considérés comme suffisants.

• Enfin, l'UE n'a pas imposé à ses propres membres, l'Irlande, Malte et les Pays-Bas, de répondre aux trois critères d'évaluation[286].

C'est la tolérance, depuis trop longtemps, des gouvernements à l'égard de l'évasion fiscale et des paradis fiscaux qui a fait exploser les inégalités dans la répartition des revenus, a réduit les recettes fiscales et a plongé dans la misère de grands groupes sociaux.

E. Le problème de la stagnation durable n'a pas été combattu

La stagnation économique chronique, comme nous l'avons analysée plus haut, est due à la maturation du capitalisme, lequel a besoin d'une quantité de plus en plus petite des deux facteurs de production de base pour la production d'une unité de production d'un produit et lequel, en plus, atteint une productivité moindre ou a une productivité qui, essentiellement constituée de services, n'est pas facilement mesurable[287]. Dans le même temps, l'austérité constante, surtout dans l'UE, est maintenant reconnue responsable du fait qu' « aucun pays ne s'en est bien tiré »[288]. Il en va de même sur le fait qu'une importance primordiale est accordée à la stabilité monétaire et non à la croissance, alors que la dégradation de l'économie réelle au profit de la virtuelle fait partie des politiques qui ont considérablement aggravé la situation. Par ailleurs, le taux de chômage élevé et permanent, notamment en Europe, pourrait se justifier s'il coexistait avec une abondance relative du travail et non du capital qui va de pair avec une baisse de la part du travail dans le PIB. Toutefois, cette hypothèse aussi est difficile à défendre, étant donné que le capital lui aussi est en abondance, comme en témoignent le très faible taux d'intérêt des dernières décennies et la désindustrialisation généralisée qui, en outre, est confirmée par la baisse du taux des investissements dans le PIB de l'UE. Il s'agit néanmoins d'un capital qui se tourne vers la thésaurisation et la spéculation et non vers l'investissement productif. Ces évolutions combinées vérifient l'hypothèse du non rendement de la productivité des travailleurs sur les salaires, c'est-à-dire de la retenue de la productivité par le capital.

Les souffrances infligées aux peuples de l'Europe peuvent se résumer comme suit : « À cause de leurs choix politiques, les gouvernements de la

---

[286] Ces critères sont les suivants : la transparence, l'équité et la lutte contre les pratiques fiscales douteuses des entreprises.

[287] M. Negreponti- Delivanis (2016), « Les causes du chômage dans le stade post-industriel du capitalisme suivi d'une proposition pour le combattre », RVEE, Vol. 7, No 3.

[288] Déclaration de Paul Krugman à Messinia, dans le cadre de « Arts &Democracy », Athens Democratic Forum.

zone euro ont plongé des millions de leurs citoyens dans une récession comparable à celle de 1930. Il s'agit de l'une des pires catastrophes économiques provoquées qui ne soit jamais arrivée »[289].

F. Rien n'a été fait pour sauvegarder la classe moyenne

La crise, économique et financière, combinée à des choix malheureux de mesures de politique économique, d'abord en Europe mais aussi aux États-Unis et dans le reste du monde, ont eu notamment pour effet la décimation de la classe moyenne. Ce qui suit concrétise une évolution très dangereuse, sachant que la classe moyenne concentre à elle seule l'ensemble des spécialisations déterminantes pour le progrès, comme les ingénieurs, les universitaires, les médecins, les techniciens etc., qui par leur comportement dans le domaine économique en matière de consommation et d'investissement, lui assurent croissance et stabilité. Commençons donc par la Grande-Bretagne qui, dans la période 1980-2010, affichait une augmentation de 60 % du nombre des ménages pauvres, et de 33 % de celui des riches, faisant ainsi baisser le taux de ménages de la classe moyenne à 27 %[290]. Aux États-Unis, 2015 était la dernière année de la primauté de la classe moyenne face aux deux extrêmes : les ménages pauvres et les ménages riches. En 2015, en effet, les deux extrêmes concentraient à eux seuls 121 300 ménages, tandis que la classe moyenne seulement 120 800[291]. Cependant, une étude menée en 2016 sur les économies de l'UE conclut qu'entre 1980 et 1990, la classe moyenne a subi là aussi une baisse considérable, laquelle est en lien direct avec l'explosion des inégalités de revenus durant la même période[292]. Dangereuse à plusieurs égards, cette évolution encourage les comportements extrêmes déstabilisants pour les économies, alors que rien n'a été fait pour en prévenir les effets.

G. L'économie virtuelle a été encouragée au détriment de la réelle[293]

Pendant à peu près un demi-siècle, la valeur de l'ensemble des titres boursiers, aux États-Unis, a évolué très rapidement par rapport au PIB, tandis que leur rendement était faible. Plus précisément, il est estimé[294] que l'indice 500 de la

---

[289] Adam Tooze (2018), *Crashed: How a Decade of Financial Crises Changed the World*, Penguin Books, New York.
[290] Daniel Boffey (2015), « How 30 years of a polarised economy have squeezed out the middle class », *The Guardian*, 7 mars.
[291] Pew Research Center.
[292] Étude de la Commission européenne et de l'Organisation internationale du travail (en anglais: ILO).
[293] Eduardo Porter (2018), « When rising stocks carry economic pain », *The International New York Times Edition*, 15 février.
[294] D'après l'analyse de Germán Gutiérrez et Thomas Philippon.

Standard & Poor's a augmenté de 8 % par an de 1970 à 2015, amenant le rapport de la valeur marchande des entreprises vers les dépenses de remplacement de leur capital de production de 3 à 1. Si les bénéfices des sociétés provenant de la survalorisation des titres boursiers avaient été dirigés vers des investissements productifs, les évolutions néfastes de l'économie – baisse importante de la propension à investir, développement économique anémique et gel des salaires – n'auraient jamais eu lieu. Or, ce ne fut pas le cas puisque le capital productif des sociétés, au cours de cette longue période, affiche une légère baisse. Cette évolution, s'agissant des États-Unis depuis 1970[295], est contraire à l'hypothèse de la théorie économique dominante selon laquelle la baisse de rendement des titres boursiers, combinée au taux d'intérêt réel bas qui prévalait à cette époque-là, aurait dû faire augmenter les investissements productifs. La raison de l'écart entre la théorie et la réalité s'explique par le fait que l'hypothèse selon laquelle dans les économies modernes la compétitivité domine n'a pas été vérifiée et qu'en réalité, ce sont les oligopoles et les monopoles qui prédominent. Dans ces formes imparfaites de marché, les entrepreneurs deviennent et fonctionnent comme des rentiers, s'assurant des gains grâce à leur capacité à augmenter leurs prix à volonté, et privant ainsi les consommateurs et les travailleurs d'un revenu qui, normalement, devrait leur revenir. *La dérogation, pendant si longtemps, à tout ce qu'enseigne la théorie économique de base est le résultat de la domination des idées néolibérales qui ont désactivé l'interventionnisme de l'État et ont toléré la politique du laissez-faire, qui ont en somme rendu le fonctionnement des grandes entreprises incontrôlable.*

III. LA SUPPRESSION DES FRONTIÈRES NATIONALES[296]

La conjonction de la nation et de l'État, qui n'existait pas il y a 500 ans, signifie que l'une et l'autre se trouvent dans le même espace géographique et diffèrent de ce qu'ils étaient séparément, comme au 18e siècle l'Empire austro-hongrois ou l'Empire russe. Toutefois, au-delà du fait qu'ils se situent dans le même espace, il est admis qu'ils partagent la même histoire et les mêmes institutions. Le respect des frontières nationales a été établi il y a 500 ans environ, avec les traités de Westphalie, et a assuré dans une large mesure le droit pour chaque État à l'indépendance et le droit à l'auto-détermination. D'après Samuel Huntington[297], c'est dans les années 1970 qu'est apparu un mouvement, né aux États-Unis, qui dégradait les valeurs américaines et l'identité américaine, pour

---

[295] Et pas seulement des États-Unis puisque les principales orientations de leur économie se retrouvent habituellement dans les autres économies avancées occidentales.

[296] Richard Haas (2017), « Word order 2.0 - The case for sovereign obligation », *Foreign Affairs*, janvier/février.

[297] *Le Choc des civilisations* (1997), éd. Odile Jacob, Paris.

renforcer la race et la culture des autres nationalités. Selon Samuel Huntington, ces actions, menées par des chefs de nations, n'ont pas d'équivalent dans l'histoire de l'humanité. En d'autres termes, il est difficilement concevable qu'ils aient accepté de céder la souveraineté de leur pays et la leur à d'autres unions plus larges. La mondialisation, sans officiellement abolir les frontières nationales, en a dégradé l'importance, donnant la priorité au mondial et non au local. L'affaiblissement des frontières nationales, à l'ère de la mondialisation, a engendré instabilité et frictions. L'État-nation donne la priorité au service des citoyens, dont les intérêts passent avant tout autre, contrairement à la mondialisation et à l'UE, où c'est l'intérêt de l'ensemble qui prime.

Déjà, avec le recul de la mondialisation et la montée du nationalisme, revient sur le devant de la scène l'intérêt pour la sécurité des frontières. C'est ainsi que l'État-nation, qui avait été subjugué par la mondialisation, est de retour. Cette réapparition de l'État-nation a été encouragée par le problème des migrants, avec la confirmation qu'un État-nation souverain a le droit de décider qui vivra sur son territoire. La remise en marche de l'État-nation devrait nécessiter un certain temps, étant donné que des solutions satisfaisantes doivent être trouvées sur des questions importantes et délicates, telles que le terrorisme, l'immigration, les armes de destruction massive ou encore le changement climatique.

Le niveau de surveillance des frontières nationales sera fonction du niveau de recul de la mondialisation et des préparatifs de la gouvernance mondiale. Il serait excessivement optimiste, en dépit des très puissants intérêts investis, de croire que le recul de la mondialisation se ferait sans rencontrer d'opposition.

Conclusion

Dans la Partie I, nous avons examiné les conditions nécessaires à l'équilibre général dans les économies modernes occidentales et les raisons qui en ont empêché la réalisation, ces dernières années. La théorie de la *stagnation séculaire*, telle que défendue initialement par Alvin Hansen et reprise plus récemment par Lawrence Summers, apparaît comme l'explication la plus plausible à cette situation sans précédent, même si elle n'est pas admise comme absolument certaine. C'est justement à cause de cette incertitude qu'a été évoquée en tant que responsable de la stagnation des économies occidentales toute une batterie de choix politiques malheureux, ayant soit approfondi, soit provoqué la récession. Dans le deuxième cas, il est possible d'espérer que la récession soit rapidement suivie d'une relance, écartant ainsi le scénario de la *stagnation séculaire*. Une place spéciale a été donnée au problème de la mondialisation, développé dans le chapitre 3 de la Partie I. La mondialisation, bien qu'accueillie au début avec beaucoup d'enthousiasme, a provoqué de graves failles dans les économies capitalistiques avancées et plus que tout, elle a créé le problème aigu des inégalités de revenus et de richesses, qui couvait depuis quelques décennies, s'amplifie avec constance au fil du temps, et coexiste avec la stagnation économique. Les conséquences négatives de la *stagnation séculaire* ont été observées même si sa contribution à la récession – dans la mesure, bien évidemment, où elle survient – n'est pas encore claire.

Pendant cette période de stagnation durable, on voit que les États-Unis, l'Europe et le Japon ont essayé de réagir face à la douloureuse situation de leur économie au moyen de mesures de politique monétaire, lesquelles toutefois n'ont rien donné. Ils ont ensuite recouru à des mesures non orthodoxes et absurdes qui, elles aussi, se sont avérées inefficaces.

Quelques mots sont nécessaires sur la façon dont est définie la situation de la *stagnation séculaire*, qui pose de sérieux problèmes ces derniers temps. D'abord, Lawrence Summers nous donne cette définition[298] : « Il serait impossible pour une économie d'atteindre le plein-emploi avec un taux d'inflation bas et un taux d'intérêt nul ». Et puis, une autre définition, composite celle-ci, provenant d'une équipe d'économistes à qui fut demandé leur avis sur la question[299] : « Primo, l'égalisation de l'épargne et de l'investissement avec le plein-emploi requiert des taux d'intérêt réels négatifs [...] Secundo, la principale inquiétude vient du fait qu'en situation de *stagnation séculaire* il est bien plus difficile de parvenir au plein-emploi avec un taux d'inflation bas et un taux d'intérêt nul [...] Tertio, il est trop tôt pour savoir si la *stagnation séculaire* est quelque chose de plus que le traditionnel ralentissement du progrès ». Par contre, les économistes et les planificateurs devraient commencer à s'inquiéter de ce qu'il faudra faire si la *stagnation séculaire* devient réalité, parce que les anciens outils macroéconomiques ne sont pas adaptés. Les inégalités sont si profondes dans les économies modernes, qu'elles ne peuvent absolument pas être relancées, même avec la mise en place de taux d'intérêt négatifs, comme l'expérience continue de le montrer.

Il s'agit d'une situation chaotique qui s'est étendue sur tout le globe mais aussi dans les économies nationales, et dont les effets les plus visibles peuvent se résumer à :

1. Un rythme de croissance faible et un taux de chômage élevé

En Europe particulièrement, les rythmes de croissance anémiques depuis la fin des Trente glorieuses et la perspective d'une prolongation[300] ont très

---

298 « Reflections on the "New Secular Stagnation Hypothesis" », *in* ouvrage collectif *Secular Stagnation : Facts, Causes and Cures* (2014), CEPR PRESS, p. 27 et suiv.
299 « Introduction », par Coen Teulings, Richard Baldwin, CEPR PRESS, *op. cit.*
300 V. Th. Piketty (2013), *op. cit.*, p.158 et suiv.

certainement des causes multiples, parmi lesquelles l'arrivée à maturité de l'économie[301]. Toutefois, on ne peut nier la répercussion très négative qu'a eu et continue d'avoir la politique macroéconomique d'austérité asphyxiante qui est imposée pour intensifier une compétitivité dont ne peut se targuer que l'Allemagne, bien qu'elle y affiche là aussi un net recul. Au cœur de cette politique il y a, à n'en pas douter, l'acceptation du salaire en tant que coût de production – qui doit baisser à n'importe quel prix – et non en tant que facteur de demande effective. Ainsi, l'Europe fonctionne-t-elle désormais, de façon permanente, dans des conditions d'équilibre de sous-emploi. Cela signifie un taux de chômage élevé et une grandeur du PIB en dessous de sa grandeur potentielle. Il est clair que l'économie européenne fonctionne dans un environnement de capitalisme de maturité, tel qu'analysé par Marx et Keynes, à savoir qu'elle souffre d'une demande effective insuffisante et a une tendance à la déflation, ce qui accroît le taux de chômage. Les chômeurs, dans l'UE, se chiffrent à près de 25,7 millions, soit 10,5 % de la population active[302]. Dans des économies soumises à de telles conditions, toutes les propensions de base à la croissance ne peuvent être que faibles. Il s'agit de la propension à consommer, de la propension à épargner, à investir et à innover, d'où une récession récurrente. La consommation est constamment inférieure à celle du plein-emploi car c'est l'économie de l'offre qui est appliquée, dégradant la demande[303]. Avec une demande insuffisante et la décimation de l'économie réelle au profit de l'économie budgétaire, l'épargne se dirige pour l'essentiel vers des placements spéculatifs ou la thésaurisation. Ce sont avant tout les riches qui n'investissent pas dans l'économie réelle et dont le poids spécifique est en augmentation à cause de la montée des inégalités, car ils préfèrent conserver une liquidité élevée, afin de protéger leur fortune et éviter de payer des impôts ou pour placer leurs profits en Bourse[304]. Comme les profits vont s'ajouter au capital seulement et pas au travail, ces choix ne font qu'accentuer les inégalités[305]. Mais les innovations aussi ralentissent dans les économies en équilibre permanent de sous-emploi et d'inégalités profondes, parce que la saturation des produits industriels traditionnels tarde à venir et que la demande de produits de haute technologie n'est pas assez forte. Dans ces conditions, on ne peut espérer une absorption du chômage.

---

[301] V. M. Negreponti-Delivanis (1990), *Europe's life-buoy: its less developed regions*, éd. *Paratiritis*.

[302] Eurostat.

[303] L'expression d'Alfred Marshall, « la demande autant que l'offre sont aussi indispensables que les deux lames d'une paire de ciseaux pour qui veut couper du papier », a été complètement oubliée.

[304] M. Dolan (2014), « Why the rich are hoarding the cash », *The International New York Times Edition*, 12 juin.

[305] Aux États-Unis, 0,1 % de la population possède 23 % de la richesse, c'est-à-dire autant que 90 % des plus pauvres.

2. La précarité à son comble

La violation des règles économiques de base qui avaient été établies et furent rigoureusement appliquées pendant très longtemps dans le passé, généralise la précarité dans les économies avancées, installe le mécontentement parmi les citoyens européens et porte gravement préjudice à la démocratie. Je me contenterai de citer deux conséquences extrêmes :

• La première est la confiance sans faille dans l'épargne privée qui, il y a quelque temps, a été définitivement entamée. Il s'agit tout d'abord du vol commis à l'encontre des dépôts bancaires privés dans certaines banques de Chypre, en avril 2013, la dette publique ayant été utilisée comme *Cheval de Troie*. Il n'est pas exclu que cette *coupe* dans les dépôts privés contenant plus de 100 000 euros soit effectuée ailleurs, au cas où il n'y ait pas d'autre moyen de payer la dette, comme cela a été annoncé officiellement par un représentant européen, et pourrait même concerner des dépôts inférieurs à 100 000 euros. Il s'agit ensuite de l'ouverture impromptue des comptes privés, en Grèce, et de la saisie des sommes que les déposants doivent à l'État. Il est clair que les déposants ne peuvent plus dorénavant faire confiance aux banques, et ce constat porte atteinte à la nature même de l'épargne qui est le moteur essentiel de la croissance. Et sur ce point, l'économie qui était enseignée et l'est encore dans les universités ne sert aucunement à interpréter la réalité. *Car, déjà, nous sommes dans le stade capitalistique qui est aussi, dit autrement, celui du hold-up et de l'accaparement*[306].

• Et la deuxième des deux conséquences, c'est l'abolition progressive de tous les droits des travailleurs, et ce, brutalement et sans explications. En fait, il ne s'agissait pas de *droits* à proprement parler, mais plutôt d'une tentative de réduire la position subalterne *sine qua non* du travailleur isolé face à son employeur. Autrement dit, ces *droits* étaient une tentative de neutraliser autant que possible les privilèges des employeurs, de façon à ce que la convention de travail qui était signée ne soit pas léonine et propice à toute sorte d'exploitations et de chantages[307]. La grande précarité qui prévaut, en Grèce plus qu'ailleurs évidemment, où aucun droit n'a été laissé intact, mais aussi dans le reste de l'Europe où la destruction du « capitalisme à visage humain » est amorcée, se répand sur le monde entier, avec des conséquences plus générales néfastes.

---

[306] M. Negreponti-Delivanis (2014), *L'assassinat économique de la Grèce*, éd. CEDIMES et L'Harmattan, p. 177.

[307] M. Negreponti-Delivanis (2007), *Μεταρρυθμίσεις, Το ολοκαύτωμα των εργαζομένων στην Ευρώπη* [Réformes, L'élimination des travailleurs européens], éd. Fondation Delivanis et éd. Livani, Athènes.

3. Une volatilité turbulente[308]

Les prévisions concernant les marchés en 2018 ne sont pas du tout rassurantes. La peur domine quant à l'issue et aux répercussions de la guerre commerciale contre la Chine – et pas seulement – mais aussi contre l'UE et le Canada, comme l'avait annoncé et a commencé à la mettre en pratique le président Donald Trump. Comme illustré dans le graphique 7, l'instabilité des marchés boursiers américains était extrêmement intense en 2018.

Graphique 7 - Forte instabilité boursière

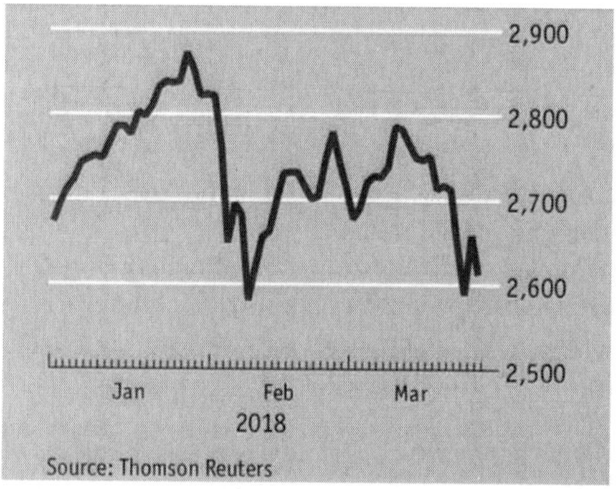

Caractéristique de cette période particulièrement perturbée, notamment en 2008, est d'abord l'écart dans le mauvais sens entre les prévisions et la réalité[309]. Au cours des cinq dernières années, le secteur technologique (Facebook, Apple, Amazon, Google, Netflix et Google) a vu ses rendements annuels s'effondrer et atteindre 18,5 %. En mars 2018, l'indice est tombé en dessous de 5,2 %. L'ASR[310] observe une perte de confiance dans l'avenir de l'économie de 58 % par rapport au premier trimestre de 2017. Les investisseurs pensent que le rendement des titres boursiers augmentera au cours des 12 prochains mois en même temps que l'inflation. Et enfin, la prévision générale est négative, à savoir que le rythme de la croissance va ralentir et que l'augmentation du taux d'intérêt va alourdir la dette.

Dans la Partie I, comme le lecteur l'aura remarqué, l'analyse de tout ce qui touche les sujets de l'emploi s'est ouverte sur les problèmes traditionnels, et il n'a pas été tenu compte de la révolution technologique attendue, qui devrait

[308] Buttonwood (2018), « Buckle up», *The Economist*, 31 mars.
[309] Selon l'indice « surprise » de Citigroup.
[310] Absolute Strategy Research.

tout balayer sur son passage. Cela car : Premièrement, les problèmes anciens continuent de définir le fonctionnement de ce secteur particulier, même si parallèlement, de nouveaux problèmes surgissent, causés par la robotique. Toutefois, la portée de ces derniers ne constitue pas encore un facteur catalyseur qui pourrait éliminer les problèmes traditionnels. Deuxièmement, comme je l'évoque à plusieurs endroits de ce livre, la problématique en général de l'emploi à l'ère de la robotique n'a pas encore fait l'objet d'analyses. Cette omission peut se comprendre, étant donné que la science économique s'intéresse à tous les problèmes, à mesure qu'ils se présentent. Et enfin, troisièmement, un chapitre entier, le troisième et dernier de la Partie II sera consacré aux problèmes liés à la robotique.

PARTIE II
VERS UN NOUVEAU MONDE

« Si nous voulons la paix, il faut nous préparer à la guerre »

(Dicton romain)

INTRODUCTION

Évolutions, analyses et statistiques, tout montre que bientôt l'Occident sera contraint de céder son trône à la nouvelle superpuissance qui a si vite émergé, la Chine. On prévoit également que cette nouvelle puissance mondiale dominante s'encadrera peu à peu d'autres économies émergentes d'Asie et d'Afrique.

La fin de l'actuel ordre économique international, faiblissant et s'éclipsant à reculons, est en grande partie un fait déterminé, et le bilan de son règne ne laisse aucune marge à la tristesse. Par contre, le passage du relais permet d'espérer des « lendemains meilleurs » à cette multitude de perdants de la mondialisation, laquelle fonctionne depuis les années 1970 en même temps que le néolibéralisme extrême et le stade post-industriel de développement, qui aggrava les choses à bien des égards.

Les malheurs engendrés par le système sortant ont surtout affecté les économies déjà avancées et plus précisément la masse énorme des travailleurs non ou peu qualifiés. Mêmes ceux qui n'étaient pas confrontés au chômage voyaient leur niveau de vie baisser à cause de l'égalisation des salaires sur ceux prévalant dans les économies en développement. Bien entendu, la mondialisation, comme cela a déjà été signalé[311], n'a pas eu que de mauvais résultats, elle a eu, pour les économies émergentes, un certain nombre de

[311] Partie I, Chap. 3.

résultats positifs, spécifiquement en Chine et en Inde. Ces deux économies-ci, en intégrant le commerce international de l'économie mondialisée, ont réussi à sortir de la misère absolue environ 1,5 milliard de leurs habitants, et à atteindre un rythme de croissance très rapide largement supérieur à celui des économies avancées.

Une ironie amère flotte sur le monde, même si l'on considère que l'avènement d'un nouvel ordre économique était inéluctable, même si l'Amérique jusqu'à aujourd'hui superpuissante se comporte comme si elle était convaincue que le remplacement de la mondialisation par une forme de protectionnisme sélectif lui permettra de garder sa suprématie. L'ironie réside dans le fait que c'est l'Amérique qui fit le choix de la mondialisation, lorsqu'au début des années 1970, elle en avait conclu qu'ainsi elle éliminerait le risque de se faire prendre la place par l'Europe ou le Japon. On pensait alors que ces derniers menaçaient sérieusement sa primauté internationale[312]. Il n'est pas certain que la mondialisation maintienne la domination économique des États-Unis pour les cinquante prochaines années, mais il n'est pas non plus certain que l'Europe ou le Japon aient jamais été une réelle menace pour l'Amérique. Ce qui est certain, en revanche, c'est que les États-Unis n'avaient pas prévu, à cette époque-là, que le grand danger caché était la Chine, ce géant pauvre et marginalisé. Quoi qu'il en soit, et en supposant qu'ils l'eussent prévu, il était trop prématuré d'affronter un système économique international qui ne s'était pas encore installé sur l'échiquier international.

Or, maintenant que la Chine constitue une menace incontestable, la seule réaction qu'ait trouvé l'Amérique, du moins pour le moment, est de retourner tout bonnement en arrière, optant une nouvelle fois pour le protectionnisme, sans en définir toutefois clairement les règles. Donald Trump donne l'impression de croire que ce virage suffira à concrétiser cette vision qu'il lui plaît à rappeler à la première occasion, « L'Amérique d'abord », ce qui sous-entend « La Chine après ». Aussi difficiles à prévoir que soient les évolutions internationales, de nombreuses raisons rendent pourtant le succès de cette entreprise peu probable, voire impossible. Premièrement, parce qu'à de nombreux égards la taille de l'économie de la Chine est déjà supérieure à celle des États-Unis, et que rien ne semble pouvoir l'empêcher d'accéder à la primauté quel que soit le niveau de comparaison avec la superpuissance. Deuxièmement, la mondialisation aux normes spécifiques que la Chine prépare avec ardeur et qui devrait être complètement différente de la mondialisation occidentale déclinante, menace de tout laminer sur son passage. La mondialisation chinoise repose sur une planification rigoureuse et précise qui a préalablement déterminé ou s'apprête à déterminer quels produits et en quelle quantité la Chine placera sur le marché international. Et troisièmement, il est impossible que la Chine soit affectée par les décisions de

[312] Comme cela a déjà été dit dans l'introduction.

Donald Trump destinées à l'intimider, étant donné qu'elle est déjà passée dans la phase de renforcement de la consommation intérieure, imposant une restriction de sa dépendance à l'exportation, et que le grand projet de la « route de la soie » avance fébrilement.

Dans la mesure où l'on peut juger et prédire les plans de la superpuissance américaine face à l'émergence vertigineuse de la Chine sur la scène internationale, il semble que l'Amérique ne dispose pas de plan de repli, ou du moins de plan capable de retarder le moment où elle devra céder sa place sur le trône de la souveraineté mondiale. Elle semble, au contraire, prendre ses décisions sous l'emprise de la panique, de sorte que les mesures manquent de cohérence et de continuité. Mais une telle conclusion risque de nous détourner de la réalité, très certainement différente. Celle-ci, en théorie, revêt deux aspects :

• Le premier, qui est le plus alarmant, c'est que l'Amérique n'accepte pas l'idée d'être évincée par la Chine et, par conséquent, elle a décidé d'utiliser tous les moyens possibles pour l'en empêcher. La question ici, naturellement, est de savoir par quels moyens elle pourra empêcher le géant chinois de mener à bien ses projets apparemment si bien pensés. Comme on le verra tout de suite après, la comparaison des données économiques de base est impitoyable pour les États-Unis et l'ensemble de l'Occident, et il paraît peu probable que cette tendance s'inverse. Et puis, comme le montre l'analyse du chapitre 1 de cette deuxième partie, la Chine s'est engagée dans un programme surprenant et tout à fait original, étendant sa domination mondiale sur trois continents et dans 80 pays déjà. Face à une perspective aussi désastreuse pour l'Occident, on peut toujours envisager une sortie de secours ultime, à savoir la guerre, tout simplement. Et même si la Chine ne veut manifestement pas s'impliquer dans une telle aventure, qui retarderait et peut-être contrecarrerait ses plans précis pour l'avenir, une telle éventualité ne peut malheureusement être exclue.

• Le deuxième, pâle et peu probable, est que l'optimisme arrogant de l'Amérique, qui ne prend pas au sérieux le risque d'être détrônée par la Chine, qui croit que des solutions telles que la mesure protectionniste sur les importations, son refus de signer ou son retrait d'accords commerciaux internationaux, que ses efforts pour intensifier son rythme de croissance suffiront à éloigner le danger. Or, elle n'y parviendra pas, car la primauté de la Chine dans presque tous les secteurs économiques modernes et décisifs est soit déjà une réalité, soit en passe de l'être, les bases étant déjà établies.

Après 2025-30, sauf renversement imprévu, les États-Unis ne seront plus à la tête du monde, ce sera la Chine, encadrée de l'Inde et d'autres économies émergentes mais aussi européennes. Revenons à notre question, à savoir si cette passation de suprématie s'effectuera de façon pacifique ou si elle génèrera des tensions ou des conflits, comme le prédisait Samuel Huntington en 1996, dans son fameux livre, *The clash of Civilization*.

Des écarts abyssaux, apparemment insurmontables, séparent les États-Unis qui représentent l'Occident et ses valeurs – même si celles-ci se sont redoutablement érodées –, de la Chine qui incarne une culture vieille de 5000 ans, dont elle est, à juste titre, très fière et qu'elle n'hésite pas à mettre en avant.

L'accession de la Chine au trône mondial apportera un renversement total et absolu. Rien ne sera plus comme avant, puisqu'une culture diamétralement différente, mystérieuse et dotée de valeurs nouvelles pour l'Occident, remplacera toutes les expressions internationales de la vie culturelle, économique et sociale. La philosophie de la vie changera de fond en comble.

Quelques-uns des profonds changements de la vision du monde qui s'annonce sont : des privilèges en guise de droits, la puissance en guise de loi et la subordination en guise d'alliances[313].

Le premier chapitre de la Partie II sera consacré aux indices et évolutions qui montrent que la Chine avance à pas de géant vers le sommet du monde, imposant une nouvelle mondialisation qui marginalisera la mondialisation occidentale encore en vigueur. Dans le deuxième chapitre, on s'intéressera aux écarts insurmontables qui séparent ces deux mondes, celui qui arrive et celui qui se retire. Enfin, dans le troisième chapitre, on tentera de s'introduire dans l'environnement de la robotique et, dans la mesure du possible, de prédire comment sera la vie quotidienne des humains.

---

[313] Kori Schake (2018), « Is it the end of America's world order », *The International New York Times Edition*, 18 juin.

CHAPITRE 1

L'ANCIEN ET LE NOUVEL ORDRE ÉCONOMIQUE INTERNATIONAL

« Le capitalisme sans la faillite, c'est comme le Christianisme sans l'Enfer »

Franck Borman (astronaute américain), 1928

Ce qui fait la force des économies émergentes est leur retard économique qui peut se transformer en moteur du progrès, dans la mesure où elles adaptent intelligemment les technologies déjà existantes. C'est exactement cette voie que suivirent, dans le passé, de nombreuses économies et régions pour se développer et réduire ou supprimer le fossé qui les séparait des plus développées. Il s'agit du modèle fondé, d'un côté, sur la théorie de la maturité économique des économies avancées, et de l'autre, sur la capacité des économies en développement d'accélérer leur rythme de croissance en utilisant les innovations déjà connues. Selon la théorie de la maturité[314], les économies avancées, une fois que leur rythme de croissance a atteint un certain seuil, voient celui-ci ralentir. Les économies nouvellement arrivées dans la croissance et ayant adopté les innovations connues peuvent au contraire, sous certaines conditions, réaliser une croissance rapide et, courant plus vite que les économies à maturité, elles les rattrapent et les dépassent, le point de référence étant le revenu par tête.

Toute une série de signes annoncent l'entrée de cette économie-là dans la phase de maturité. Toutefois, est considérée comme preuve irréfutable de maturité l'existence d'un taux de chômage élevé et durable, qui témoigne d'une incapacité à accroître davantage le poids spécifique de l'industrie

[314] Alvin Hansen (1938), *Full Recovery or Stagnation*, New York.

traditionnelle[315], et c'est alors que commence la phase de désindustrialisation. L'arrivée de cette étape de l'évolution capitaliste est la conséquence de la baisse de la demande de produits industriels traditionnels due à une saturation relative ainsi qu'à l'augmentation du pourcentage d'installations de production non utilisées qui ne permet pas la poursuite du progrès technique[316]. C'est précisément cette « maturité » des économies avancées qui aide les économies en retard à profiter de la technologie déjà connue pour le combler rapidement. Les conditions[317] permettant aux écarts économiques de devenir un vecteur de progrès comprennent, entre autres, l'existence d'une activité agricole excédentaire et du travail indépendant abondant, l'augmentation du ratio marginal capital/rendement[318], etc.[319] À présent, il convient de souligner les retombées souvent exceptionnelles qu'ont le transfert de main-d'œuvre excédentaire de l'agriculture au secteur de production secondaire. C'est une forme de nouveauté unique en ce sens qu'elle garantit une utilisation meilleure et plus productive de cette part de la population rurale qui, avant son transfert, était largement sous-employée. Selon les estimations, ce transfert augmente la productivité de 45 à 70 %[320] par travailleur. On a fait valoir à cet égard que les taux de croissance rapide des petits tigres d'Asie au cours des dernières décennies n'étaient pas le résultat d'innovations révolutionnaires, mais simplement celui de la mobilisation et du déplacement de facteurs de production de base.

---

[315] Qui fut la locomotive du progrès capitaliste et commença à se contracter en 1973.
[316] W. W. Rostow (1960), *The Stages of Economic Growth: A Non-Communist Manifesto* (Cambridge: Cambridge University Press), N. Kaldor (1975), « Economic Growth and the Verdroon Law, a Comment on Mr Rowthorn Article », *Economic Journal*, déc. 1975, p. 894-895, A. Maddison (1980), *Growth and Structural Change in the Advanced Economies, in Western Economies in Transition,* éd I. Levenson, J.W. Wheeler, Hudson Institute, p. 56.
[317] M. Negreponti-Delivanis (1990), *Europe's life-buoy: its less developed regions*, éd. Paratiritis, p. 306 et suiv.
[318] Ratio marginal du capital (ICOR).
[319] Les exemples historiques du processus d'accélération de la croissance sont nombreux et incontestables. La Grande-Bretagne, premier pays à s'être lancé dans la croissance, eut besoin de 184 ans (de 1783 à 1960); en 1960, le revenu par tête aux États-Unis, en France, en Suède, en Allemagne, au Canada et en Australie était plus élevé qu'en Grande-Bretagne, bien que ces pays aient entrepris leur croissance après elle. Aux États-Unis, il fallut 80 ans pour que le revenu par tête se situe entre 1000 et 1750 dollars, et au Japon, à peine 5 ans. En 1850, le Japon avait le revenu par tête le plus bas et l'Australie le plus élevé. En 1950, ce n'est plus l'Australie qui avait le revenu le plus élevé, mais les États-Unis, celui du Japon étant le plus bas. En 1976, le Japon avait déjà comblé une grande partie de son écart avec les États-Unis.
[320] Angus Maddison (1980), *Economic Growth and Structural Change in the Advanced countries in Transition,* éd. I. Levenson and J. W. Weeler, Hudson Institute, p. 41-64.

La mondialisation imposée dans les années 1970 fut une belle opportunité pour la Chine dont la participation au commerce international était alors limitée, l'économie stagnante et désespérément pauvre, et qui était totalement isolée du reste du monde. Autrement dit, selon des données historiques d'Angus Maddison[321], en 1950, la Chine était, de très loin, l'économie la plus pauvre au monde, le revenu individuel par habitant y était deux fois plus faible que celui de l'Afrique et 20 fois plus faible que celui de l'Amérique. En 2010, le PIB par habitant de la Chine était environ quatre fois et demie inférieur à celui de l'Amérique. En 2016, il était seulement trois fois inférieur à celui de l'Amérique. En quatre décennies environ, la Chine, d'économie pauvre et marginalisée est déjà en passe d'atteindre le premier rang mondial actuellement occupé par les États-Unis. Ce miracle a été rendu possible par une augmentation de son PIB de 34 fois de 1971 à 2013. Ce miracle n'a pas de précédent dans l'histoire économique mondiale. Et ce qui lui offre un avantage insurpassable et unique, en raison de la taille de son économie, ce sont les économies d'échelle très importantes qui viennent s'ajouter au reste. Depuis 1979, année où elle entra sur les marchés internationaux de manière dynamique et entreprit des réformes importantes et opportunes, le taux de croissance moyen de son économie a atteint 10 % jusqu'en 2016, malgré la deuxième grande crise économique de 2008. Voyant alors presque tous ses indicateurs de croissance décisifs s'effondrer, elle réagit courageusement, prenant la décision – qui s'avéra être la bonne –, de stimuler son économie en y injectant 586 milliards de dollars sans tenir compte du déficit budgétaire et de l'inflation inévitable. La Banque mondiale estime qu'au cours de la période 1981-2010, elle a réussi à sortir 679 millions de ses habitants de la pauvreté absolue et à s'imposer dans le même temps comme une grande puissance. Le taux de pauvreté absolue y était de 88 % en 1981 et de seulement 6,5 % en 2012[322]. Le moteur de ce miracle est sa grande capacité à utiliser les technologies déjà connues, à déplacer rapidement une part importante de sa population rurale vers l'industrie, à accumuler massivement des capitaux sur un assez long terme, à planifier judicieusement les investissements étrangers et les privatisations, à s'assurer une main-d'œuvre de plus en plus qualifiée, mais aussi à maintenir un secteur public important, mais aussi à planifier de façon avisée chacune de ses démarches et à mettre à profit son régime démocratique illibéral, ce qui lui a permis de prendre des décisions rapides, de changer de cap à chaque fois qu'elle le jugeait nécessaire, et plus généralement, d'imposer des mesures radicales – bien que pas nécessairement justes. La mise en valeur d'un leader politique dynamique qui semble savoir dans quelle direction aller et comment atteindre les objectifs qu'il s'est fixés est un paramètre crucial pour la Chine, surtout maintenant qu'elle brigue la première place mondiale.

[321] Rapportées par l'OCDE.
[322] Banque mondiale.

La baisse progressive du rythme de croissance très élevé de son PIB, de 10,6 % qu'il était en 2010 à 6,7 % en 2016 et avec une perspective de 5,7 % pour 2022, ne doit pas être considérée comme un obstacle, mais plutôt comme une chance de réduire sa dette très élevée. Selon l'avis du FMI, la Chine ne deviendra première puissance que si elle modère son rythme de croissance trop élevé[323], car pour le maintenir, elle est obligée de recourir constamment à sa banque émettrice. On considère également que le ralentissement de sa croissance facilitera la mise en œuvre des réformes nécessaires qui, comme tout le montre, la portent vers le sommet du monde. Je pense ici surtout – mais pas seulement –, au grand projet de la renaissance de la route de la soie, sur lequel je me pencherai dans le deuxième chapitre. L'économie chinoise en croissance très rapide rencontre un certain nombre de problèmes, et cela ne pourrait pas être différent. Je pense entre autres à sa dépendance accrue vis-à-vis des exportations, à ses nombreuses entreprises qui sont largement soutenues par l'État, à ses profondes inégalités dans la répartition des revenus, à son système bancaire faible, à son taux de pauvreté encore important, au vieillissement de sa population.

Un problème de taille que pourrait rencontrer la Chine, en raison du ralentissement de son rythme de croissance, pourrait être la surproduction de certains produits et la création ainsi de parties d'installations productives inutilisées mais qu'elle a su éviter grâce aux préparatifs intenses au niveau international pour la *renaissance de la route de la soie*. Presque tous ses problèmes, elle les affronte et essaie de les régler au mieux, comme le révèlent les déclarations sur le programme du 18e Congrès du Parti communiste de novembre 2013, où de profonds changements avaient été annoncés. Entre autres changements, donc, accorder davantage d'importance à la consommation intérieure, mais aussi, bien évidemment, augmenter de façon significative les salaires et réduire la dépendance aux exportations tout en renforçant le rôle du marché par une réduction de la planification de l'économie. Par ailleurs, elle prend ses décisions avec sérénité, sans se laisser influencer par les critiques incessantes des États-Unis et de l'Europe qui suivent naturellement son essor fulgurant avec anxiété et un certain malaise. Ainsi, ignora-t-elle les accusations récurrentes de ses deux principaux partenaires commerciaux pour avoir dévalué artificiellement sa monnaie nationale afin de promouvoir ses exportations et ensuite, le 11 août 2015, avoir annoncé la dévaluation du yuan (de 4,4 % face au dollar américain). Toutefois, elle a un autre problème, à première vue surprenant pour un pays si grand mais bien réel : elle risque de manquer de main-d'œuvre, raison pour laquelle les couples sont désormais autorisés à avoir un deuxième enfant. Notons que les

---

[323] Ruchir Sharma (2017), « Slow growth can only help China », *The International New York Times Edition*, 26 octobre.

craintes des économies avancées concernant la future insuffisance de main-d'œuvre sont difficilement compréhensibles, si l'on tient compte de l'impact de la robotique, qui ne cesse de s'étendre et est déjà une réalité dans de nombreux secteurs. Cette persistance à maintenir l'illusion d'un modèle d'emploi qui s'évanouira d'ici à quelques années, même en Chine, prouve que les hommes sont globalement incapables de planifier leur fonctionnement dans un environnement autre que présent, alors même qu'ils connaissent, dans le cas présent, les spécifications et le moment de l'arrivée du futur modèle.

Il y a cependant des problèmes que la Chine ne pourra certainement pas régler dans les prochaines décennies ; outre le vieillissement de sa population, il y a aussi le terrible déséquilibre entre le nombre d'hommes et de femmes. À cause de l'interdiction, de 1979 à 2015, pour les familles d'avoir un deuxième enfant, et du fait que les Chinois préfèrent que leur unique enfant soit un garçon – d'où les innombrables avortements de fœtus de filles –, ils seront des millions d'hommes, dans les années 2020-2040, à ne pas pouvoir trouver de conjointe[324]. Et puis, jusqu'à récemment, la Chine était confrontée à un autre problème, celui du niveau très élevé des indices de pollution atmosphérique, causée par l'utilisation du charbon. Le problème est combattu par des mesures express et efficaces, et de nombreux habitants des grandes villes, mais aussi de villes plus petites, surtout du sud du pays, jouissent désormais d'un ciel bleu. Ce prodige a été rendu possible grâce au démantèlement à grande échelle, précipité et obligatoire, des installations de chauffage au charbon. La rapidité avec laquelle fut exécutée cette décision, sans préparation préalable, avait laissé de nombreux foyers sans chauffage pendant tout l'hiver, de même que des écoles où la classe dut se faire au soleil à l'extérieur, où il faisait moins froid qu'à l'intérieur. Malgré cela, les résultats furent merveilleux et sont la preuve que l'intervention de l'État et la détermination du président Xi Jinping peuvent assurer un air respirable à la population de son immense pays. 6 % de l'industrie et des foyers utilisent encore le charbon, mais le taux de pollution avait déjà baissé de 20 % au cours des trois derniers mois de 2017. La Chine, en outre, a signé l'accord de Paris sur le climat, tandis que les États-Unis l'ont quitté[325]. Il faut encore ajouter un autre problème très sérieux qu'elle combat avec succès depuis 1911, année de la chute de son dernier empereur, en imposant le mandarin comme langue officielle. L'objectif est qu'en 2020, le mandarin devienne la langue de 80 % de la population. L'unité de la langue, dans ce vaste pays, facilitera grandement la réalisation de ses nombreux objectifs. Ainsi, en Chine, on dénombre encore à l'heure actuelle 130 langues minoritaires.

---

[324] « Trafficking Women » (2017), *The Economist*, 4 novembre.

[325] Steven Lee Myers (2018), « Coal country in China is chivering as the air clears », *The International New York Times Edition*, 21 février.

Forte du franc succès de ces initiatives dans tous les domaines de l'économie ou presque, et de ses efforts pour combattre ses difficultés, la Chine a, théoriquement, dépassé le danger du « piège du revenu intermédiaire ». Il s'agit de la difficulté rencontrée par de nombreuses économies, surtout d'Amérique Latine et d'Asie, à dépasser le revenu moyen par tête, situé à environ 5 000 dollars par an, tout en continuant sur la voie de la croissance. Les économies qui ont le malheur de tomber dans ce piège sont dans l'impossibilité de continuer à augmenter le revenu intermédiaire par tête. Dès le début, les décideurs chinois avaient pleinement conscience de ce danger. Et tant qu'il y avait un revenu par tête d'environ 5 000 dollars, ils s'empressèrent de modifier les orientations de base du plan. Ainsi, après s'être concentrés, dans le précédent programme, sur l'intensification de la compétitivité afin de servir l'orientation exportatrice de l'économie, ils passèrent au nouveau programme d'économie intérieure pour encourager la consommation intérieure. Déjà, la Chine, dans le but de renforcer sa consommation intérieure, consent à d'importantes augmentations de salaires, à hauteur de 24 % en moyenne, sans mettre en danger la stabilité monétaire, tandis que la dette publique et le déficit budgétaire sont assez bas. Pourtant, malgré une augmentation des salaires parfaitement appropriée, aussi bien pour réduire le taux de pauvreté que pour réduire sa dépendance aux exportations, sa compétitivité a baissé. Le poids spécifique de l'industrie dans son PIB a atteint 47 % dans la période 1995-2010. Dans le nouveau programme, la consommation est encouragée, s'étant maintenue à un taux très bas, c'est-à-dire à 47 % du PIB, alors que le taux moyen dans les pays avancés tourne autour de 70 %. C'est grâce à ce taux si bas que put être assuré jusqu'à tout récemment un haut niveau d'épargne (46 % du PIB) et d'investissement (43 % du PIB), indispensables au soutien de l'économie en croissance accélérée. Le nouveau programme met également l'accent sur les services qui, dans le programme précédent, avaient été négligés en faveur de l'industrie. La Chine, contrairement à l'Occident[326], a en outre pu combiner avec beaucoup d'efficacité la politique monétaire et fiscale. Son économie tournée vers l'extérieur a eu une efficacité remarquable car les décideurs avaient pu combiner avec succès, et pour une durée relativement longue, des prix très bas sur les produits chinois exportés, un taux de change faible du yuan et une inflation contrôlée, créant un excédent commercial élevé, presque 10 % de son PIB. Le faible coût de production était le résultat d'un salaire moyen très bas, toutefois combiné à un taux de chômage très faible de l'ordre de 4 % de la population active. Pour résumer, on peut conclure que la Chine s'est engagée suffisamment à temps dans la réforme de son économie et a pu éviter, *ceteris paribus*, le « piège du revenu intermédiaire ».

---

[326] Partie I, Chap. 3, section II, A.

La Chine est déjà la plus grande économie au monde en matière d'industrie, de biens d'exportation et d'importation, mais aussi pour le volume de devises étrangères en sa possession. L'importance primordiale qu'elle attache au commerce extérieur a permis un développement important et relativement rapide de ses relations commerciales avec les États-Unis[327], qui représentaient à peine 5 milliards de dollars en 1980, et avaient atteint 599 milliards en 2015. Elle est désormais le deuxième partenaire commercial des États-Unis, le troisième plus grand marché pour leurs exportations et le premier pour leurs importations.

Même si elle est sortie de son isolement et que son système communiste s'est assoupli, laissant un large champ d'action au marché, cette économie a réussi à la perfection des combinaisons qui semblaient impossibles au début : faire cohabiter un marché libre et concurrentiel avec un secteur public important et une économie planifiée, les dernières avancées scientifiques de la médecine avec les méthodes et les remèdes traditionnels, le capitalisme avec la démocratie illibérale. C'est justement sa capacité extraordinaire à s'adapter aux changements de situations qui est la promesse que malgré sa population énorme, elle pourra, sans difficultés particulières, éviter finalement le « piège du revenu intermédiaire », puisqu'en moins de 40 ans, elle est parvenue, d'économie pauvre, à devenir la deuxième en taille au niveau mondial, à deux doigts du sommet.

Dans la section I de ce chapitre, nous comparerons les données économiques de base des États-Unis et de la Chine, la deuxième section sera consacrée à la mondialisation de type occidental sur le déclin et à la mondialisation numérique en plein essor. Dans la troisième section, nous nous intéresserons à la nouvelle mondialisation lancée par la Chine et qui devrait complètement chambouler l'ordre économique mondial. Enfin, dans la quatrième et dernière section, nous nous intéresserons à la nouvelle forme de capitalisme qui risque fort de venir compléter la mondialisation chinoise.

I. ÉTATS-UNIS - CHINE : L'ESSOR DE LA CHINE ÉCARTE PROGRESSIVEMENT L'OCCIDENT

Les écarts considérables entre le comportement économique de l'Amérique et celui de la Chine, tels qu'affichés récemment, se résument peut-être dans le slogan maintes fois répété de Trump, « L'Amérique d'abord » d'un côté, et de l'autre dans le déploiement minutieux et constant de la mondialisation chinoise. L'Amérique, arrogante, forte de sa volonté de rester première sur l'échiquier international et convaincue d'y parvenir, ne cache pas son indifférence totale à l'égard du sort du reste du monde. Il est possible toutefois que derrière l' « Amérique d'abord », outre une colère manifeste, se cache

[327] Données commerciales américaines.

aussi une certaine peur de ce qui va survenir, mais qu'elle se refuse obstinément à voir. *Il se peut donc que ce slogan brandi à tout bout de champ sous-entende l'appréhension de sa fin prochaine.*

En face, il y a la Chine, laquelle liste les objectifs qu'elle s'est fixés pour l'avenir, sur la base d'un plan rigoureux et minutieusement étudié dans ses moindres détails, et qui a récemment[328] déclaré qu'en 2035, elle sera « le leader mondial dans les nouvelles technologies », et qu'en 2050[329] elle sera « la première puissance à assurer la prospérité pour tous ». Au 19e Congrès du Parti, son président déclara d'ailleurs que « maintenant qu'elle a acquis son indépendance et qu'elle s'est enrichie, elle peut gagner en puissance », et déjà elle attache des continents et des pays à son char, par le biais de travaux d'infrastructure de plusieurs trillions de dollars, qui feront renaître la « route de la soie ». Je rappelle, sur ce point, que la Chine jouit d'une tradition longue et heureuse en matière de planification, comme le montrent les nombreux écrits de Mao qui couvrent tous les secteurs de la gouvernance de ce pays immense, et où le lecteur peut admirer ses projets détaillés concernant aussi bien des sujets importants que moins importants. Rien n'est laissé au hasard.

Tableau 2. Projection de la croissance du PIB des deux grandes économies, Amérique et Chine, de 2016 à 2040

PIB *(en trillions de dollars)*	2016	2018	2025	**2028**	2033	2040
Amérique	18,6	19,4	22,3	**23,6**	26,1	30,0
Chine	11,2	12,7	19,8	**23,9**	32,8	50,0

(à condition que l'Amérique réalise un taux de croissance annuelle de 2,0 % et la Chine de 6,5 %)

Source : Malcolm Scott et Cedric Sam (2017), « Here's how fast China's economy is catching up to the U.S. »[330] ; publié le 12 mai 2016.

Ci-dessus sont cités des éléments essentiels concernant la vitesse à laquelle va l'économie de la Chine et avec quelle facilité il semble qu'elle s'emparera du trône de la première place mondiale encore occupée par les États-Unis, et ce, beaucoup plus vite que prévu initialement.

---

[328] Roger Cohen (2017), « China has Trump where it wants him », *The International New York Times Edition*, 13 novembre.
[329] Déclaration de Xi Jinping au 19e Congrès du Parti communiste chinois.
[330] Noah Smith (2017), « Who is the world's No 1 Economy ? Not the U.S. », 18 octobre.

Sur la base de projections raisonnables et à condition qu'aucun événement imprévu ne survienne, le PIB de la Chine devrait dépasser celui des États-Unis en 2018. Autrement dit, beaucoup plus tôt que les prévisions précédentes selon lesquelles ce dépassement se produirait en 2035 ou 2050. Les projections optimistes pour la Chine supposaient un rythme de développement de son économie plus faible que ce qu'il est finalement.

Toutefois, les calculs du tableau 2 ne donnent pas une image fidèle de la taille du PIB et des écarts entre les deux superpuissances, car il ne tient pas compte des écarts considérables de leur pouvoir d'achat. Par exemple, un hamburger coûte 1,8 fois plus cher aux États-Unis qu'en Chine. Si les chiffres du PIB sont ajustés pour ces deux économies sur la base de cette différence, on voit que dès 2016, celui de la Chine est supérieur à celui des États-Unis, soit : 21 trillions de dollars et 18,5 respectivement.

Les données du tableau 3 complètent les chiffres financiers américains et chinois prévus pour 2025.

Tableau 3
Données de base des deux superpuissances, prévisions 2025

	États-Unis	**Chine**
Population *(en millions)*	320	1 385
IDE[331] *(milliards de dollars)*	287,16	347,85
Internet *(en millions de dollars)*	83,6	189
Croissance annuelle *(en %)*	2,4	7,4
Exportations *(en trillions de dollars)*	2,34	2,34
Importations *(en trillions de dollars)*	2,85	1,96
Recettes de l'État *(en trillions de dollars)*	2,7	2,11
PIB par habitant *(en dollars)*	54 629,5	7 593,9
Tourisme national - Nombre de visiteurs *(en millions)*	69 768	55 686
Salaire moyen *(en dollars) en 2013*	44 888	14 600

Source : Ruchir Sharma (2017) « Slow growth can only help China », *The International New York Times Edition*, 26/10.

[331] Investissements Directs Étrangers.

La Chine avance très vite et en 2016, elle représente à elle seule 39 % de la croissance du PIB mondial. Pourtant, comme on peut le voir dans le tableau 3, même avec les calculs du revenu par habitant des deux économies (PPA)[332], elle ne représente toujours qu'un tiers de l'équivalent américain.

En 2016, l'économie américaine continue de représenter la plus grande part de l'économie mondiale : 24,7 % contre 14,9 % pour la Chine. Toutefois, la Chine avance à grands pas et l'on doit déjà souligner le fait que les États-Unis ne sont plus les premiers dans un certain nombre de domaines. C'est justement cette réalité qui explique les accusations en rafale de l'Occident (des États-Unis surtout) à l'encontre de la Chine. Celle-ci est accusée d'une série de « fautes » comme le fait de financer ses entreprises publiques, de ne pas être démocratique, de voler les technologies pour doper ses exportations, de ne pas respecter les droits de propriété intellectuelle, d'utiliser les Chinois de la diaspora (dernièrement en Australie) à des fins d'espionnage, etc. Cependant, toutes ces accusations n'ont qu'une valeur relative, étant donné que l'Occident aussi, par le biais de ses instances internationales, se rend coupable de quantité d'entorses à la « bonne » conduite concurrentielle, essentiellement aux dépens des économies en développement. Notons seulement, ici, la méthode suivie ces 50 dernières années, au début pour imposer la mondialisation et après pour mettre en place ses procédures opérationnelles. C'est ainsi que les économies en développement étaient contraintes d'ouvrir leurs frontières au commerce international, menacées, si elles n'obtempéraient pas, de se voir privées d'aide financière. Notons que l'aide consentie par les économies avancées aux économies en développement a considérablement diminué au cours des dernières décennies.

Puis, sera évoquée, de manière sélective, l'évolution de certaines données critiques dans les deux superpuissances, qui annoncent clairement, toutes choses égales par ailleurs, la montée prochaine de la Chine au sommet du monde.

A. Sciences et technologies aux États-Unis et en Chine

Dans le secteur des nouvelles technologies, la Chine a démenti les convictions de l'Occident, à savoir que seules « les sociétés libres et ouvertes sont capables d'innover », étant donné que ses réussites extraordinaires et rapides ont été obtenues sous la surveillance étroite et avec l'aide du Parti.

• Commençons par comparer les données qui, à mon avis, sont les plus décisives quant au progrès et à la compétitivité de toute économie : la science et la technologie[333]. Dans ce domaine, la Chine a fait un bond phénoménal,

---

[332] Compte tenu des écarts de pouvoir d'achat entre les deux économies.

[333] Nan Wu, « China's rise as a major contributor to science and technology », *Journalist's Resource -Research on today's new topics.*

ayant commencé très bas et menaçant déjà de dépasser les États-Unis dans un très proche avenir. En effet, ses dépenses de recherche et développement sont passées de 0,7 % de son PIB en 1991 à 1,8 % en 2010, réduisant ainsi sensiblement son écart initial avec les États-Unis. Selon ses plans, elle devrait atteindre son objectif et dépasser son concurrent en 2022. Il a été estimé, en 2011, que son avancée dans ce domaine a contribué à sa croissance à raison de 51 % et que cette avancée sera également décisive dans la mise en place de nouvelles bases dans l'industrie, dans la lutte contre la pollution de l'environnement et dans la réduction des inégalités dans la répartition des richesses. Les dépenses totales de la Chine en R&D ont atteint 279 milliards de dollars en 2017, et affichent donc une augmentation de 70,9 % par rapport à 2012[334].

• L'enseignement fait partie des mesures visant à atteindre cet objectif. C'est ainsi que le nombre de Chinois terminant le collège est en forte augmentation, lesquels étaient 7 millions en 2014, contre à peine 1,1 en 2001. Dans le même temps, une grande importance est attribuée à l'augmentation du nombre de jeunes diplômés d'université, mais aussi à la participation de la Chine à la rédaction et à la publication d'articles dans des revues scientifiques. Dans ce domaine, elle était 14e en 1995, et a grimpé à la 2e place en 2007, juste derrière les États-Unis. Parallèlement, le gouvernement encourage les chercheurs de la diaspora à rentrer dans leur pays.

Bien qu'il soit très difficile d'obtenir un indice unique de comparaison du niveau de technologie entre les États-Unis et la Chine, car de nombreux éléments entrant en jeu sont impossibles à mesurer, les États-Unis se sont récemment efforcés de produire quelques résultats dans certains domaines. Il est vrai que dans le passé, et pendant assez longtemps, ils considéraient la technologie chinoise avec condescendance, convaincus de leur supériorité absolue. Ils se sont soudain réveillés, conscients de la force et de la dangerosité de leur concurrente, et de la menace que représentait la technologie chinoise pour leur position de leader (même) dans ce secteur-ci[335]. Les Chinois ont encore un certain retard dans les nouvelles technologies par rapport aux États-Unis. L'écart se resserre toutefois à une vitesse impressionnante. Selon l'approche d'une recherche combinée[336], jugée nécessaire vu la complexité du sujet, on estime que la partie chinoise représente 42 % de la puissance industrielle technologique américaine. Et compte tenu du fait que ce taux n'était que de 15 % en 2012, on comprend que la Chine ne tardera pas à être première dans les nouvelles technologies. Déjà, le pourcentage d'articles scientifiques traitant de l'Intelligence Artificielle et écrits par des Chinois est

---

[334] Routers.
[335] Schumpeter (2018), « Chinese tech v. American tech », *The Economist*, 17 février.
[336] Alliance Bernstein, Bloomberg, CB Insights, Goldman Sachs et McKinsey.

de 89 % par rapport aux américains[337]. Il est naturel que ces évolutions fassent trembler les États-Unis car les nouvelles technologies, notamment, procurent des profits considérables, tels que l'emploi, qui est estimé à 7 millions avec un niveau des salaires multiplié par deux par rapport au salaire moyen, tels qu'une productivité élevée pour les industries utilisant les nouvelles technologies et, pour les sociétés américaines de haute technologie implantées à l'étranger[338], des profits de l'ordre de 180 milliards de dollars.

Dans le domaine de l'Intelligence Artificielle en particulier, la Chine a peut-être déjà dépassé l'Amérique et promet d'être le lieu parfait pour le développement ultérieur de ce secteur[339]. Alors que les États-Unis excellaient dans la recherche et les innovations de l'Intelligence Artificielle, maintenant que celle-ci passe du laboratoire à la vie réelle, c'est la Chine qui est en avance. Le fait que les Chinois utilisent peu la carte bancaire pour leurs paiements, mais préfèrent généralement les effectuer depuis leur téléphone mobile, fournit des données fantastiques pour faire progresser l'Intelligence Artificielle. Et naturellement, le secteur public apporte son soutien complet au développement de ce secteur. Il ne fait aucun doute que l'Intelligence Artificielle est amenée à jouer un rôle catalyseur[340].

Les chercheurs chinois, dans le domaine de l'Intelligence Artificielle, l'emportent en nombre sur leurs confrères américains. Le nombre de brevets connexes en Chine a triplé de 2010 à 2014 par rapport aux cinq années précédentes. Celle-ci, en effet, dispose d'importants avantages comparatifs et progresse rapidement. L'année dernière, 641 brevets chinois ont été enregistrés dans l'industrie de l'Intelligence Artificielle, contre seulement 130 aux États-Unis[341]. Le capital-investissement/de risque afflue en Chine pour soutenir les programmes originaux d'Intelligence Artificielle. Le pays dispose de 700 millions d'utilisateurs de smart phones qui concentrent une quantité prodigieuse de données, et qui permettent aux entreprises chinoises géantes Alibaba, Baidu et Tencent d'utiliser des moyens de première catégorie pour promouvoir l'Intelligence Artificielle. Le gouvernement, qui soutient pleinement cette initiative, a annoncé le 20 juillet 2017 une stratégie de développement qui prévoit de faire de la Chine le numéro un de l'Intelligence Artificielle en 2030. Alphabet, parente de Google, prévoit la supériorité de la Chine face aux États-Unis dès 2025. La suprématie de la Chine signifie beaucoup dans un monde qui non seulement utilise de plus en plus les capacités de l'Intelligence Artificielle dans tous les domaines de la science et

---

337 Schumpeter (2018), *art. cit.*

338 *Ibid.*

339 « AI in China » (2017), *The Economist*, 29 juillet.

340 Kai-Fu-Lee (2018), « What China can teach America about A. I. », *The International New York Times Edition*, 24 septembre.

341 Selon CB Insights, plateforme de bases de données pour le capital-investissement.

de l'économie, mais aussi qui dépendra de plus en plus de ses évolutions. Selon des estimations du Mc Kinsey Institute, l'automatisation pilotée par l'Intelligence Artificielle permettra à l'économie chinoise de croître de plus de 1 % par an. Aucun pays n'est en position de rivaliser avec la Chine dans ce domaine, où elle devient un régulateur incontournable de l'économie mondiale.
Ceci, parce qu'elle présente peut-être l'avantage le plus important dans ce domaine, à savoir un volume colossal de données nécessaires pour assurer un nombre infini d'itérations. Ce sont justement ces itérations qui constituent la base de l'apprentissage des robots et permettent ces très bons résultats. Aucun autre pays ne dispose de cette masse inconcevable de données et de capacité d'itérations. Et c'est ainsi que s'explique le fait que la Chine bénéficie d'une nette avance sur l'apprentissage des machines dans la détection de maladies rares, la reconnaissance vocale, la coordination automatique du trafic routier, etc. La Chine est considérée première à l'échelle mondiale dans la production de voitures électriques dont les ventes devraient représenter, en 2040, 54 % de l'ensemble des véhicules particuliers. De plus, il est estimé que les voitures électriques ne circuleront plus seulement dans les pays en développement comme c'est le cas pour l'essentiel actuellement, mais seront majoritaires dans le monde entier[342]. Et l'on prévoit encore que les satellites spatiaux chinois concurrenceront les satellites américains dès 2020.

La Chine, toutefois, affiche encore un certain retard par rapport à l'Amérique dans plusieurs domaines, comme par exemple le nombre d'articles scientifiques publiés par les deux pays (9,36 millions d'articles américains sur la période 1999-2015, contre 4,06 chinois)[343]. En revanche, elle n'affiche aucun retard dans les références à ces articles, comme il a été mentionné plus haut, et surtout il s'avère qu'elle sait parfaitement combler ses lacunes, vite et dans tous les domaines.

La Chine, dans le secteur de la technologie, a inauguré un nouveau plan, le « Made in China 2025 ». L'État finance ainsi 10 secteurs clés de l'industrie et fournit tous les moyens nécessaires à leur développement rapide. Ces industries ce sont les voitures électriques, les nouveaux matériaux et l'équipement agricole, l'Intelligence Artificielle, la biopharmaceutique, l'utilisation des ordinateurs, la robotique, les circuits intégrés et la téléphonie mobile 5G, les voitures sans chauffeur et l'aéronautique/aérospatiale. Un certain nombre d'éléments indiquent que dans le secteur de la robotique industrielle, la Chine est en avance sur l'Amérique surtout parce qu'elle y

---

342 Jastin Worland (2018), « China takes the pole position in the electric-car race », *Time*, 29 janvier.
343 Andre Porter (2016), « Anti-globalization rhetoric threatens scientific and technological progress/ASBMB Policy Blotter », 3 novembre.

investit des millions[344]. Ce plan est inspiré du modèle allemand « Industrie 4.0 », qui vise à la création d'un environnement propice au développement des entreprises. Au début de 2017, 1 013 fonds ont été créés par l'État, qui a débloqué 807 milliards de dollars dont une large part est destinée au plan « Made in China 2025 ». Dans la conjoncture actuelle, où les nouvelles technologies sont un gage de croissance rapide pour les économies modernes, la Chine présente, comparativement à l'Amérique, des avantages inégalables. Nombre de ces avantages mettent sur le tapis une question cruciale et peut-être même risquée, à savoir dans quelle mesure la démocratie constitue le régime[345] le plus susceptible d'assurer aux économies avancées une compétitivité sauvage et sans pitié pour les concurrents, sans laquelle elles ne peuvent survivre. La Chine, sans être liée par les règles de la démocratie, assure la protection de ses entreprises qui « volent » et utilisent la technologie de leurs concurrentes, qui pratiquent l'espionnage industriel, qui mènent sans remords des cyberattaques. Parmi tant d'autres, car dans ce pays les relations entre le secteur privé et le secteur public ne sont pas clairement distinctes et sont facilitées par un soutien déguisé de l'État aux entreprises, ce qui naturellement ne laisse pas de déranger ses concurrents[346]. En Chine, le gouvernement, contrairement à l'Amérique (et à l'Occident en général) est libre de soutenir les entreprises prometteuses au détriment de celles qui sont à l'agonie. De plus, l'État ne voit aucun inconvénient à suivre quotidiennement 1,4 milliards de personnes sous prétexte de se protéger contre des événements défavorables ou dangereux[347]. *Il est donc clair que la concurrence entre les deux superpuissances ne se fait pas dans les mêmes termes.*

Sur le web, il y a déjà Google, Facebook, Amazon et Uber. Mais la technologie équivalente chinoise, avec Alibaba et Tencent, semble avoir gagné la souveraineté internationale, alors que l'Amérique a deux ou trois ans de retard dans ce domaine[348]. Plus spécifiquement, les entreprises chinoises géantes du web ont quitté les secteurs des jeux et médias traditionnels pour entrer dynamiquement dans la vie quotidienne des Chinois. Ces deux entreprises géantes sont en concurrence dans presque toutes les manifestations de la vie

---

[344] Farhad Manjoo (2017), « Make robots great again (to stay one step ahead) », *The International New York Times Edition*, 25 janvier.

[345] À ce point, rappelons que la qualité de la démocratie dans les économies modernes recule gravement par rapport à ce qu'elle était dans la Grèce antique, et que bien souvent il n'en reste que l'étiquette sans contenu valable. Pour une plus ample analyse de cette question, je renvoie le lecteur à l'étude d'Othon Iakovidis, « La Vengeance de la Démocratie », en grec (Η εκδίκηση της Δημοκρατίας) éd. Vroteas, Athènes, 2018.

[346] « Biting the bullet » (2017), *op. cit.*

[347] Ian Bremmer (2017), « China's state-Dominated economy is built to win the future », *Time*, 13 novembre.

[348] Raymond Zhong (2018), « Scared of U.S tech titans ? See what China's are up to », *The International New York Times Edition*, 2-3 juin.

en Chine et investissent, dans le même temps, des sommes astronomiques. Dans l'un de ses derniers rapports, Morgan Stanley prévoit qu'en 2027, la valeur de l'ensemble du marché chinois où Alibaba peut gagner sera de 19 trillions de dollars et supérieure à son équivalent, le marché mondial d'Amazon[349].

Il faut néanmoins reconnaître que Donald Trump n'a pas tort lorsqu'il reproche aux entreprises américaines de s'être délocalisées, mais la question est évidemment de savoir s'il parviendra à mettre en place un plan efficace de relocalisation qui a commencé bien avant lui. Dans l'Amérique de Trump, les efforts semblent se concentrer sur des mesures protectionnistes basées sur le court terme et à l'efficience vaseuse, telles que la baisse d'impôts sur les entreprises, l'augmentation des droits de douane limitée pour le moment à certains produits, l'érection d'un mur à la frontière mexicaine, sans chercher à renforcer l'impact des États-Unis sur le reste du monde, qui recule devant la Chine. En fin de compte, même en supposant que les mesures prises par l'Amérique de Donald Trump soient pour le moment appropriées, il semble certain que rien ne peut la sauver de cette... « descente aux Enfers ».

Il y a un secteur auquel la Chine s'est intéressée relativement tard et où elle a encore d'importants et rapides progrès à faire : la médecine. Un nouveau médicament chinois promet de stopper les métastases, un deuxième soignera le cancer du sang et un troisième utilisera le système immunitaire pour tuer les tumeurs.

Par ailleurs, ces dernières années, elle attache beaucoup d'importance à ses infrastructures qui sont déjà considérées comme excellentes, alors que l'Amérique a négligé les siennes et qu'aucun plan crédible n'en garantit l'amélioration dans un avenir proche. La promesse de campagne de Donald Trump de débloquer 1 trillion de dollars pour leur amélioration semble, du moins pour le moment, avoir été oubliée.

Un autre avantage considérable qu'a la Chine sur l'Amérique, toujours dans le secteur des innovations, est qu'elle est plus rapide dans leur mise en œuvre. Cette plus grande rapidité a quatre raisons principales, qui sont les suivantes[350] :

• L'importance de son économie garantit des économies d'échelle considérables, même si elles restent dans le pays. Contrairement à l'Amérique, en Chine les infrastructures sont en excellent état et de plus, le pays se distingue par une plus grande homogénéité dans la langue et la culture que l'Europe.

---

349 *Ibid.*

350 « The next wave : A new generation of Chinese entrepreneurs have a powerful impact on industries and consumers worldwide » (2017), *The Economist*, 23 septembre.

• Les consommateurs chinois sont avides, même s'ils ne sont pas attirés par les grandes marques, et sont doués pour imiter rapidement la technologie, ce qui est l'une des raisons pour lesquelles les achats par leur téléphone mobile se généralisent à grande vitesse.

• Comme les entreprises publiques ne sont pas toujours suffisamment efficaces, la Chine a plus de marge pour monter rapidement et avec succès des entreprises privées que les économies les plus avancées. Ainsi, le secteur privé des nouvelles technologies en particulier, qui n'a pas à supporter la lourde réglementation, fait-il des miracles.

• La protection continue et efficace de l'État qui, en cas de besoin, ne se soucie pas de la législation en vigueur telle que l'interdiction du monopole, notamment s'agissant des deux géants de la technologie, Tencent et Alibaba.

En 2017, le Congrès du Parti a donné les pleins pouvoirs à Xi Jinping pour faire de la Chine la première puissance mondiale. Et le dirigeant chinois met tout en œuvre pour mener à bien cette mission. Même s'il est trop tôt pour tirer des conclusions définitives, tout confirme le fait que *le grand plan qui fera très prochainement de la Chine la première puissance économique incontestée sur la scène internationale, est la renaissance de la « route de la soie »*.

B. La force de la compétitivité de la Chine

Aucune économie ne s'est développée aussi vite et dans tant de domaines en même temps que la Chine. Il y a tout juste quelques années, l'industrie chinoise n'était capable de produire que des briquets, des sifflets et des cigarettes, et aujourd'hui elle est en avance dans plusieurs nouvelles technologies au niveau international, et menace, à l'heure actuelle, de concurrencer l'industrie occidentale tranquillement mais avec de plus en plus de dureté. Déjà :

• Le PIB de la Chine en termes de PPA a très probablement dépassé celui de l'Amérique ;

• La part de la Chine dans le commerce international a dépassé celle des États-Unis.

En 2016, la valeur de ses échanges commerciaux a dépassé celle des États-Unis : 3 580 milliards de dollars contre 3 815 milliards pour l'activité de la Chine. Plus précisément, en 2016, les exportations des États-Unis vers la Chine s'élevaient à 115,6 milliards de dollars[351], et celles de la Chine vers les États-Unis étaient de 462 milliards de dollars. Le pourcentage de la participation de la Chine dans les exportations mondiales a atteint 14 %, dépassant celui de l'Amérique. En 2016, la valeur des exportations chinoises s'élevait à 2 098,16 milliards de dollars, et la valeur des exportations

[351] Bureau du recensement des États-Unis.

américaines, dans la même période, à seulement 1 454,61[352]. Notons que la part de chaque économie dans le commerce international constitue l'indice de mesure le plus important de sa compétitivité.

1. Des mesures de guerre froide (commerciale)

Contre la Chine

Le déficit de la balance commerciale des États-Unis avec la Chine, en 2016, a augmenté de 9,6 % et était le plus élevé depuis 2012. Il est estimé[353] à environ 375 milliards de dollars[354] et est un cauchemar pour le nouveau dirigeant américain.

Et puis, de 2014 à 2016, 77 milliards de dollars de fonds d'investissement sont entrés en Chine, alors qu'ils n'étaient que de 12 milliards en 2013. Ainsi, la Chine dispose de fonds d'investissements évalués au total à 609 milliards de dollars, dépassant là aussi les États-Unis dont le leur est évalué à 552 milliards de dollars[355].

Au début de son mandat, le président Donald Trump avait déclaré son intention d'imposer des mesures sévères contre la Chine qu'il considère responsable de l'élargissement du déficit de la balance commerciale de son pays. Son intention devient déjà réalité avec l'adoption de mesures de protection, à savoir les droits de douane de 60 milliards de dollars à la Chine, auxquels un montant supplémentaire de 100 milliards de dollars a été ajouté. Il va de soi que ces mesures ne se limiteront pas uniquement aux échanges entre les deux superpuissances, et qu'elles se généraliseront. Déjà, la Chine renchérit en annonçant à son tour des droits de douane sur des produits appartenant à des secteurs particulièrement importants pour les États-Unis, tels que l'agriculture et l'industrie, mais qui l'affecteront elle aussi, étant donné que les prix de nombreuses denrées augmenteront sur son marché intérieur.

Il faut bien reconnaître ici qu'effectivement, un certain nombre de points donnent raison au président Donald Trump, pour qui c'est le commerce avec la Chine qui est responsable du déficit commercial des États-Unis et de la perte d'emplois dans l'industrie américaine, plus spécifiquement parce qu'elle ne respecte pas toujours les conditions du commerce international[356]. D'abord, il y a une grande différence entre la valeur des importations en Chine venant des

---

352 Statistique des comptes : accès à toutes les statistiques. À partir de 588 dollars/an.
353 Bloomberg.
354 Jim Tankersley (2018), « Trump hates the trade deficit. Economists differ », *The International New York Times Edition*, 7 mars.
355 « The next wave », *art. cit.*
356 Thomas L. Friedman (2018), « Some truths Trump holds actually exists », *The International New York Times Edition*,15 mars.

États-Unis qui, en 2017, n'étaient que de 130,4 milliards de dollars, et celle des importations aux États-Unis en provenance de Chine, la même année, qui était de 505,6 milliards de dollars. Les 2/3 du déficit du commerce américain, d'un montant total de 817 milliards de dollars par an, sont attribués aux échanges avec la Chine. Plus exactement, la baisse de la production industrielle américaine, de 40 % de 2000 à 2007, et la perte d'emplois dans l'industrie (dans l'Ohio, le Michigan, la Pennsylvanie et le Wisconsin) de l'ordre d'un million, ont été causées par l'augmentation des importations venant de Chine, après son entrée dans l'OMC. Et sur une période plus longue, autrement dit de 1999 à 2011, les pertes d'emplois dans l'industrie américaine s'élèvent à 2,4 millions[357]. Avec son entrée dans l'OMC, la Chine a été contrainte d'ouvrir son marché aux produits américains. Or, cette contrainte a tourné au drame pour les États-Unis, puisque les droits de douane sur les voitures américaines ont été établis à 25 %, contre seulement 2,5 % sur les voitures chinoises importées chez eux. On pense déjà que le déficit commercial américain devrait encore se creuser, étant donné que les Chinois se préparent à envoyer une importante quantité de voitures aux États-Unis. Elon Musk, le fondateur de Tesla, a accepté la condition posée par la Chine, à savoir que tout constructeur automobile américain désireux d'y installer une entreprise ne peut en détenir plus de 50 %, tandis que l'industrie chinoise aux États-Unis est autorisée à en posséder 100 %. La Chine ayant compris que les États-Unis réagiraient a tenté, pour les apaiser, d'acheter une grande quantité de produits américains. Cependant, la baisse de la compétitivité des produits américains ainsi que les différentes restrictions aux exportations de biens considérés comme sensibles par le gouvernement américain ont contrecarré l'intention de la Chine[358].

D'aucuns pourraient soutenir que ces exemples de l'attitude de la Chine – quelques-uns seulement parmi tant d'autres similaires – justifient la colère de Donald Trump. Les droits de douane instaurés sur l'acier et l'aluminium du côté des États-Unis est la première mesure destinée à faire face à la situation. Ces droits de douane, qui sont les mesures restrictives les plus drastiques de la mondialisation, ont provoqué de nombreuses réactions, comme on pouvait s'y attendre. Parmi toutes les réactions qui visent à préserver la mondialisation sous prétexte que la guerre commerciale nuit finalement à tous, il y a celles qui affirment que oui, les États-Unis doivent prendre des mesures, mais ne doivent pas établir de droits de douane. Les défenseurs de ces différentes mesures font valoir la nécessité de faire pression sur la Chine, afin de la forcer à respecter les conditions du commerce international, convaincus que les

---

[357] Marco Rubio (2018), « Tariffs aren't the solution », *The International New York Times Edition*,15 mars.
[358] Thomas I. Friedman, *art. cit.*

droits de douane, non seulement ne résoudront rien, mais qu'ils seront suivis de résultats nuisibles à l'ensemble des échanges.

La Chine, face aux déclarations de Donald Trump qui se dit prêt à déclencher une guerre commerciale, se montre optimiste, assurant que ces mesures ne pourront l'atteindre. Et même si personne ne peut affirmer laquelle des deux superpuissances sera favorisée et laquelle sera rétrogradée du fait de cette guerre commerciale, il est toutefois certain que la Chine est moins vulnérable que les États-Unis. En effet, les droits de douane qui pèseront sur les exportations de la Chine vers les États-Unis devraient représenter 0,4 % de son PIB. En outre, elle dispose dans ce domaine de certains avantages, comme notamment le fait qu'elle contrôle les médias qui par conséquent n'exerceront aucune critique à son encontre, contrairement aux États-Unis. Et puis, le fait que les banques chinoises soutiendront autant que nécessaire les entreprises affectées par la guerre commerciale, ce qui ne va pas de soi pour les entreprises américaines. Outre quelques différences dues aux spécificités du régime politique de chacune des deux superpuissances, il faut également compter avec le fait que la Chine pourra adopter contre sa concurrente des mesures n'appartenant pas strictement à l'arsenal de la guerre commerciale, mais nuisant tout autant, si ce n'est davantage, aux échanges commerciaux. Entre autres mesures que l'on peut considérer comme telles, il y a l'interdiction pour Apple de mettre sur le marché chinois les iPhones fabriqués par l'usine d'assemblage de Zhengzhou. Ces échanges ne figurent pas dans la catégorie du commerce international, mais ils augmentent assurément les profits de la compagnie en Californie. Prétextant que les iPhones fabriqués sur son sol par une société étrangère représentent un danger national, la Chine a la possibilité de mettre un terme à ce genre d'échanges[359]. En procédant ainsi et avec des considérations de cet acabit, il lui est facile d'expulser de son territoire les industries automobiles américaines. Un autre danger, d'une ampleur considérable pour l'Amérique, est la pression que peut exercer la Chine concernant la dette américaine à son égard, estimée à 1,2 trillion environ de dollars. Pression assurément non sans risques pour elle aussi, qui peut toutefois décider de l'exercer, surtout si elle juge les mesures de guerre commerciale des États-Unis à son encontre par trop excessives et insupportables.

Comme ces décisions touchant au domaine du commerce international comportent des risques imprévisibles, l'attitude du président américain vis-à-vis de la Chine présente déjà des aspects controversés contraires à ses annonces initiales. Ainsi, lors de sa récente visite à Pékin, Donald Trump annonça une série d'investissements supérieurs à 250 milliards de dollars avec la Chine, signés par des entrepreneurs américains et porte-paroles chinois. Le

---

[359] Selon le chercheur du Peterson Institute for International Economics, Nicholas Lardy.

porte-parole de la Maison Blanche, Raj Shah, justifia cet accord par la promesse qu'il « assurera des milliers de nouveaux emplois aux travailleurs américains ». Ce nouvel accord a toutefois provoqué des réactions, car il était totalement contraire aux projets initiaux et aux annonces de la campagne électorale de Donald Trump sur la limitation des échanges commerciaux avec la Chine, signe que, finalement, le problème est autrement plus complexe[360] et que la suite est chargée d'incertitudes.

Notons que les investissements de la Chine en Amérique, depuis 2000, s'élèvent tels qu'annoncés à 136,5 milliards de dollars, dont la plus grande partie est allée dans l'industrie[361]. Depuis peu, pourtant, l'enthousiasme initial des États-Unis pour le rendement des investissements chinois sur leur territoire semble s'essouffler. Pour la première fois, le gouvernement de Donald Trump contrôle, dans l'intention claire de les décourager, la nature des investissements chinois qui sont concentrés dans des secteurs où la Chine cherche à dominer, comme celui de l'Intelligence Artificielle et des voitures sans conducteur. Le nouveau président américain a réagi face au volume et au type d'achats d'entreprises américaines par la Chine après la nationalisation d'Anbang Insurance, prétextant la montée de la corruption dans le pays. *Ce que l'on observe ces derniers temps, c'est que les deux parties ont globalement tendance à vouloir moins investir*. Les nouveaux investissements chinois en Amérique, annoncés par la Chine pour 2017 n'étaient que de 8,7 milliards de dollars[362] et ne représentaient que 1/10e de ceux de 2016[363]. L'attiédissement de l'enthousiasme initial pour les investissements est dû au fait que le gouvernement chinois a dernièrement pris conscience que les investissements ne sont pas suffisamment rentables, que nombre d'entre eux cumulent les dettes et qu'il y en a eu plus que nécessaire sans que l'opportunité de ce choix soit avérée. La réduction des investissements chinois se traduit par une baisse des achats d'entreprises américaines par des entreprises chinoises et vise notamment à empêcher les premières de trop grandir et d'acquérir une puissance démesurée. La raison principale de ces réductions, toutefois, semble être la volonté de stopper la fuite des capitaux chinois vers l'étranger qui excèdent les capitaux importés, malgré le fait que la Chine dispose de réserves monétaires gigantesques. Cette tendance à la baisse semble avoir convaincu le gouvernement chinois de prendre ses dispositions. En revanche, l'achat d'entreprises continue d'être encouragé, puisqu'il est effectué par des entreprises d'État qui souvent absorbent des sommes énormes et s'intéressent

---

[360] Ana Swanson, Keith Bradsher (2017), « Division over China trade », *The New York Times International Edition*, 15 novembre.

[361] Les investissements de la Chine, de 2000 à 2017, ont augmenté, au niveau mondial, 40 fois et concernent tous les domaines.

[362] Source : Rhodium Group.

[363] Alexandra Stevenson (2018), « Hitting the brakes on Chinese deal making », *The International New York Times Edition*, 3 mars.

à tous les secteurs sans exception. *La Chine achète tout. La Chine achète le monde.* En 2017, la valeur des investissements chinois à l'étranger était estimée à 1500 milliards de dollars[364].

La tendance de la Chine à réduire ses investissements aux États-Unis n'a nullement impacté sa propension à investir en Europe. Elle y a en effet investi 36 milliards de dollars en 2016, soit presque le double par rapport à l'année précédente, et en 2017, malgré la baisse de ses IDE, la part consacrée à l'Europe a généralement augmenté, passant de 1/5 à 1/4[365]. L'Europe s'inquiète de l'extension, aussi bien économique que politique, de la Chine sur son continent et particulièrement dans les Balkans. Nombre de ses investissements dans la région servent les objectifs plus généraux de la mondialisation chinoise de la nouvelle route de la soie.

Les signes et les nombreuses preuves placent la Chine avant les États-Unis en terme de compétitivité dans le commerce international, mais cela ne vaut pas pour l'Asie, où la concurrence est rude, non seulement de la part d'économies plus pauvres qu'elle, telles que le Vietnam, mais aussi du Japon et de la Corée du sud. Ainsi, la part des exportations chinoises en Asie a-t-elle baissé de 2,6 % de 2015 à 2017[366]. Cette période est de toute évidence trop courte pour que l'on puisse en tirer des conclusions plus générales, car il est très possible que cette évolution ne soit que momentanée. Il convient toutefois de noter que la même tendance à la baisse de la part totale des exportations chinoises de biens n'est indiquée que pour 2016 : de 13,9 % à 13,5 %[367]. Si cette tendance se poursuit, elles pourraient possiblement s'expliquer, premièrement, par l'augmentation du coût de la main-d'œuvre en Chine et deuxièmement, par l'importance accrue des services dans les exportations chinoises, lesquels non seulement s'exportent plutôt difficilement, mais en plus ne figurent pas dans les statistiques qui ne prennent en compte que les biens matériels.

En dépit de sa croissance fantasmagorique, la Chine reste un pays assez pauvre, compte tenu de son revenu par habitant plus bas que celui des économies avancées occidentales. Outre le fait que son modèle de croissance repose sur une baisse de la consommation intérieure grâce à un taux d'épargne et d'investissement élevés, améliorer rapidement le niveau de vie d'une population de 1,4 milliard de personnes est une tâche des plus ardues. En effet, la Chine couvre 30 % des investissements à l'échelle mondiale, mais seulement 10 % de la consommation. La situation a néanmoins commencé à s'améliorer à un rythme plutôt rapide, puisque le pourcentage de la population

---

[364] Pierre-Antoine Donnet (2018), *Quand la Chine achète le monde,* éd. Philippe Picquier, Paris, p. 128.
[365] « China's designs on Europe » (2018), *The Economist*, 6 octobre.
[366] Louis Kuijs-Oxford Economics.
[367] FMI.

de cet immense pays entrant dans la catégorie des relativement aisés est en augmentation. De 1978 à aujourd'hui, la Chine a fait sortir de la pauvreté 700 millions de personnes qui en ont fondé la classe moyenne. Plus spécifiquement, il est estimé[368] que d'ici à 2025, les 2/3 de la population appartiendront à la classe moyenne, en supposant que les revenus des ménages augmenteront d'environ 6 % par an jusqu'en 2025, alors qu'en 2015 seuls 40 % étaient concernés.

Déjà, de nombreux indices laissent penser que l'économie chinoise *se normalise, s'éloignant définitivement du piège du revenu intermédiaire*. Je pense d'abord à la diminution de son énorme excédent commercial lequel, bien que souvent considéré comme une réussite économique, n'est que le reflet d'un déséquilibre grave. Cette diminution est due à une plus grande indépendance de l'économie vis-à-vis des exportations. Dans le même sens, on peut conclure que la baisse observée de l'épargne anormalement élevée en Chine, qui a atteint 50 % de son PIB, a largement dépassé ses investissements très élevés. Pour la première fois, la Chine présente un déficit commercial en matière de services qu'elle tente de combattre en cherchant à augmenter ses ventes d'obligations aux investisseurs extérieurs.

2. L'intensification de la guerre froide (commerciale)

Le nouveau train de mesures contre la Chine constitue une intensification nette de la guerre froide commerciale[369]. Celle-ci s'enrichit déjà de mesures qui, s'ajoutant aux mesures traditionnelles, devraient avoir des effets parallèles et donner lieu à des représailles d'une ampleur imprévisible. Il est certain que la portée de la mondialisation est davantage réduite par de telles mesures que par des droits de douane protectionnistes sur les biens et les services. Le prétexte à ces mesures – sans précédent, pour autant que je sache – a été fourni par la déclaration de la Chine qui affirme avoir construit une couverture radar rendant invisibles ses avions de chasse. L'équipe américaine d'ingénieurs, qui était chargée d'élaborer elle aussi une couverture, comptait un Chinois, lequel a été dûment interrogé, sans que rien ne soit retenu contre lui, avant de rentrer en Chine, où il est devenu millionnaire. Se basant sur ce fait qui pourrait n'être qu'une simple coïncidence, mais qui touche à un secteur extrêmement délicat, les États-Unis s'engagent dans des mesures qui, même si elles sont encore au stade de la discussion, devraient mettre un terme à la libre entrée des Chinois sur leur sol, si ceux-ci sont soupçonnés d'espionnage ou considérés comme susceptibles de voler la propriété intellectuelle, interdire la participation de Chinois aux programmes de recherches jugés sensibles, et rendre difficile l'inscription d'étudiants Chinois – 300 000 par an actuellement – dans les

---

[368] HSBC.

[369] Ana Swanson, Keith Bradsher (2018), « U.S. weighs curbs on Chinese researchers », *The International New York Times Edition*, 2 avril.

universités américaines. Ces mesures-là, davantage que les taxes douanières, sont significatives du but recherché : que se maintienne « L'Amérique d'abord » dans le secteur clé à tout point de vue de l'économie du 21e siècle, celui des nouvelles technologies, et que la Chine ne lui passe pas devant. *C'est ce but, par conséquent, qui sera au centre de la guerre commerciale entre l'Amérique et la Chine et c'est ce but qui donnera le coup de grâce – dans la mesure où cela peut être prédit – à la mondialisation, entraînant le monde entier dans une guerre dont nul ne connaît la durée ni les nombreuses répercussions*. Cette guerre qui a commencé est une guerre commerciale. Or, si les mesures finissent par faire imaginer à la Chine que l'ensemble de sa population est suspecté d'espionnage et devient indésirable sur le territoire américain, on ne peut exclure le risque d'un conflit armé entre les deux superpuissances.

Les intentions du gouvernement américain, outre le Chinois suspecté d'espionnage dans l'affaire de la couverture qui « fait disparaître » les avions, s'expliquent également par :

• Des données statistiques du Département de la défense des États-Unis qui révèlent qu'en 2014, au moins un quart des efforts déployés par les pays étrangers pour recueillir des informations sensibles ont été tentés via des instituts universitaires.

• La déclaration de Michelle Van Cleave, ex-membre du pouvoir exécutif des États-Unis, lors d'un congrès en 2014, selon qui « la liberté et l'accès sans entrave aux États-Unis font de ce pays le *paradis des espions* ».

3. Les injonctions grotesques de Donald Trump à la Chine[370]

Les négociations entre les États-Unis et la Chine, mission spéciale menée par le ministre des Finances, Steven Mnuchin, qui ont débuté en mai 2018, comportent deux injonctions principales. Même s'il ne fait presque aucun doute que Xi Jinping ne s'y pliera pas, il est intéressant à plusieurs égards de s'y attarder.

Dans un tel contexte de négociations, ces deux injonctions ne sont guère conventionnelles, sont sans précédent mais aussi empreintes de peur, puisqu'indirectement elles reconnaissent la supériorité de la compétitivité de la Chine sur les États-Unis.

Ainsi, le président américain enjoint-il la Chine de réduire de 100 milliards de dollars le déficit de la balance commerciale américaine, au motif qu'elle n'a pas respecté les termes essentiels du commerce. Mais la réalité est différente. L'énorme déficit commercial des États-Unis est d'abord le résultat d'une baisse de la compétitivité des produits américains par rapport aux

[370] Keith Bradsher (2018), « Taking a hard line on trade », *The International New York Times Edition*, 2 mars.

chinois, et puis du taux beaucoup plus élevé d'épargne des ménages chinois, qui atteint les 2/5 de leur revenu, tandis qu'aux États-Unis il est insignifiant. Cette injonction de Donald Trump se traduit, évidemment, par l'obligation pour la Chine d'acheter plus de biens et services aux États-Unis. Chose curieuse, c'est qu'à ce point, la Chine se montre disposée à augmenter ses importations en provenance des États-Unis, désirant toutefois des produits de haute technologie que les États-Unis refusent de lui fournir, sous divers prétextes.

La deuxième injonction est encore plus surprenante, puisque Donald Trump semble demander à la Chine de ralentir son développement des nouvelles technologies. Plus exactement, il lui demande de réduire son programme d'une valeur de 300 milliards de dollars pour les nouvelles technologies – l'Intelligence Artificielle, l'aviation civile, les semi-conducteurs, les véhicules électriques – et qui vise à élever le pays au premier rang mondial. En d'autres termes, les États-Unis demandent ouvertement à la Chine d'abandonner ses ambitions et de renoncer au premier rang mondial dans les nouvelles technologies pour leur permettre d'y rester.

Or, la Chine se montre particulièrement conciliante à leur égard, elle propose notamment de leur acheter des produits pour une valeur de 70 milliards de dollars.

On pourrait interpréter ces nouvelles injonctions, d'abord comme le fait que les États-Unis ont pris conscience que leur suprématie arrive à son terme, mais aussi qu'ils sont décidés à tout faire pour la garder, et que si cela est nécessaire, ils utiliseront la force armée en ultime recours. L'Occident a trop tardé à se réveiller. Pendant longtemps, il ne s'en inquiétait pas, habitué à ce que la Chine développe des secteurs de technologie bas de gamme et insignifiants. Et subitement, avec le programme « Made in China 2025 », il a pris conscience de l'imminence du danger et de sa gravité. En réaction, donc, il l'accuse de « voler ses technologies », de « ne pas respecter les règles du commerce international », de « fournir une aide excessive à ses grandes entreprises », de « poser des obstacles à l'installation d'entreprises occidentales sur son sol », etc. Or, tout cela confirme le fait que pour l'Occident, « il est trop tard pour pleurer ».

Contre l'UE[371]

La colère du président américain ne se limite pas aux seuls échanges avec la Chine, elle est aussi dirigée contre l'UE et certaines organisations internationales. Sa rancœur pour l'UE est plus vive que pour la Chine, car elle est un allié de longue date. Il convient ici de s'arrêter sur un détail qui a son

---

[371] Jochen Bittner (2018), « Europe must embrace the Trump soul », *The International New York Times Edition*, 20 juin.

importance dans le cas présent et est de plus en plus visible, à savoir que les tirs de Donald Trump visent non pas l'UE dans son ensemble, mais l'Allemagne en particulier et celle qui en est à la tête depuis des années, Mme Merkel. Donald Trump a conscience que le monde occidental, fondé sur la démocratie libérale, est sur le point de se dissoudre du fait d'un déséquilibre considérable provoqué d'abord par les choix de l'UE, mais aussi par ceux de certaines organisations internationales. Les foudres du président américain à l'encontre de l'UE se présentent comme suit :

• La contribution économique de l'Europe à la préservation et à la protection de ce monde occidental a été minime, laissant cela à la charge des États-Unis. S'étant affranchie de ses obligations (essentiellement envers l'OTAN), l'Europe a pu créer un État-providence important, avec un système de santé et d'éducation gratuits qui ont eu des répercussions sur les États-Unis.

• Le G-7 a évolué en un espace protégé pour l'Europe qui garantit à l'Allemagne un marché pour ses véhicules tout en chassant les véhicules américains.

• La monnaie unique européenne a surtout favorisé l'Allemagne, puisque sans l'euro, celle-ci aurait dû réévaluer son mark, pour régler le problème chronique de son excédent commercial. Dans le même temps, elle a pu maintenir sa compétitivité à un niveau élevé, en gelant les salaires pendant des décennies.

• L'Allemagne a également exploité les écarts abyssaux entre les membres de l'UE, comme la Bulgarie, la Slovaquie, la Roumanie et la Hongrie où les salaires sont très bas, pour y installer ses entreprises.

• C'est l'Allemagne qui a créé le problème des migrants devenu incontrôlable et a mis l'Europe dans l'impasse, dont l'avenir est menacé de toute part.

Malheureusement, le président américain n'a pas tort. L'évolution néfaste de l'UE-zone euro confirme son argument central, à savoir que les injustices ont pris une grave ampleur. Son ressentiment pour une UE qui n'est pas parvenue à concrétiser ses objectifs initiaux met déjà en lumière de nombreuses facettes dévastatrices. Il s'agit notamment de l'exploitation du mécontentement d'une part considérable et croissante des pays de l'UE qui s'en prennent désormais aux principes de la politique économique européenne, qui sont dirigés par des « gouvernements populistes » et des « populistes » européens et qui, ce qui est naturel, apprécient tout particulièrement l'alliance proposée par le président américain. En effet, Donald Trump, commençant par le puissant souverain de l'Europe « populiste », a téléphoné en juin dernier à Viktor Orbán, manifestement pour inaugurer un front commun contre le problème des migrants qui, comme tout l'indique, scelle de nouvelles alliances entre les États-Unis et l'Europe face à l'Allemagne surtout.

C. Le précieux secteur public de la Chine[372]

Le capitalisme autoritaire de la Chine ne pourrait avoir de résultats satisfaisants dans un marché complètement libre, et cela a été reconnu par ses dirigeants il y a cinq ans. Depuis, la Chine s'est engagée, avec constance et cohérence, dans un changement radical de son système politico-économique, ce qui lui a permis d'exceller aussi dans ce domaine d'une importance particulièrement vitale face à l'Amérique, laquelle est enlisée dans son système politico-économique usé, inchangé depuis la fin de la Deuxième Guerre mondiale. Le nouveau modèle chinois se distingue par :

1. La lutte contre le chômage technologique

Le système chinois se révèle être bien mieux équipé que l'occidental lorsqu'il s'agit de faire face aux répercussions des nouvelles technologies de l'automatisation sur l'emploi. L'Amérique a perdu 87,8 % de ses emplois dans l'industrie entre 2000 et 2010[373]. Et avec l'essor de la robotique, elle devrait perdre 47 % d'emplois dans tous les secteurs spécialisés et, bien entendu, non qualifiés. L'Occident n'a élaboré aucun plan pour lutter contre cette calamité prévisible, considérant manifestement que cela relève de la régulation automatique des marchés, et que *l'État n'a pas à intervenir dans le secteur privé.*

2. La sécurité alimentaire

• En Chine : En Chine, l'État intervient aussi très activement dans le secteur sensible de l'alimentation. Pour en garantir la sécurité, l'entreprise d'État gigantesque et surendettée ChemChina a pourtant acheté, pour 43 milliards de dollars, l'entreprise suisse Syngenta, voulant de la sorte faire savoir que la sécurité alimentaire du peuple est une priorité absolue pour le gouvernement[374]. C'est ainsi que le Comité permanent de l'Assemblée nationale a révisé, le 24 avril 2015, la loi relative à la sécurité alimentaire[375]. Cette nouvelle loi renforce la sécurité alimentaire dans le pays avec plus d'efficacité qu'à aucun autre moment de son histoire. Elle révèle l'intérêt primordial de la Chine pour ce sujet sensible, mais aussi la décision du gouvernement de faire oublier les scandales alimentaires du passé, et redonner confiance à la population. La nouvelle loi attache beaucoup d'importance à la surveillance et aux contrôles prévus à chaque étape, de la production à la mise sur le marché et à l'exportation, tandis que les peines sont lourdes pour les contrevenants. On espère de la sorte que l'application de cette loi améliorera les termes de l'alimentation en Chine.

---

[372] Ian Bremmer, *op. cit.*
[373] Selon une étude de 2015 effectuée par la Ball State University.
[374] Ian Bremmer, *op. cit.*
[375] Andrew Sim, Esq., Yilan Yang, ESq. (2016), « China: An overview of the new food safety law », FSM EDIGEST, 19 avril.

• En Occident : Contrairement à la Chine, où les informations relatives au secteur de l'alimentation sont assez limitées, l'Occident assure que la situation est sous contrôle. Les informations sont plus nombreuses, sans qu'il soit toutefois possible d'affirmer qu'elles ont la confiance des consommateurs. Dans cette section, je vais résumer les principaux résultats de mes recherches[376], d'où il ressort indiscutablement qu'en Occident, en dépit des déclarations fréquentes à propos du contrôle sévère de la sécurité et de la qualité de l'alimentation, la réalité est totalement différente et extrêmement préoccupante pour la santé de la population. Et cela, parce que de nombreux responsables, siégeant à des postes clés et chargés de prendre des décisions importantes, succombent à la tentation du gain et se laissent corrompre, et parce que le système économique du libéralisme effréné, aux limites du « laissez-faire, laissez-passer » adopté par l'Occident, facilite des comportements incompatibles avec la sécurité alimentaire des consommateurs. Des scandales alimentaires à répétition, couverts puis oubliés. Des décisions justes non respectées, modifiées. Et depuis presque deux décennies, Monsanto (reconnue pour être l'entreprise la plus détestée au monde et qui a récemment été achetée par Bayer) en particulier et l'industrie agro-alimentaire en général exercent un contrôle quasi-dictatorial sur l'agriculture américaine, aidées et encouragées par des politiciens et des hommes payés par des agences de régulation, des enseignes de supermarchés, des entreprises alimentaires. Monsanto est la société qui cumule le plus de plaintes et poursuites judiciaires au monde. Des citoyens du monde entier organisent des manifestations et des protestations qui très souvent sont refoulées par les forces de l'ordre, étant donné que la multinationale a réussi à s'assurer la protection des différents gouvernements. Avec Monsanto, le nouvel ordre mondial (NWO) domine le monde par le biais de l'alimentation.

Les scandales alimentaires culminent depuis les années 1980, au moment où un libéralisme extrême s'étend sur le monde et où les formes de production agricole et d'élevage traditionnels s'industrialisent. *Et la situation est devenue incontrôlable car, malgré les nouvelles technologies capables plus facilement que par le passé de détecter ces scandales et de les neutraliser, c'est la loi du silence qui règne, de la dissimulation et de la protection des responsables connus mais jamais punis.*

Les scandales liés à la qualité alimentaire proviennent majoritairement du monopole monstrueux de Monsanto qui a envahi l'espace alimentaire surtout

---

[376] M. Negreponti-Delivanis (2013), « Le rôle néfaste du néolibéralisme dans l'insécurité alimentaire », Rapport présenté à la conférence internationale organisée par l'Université de Kiev et le CEDIMES en novembre 2013 sur la sécurité alimentaire - https://marianegreponti-delivanis.blogspot.gr/2015/.

depuis les années 1980, et dans le même temps, ceux dont les effets sont les plus dangereux peuvent se résumer comme suit[377] :

• Les PCB (polychlorobiphényles) : Ils appartiennent à l'une des douze catégories sources de pollution chimique et très toxique, reconnus comme étant un polluant organique persistant (POP) car ils ne se dégradent pas biologiquement dans la nature et s'accumulent dans les tissus vivants, tout au long du processus biologique. Les résidus de PCB s'accumulent dans les organes et les tissus graisseux des animaux en général et des mammifères en particulier, et leur présence dans l'organisme humain est avérée. Les PCB sont dits « biocumulatifs ». En 2002, une plainte a été déposée contre Monsanto par 3 450 habitants de la ville d'Anniston (Alabama) pour avoir contaminé les eaux et les sols avec des PCB (Wikipedia.fr). Des documents internes prouvent que Monsanto savait, depuis plus de 30 ans, que les poissons des cours d'eau voisins étaient contaminés par les déchets déversés par ses usines. Au terme du procès, Monsanto a été jugée coupable d'avoir « contaminé le territoire d'Anniston et le sang de sa population avec les PCB » et est condamnée à payer 700 millions de dollars de dommages et intérêts. Aucune peine de prison n'a été prononcée contre les coupables mais en France, la production et l'utilisation des PCB sont interdites depuis 1987. L'histoire n'est pourtant pas finie, puisque la tragédie de l'encéphalopathie spongiforme bovine (ESB), due aux farines animales, est liée aux PCB.

• L'ESB : C'est la plus grave crise des vingt dernières années. Les farines animales, issues de carcasses bovines non consommées et de carcasses d'animaux contaminés ingérées par le bétail ont été accusées, à la fin des années 1980, de provoquer une infection du système nerveux des bovins et ovins. Il s'agit de l'encéphalopathie spongiforme bovine (ESB). En 1996, les services de santé britanniques ont découvert que la consommation de viande ainsi contaminée transmet à l'humain la maladie de Creutzfeldt-Jakob (MCJ). Les farines animales ont ensuite été interdites dans l'alimentation des animaux. Dès que la maladie est diagnostiquée dans un troupeau, celui-ci est systématiquement éliminé. La maladie de la vache folle est apparue pour la première fois en Grande-Bretagne où l'on estime que quelque 190 000 bovins avaient été contaminés[378].

• La contamination de la volaille et des œufs à la dioxine : Au printemps 1999, un scandale sans précédent éclata en Belgique, après la découverte d'une quantité de dioxine anormalement élevée dans l'alimentation de la volaille et des porcs. À titre préventif, les services compétents ordonnèrent la fermeture de plusieurs centaines d'exploitations industrielles et saisirent des milliers de tonnes de viande. Cette crise, qui touchait également les pays importateurs de

---

[377] S. Solow (2013), « Monsanto, un demi-siècle de scandales sanitaires », *Le Monde*, 6 avril.

[378] Anne Jouan (2010), « Ces scandales sanitaires qui ont défrayé la chronique », *Le Figaro.fr.* Mis à jour le 30 juin.

volaille et porcs en provenance de Belgique, a coûté 600 millions d'euros. La contamination était issue d'un lot de nourriture pour volaille qui contenait des graisses industrielles frauduleusement introduites dans la nourriture des animaux[379]. Fin 2010, début 2011, l'Allemagne est victime d'un épisode de contamination à la dioxine des œufs et de la viande de porc[380].

• Le Roundup-glyphosate : Il ressort de nombreuses études que cet herbicide, produit phare de Monsanto – et sa substance active, le glyphosate – est probablement responsable de malformations congénitales[381]. Aujourd'hui, il est admis que le glyphosate ne tue sans distinction pas que les plantes, mais aussi tous les organismes vivants. Or, Monsanto persiste à démentir toute relation de cause à effet.

• Les hormones de croissance : Au début des années 1990, Monsanto commercialise son premier produit biotechnologique : le Posilac, une hormone de croissance transgénique destinée aux bovins (rBGH : hormone bovine de croissance recombinée) et qui accroît la production de lait des vaches de 20 %. L'hormone provoque des mammites, une inflammation des pis, ce qui oblige les producteurs à traiter leurs vaches avec des antibiotiques, lesquels se retrouvent ensuite dans le lait. Ce produit est interdit partout, sauf aux États-Unis.

• L'aspartame : Monsanto l'affirme très clairement sur sa page web[382] : après avoir été l'un des principaux fabricants d'aspartame dans les années 1980 et 1990, l'entreprise a cessé d'en produire depuis 2000. Elle insiste toutefois sur le fait que cette substance « n'est pas dangereuse pour la santé ». Pourtant, il ressort de récentes études que la consommation d'aspartame augmente le risque de naissance prématurée. En 2012, la Commission européenne a fait appel à l'Autorité européenne de sécurité des aliments afin que soit complètement réexaminée la sécurité de l'aspartame.

• Les GM (modifications génétiques) : En 1982, les chercheurs de Monsanto sont parvenus à modifier génétiquement une cellule végétale. L'année suivante, les premières plantes génétiquement modifiées ont germé sous serre.

• E. Coli 0157 : Infection due à un contrôle sanitaire insuffisant.

• Viande de cheval, Findus : C'est encore un scandale sanitaire où de la viande de cheval au lieu de bœuf a été trouvée dans les plats cuisinés Findus – ce n'est certainement pas la première fois que cela arrive, mais les autres sont passés inaperçus. Il s'agit d'un scandale dramatique et de grande ampleur, comme le démontre le rapport de l'Agence européenne pour l'environnement (AESM). Dans le cas présent, il est clair qu'il s'agit d'une fraude dont il faudrait déterminer l'ampleur et les niveaux de responsabilité.

---

379 *Ibid.*

380 *Ibid.*

381 Chemical Research in Toxicology, 2010.

382 http://www.monsanto.fr.actualité/idées_reçues/idées_reçues 2asp.

• Les OGM (organismes génétiquement modifiés) : Il s'agit d'un chapitre important mais trop peu connu, étant donné que des millions d'êtres humains en consomment quotidiennement, sans le savoir. En effet, jusqu'à récemment, les OGM n'avaient pas fait l'objet d'une évaluation scientifique, malgré le fait qu'ils augmentent les risques d'allergies et que pour la première fois, sont ingérées des graines dont on ne connaît toujours pas les effets à long terme sur l'organisme humain. C'est pourquoi les grandes compagnies d'assurance refusent de les assurer[383]. En 2009, 75 % du soja cultivé dans le monde est génétiquement modifié. L'UE est l'un des plus gros acheteurs, au niveau mondial, de céréales transgéniques. Elle importe plus de 40 millions de tonnes de soja transgénique chaque année, destinés à l'alimentation des animaux, dont 4 millions de tonnes sont pour la France. En outre, Monsanto attend l'autorisation d'importer 26 OGM dans l'UE[384].

• En 1975, un rapport provenant de Monsanto démontrait que le PCB provoquait des tumeurs chez les rats. La multinationale décide d'en modifier la conclusion, et c'est ainsi que le PCB, « légèrement tumorigène » s'en sort avec un « n'apparaît pas cancérigène ». « Nous ne pouvons pas nous permettre de perdre un seul dollar ». Ainsi se conclut l'un des mémos consultés par *The Washington Post*. Le terrible scandale de l'encéphalopathie spongiforme bovine (ESB), il y a près de 20 ans, avait conduit à la création de l'Autorité européenne de sécurité des aliments (EFSA), afin d'éviter que de nouvelles tragédies alimentaires se reproduisent. Or, il est proprement scandaleux que, sur la demande de la Commission européenne, une majorité du Parlement européen ait voté pour la réintroduction des farines animales – qui avaient été retirées de la vente – dans l'alimentation des animaux, autrement dit ces mêmes farines qui furent à l'origine du scandale de l'ESB[385].

• Après le scandale sanitaire de la contamination des œufs et de la viande de porc à la dioxine, en Allemagne, fin 2010 début 2011, le commissaire européen chargé de la santé et de la politique des consommateurs, John Dalli, indiquait avoir « déjà commencé à réfléchir à l'instauration de mesures susceptibles de rendre plus efficace le système européen de sécurité pour les aliments pour animaux » et étudiait « la possibilité d'imposer une séparation stricte entre les productions de graisses à usage industriel et de graisses utilisées pour la fabrication de composants alimentaires pour les animaux », et encore qu'il jugeait « nécessaire de rendre obligatoires des contrôles renforcés aux différents stades de la chaîne alimentaire pour déceler une éventuelle contamination à la dioxine ». Mais, depuis lors, rien[386].

---

383 M. Negreponti-Delivanis (2002), *Mondialisation Conspiratrice*, L'Harmattan (traduit du grec en français), p. 35, Paris.
384 *Ibid.*
385 C. Lapage (2013), « Findus n'est pas un accident mais le fruit du choix de l'insécurité alimentaire », *Tribune*, 11 février.
386 *Ibid.*

• Un court-métrage canadien (*The corporation*) raconte comment Monsanto exerce des pressions sur Fox News (du groupe Murdoch) pour l'empêcher de diffuser les résultats d'une étude qui révèle les dangers liés au Posilac, en 1997. Ce court-métrage montre l'efficacité du lobby de l'entreprise : non seulement les résultats de l'étude n'ont jamais été dévoilés, mais en plus ses auteurs ont été renvoyés de la chaîne de télévision[387].

• Au début des années 1990, on découvrit que des études basées sur l'explosion de l'usine de Nitro, en 1949, étaient controversées. Cette fraude scientifique a été confirmée par le Conseil national de la recherche qui constate que les études de Monsanto *« souffrent d'erreurs dans la classification des individus qui ont été exposés et des individus qui n'ont pas été exposés à la dioxine et ont été falsifiées afin que soit obtenu le résultat souhaité »*[388].

• Récemment, on a appris la mise sur le marché, en Europe, d'un pesticide contenant du glyphosate et 27 autres adjuvants extrêmement toxiques, parmi lesquels un agent de protection du bois[389]. Ces substances ont été retrouvées dans les urines d'individus de 18 pays différents. Elles pénètrent dans l'organisme par l'ingestion d'aliments, et des tests sur les animaux ont montré que leurs effets sur l'organisme humain sont possiblement dangereux. Pourtant, face à cela le silence est absolu et l'on tente d'étouffer toute réaction et d'endormir les consommateurs. *Le 27 novembre 2017, l'UE a renouvelé l'autorisation de ce pesticide reconnu comme dangereux pour cinq années supplémentaires !*

• Aux États-Unis, la FDA, agence américaine chargée de la sécurité des produits alimentaires et médicamenteux auprès de la population, est dirigée par un ancien cadre de Monsanto. En d'autres termes, il y a indiscutablement conflit d'intérêts, ce qui explique l'absence d'étude gouvernementale pour déterminer la présence de plomb dans les produits génétiquement modifiés avec des conséquences à long terme sur l'être humain, de même que nombre d'autres substances dangereuses.

Pour conclure, les recherches menées en Occident sur les dangers des denrées alimentaires et surtout sur les OGM, de même que les décisions relatives aux contrôles alimentaires s'affaiblissent malheureusement, les responsables des scandales ne sont pas punis, tandis que dans de nombreux cas les manipulations qui ont conduit aux tragédies sanitaires s'officialisent[390].

---

387 *Ibid.*

388 J. Thornton (1990), « Science for Sale » - Greenpeace.

389 Friends of the Earth Europe, 2013.

390 Pour l'étude complète de M. Negreponti-Delivanis sur les dangers sanitaires/alimentaires en Occident, voir file : https://marianegreponti-delivanis.blogspot.gr/2014/08/.

Cette présentation quelque peu détaillée de certains problèmes et scandales alimentaires est motivée par le fait qu'ils sont représentatifs des faiblesses et du déclin de l'Occident, essentiellement dû à l'adoption d'un libéralisme économique extrême.

D. Le secteur privé en Chine

Parmi les nombreuses décisions et actions de la Chine qui témoignent de ses fabuleuses capacités d'adaptation aux changements, on compte la façon dont elle traite son secteur privé. La Chine innovante s'est non seulement convaincue d'accepter des entreprises privées et des entrepreneurs sur son sol, mais elle prend aussi les mesures nécessaires pour leur procurer un soutien efficace. *Le secteur privé en Chine a une place en effet privilégiée, à condition toutefois qu'il reste sous le contrôle du gouvernement.* Ces entreprises sont généreusement soutenues par le gouvernement au moyen de méthodes légales mais souvent aussi par des procédés contraires aux principes de concurrence saine. En outre, leur taille et leur puissance sont constamment vérifiées de façon à ce que leur fonctionnement reste sous contrôle et qu'elles ne dépassent pas les capacités et la puissance de pays entiers, comme c'est souvent le cas avec les multinationales occidentales.

Récemment, une conférence a été organisée aux environs de Hong Kong par TecCrunch pour soutenir les startups[391], à laquelle ont pris part de nombreux jeunes entrepreneurs chinois. Les BAT (Baidu, Alibaba, Tencent) étaient présents, mais ils ont été éclipsés par les étoiles montantes Didi Chuxing (qui a évincé l'entreprise américaine Uber de Chine) et Ofo. La force motrice est maintenant constituée de jeunes et talentueux entrepreneurs, sur le succès desquels les investisseurs misent des sommes énormes.

Le secteur public chinois représente les 2/3 de la croissance du pays et les 9/10e de la création de nouveaux emplois[392]. Or, malgré la réussite du secteur privé, surtout maintenant que la croissance du pays a quelque peu ralenti, des voix nationalistes s'élèvent, accusant la présidence qui, selon elles, ne respecte pas les principes du communisme et demandent qu'il soit supprimé, étant donné qu'il a accompli sa mission qui était de doper la croissance. Le secteur privé a déjà des problèmes, puisque l'État exige de lui des impôts plus élevés et lui impose des règlements de plus en plus sévères. Un climat d'incertitude s'est installé dans le secteur privé, alors que certains prédisent une aggravation de la situation et d'autres, plus optimistes, misent sur une amélioration. À ce

---

[391] « The next wave: A new generation of Chinese entrepreneurs have a powerful impact on industries and consumers worldwide » (2017), *The Economist*, 23 septembre.

[392] Fédération nationale de l'industrie et du commerce de Chine.

qu'il semble, une guerre idéologique est en cours, et l'on ne sait pas encore lequel en sortira vainqueur[393].

Il convient ici de noter que la Chine communiste tolère maintenant en son sein l'existence de 647 milliardaires, qui sont plus nombreux que les 631 que comptent les États-Unis.

Il va sans dire que la combinaison réussie de l'économie de marché et de l'État qui est celui de la Chine moderne garde une place particulière à la propriété individuelle. « Il est important pour l'environnement entrepreneurial qu'il assure une protection satisfaisante par des lois claires », soutient Liu He, ancien étudiant de Harvard récemment nommé secrétaire d'État au ministère chinois de la Finance et de l'Industrie. Liu He se propose d'instaurer en Chine des conditions de libéralisation du marché, en conformité toutefois avec les normes chinoises. Parmi les nombreux exemples, il y a les étrangers qui sont autorisés à détenir des parts de marché de banques chinoises dans des termes strictement prédéterminés.

Le fonctionnement normal de l'économie demande la coexistence, la complémentarité réciproque et l'étroite collaboration du secteur privé et du secteur public. La Chine, comme le montrent toutes les données chiffrées dans ce domaine, a réussi dans cette démarche, ce qui a dû être particulièrement difficile en raison de son passé monolithique. En revanche, pour l'Occident, totalement dominé par la vision néolibérale extrême depuis les années 1970, le secteur public est une abomination, une anomalie du système, et tout est mis en œuvre pour le faire disparaître. Rappelons qu'une course similaire avait été engagée en Occident, de la fin de la Deuxième Guerre mondiale aux années 1970, mais contre le secteur privé, et pour le réduire, c'est la nationalisation massive qui avait été utilisée. Ces changements violents sont hélas aberrants et tout devrait être fait pour qu'ils ne se réitèrent pas, sachant qu'ils privent l'économie de la moitié de ses capacités et avantages[394].

La Chine prend des décisions intransigeantes, lorsqu'elle le juge nécessaire, contre de grands chefs d'entreprise même très performants, si les décideurs pensent que des choix inopportuns et un endettement excessif exigé pour concrétiser leurs grands projets mettent en danger la stabilité du pays. Cela s'est produit récemment avec un millionnaire, M. Wu, manifestement condamné pour l'exemple à 18 ans d'emprisonnement pour s'être trop endetté en achetant l'hôtel Waldorf à New York. Concernant le surendettement, les autorités traitent le problème par une politique raffinée, rendant l'emprunt plus cher, protégeant les entreprises publiques, punissant des entrepreneurs pour

---

393 Li Yuan (2018), « Beijing is pushing back into business », *The International New York Times Edition*, 6-7 octobre.

394 M. Negreponti-Delivanis (1993), *Ιδιωτικές και δημόσιες επιχειρήσεις* [Entreprises privées et publiques], éd. Sakkoulas, Thessalonique.

l'exemple « dès qu'ils en font trop dans le secteur privé », diffusant aussi sur le marché une liquidité importante. M. Wu, après le procès, fit la déclaration téléphonique suivante : « Je regrette profondément. Je suis conscient de mes crimes et j'en suis désolé »[395]. *Cette seule déclaration de M. Wu (qui n'a pas volé mais emprunté), donne une idée de cet abysse qui sépare l'Occident de l'Extrême-Orient.* Or, ces démonstrations d'autorité ne protègent pas la Chine contre le problème des banques grises qui ne respectent pas les dispositions mises en œuvre au lendemain de la grande crise de 2007-2008 et qui sont à l'origine de l'endettement énorme des entreprises en raison d'un recours tous azimut à l'emprunt. Cette dette est estimée aux 3/4 du PIB de la Chine, mais les entreprises n'ont pas vraiment conscience du danger, convaincues que s'il y a un souci, l'État le règlera[396].

E. Le yuan (renminbi) menace le dollar américain

L'avenir de l'Occident, sous quelque angle que ce soit, semble plutôt terne, et pas seulement parce que l'image de l'Amérique, de l'UE et du Japon s'est flétrie au niveau international, plombés par une population en baisse et vieillissante, par la stagnation économique ou une croissance faible et quantité d'autres difficultés parallèles, par l'amenuisement des chances de se renouveler et par la réduction de leur part dans le commerce extérieur. Malheureusement, au-delà de ces difficultés connues et évidentes de l'Occident, se profile déjà nettement à l'horizon un genre catalyseur de danger qui n'avait pas été pris au sérieux jusqu'à aujourd'hui. Ce danger menace la domination internationale de la monnaie américaine et devrait obliger l'Occident, et qui plus est très bientôt, à remettre les clés de cette longue domination monétaire mondiale à la Chine. À la Chine qui n'est pas seule sur la scène internationale mais est fermement soutenue par la Russie et encadrée par les BRICS[397]. Ces pays guidés par la Chine avancent à un rythme soigneusement étudié dans la création d'un système monétaire alternatif, basé sur le yuan chinois qui peut être converti en or[398], et qui devrait progressivement remplacer le dollar américain en tant que monnaie de réserve internationale.

---

[395] Alexandra Stevenson (2018), « China confronts its fears about debts », *The International New York Times Edition*, 12-13 mai.

[396] « Chinese finance: Light on the shadow », *The Economist*, 16 juin.

[397] À l'exception de la Russie et du Brésil, de l'Inde, de l'Afrique du sud, mais aussi des pays partenaires de la Shanghai cooperation organization (SCO) qui comprend le Kazakhstan, le Kirghizistan, l'Ouzbékistan et depuis peu le Pakistan.

[398] William Engdahl (2017), « Russia and China challenge dollar domination », *New Eastern Outlook*.

1. Les bases de la domination mondiale du dollar

Un pays, pour s'assurer la domination économique mondiale doit tout d'abord être doté d'une monnaie qui ne soit pas simplement acceptée sans problème dans les échanges internationaux, mais qui soit aussi demandée en tant que réserve. Ce rôle était tenu presque exclusivement par les États-Unis depuis la fin de la Deuxième Guerre mondiale avec le dollar. Les 2/3 environ des réserves des banques centrales sont en dollars. Grâce à cette spécificité du dollar en tant que monnaie de réserve, l'Amérique peut se permettre d'ignorer sa dette colossale qui est estimée à plus de 20 trillions de dollars. 1,24 trillion[399] du total de la dette américaine est détenu par la Chine, tandis que le reste l'est sous forme d'obligations d'État et de valeurs boursières par d'autres pays étrangers. Sur les 17,4 trillions de l'ensemble de la dette publique, 5 trillions représentent la dette intergouvernementale et 2,2 trillions de dollars sont détenus par la FED. En fait, pour des raisons pratiques, la dette nette des États-Unis dans les mains des marchés est estimée à environ 10,2 trillions de dollars, soit 59,5 % du PIB. Bien que rien de tel n'ait été annoncé officiellement par la Chine, des signes montrent qu'elle envisage de continuer de réduire ou même d'arrêter d'acheter des parts de la dette américaine. Une telle décision mettrait les États-Unis dans une position délicate et accélèrerait la fin de la suprématie du dollar en tant que monnaie de réserve internationale. La Chine n'est cependant pas encore prête à imposer le yuan à la place du dollar, et c'est pourquoi il lui faut trouver d'autres raisons au cas où elle se décide à réduire dès maintenant l'achat de titres boursiers américains. Cela[400] peut notamment s'expliquer par le fait que la Chine détient déjà une grande part de la dette américaine dans son investissement de portefeuille ou par le fait qu'elle est mécontente de l'attitude de l'Amérique, jugeant qu'elle ne lui laisse pas la place qu'elle mérite. Ou peut-être encore, la Chine considère-t-elle que l'économie américaine s'est aggravée du fait de la baisse de l'impôt sur les sociétés décidée par Trump, d'où le désintérêt des investisseurs pour la dette. Depuis des décennies, l'Amérique, ayant pris conscience des menaces qui pèsent sur elle au cas où elle perdrait son monopole monétaire, fait tout son possible pour le garder.

2. Le dollar menacé par la Chine et ses alliés

La situation, cependant, change dangereusement au détriment de l'empire monétaire du dollar américain. Les États-Unis ne semblent pas avoir compris à quel point le dollar est menacé et à quel point il reste peu de temps jusqu'à ce qu'il perde sa spécificité de monnaie de réserve. *Or, même s'ils s'en rendaient compte et réagissaient dans la foulée, ils ne pourraient éviter la*

---

[399] Novembre, 2017.

[400] Landon Thomas Jr (2018), « Investors fear end to global buying binge on bonds », *The International New York Times Edition*, 12 janvier.

catastrophe. Quoi qu'il en soit, les États-Unis ne cherchent pas à se protéger et, par leur attitude et leur décision d'imposer des sanctions financières à la Russie, à l'Iran et au Venezuela qui ne veulent pas avoir à s'y soumettre et qui se trouvent être de grands pays producteurs de pétrole, ils accélèrent la perte de leur souveraineté dans les échanges internationaux.

Quant à la Chine, qui s'efforce d'imposer le yuan comme monnaie de réserve internationale, son principal problème, mis à part naturellement celui du long monopole du dollar en tant que tel imposé par tous les moyens par les États-Unis, est peut-être le manque de confiance.

Et cela car la Chine n'hésite pas à recourir régulièrement à son privilège d'émission, de façon à assurer un financement confortable à son économie en croissance rapide, mais également pour financer son projet colossal de *renaissance de la route de la soie*. Déjà, l'évolution des choses montre que la Chine, dans ce domaine aussi, avance résolument dans la réalisation de son projet central qui est la conquête de la souveraineté économique mondiale, et peut-être pas seulement. Il va sans dire que le succès qui couronne ses projets, l'un après l'autre et dans tous les domaines, doit beaucoup aux capacités exceptionnelles dont fait preuve son dirigeant, M. Xi Jinping, qui effectue son deuxième mandat et qui, grâce à une modification de la Constitution, vient d'être proclamé président à vie de son immense pays.

Pour surmonter le manque de confiance dans le yuan et l'imposer comme monnaie internationale, la Chine a mis en route, avec le soutien ferme de la Russie, un plan brillant en partie basé sur l'étalon-or. Ce plan constitue une menace mortelle pour le dollar américain[401] et se présente *grosso modo* de la manière suivante :

Depuis 1990, les pays en excédent commercial, tels que la Chine ou la Russie, n'avaient d'autre choix que d'acheter des parts de la dette américaine, empêchant ainsi l'effondrement du dollar sous la pression de cette dette devenue incontrôlable. Or, ces dernières années, la Chine et la Russie ont décidé de mettre en œuvre un nouveau système monétaire, alternatif au dollar, ce qui permettrait de valoriser les énormes quantités d'or que les deux pays ont achetées et cumulées, sans donner aucune explication sur leur geste. Outre la Chine et la Russie, les autres pays membres les plus importants des BRICS (Brésil, Inde, Afrique du sud) ont déjà intégré l'Organisation de coopération de Shanghai qui comprend le Kazakhstan, le Kirghizistan, l'Ouzbékistan et le Pakistan, autrement dit environ 42 % de la population mondiale, et fort probablement dans l'avenir la Turquie, l'Azerbaïdjan, le Cambodge et le Népal. En 2015, l'Union économique eurasiatique (UEE) a été créée, dont font

[401] William Engdahl (2017), *art. cit.*

partie la Russie, le Kazakhstan, la Biélorussie, l'Arménie et le Kirghizistan. Et puis en 2018, ce fut au tour de l'Iran d'intégrer cette zone de libre circulation des biens, services, capitaux et main-d'œuvre. Il s'agit d'un marché commun de 263 millions de consommateurs disposant d'un niveau d'éducation et d'un *know how* satisfaisants. Dès que ce système économique et monétaire géant sera opérationnel, il deviendra très difficile pour les États-Unis et les économies avancées occidentales de ne pas être mis définitivement à l'écart.

Inutile de rappeler que ce nouveau système est directement lié à la renaissance de « la route de la soie » (dont il sera question ci-après) que le président Xi Jinping annonçait dès 2013 au Kazakhstan. Il est pour le moins surprenant qu'une question si grave intéresse si peu, dirai-je, l'Occident qui se soucie de quantité de questions mineures diverses et variées, à croire que le renversement de l'ordre économique mondial n'est pas imminent.

Quant au nouveau système monétaire international alternatif, il est déjà partiellement opérationnel, depuis l'introduction sur le marché international de contrats de vente sur le long terme de pétrole brut, lesquels seront facturés en yuans convertibles en or. La Chine, qui est le plus grand importateur de pétrole au monde, prévoit de bientôt cesser de le payer en dollars et de le faire en yuans. Étant donné que la monnaie chinoise, dans ce cas, sera convertible en or, les pays producteurs de pétrole n'y verront aucun inconvénient. *Et lorsque la Chine sera en mesure de démontrer, ce dont on ne peut douter, son aisance et son hégémonie au monde entier, il ne sera plus nécessaire de convertir le yuan en or.* D'ici là, elle renforce son programme de dé-dollarisation, avec le soutien des autres pays émergents alliés.

La Russie ne pourrait pas ne pas avoir une présence forte dans cette tentative de dé-dollarisation. Notons à ce propos un événement récent, peut-être le plus important à l'heure actuelle concernant la collaboration Chine-Russie pour la dé-dollarisation, et qui est curieusement passé inaperçu[402]. Ces deux grandes économies émergentes, pour minimiser les risques dans leurs échanges et renforcer leurs transactions commerciales, ont mis en place, en octobre 2017, un système de paiement contre paiement (PVP) pour le yuan et le rouble. La Russie est une priorité pour la Chine, étant le premier producteur de pétrole au monde et déjà la source de pétrole la plus importante pour elle. Ce système de *paiement contre paiement* s'étendra ensuite aux autres pays faisant partie de « la route de la soie ». C'est la première fois que le système PVP est utilisé pour les transactions en yuans avec une autre devise. Par ailleurs, le 14 mars 2017, la Banque centrale de Russie a ouvert ses portes à la Chine, affirmant de la sorte leur alliance dans leur combat contre l'empire du

---

[402] Tyler Durden (2017), « China launches yuan ruble payment system », 13 octobre, http://feedproxy.google.com/~r/zerohedge/feed/~3/12dHT7XumJk/china-launches-yuan-ruble-

dollar. Ce système de *paiement contre paiement* a pour but de réglementer les transactions dans deux devises différentes afin de réduire les risques.

L'intention du président Russe de mettre un terme au système monopolistique injuste du dollar, comme il l'affirme, est subitement apparue au grand jour lors du Sommet des BRICS à Xiamen, en Chine, le 4 septembre 2017.

Et tout récemment, le président russe Vladimir Poutine, prenant la parole lors de la réunion annuelle du club Valdaï à Sotchi, a révélé les projets de Moscou à propos de la dé-dollarisation : « Nous continuerons, non parce que nous voulons nuire au dollar, mais parce que nous voulons assurer notre sécurité ». Rappelons que le ministère de l'Économie, le ministère des Finances et la Banque centrale de Russie ont déjà déposé des propositions en vue de la dé-dollarisation de l'économie russe. Ces propositions, comme l'avait déclaré le ministre du Développement économique, Maxime Oreskin, visaient à réduire la dépendance au dollar de l'économie du pays[403].

La Chine cherche quant à elle à conclure un accord bilatéral avec l'Iran où seraient utilisés le yuan et le rial[404]. Pékin et Téhéran cherchent à éviter de recourir au dollar comme monnaie de règlement dans leurs échanges. L'Iran, de son côté, cherche d'autres pays avec qui conclure des accords d'échanges, sans avoir à utiliser le dollar. La création, notamment, d'une monnaie commune qui pourrait éventuellement s'inspirer de l'expérience de l'euro, est même examinée.

Le grand plan de remplacement du dollar est déjà en place, le gouvernement russe ayant décidé d'émettre, à titre expérimental, donc à petite échelle, des obligations d'État d'une valeur d'un milliard de dollars, pas en dollars mais en yuans, équivalant à 6 milliards de yuans[405]. La vente des obligations d'État est organisée par la Banque centrale de Russie (Russian Gazprombank), la Bank of China Ltd et la plus grande banque d'État de Chine (Industrial & Commercial bank of China). Ces obligations d'État en yuans seront négociées à la Bourse de Moscou, auront un taux d'intérêt attractif et s'adresseront aux Chinois mais également aux investisseurs du monde entier. Parallèlement, depuis le 13 décembre 2017, l'émission d'obligations d'État russes est soutenue par un contrat supplémentaire qui vise à préparer rapidement le remplacement du dollar américain par le yuan. Il s'agit des derniers essais d'offre sur le marché du pétrole en yuans à travers la Bourse de

---

[403] *Eleftheri Ellinès*, 20 octobre 2018.

[404] Tyler Durden (2017), « La dé-dollarisation se poursuit: la Chine et l'Iran éliminent le billet vert du commerce bilatéral », http://lesakerfrancophone.fr *Zero Hedge*, 11 décembre.

[405] William Engdahl (2018), « Russia and China are dead serious about ditching the dollar», *New Eastern Outlook*, 24 janvier.

Shanghai, qui contournent les marchés boursiers jusqu'à présent exclusifs de New York et Londres. Notons à ce propos qu'en décembre 1974, le ministère américain de l'Économie avait signé un accord secret avec la Fondation monétaire d'Arabie saoudite où les Saoudiens s'engageaient à ne vendre leur pétrole qu'en dollars et en aucune autre devise. Maintenant, même l'Arabie saoudite attend l'occasion de se libérer de cette obligation et de se tourner elle aussi vers le yuan. De plus, les ventes russes de pétrole et de gaz naturel à la Chine se paient dorénavant en roubles et en yuans, de même que le pétrole vendu par l'Iran à la Chine, tandis que le Qatar, qui approvisionne la Chine en gaz liquide se fait lui aussi payer en yuans.

C'est ainsi que le passage du flambeau, après la domination américaine sur la scène économique mondiale pendant quelque 70 années, semble imminent. Et semble même déterminé, compte tenu du fait que la souveraineté économique mondiale d'un pays, aussi puissant soit-il, à un moment donné de son histoire, a toujours une date limite. Comme furent contraints de le faire, dans le passé, de grandes puissances telles que le Portugal, l'Espagne, les Pays-Bas, la France et la Grande-Bretagne, qui s'étaient succédé au sommet du monde. À la fin de la Deuxième Guerre mondiale, l'Amérique a remplacé la Grande-Bretagne dans le rôle du souverain mondial. La même chose s'annonce aujourd'hui pour les États-Unis d'abord, mais aussi pour l'UE et le Japon dont l'hégémonie mondiale s'inclinera, semble-t-il, devant un groupe d'économies émergentes fortement peuplées. Ce passage du flambeau[406] est illustré dans le graphique 8.

Si l'économie mondiale est baignée d'incertitude, la souveraineté absolue du dollar devient encore plus injuste et dangereuse. Or, l'incertitude règne depuis la crise de 2008, ce qui engendre une hausse de la valeur externe du dollar avec des conséquences néfastes pour l'Europe du sud et pour les économies en développement de la planète. Et justement, comme tout porte à croire que l'incertitude internationale s'est installée pour durer, l'économie mondiale va tenter de se reprendre avec un nouveau système monétaire moins risqué.

---

[406] *Ibid.*

Graphique 8
Longévité des monnaies de réserve successives sur sept siècles

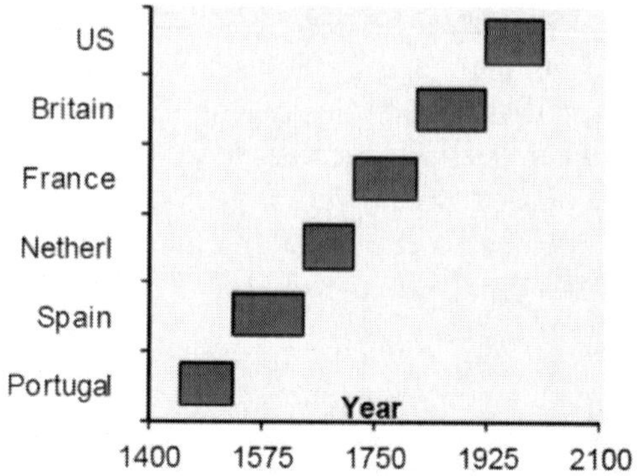

Source : Zero Hedge (11/12/2017), « La dé-dollarisation se poursuit : la Chine et l'Iran éliminent le billet vert du commerce bilatéral ».

En théorie, la conquête de la domination du yuan en tant que monnaie de réserve internationale à la place du dollar ne semble présenter aucune difficulté. La Chine et les nouvelles étoiles émergentes de l'économie mondiale se sont attachées à réduire leurs disparités initiales dans le revenu par habitant, dans la part des exportations internationales, dans les investissements novateurs, dans les nouvelles technologies, dans la productivité, etc. avec les économies avancées. Du point de vue du roulement continuel, c'est-à-dire à travers les siècles de la première place sur l'échiquier international, on peut raisonnablement se demander si ce déclin des sortants est dû à la maturation du capitalisme qui, au-delà d'un certain point ne peut se renouveler, ou à l'adoption de mesures malheureuses de politique macroéconomique, ou encore au déclin de l'Occident, à cause de la dégradation des valeurs fondamentales de la vie. *Une chose est certaine toutefois, c'est que l'effondrement généralisé de l'Occident a ouvert la voie à la Chine et à son escorte constituée d'économies émergentes.*

On peut également se demander si la volonté des économies émergentes de remplacer le dollar est simplement mue par le fait que l'Amérique, ainsi que les autres économies avancées occidentales, émet quantité de signes qui préjugent de la fin de sa souveraineté, ou bien s'il y a d'autres raisons à cela. Et la réponse est que oui, il y a d'autres raisons, telles que[407] :

• les fréquentes crises financières et économiques sont essentiellement provoquées par la souveraineté absolue du dollar ;

[407] *Ibid.*

• les guerres fréquentes et injustifiées contre des pays en développement suscitent colère et aversion pour la monnaie américaine ;

• les pays émergents pensent être lésés par l'Amérique qui refuse fermement de reconnaître leur poids spécifique croissant dans l'économie mondiale, s'obstinant à maintenir le monopole du dollar en tant que monnaie de réserve dans le monde ;

• et enfin, l'effort de dé-dollarisation semble s'accélérer en raison de la récente décision de l'Amérique d'exclure l'Iran du réseau SWIFT (système de traitement des opérations bancaires internationales).

En tout état de cause, l'Amérique est dans une situation périlleuse, car la Chine détient un volume important de sa dette publique. Celle-ci, comme il a été dit plus haut, a récemment été estimée à 1,24 trillions de dollars[408] et constitue le produit des exportations chinoises vers les États-Unis, dont une partie est utilisée par la Banque centrale de Chine pour acheter la dette publique américaine. Cela maintient la valeur extérieure du dollar à un niveau assez élevé, favorisant les exportations chinoises et rendant les exportations américaines plus difficiles.

Des recherches plus poussées sur les conditions monétaires prévalant en Chine font apparaître que des mesures ont été prises beaucoup plus promptement et plus systématiquement qu'en Occident, pour inciter les consommateurs à utiliser l'argent numérique. Les Chinois ont en effet pour habitude de ne pas payer en espèces, même pour des petites sommes, comme les collations sur les marchés traditionnels. Et plus spécifiquement, en Chine, 25 % de la consommation se fait en argent numérique et avoisinait les 9 trillions de dollars en 2016. Ce montant est 80 fois supérieur à celui des paiements en argent numérique aux États-Unis[409].

3. Le lien entre l'hégémonie du dollar et le commerce extérieur (le paradoxe de Triffin)[410]

Il se peut que la Chine ne soit pas mécontente de l'offensive américaine à son encontre et du recul de la mondialisation et du commerce extérieur en particulier, à savoir les droits de douane et autres mesures prises dans le cadre de la guerre froide commerciale entre les deux superpuissances. Et cela, car cette évolution assure le succès de l'un de ses principaux objectifs, le remplacement du dollar par le yuan en tant que monnaie de réserve mondiale.

À cet égard, nous allons entreprendre la mise à jour de la théorie du célèbre économiste belge, Robert Triffin, qui formula en 1960 le paradoxe qui porte son nom. Le *paradoxe de Triffin* réside dans le fait que l'économie qui possède

---

[408] Chiffres donnés par le ministère des Finances des États-Unis.

[409] Ruchir Sharma, *op. cit.*

[410] Wikipedia, Lan Cao (2018), « A trade war the U.S. is actually winning, for now », *The International New York Times Edition*, 28 avril.

la monnaie internationale dominante, en l'occurrence les États-Unis ces dernières décennies, doit accepter d'avoir un déficit commercial très important, car elle est obligée de garantir une offre confortable de sa monnaie, afin que puissent aisément s'effectuer les transactions internationales. Sa rémunération est un « avantage exceptionnel », c'est-à-dire que sa monnaie étant voulue en tant que réserve, et étant demandée par de nombreux pays, ce qui maintient sa valeur extérieure à un niveau élevé, l'Amérique peut emprunter facilement et avec un taux d'intérêt bas. La valeur extérieure élevée du dollar a pour effet de réduire la demande de biens et services américains, et de créer un déficit commercial. Par ailleurs, ce privilège a un autre désavantage puisqu'il peut pousser l'économie possédant la monnaie dominante au niveau international, à trop emprunter (ce qui est le cas de l'Amérique) et à mettre en œuvre une politique économique intérieure excessivement expansionniste.

C'est peut-être cette abondance de dollars, qui sont imprimés et mis en circulation dans le monde entier, qui est responsable du déséquilibre chronique de l'économie mondiale (V. Partie I, Chap. 1). L'administrateur de la Banque populaire de Chine, à la veille de la crise de 2007-2008, avait d'ailleurs montré du doigt le dollar qui, en tant que monnaie de réserve mondiale, provoque des déséquilibres et des crises.

Ainsi, la guerre commerciale déclenchée par Donald Trump aura-t-elle très probablement des résultats positifs pour l'Amérique, qui pourra donc en sortir gagnante. Mais outre que le danger guette, le prix à payer risque d'être extrêmement lourd, si le dollar américain perd sa suprématie. Ajoutons à cela que les sanctions, récemment imposées à la Russie, à l'Iran et à la Corée du Nord par les États-Unis constitueront très probablement des facteurs d'accélération du passage à une autre monnaie de réserve internationale.

F. L'Intelligence Artificielle bouleverse le secteur des soins médicaux en Chine[411]

La Chine a déclaré qu'elle prévoyait d'être, en 2030, numéro un mondial en matière d'Intelligence Artificielle et naturellement, de passer devant les États-Unis. Tout montre qu'elle en est convaincue et qu'elle y parviendra. Les soins médicaux en Chine sont encore assez décevants. Cependant, les firmes géantes Alibaba et Tencent, fermement soutenues par le gouvernement, sont déjà en train de développer le diagnostic à l'aide d'outils qui amélioreront l'efficacité des médecins. Toutes les sociétés technologiques, plus de 130, participent à cet effort, le but étant que l'Intelligence Artificielle améliore l'efficacité des diagnostics et des traitements, contrairement à l'Amérique où

[411] Sui-Lee, Paul Mozur (2018) « A.I. disrupts health care in China », *The International New York Times Edition*, 5 janvier.

la participation est sélective et assez restreinte. La Chine consacre un budget considérable à la création d'un système de santé efficace pour sa population qui compte 1,4 milliard de personnes. On estime que d'ici à 2020, 150 milliards de dollars auront été investis à cet effet. Il est déjà possible notamment, grâce à l'Intelligence Artificielle, d'être reçu en consultation par des médecins via l'internet, tandis qu'un système de diagnostic précoce du cancer est mis en place ainsi qu'un programme révolutionnaire de contrôle des yeux des diabétiques.

G. Réforme et intensification de l'éducation en Chine[412]

« Rien ne doit rester inchangé en matière de réforme de notre éducation », déclara en 2015 le ministre chinois de l'Éducation. Et en effet, tout change depuis la réforme du système éducatif en 2010. Un programme extrêmement compétitif a ainsi été établi, où :

• une place primordiale est donnée à la « création d'un environnement propice au développement de la pensée indépendante » ;

• l'administration octroie aux élèves de Shanghai une journée libre par semaine pour les travaux de recherches ;

• les élèvent doivent cultiver leur personnalité ;

• les livres restent à l'école après la fin des cours et les classes ne doivent pas avoir plus de 25 élèves ;

• les enseignants doivent se comporter avec les élèves en « amis » et non en « maîtres ». Ce nouveau système porte ses fruits. En 2012, lors d'un concours organisé par l'OCDE, les élèves de Shanghai, ville où la quasi-totalité de ces réformes ont été mises en place, sont arrivés en sixième position et ont un niveau nettement supérieur à la moyenne des pays de l'OCDE. Les résultats sont impressionnants lorsque des Chinois qualifiés émigrent à l'étranger, où ils se révèlent extrêmement doués et compétitifs.

H. En Chine, l'avancée vers la domination mondiale va de pair avec la tradition[413]

L'attachement de la Chine à sa culture et à ses traditions apparaît dans toute sa splendeur dans la quintessence du dernier livre du président Xi Jinping, intitulé *La gouvernance de la Chine*, qui a été édité (sur le modèle des *Pensées* de Mao Zedong) dans neuf langues et dont la version chinoise et anglaise du tome II, selon des estimations, a été vendue ou offerte à 13 millions d'exemplaires. Dans ce livre, l'importance du respect envers la tradition

---

412 Lenora Chu (2017), « China's education reform », *The International New York Times Edition*, 24 octobre.
413 Reviving traditional culture - Making history (2017), *The Economist*, 19 août.

chinoise se résume dans cette phrase : « Si l'on copie les systèmes politiques d'autres pays, cela peut signifier la fin de l'indépendance de notre pays ».[414]

La Chine, en se préparant à devenir la première puissance mondiale, retourne aussi à ses origines. Les petits Chinois, dès l'âge de 5 ans, commencent à lire, à réciter des poèmes par cœur, suivent des figurines délivrant des messages moraux. Les téléphones portables sont éteints pour ne pas « polluer la pensée ». À l'école maternelle et dans les camps de vacances, les jeunes enfants chantent à tue-tête des textes prônant l'obéissance et se prosternent pour prier au pied d'une statue de Confucius. Maintenant que la Chine s'apprête à accéder au sommet du monde, le Parti communiste tente de redéfinir ce que signifie « être Chinois ». Laissant derrière lui le temps où la Chine faisait tout son possible pour effacer son passé, le président Xi Jinping le fait revenir sous le label de la « confiance culturelle » et se présente comme le « fidèle héritier » d'une culture ancestrale qui ne s'est jamais interrompue. Le plan comprend toutes les manifestations de la vie quotidienne de sorte à assurer partout la présence de la tradition chinoise, des us et coutumes chinois tout en éloignant toute forme de réaction occidentale. La médecine chinoise continue d'être utilisée pour le traitement des maladies, les tenues spécifiques chinoises pour les mariages reviennent, de nouvelles fêtes sont créées, comme la fête des mères ou la fête des amoureux pour détourner les Chinois des fêtes étrangères et une importance particulière est donnée aux activités physiques traditionnelles. De nouveaux livres sont introduits dans les écoles, qui soulignent les valeurs spécifiques de la culture chinoise. La Chine ancienne renaît dans toute sa splendeur. L'importation de livres occidentaux pour la jeunesse est découragée et l'accent est mis sur les contes chinois, la musique chinoise, les arts chinois. Les valeurs traditionnelles, telles que l'obéissance, l'ordre et le respect de la hiérarchie, sont encouragées. Le président Xi Jinping conseille : « À la maison, obéissez à vos parents, à l'école à vos maîtres, sur votre lieu de travail à vos chefs, et aussi à l'État et au gouvernement du pays. Ainsi serez-vous heureux ». Ces valeurs constituent ce que le président Xi Jinping appelle la « société harmonieuse »[415].

Et en Occident ? Mais en Occident, la mondialisation, avec la mise en œuvre d'une forme extrême de libéralisme a cruellement atténué la quasi-totalité des valeurs traditionnelles. D'abord, l'État-nation n'a pas seulement abandonné ses frontières, il a aussi abandonné sa souveraineté à une gouvernance mondiale de l'ombre qui se prépare et est attendue. Le secteur public sert généralement de bouc émissaire, on lui impute toutes les évolutions indésirables dans les économies modernes, il est en situation de conflit avec le secteur privé, ne pouvant entretenir de relation de complémentarité mutuelle et, quelle que soit sa taille réelle, on la trouve excessive et elle doit, par voie

---

[414] Xi Jinping works - The big beige book (2018), *The Economist*, 28 avril.
[415] *Ibid.*

de conséquence, être réduite. L'histoire et la culture des États modernes, au lieu d'être une source d'inspiration et de fierté nationale pour les citoyens, succombent à des forces invisibles et obscures qui les incitent au silence et souvent les dévalorisent. Dans les économies avancées, l'économie boursière marginalise l'économie réelle et déifie le profit, même lorsqu'il est acquis dans l'illégalité (il suffit que cela ne se fasse pas au grand jour). Les frontières incontrôlées font entrer des réfugiés illégaux et favorisent le terrorisme et le crime organisé. Les tentatives d'élaboration de plans pour lutter contre les grands problèmes tels que la croissance et le réchauffement climatique et les catastrophes naturelles, sont globalement découragées car l'approche des classiques selon laquelle ces problèmes « sont automatiquement résolus par la main invisible» est la seule qui vaille. Les valeurs humaines de solidarité et de cohésion sociale ont perdu leur éclat, tandis que circulent des consignes, des mesures et des politiques, surtout dans l'UE, qui placent au premier plan l'efficacité à tout prix et dévalorisent surtout le bien-être des populations. L'importance de démocratie est constamment invoquée par des voix officielles, mais de plus en plus pour la forme et non pour le fond. L'objectif de « L'Amérique d'abord » si souvent invoquée par le président américain est indifférent aux droits des autres pays hormis l'Amérique et supprime la solidarité humaine, donnant au président chinois le droit d'affirmer que « le contenu de la démocratie occidentale est dépassé et controversé », alors que le système chinois garantit l' « unité sociale »[416]. Et puis, d'après ce que laisse entendre le président chinois, il s'agit d'un modèle destiné à d'autres pays du monde, et qui vaut la peine d'être mis en œuvre. Bien que le président américain se plaise à affirmer que lui et le président chinois se ressemblent, cette vue n'est pas confirmée par les résultats des sondages[417], où il apparaît que les Chinois éprouvent un intérêt modéré pour l'Amérique, qui se situe en tout cas après l'Allemagne, la Grande-Bretagne, la France, le Canada, l'Australie et la Russie. Quant à l'opinion des Américains pour la Chine, elle est elle aussi largement négative. Le « modernisme », dans les sociétés occidentales modernes se vêt de formes curieuses, comme notamment les interminables discussions et officialisations d'affaires de nature strictement privée brutalement déballées sur la place publique. La vie en couple de personnes du même sexe, la détermination du sexe, la possibilité pour des couples du même sexe d'adopter un enfant sont des thèmes qui doivent assurément être abordés avec respect par les sociétés dites civilisées, mais qui appartiennent à cette catégorie de problèmes très spécifiques de Pavlov et par conséquent on ne peut les présenter sous un jour cartésien plus général.

---

[416] « Barbarian Outreach » (2017), *The Economist*, 11 novembre.

[417] Selon une étude datant de 2016, de Zhang Kun et Zhang Minggxin, citée dans *The Economist*, « Barbarian outreach », 11 novembre 2017.

L'attachement de la Chine à ses traditions, le succès extraordinaire du modèle de croissance alliant communisme et marché en une quarantaine d'années, et surtout sa conviction d'être un modèle où les principes et le régime devraient rapprocher les hommes sont la preuve flagrante de la profonde naïveté de l'Occident qui croyait que la Chine pourrait un jour devenir une démocratie libérale[418].

I - LA NOUVELLE DIPLOMATIE DE TYPE CHINOIS

Contrairement aux prédécesseurs de Xi Jinping qui ont dirigé la Chine juste avant lui, celui-ci remet au goût du jour, en quelque sorte, la diplomatie de la Chine ancienne et s'impose en tant que dirigeant d'une grande puissance soucieux d'entretenir de bonnes relations avec les autres grandes puissances et ce, malgré les nombreuses différences qui existent entre elles. *Cette nouvelle diplomatie chinoise vise à supplanter la diplomatie de type occidental qui a prévalu ces trois derniers siècles et perpétuait, attisait les oppositions entre les grandes puissances*. La Chine, il y a quelques années, avait fait le choix d'apparaître comme « une puissance pacifique en plein essor » et a ensuite préféré devenir un pays qui « se développe pacifiquement ». Ce n'était qu'un artifice et il a été jugé que la « puissance montante » pouvait semer la panique à l'étranger et des mesures pour l'enrayer ont été prises. Or, malgré ses efforts, la Chine s'est avérée incapable de calmer l'Occident qui a pleinement conscience du danger extrême-oriental croissant. Plus précisément, les Australiens, après avoir vécu des décennies pacifiquement avec une importante minorité chinoise sur leur sol, se sont subitement élevés contre les ressortissants chinois, les accusant d'être des « espions à la solde des forces étrangères »[419]. Le danger est que de telles tendances viennent à se généraliser et justifier de la sorte les idées de Samuel Huntington[420] sur un choc des civilisations qui pourrait même aller jusqu'à la guerre, ce que l'on ne peut hélas exclure.

Pour finir avec les différents aspects choisis qui, selon moi, attestent déjà la supériorité de la Chine sur les États-Unis, ou même sa supériorité future, la situation de la Chine sur l'échiquier mondial apparaît dans le tableau 4, pour 2015 et le classement mondial qui est estimé pour 2030.

Bien que des prévisions similaires aient été faites par d'autres centres de recherches tels que le FMI ou le cabinet d'audit PwC, les conclusions convergent toutes aux constats suivants :

---

418 « Not the partner you were looking for » (2018), *The Economist*, 3 mars.

419 Damien Cave (2017), « In Australia, fervor over China risks going too far », *The International New York Times Edition*, 20 décembre.

420 Samuel Huntington (1997), *Le choc des civilisations*, Paris, Odile Jacob.

• Premièrement, la Chine sort en tête de toutes les mesures et devrait dépasser en taille l'Amérique vers 2030. En outre, la mesure de PwC[421], qui va jusqu'en 2050, relègue les États-Unis au troisième rang, tandis que l'Inde se situe au deuxième rang. Prenons maintenant les projections de PwC pour le rang où devraient se trouver en 2050 les économies les plus grandes d'alors : 1. Chine (PIB 58 499) - 2. Inde (44 128) - 3. États-Unis (34 102) - 4. Indonésie (10 502) - 5. Brésil (7 540) - 6. Russie (7 131) - 7. Mexique (6 863) - 8. Japon (6 779) - 9. Allemagne (6 138) - 10. Royaume-Uni (5 369) - 11. Turquie (5 184) - 12. France (4 705), 13. Arabie saoudite (4 694) - 14. Nigéria (4 348) - 15. Égypte (4 333) - 16. Pakistan (4 236) - 17. Iran (3 900) - 18. Corée du Sud (3 539) -19. Philippines (3 334) - 20. Vietnam (3 176).

• Deuxièmement, sur les 20 plus grandes économies en 2016, l'Italie, le Canada, la Thaïlande, l'Espagne et l'Australie n'en feront plus partie en 2050. Elles auront été devancées par le Nigéria, l'Égypte, le Pakistan, les Philippines et le Vietnam.

• Dans les 20 économies les plus grandes en 2016 et qui devraient encore en faire partie en 2050, mais seront rétrogradées, il y aura les États-Unis, le Japon, l'Allemagne, le Royaume-Uni, la France et la Corée du Sud. En revanche, l'Inde, l'Indonésie, le Brésil, le Mexique, la Turquie et l'Arabie saoudite non seulement devraient continuer de figurer parmi les 20 plus grandes économies en 2050, mais en plus elles monteront dans le classement. Et enfin, la Russie et l'Iran, en 2050, se situeront au même rang qu'en 2016.

• En 2050, l'Europe occidentale sera la région du monde la moins développée puisque l'Italie et l'Espagne ne feront plus partie des 20 économies les plus importantes. Pendant la même période, sa part dans l'économie mondiale devrait baisser de 42 %. Dans cette évolution néfaste, il faudra assurément considérer le ralentissement de la croissance de l'Allemagne qui, depuis quelques décennies, est le leader économique européen. S'agissant de l'Allemagne en particulier, elle accueillera probablement moins de migrants sur son sol, sans pour autant parvenir à éviter sa marginalisation. Quoi qu'il en soit, cette conclusion va dans le sens des projections qui ne tiennent pas compte des changements révolutionnaires futurs, à savoir la généralisation de la robotique dans les économies avancées et pas seulement. Compte tenu des répercussions de la robotique sur l'emploi, les économies évoluées ont peur de voir surgir des problèmes dus au manque de main-d'œuvre, mais cette peur est pour le moins irrationnelle. Ce qui est plus probable, c'est que le taux de chômage s'envole (V. Partie II, Chap. 3) du fait de l'immigration massive en Europe.

• La région qui devrait connaître la croissance la plus rapide au niveau mondial dans les années à venir sera l'Asie centrale.

---

421 Price waterhouse Coopers (PwC) est l'une des plus grandes sociétés de comptabilité, d'audit fiscal et de conseil fiscal. Elle a été créée en 1998 à la suite de la fusion de Price Waterhouse et de Coopers & Lybrand, basées à Londres.

• En 2030, l'Amérique ne sera plus la première économie du monde. Mais il n'y a pas lieu de s'alarmer. Bien au contraire, à en croire les déclarations du célèbre journaliste Mike Krieger pour qui « il n'est pas sain ou durable pour une nation de dominer ainsi la planète. Nombre d'entre nous se plaisent à penser qu'un empire mondial bienveillant dirigé par des rois philosophes est une bonne chose, mais le problème est que c'est un pur fantasme. Ce qui se passe dans la vraie vie, pour citer Lord Acton, c'est que “le pouvoir corrompt et le pouvoir absolu corrompt absolument”. C'est exactement ce qui est arrivé aux États-Unis »[422].

Tableau 4 - Le monde en mutation... jusqu'à 2030

Les plus grandes économies du monde en 2015 *(PIB, en milliards de dollars)*			**Les plus grandes économies du monde en 2030** *(PIB, en milliards de dollars)*		
1.	**États-Unis**	**17 968**	**1.**	**Chine**	**34 338**
2.	Chine	11 385	2.	États-Unis	32 996
3.	Japon	4 115	3.	Inde	10 133
4.	Allemagne	3 325	4.	Japon	5 087
5.	Grande-Bretagne	3 039	5.	Allemagne	4 720
6.	France	2 418	6.	Grande-Bretagne	4 622
7.	Inde	2 183	7.	Corée du sud	3 532
8.	Italie	1 816	8.	Brésil	3 368
9.	Brésil	1 800	9.	France	3 311
10.	Canada	1 573	10.	Canada	2 750
11.	Corée du sud	1 393	11.	Indonésie	2 560
12.	Arabie saoudite	1 341	12.	Russie	2 431
13.	Australie	1 241	13.	Italie	2 393
14.	Russie	1 236	14.	Mexique	2 390
15.	Espagne	1 219	15.	Australie	2 049
16.	Mexique	1 161	16.	Arabie saoudite	1 848
17.	Indonésie	873	17.	Espagne	1 775
18.	Pays-Bas	749	18.	Turquie	1 620
19.	Turquie	722	19.	Philippines	1 213
20.	Suisse	677	20.	Pays-Bas	1 176
21.	Argentine	586	21.	Pologne	1 061
22.	Taïwan	519	22.	Suisse	1 025
23.	Nigéria	493	23.	Malaisie	993
24.	Suède	484	24.	Taïwan	988
25.	Pologne	481	25.	Nigéria	967

422 Mike Krieger, « La route vers 2025 [1/4] : préparez-vous à un monde multipolaire », *Le Saker francophone*, source *Liberty Blitzkrieg blog*, 17 avril 2018.

26.	Belgique	458	26.	Iran	896
27.	Norvège	398	27.	Émirats Arabes Unis	872
28.	Iran	397	28.	Thaïlande	767
29.	Thaïlande	374	29.	Suède	730
30.	Autriche	372	30.	Hong Kong	728

Source : World Economic League Table.

Vu les projections ci-dessus, revenons à la théorie de la fin de la croissance[423], et voyons dans quelle mesure elle se vérifie pour les économies déjà avancées, surtout pour l'Europe. Ce n'est pas trop prendre de risques que d'affirmer que les changements qui ont déjà eu lieu, de même que les estimations concernant l'avenir, vérifient amplement la théorie d'Alvin Hansen et sa réactualisation par Lawrence Summers. On pourrait même ajouter que l'élément déterministe dans la théorie d'Alvin Hansen et de Lawrence Summers est également présent dans la théorie de la fin des civilisations dont on peut considérer que l'économie fait partie. De plus, il est difficile d'apprécier dans quelle mesure a compté dans l'évolution des choses la politique économique suivie. On peut, je pense, facilement affirmer d'une manière générale qu'au fil du temps, toute mauvaise politique a précipité le déclin de l'Occident, et qu'en revanche, les bons choix l'ont ralenti, comme on peut l'observer avec l'Allemagne et l'accueil des migrants. Je tiens encore à souligner que ces évolutions en cascade de l'économie mondiale vérifient les idées que j'avais développées dans un de mes livres[424], en tant qu'invitée à l'Institut universitaire européen de Florence (Fiesole). Dans ce livre, je tire la sonnette d'alarme, pour l'Europe surtout, et je soutiens que celle-ci pourrait considérablement retarder sa marginalisation si elle décidait de mettre en place au plus vite un programme de croissance rapide pour ses économies et régions les moins développées. Je crois que la destruction du sud de l'Europe qui s'est ensuivie et la marginalisation plus générale de l'UE ont pleinement vérifié mes prédictions et mes propositions, qui n'ont malheureusement pas été entendues quand il en était encore temps.

II. LA RÉPUBLIQUE POPULAIRE DE CHINE

J'ai gardé pour la fin de cette section ce que l'Occident juge comme étant le problème majeur de la Chine et le plus difficile à surmonter : l'absence de démocratie. Bien qu'à plusieurs endroits de cette étude j'aie évoqué cet argument fort de l'Occident – le rejet de tout ce qui est étranger à sa propre conception de la démocratie –, les interminables expressions de cette question

[423] Cette théorie est développée dans la Partie I du présent livre.

[424] M. Negreponti-Delivanis (1990), *Europe's life-buoy: its less developed regions*, Paratiritis, Thessalonique (en grec et en anglais).

doivent être constamment complétées. À l'Occident qui lui reproche de ne pas être une démocratie, la Chine réplique : « Tout le monde veut les avantages de la démocratie, mais les agents politiques feraient une erreur fatale s'ils pensaient qu'ils y arriveraient juste en transplantant tout le système politique américain »[425].

Convaincu que la démocratie aux normes occidentales est l'unique système susceptible de garantir le bien-être des personnes et qu'elle doit être systématiquement imposée aux économies atteignant un certain niveau de croissance, de communication et d'information, l'Occident semblait persuadé que la Chine rejoindrait ce régime dès qu'elle aurait rempli les conditions préalables. En 1998, Thomas Friedman déclarait dans sa rubrique du *New York Times* : « C'est à ce moment-là que la Chine aura besoin d'un gouvernement légitime [...] Lorsque les 900 millions de villageois chinois auront le téléphone et commenceront à communiquer entre eux, la société s'ouvrira inévitablement »[426]. Or, la Chine a passé le cap du « salaire intermédiaire » et la technologie des communications s'est rapidement étendue, 600 millions de Chinois possédant un iPhone et 750 millions utilisant l'internet, tout en évoluant vers un système plus autoritaire[427], démentant ainsi les prévisions des Occidentaux. *Et nous ne pouvons qu'accepter le fait qu'un régime autoritaire puisse être tout aussi efficace que la démocratie occidentale, si ce n'est davantage.* Mais il nous faut accepter encore le fait qu'une « démocratie » puisse exister hors de l'Occident, avec des normes et conditions préalables complètement différentes mais dont le but est le même, à savoir la prospérité de sa population. La différence la plus fondamentale, peut-être, entre ces deux conceptions de la démocratie réside dans l'idée que l'Asie et l'Occident se font du secteur public. Pour la Chine, le secteur public est la société même, tandis que pour l'Occident la société est opprimée par le secteur public. De plus, il s'avère que les élections présentant plus d'un parti politique ne sont pas une condition préalable au succès, puisqu'un parti unique peut accomplir des miracles. Ce qu'a amorcé la Chine avec Deng Xiaoping en tant que démocratie différente du type occidental et qui se poursuit est « l'entrée du capitalisme, seulement s'il garantit des réformes démocratiques qui permettent la responsabilité bureaucratique, encouragent la compétitivité et réduisent la puissance des dirigeants »[428]. *Les performances de la Chine et pas seulement, permettent de croire que l'Occident n'a pas le monopole des avantages de la démocratie, que ces avantages peuvent être acquis par des*

---

[425] Yuen Yuen Ang (2018), « Autocracy with chinese characteristics », *Foreign Affairs,* mai/ juin, p. 39-46.
[426] *Ibid.*, p. 39.
[427] Le Président Xi Jinping ayant la possibilité de rester au pouvoir autant de temps qu'il le veut.
[428] Yuen Yuen Ang, *op. cit.*, p. 46.

procédés différents de ceux de l'Occident et que c'est de cette façon qu'il ouvre la voie à la domination des « partis populistes » dans le monde entier.

Toutefois, la capacité fantastique de la Chine de procéder avec succès à des petits arrangements semble avoir assuré une sorte d'interconnexion de son système politique avec l'exigence considérable de la démocratie, comme le laisse entendre la déclaration de Xi Jinping[429] : « L'avenir de tout parti politique ou gouvernement dépend du "soutien populaire" » qui existe déjà dans les *Œuvres choisies* de Mao : « Pour établir une liaison avec les masses, nous devons nous conformer à leurs besoins, à leurs désirs ».

Bien entendu, la formulation théorique des besoins de la démocratie est infiniment plus simple que sa mise en œuvre. La situation en Chine, à cet égard, comme dans tous les pays régis par un « gouvernement populaire », n'est pas idéale et ne « satisfait pas les besoins et les souhaits des masses » qui protestent souvent. Le pire, dans ces économies, est peut-être la surveillance systématique des citoyens, facilitée par les nouvelles technologies, et l'élimination de toute idée de confidentialité[430]. Mais en Occident aussi, la police a le droit de recourir à des pratiques similaires pour arrêter des criminels. Cependant, les limites de ces procédés entre les deux régimes ne sont, en réalité, pas si distinctes, car en Occident des cas de surveillance de plus en plus scandaleux sont rapportés, dont le but n'est pas uniquement l'arrestation de criminels. Une autre accusation courante portée contre les actions antidémocratiques des gouvernements populaires fait état du « musellement des médias ». Or, là non plus, l'Occident ne peut se targuer d'être un modèle de vertu. Les différences entre les deux types de gouvernance tendent ainsi à être minces, mais restent néanmoins considérables au vu des rêves idéologiques. La corruption à haut niveau dans l'UE peut aller jusqu'à l'assassinat de journalistes s'ils tentent de s'immiscer et de faire la lumière sur des affaires illicites, le plus récent étant celui de la journaliste bulgare Victoria Marinova. On soutient généralement que les gouvernements populaires, renforcés par une dose d'autoritarisme, restreignent la liberté d'expression des médias car ils ne tolèrent pas les critiques. Malheureusement, l'expérience montre que, souvent, ce qui se passe en Occident ne vaut guère mieux[431].

III. LES DEUX MONDIALISATIONS TRADITIONNELLES

Il y a, aussi paradoxal que cela paraisse, trois et non plus une seule mondialisation. Dans les années 1970, s'est imposé sur la terre entière ce système économique international depuis lors connu sous le nom de

---

[429] Xi Jinping works, *op. cit.*

[430] « The surveillance state », *The Economist*, 2 juin.

[431] Nikos Efstathiou (2018), « Press freedom in the EU peril », 13-14, *The International New York Times Edition*, octobre.

« mondialisation ». C'est avec la mondialisation que nous avons vécu durant quelque cinquante années, et dont les normes sont occidentales. Ce sont les États-Unis qui en ont fait le choix et l'ont promue, car ils avaient toutes les raisons de croire qu'ils risquaient de perdre leur position dominante sur le monde, et que le Japon ou l'Europe pouvaient prendre leur place. Les craintes des États-Unis, à cette époque-là, étaient fondées, comme il ressort d'éléments statistiques comparatifs d'alors. Évidemment, il est impossible, maintenant que ce système semble être sur son déclin, de savoir si, sans lui, l'Europe ou le Japon auraient finalement délogé les États-Unis de leur position dominante. La quantité et la complexité de l'évolution des choses, tout au long de cette cinquantaine d'années qu'il aura duré, avec un impact positif et négatif, et l'entrée en lice de nouveaux joueurs sur la scène internationale, ne permettent pas de se faire une image certaine de ce qu'aurait été la situation internationale s'il n'avait pas existé.

Les États-Unis, de leur côté, prévoyaient à juste titre, il y a une cinquantaine d'années, que la libéralisation des échanges, combinée à un régime d'économie libérale, était le système qui les favoriserait et assurerait la pérennité de leur primauté internationale. Ce système international[432], présenté comme nouveau alors qu'il ne l'était pas, fut accepté avec beaucoup d'enthousiasme d'un bout à l'autre de la planète. Et la raison de cet engouement est qu'il promettait la fin des crises, l'augmentation de la prospérité, l'assurance de bénéfices à l'ensemble des échanges, mais aussi la possibilité pour tous les habitants d'améliorer leur situation, grâce aux nouvelles technologies. Les quelques économistes, parmi lesquels l'auteure du présent livre, qui exprimaient, dès le début, des doutes concernant les conséquences attendues de la mondialisation[433], étaient traités d'hétérodoxes, de non progressistes, de râleurs, etc. Les conséquences néfastes de la mondialisation qui a manqué à toutes ses promesses initiales, ont par la suite rendu justice aux sceptiques.

Dans la sous-section A sera examiné le régime de la mondialisation qui alterne au fil du temps avec celui du protectionnisme. Ensuite, dans la sous-section B, seront retenus certains signes qui annoncent le recul de la mondialisation après une cinquantaine d'années, puis dans la sous-section C, seront exposées les causes et les réactions qui ont conduit, semble-t-il, à son renversement, et dans la sous-section D nous nous intéresserons à la deuxième mondialisation, parallèle ou auxiliaire, qui coexiste avec la traditionnelle, et qui existera également avec la chinoise. Enfin, dans la section IV nous nous attacherons à découvrir la physionomie originale de la troisième

---

[432] Il ne s'agissait pas d'un nouveau système international, mais plutôt d'un système qui revient pour de longs intervalles et auquel a été donné un nom différent, la « mondialisation », qui ne figurait pas dans le dictionnaire.

[433] M. Negreponti-Delivanis (2002), *La mondialisation conspiratrice*, Fondation Delivanis, éd. L'Harmattan, Paris 2002, en guise de préface.

mondialisation en marche, qui portera les couleurs de la Chine, laquelle est résolue à y parvenir et certaine de bientôt détrôner la mondialisation occidentale.

A. La rotation de la mondialisation et du protectionnisme

La mondialisation, dès son apparition, fut reçue comme un nouveau système alors qu'elle ne l'était pas[434]. Comme il n'existe que deux cosmothéories, celle de la libéralisation des échanges et celle du protectionnisme, elles sont appliquées en alternance, et *a fortiori*, pour des durées plus ou moins égales[435]. Selon François Lenglet[436], on observe avec le temps un cycle récurrent, d'une durée d'environ 80 ans, qui comprend deux demi-cycles d'une quarantaine d'années chacun. Leur rotation semble obéir à une combinaison d'événements, tels que l'apparition de nouvelles technologies, le mécontentement face à leurs conséquences néfastes qui s'accentue au fil du temps, le passage du capitalisme à un stade ultérieur de développement, ou encore la prédominance des intérêts de certains États ou puissants groupes sociaux dans l'agenda international. *Et dans la conjoncture actuelle, tout cela fonctionne ensemble.* L'histoire nous a toutefois enseigné qu'un autre élément inquiétant entre également en jeu, à savoir que la mondialisation s'achèvera par une crise ou par une guerre, comme cela se produisit en 1870 et en 1929.

Depuis l'instauration de la dernière mondialisation, une cinquantaine d'années se sont écoulées, c'est-à-dire davantage que ce qui était prévu[437] pour son remplacement par un régime protectionniste. Et au-delà de cet indice chronologique, de nombreux autres annoncent parallèlement l'épuisement de la mondialisation et son remplacement par un autre régime international. On pourrait éventuellement soutenir le fait que le ralentissement de l'actuelle mondialisation a été provoqué par la deuxième grande crise économique, qui a commencé en 2008 et n'est toujours pas terminée. Par conséquent, perçue ainsi, elle relève d'un phénomène cyclique et non structurel. Dans le même sens, on pourrait faire valoir une autre interprétation que celle du ralentissement des effets de la mondialisation – déjà menacée d'être remplacée par le protectionnisme –, à savoir la crise de la dette qui affecte l'Europe et doit être réglée, le problème migratoire et celui du terrorisme dont on peut espérer que la solution sera facilitée par l'importance redonnée aux frontières nationales. Un coup fort, et j'ajouterais même fatal, pour stopper la mondialisation – du moins avec l'étendue que nous lui connaissions – a été

---

434 La précédente, dirigée par les États-Unis et l'Europe, commença en 1870 et s'acheva avec la grande crise économique puis la Deuxième Guerre mondiale.

435 François Lenglet (2014), *La fin de mondialisation,* éd. Librairie Arhème Fayard/Pluriel, Chap. 5 : L'éternel retour.

436 *ibid.*

437 *ibid.*

porté par le nouveau dirigeant de la planète, qui se montre hostile à l'ouverture incontrôlée des frontières, puis par l'annonce de l'instauration de droits de douane qui constituent l'expression la plus dure du protectionnisme. Les cas sont nombreux où Donald Trump se positionne contre les alliés traditionnels de l'Amérique, tels que l'Europe, le Canada ou le Mexique. Ce comportement s'explique par le fait que le président américain est convaincu que ses « alliés » exploitent l'Amérique et que cela doit cesser.

Les optimistes, aux États-Unis, voyant arriver la fin de la mondialisation qui sera remplacée par le protectionnisme, soutiennent que l'économie de l'Amérique ne sera pas particulièrement affectée par ce changement sur l'échiquier international, car sa participation relativement faible au commerce international se révèlera être sa planche de salut[438]. Toutefois, les conséquences d'une guerre commerciale, qui font déjà des ravages d'un côté comme de l'autre, ne peuvent en aucun cas faire des vainqueurs et des vaincus.

Vu les signes du recul de la mondialisation, il ressort que le monde est sur le point de changer de système, c'est-à-dire qu'il passe au protectionnisme, ou du moins, à une combinaison des deux systèmes avec une part assez importante de protectionnisme. Notons qu'à ce point, de toute évidence, l'abandon ou même l'affaiblissement de la mondialisation donne lieu à de fortes réactions de la part des élites dans le monde entier, qui persistent à y voir un système permanent, étant donné que ce sont elles qui en sont les grandes bénéficiaires. Et ajoutons à cela que les médias, à la botte des grands intérêts investis, y contribuent en empêchant l'opinion publique d'accéder à une information objective concernant ce changement à venir. Les efforts faits par les élites pour empêcher le renversement du régime international sont doubles : Premièrement, ils s'emploient à analyser et à calculer de combien le PIB va baisser, au cas où des mesures restrictives soient imposées, finissant par avertir que la baisse sera un désastre, et deuxièmement, ils répondent aux résultats très négatifs de la mondialisation, comme notamment les pertes d'emploi, en alléguant que la mondialisation profite aux citoyens puisqu'elle leur permet d'acheter des produits bon marché. Toutefois, le ralentissement des échanges internationaux est un fait avéré depuis longtemps, et il est clair qu'invoquer la crise ne suffit pas à interpréter ce changement.

La mondialisation semble bien être arrivée à son terme. Le renversement d'un système international qui est arrivé à son terme est déterminé. Cette rotation des systèmes est due aux extrêmes et aux excès auxquels ils se sont laissés aller vers la fin de leur suprématie et qui ont fait grossir le mécontentement et les réactions de ceux qui en souffrent. Le cycle, en perpétuel recommencement, assure la continuation de la mondialisation et du

---

[438] Brina Seidel, Laurence Chandy (2016), « Donald Trump and the future of globalization », *Brookings*,18 novembre.

protectionnisme. Même si les caractéristiques et les directions dominantes de chacun d'eux ne changent pas de manière substantielle, elles s'enrichissent également de nouvelles caractéristiques à chacun de leur passage. Et maintenant, je me demande si c'est effectivement un système financier international qui est en train de s'installer et qui élimine la mondialisation ou, à tout le moins, qui en réduit la portée et l'intensité. Et si c'est le cas, quel sera ce système, quelles seront ses principaux traits caractéristiques et, plus important encore, les résultats de ce nouveau système seront-ils meilleurs que ceux du sortant ? Quels en seront les avantages et les inconvénients par rapport à la mondialisation que nous avons connue ? D'abord, il convient de souligner que les deux systèmes disponibles présentent aussi bien des avantages que des inconvénients, c'est pourquoi une combinaison des deux est toujours préférable à un régime unilatéral et absolu. Au début, lors de l'installation de l'un ou l'autre système, l'attention est toujours concentrée uniquement sur ses avantages, tandis que les inconvénients sont quelque peu négligés. À la fin du cycle, c'est exactement le contraire qui se produit.

Il est intéressant, à propos de ces deux systèmes économiques internationaux existants, de savoir lequel des deux, de par leur histoire, affiche les meilleurs résultats en matière d'économie, mais aussi pour les citoyens du pays qui les adopte. Malgré le fait que le protectionnisme soit présenté par toutes les élites de la planète comme un système approprié aux faibles, à ceux qui ne supportent pas la compétitivité et qui sont plus ou moins considérés comme ayant des capacités limitées, il s'avère qu'il a été en place plus longtemps, comparé à celui de la libéralisation des échanges, et qu'il a un effet positif sur la croissance. Le système protectionniste, pourtant, fait peur et provoque l'hystérie, tandis que ses désavantages sont mis en avant d'une façon souvent exagérée. Cette approche du protectionnisme est imputable au fait que depuis 100 ans, la libéralisation, surtout des échanges financiers, favorise largement les multinationales et les banquiers, qui réagissent ainsi parce qu'ils ne veulent en aucun cas perdre leurs privilèges[439]. Les observations suivantes de Lawrence Summers, concernant les fanatiques de l'ouverture des frontières sont particulièrement[440] éclairantes : « C'est un élitisme sans patrie qui s'est soumis à la mondialisation économique et à la prospérité individuelle, et non aux intérêts de la nation où il vit ». Plus généralement, on peut affirmer que le choix entre ces deux systèmes est, dans une large mesure, fonction du stade de développement. L'exhortation de Friedrich List en 1840[441], à propos de la nécessité pour les économies en développement de prendre des mesures protectionnistes, jusqu'à ce que leur industrie mûrisse et qu'elles soient prêtes

---

439 François Lenglet, *op. cit.* p. 212.

440 Lawrence Summers (2008), « America needs to make a new case for trade », *Financial Times*, 27 avril.

441 *Système national d'économie politique,* en traduction française, Capelle, 2e édition, Paris, 1957.

à affronter la concurrence internationale, surtout dans le domaine de l'industrie, est aujourd'hui toujours valable. Les mesures de protection, selon List, doivent avoir une étendue limitée et être provisoires[442]. Et justement, le danger pour les économies en développement, durant la longue période de la dernière mondialisation, était que celle-ci ne respectait pas leur besoin de protectionnisme en vue de se préparer à se jeter dans la concurrence internationale, mais au contraire, elle les a obligé à ouvrir sans conditions leurs frontières. Le principal instrument du protectionnisme, ce sont les taxes douanières qui ont généralement pour objectif de protéger la production et l'emploi intérieurs. Une autre mesure protectionniste est la restriction voulue de la production de certains biens, essentiellement agricoles, afin que leur prix ne baisse pas sur le marché international[443]. Quoi qu'il en soit, que les mesures protectionnistes profitent au bout du compte ou non à l'économie qui les aura adoptées dépend de quantité de données parallèles, de sorte que chaque cas est un cas particulier, qui se présentera sous des formes différentes et aura des effets différents. Cependant, le fait que des économies se tournent vers un certain degré de protectionnisme s'explique presque toujours par la fatigue des citoyens qui ont vécu la violence de la mondialisation. En général, lorsqu'ils optent pour plus de protectionnisme, ils ferment les yeux, ne serait-ce que temporairement, sur les désavantages qu'il comporte. Et justement, comme les deux systèmes internationaux existants disposent à la fois de désavantages et d'avantages, et qu'il n'est pas possible d'en prévoir à l'avance la proportion et la combinaison, dans ces conditions, le meilleur choix à faire est d'essayer de mettre en place un système qui combine les deux.

La mondialisation semble avoir atteint ses limites et son recul est dû au fait qu'aucun pouvoir international n'est disposé à en assumer la coordination. En effet, dès le début, les États-Unis n'avaient pas souhaité assumer le rôle que la Grande-Bretagne avait joué dans la phase précédente de libéralisation du commerce et s'élèvent maintenant résolument contre la mondialisation. Quant à la Chine, qui théoriquement le pourrait, elle n'est pas encore prête à endosser un rôle international aussi important.

La démondialisation au profit d'un protectionnisme moderne est, à mon avis, une conséquence cohérente et spontanée, mais aussi une évolution provoquée. Je pense qu'en dépit de ses inconvénients, la démondialisation sera maintenant bénéfique pour l'humanité, car elle limitera, voire corrigera les nombreuses misères engendrées par la mondialisation.

Il n'est toutefois pas certain que le protectionnisme, qui pourrait être considéré comme la réponse de l'Occident à la fin de la mondialisation, sera

---

[442] Maurice Byé, Gérard Destanne de Bernis, *Relations économiques internationales,* Dalloz, 5e édition, p. 1260.

[443] Mesure largement appliquée par l'UE dans le secteur primaire.

finalement le système qui lui succèdera. Et cela, car la Chine et son escorte sont en train d'envahir la scène internationale, n'apportant pas simplement une mondialisation aux normes complètement nouvelles, mais aussi une culture diamétralement différente de celle de l'Occident. Il s'agit de la renaissance de la « route de la soie » *qui est méthodiquement et minutieusement préparée et dont la venue va tout changer dans la vie quotidienne des habitants de la Terre.* On peut donc s'attendre à ce que le protectionnisme dont la présence se fait déjà sentir dans le monde, ne soit pas vraiment un nouvel ordre économique international succédant à la mondialisation occidentale, mais simplement une « fraction » qui existera, sans toutefois dominer, en même temps que la mondialisation aux normes chinoises.

Le protectionnisme, en tant que système alternatif de la mondialisation occidentale, est maintenant utilisé par le président américain pour sauver l'Occident, à commencer naturellement par son propre pays, les États-Unis. Et l'absence d'idéologie des opposants à la mondialisation est déjà comblée par la recherche de l'identité perdue : celle de la Nation, de la religion, des valeurs essentielles de la vie, de la culture. Par ailleurs, les peuples, de l'Amérique à l'Égypte, sont déçus par la mondialisation dont les résultats positifs, loin d'être répartis avec équité, sont au contraire accumulés au sommet. Le non-respect des promesses initiales de la mondialisation, de même que l'explosion des inégalités ont provoqué chez la plupart, en Europe surtout mais aussi en Amérique, une vague de colère qui, de toute évidence, ne se calmera pas avec l'élection en France d'Emmanuel Macron ni avec la réélection en Allemagne d'Angela Merkel[444]. Plus précisément, l'Europe, où régnait une mondialisation à petite échelle dans le cadre de l'Union européenne et de la zone euro, est poussée à la dissolution par des forces apparemment supérieures à celles de la cohésion, des améliorations réussies et du renouvellement. Les efforts du président français Emmanuel Macron pour raviver l'axe franco-allemand se heurtent à des divergences de vue essentielles entre la France et l'Allemagne au sujet de la structure future de l'Europe. Emmanuel Macron est de toute évidence favorable à une Europe fédérale, où les ressources se transféreraient entre les États membres, et qui aurait son propre ministre des Finances, tandis que l'Allemagne y est catégoriquement opposée, surtout avec le gouvernement anti-européen dont elle est dotée depuis les dernières élections. Les deux pays fondateurs de l'Union européenne s'accordent pour la faire évoluer vers une union économique à plusieurs vitesses, mais cela éloignera davantage encore le sud de l'Europe de l'idéal européen, renforçant le taux déjà élevé d'euroscepticisme et contrariant les efforts du président de la Commission

[444] Ian Bremmer (2017), « Yes Merkel has won but the fires of European populism are still raging », *Time*, 9 octobre.

européenne, Jean-Claude Juncker, pour intégrer les pays des Balkans à la zone euro[445].

Les caractéristiques aussi bien positives que négatives des deux systèmes internationaux existants favorisent chacun différents groupes sociaux tout au long de leur mise en application. Plus précisément, la libéralisation du commerce existe en même temps que le néolibéralisme, qui souvent atteint les limites du laissez-faire, laissez-passer. Le système est hostile à l'intervention de l'État dans l'économie et à l'État-providence. Par conséquent, ce sont les puissants qui tirent profit du système de la libéralisation du commerce. Ceux-ci semblent convaincus que les faibles, n'étant pas en mesure de supporter la compétitivité et de réussir, recherchent la protection de l'État, raison pour laquelle le protectionnisme, selon eux, nuit au progrès. Et puis, durant la mondialisation, l'importance des frontières nationales recule, de même que la souveraineté des gouvernements nationaux, tandis que les inégalités de toutes sortes se creusent et que la compétitivité s'intensifie[446]. Dans le cadre de la mondialisation, les préférences se tournent contre la politique expansionniste monétaire et économique et par voie de conséquence, contre l'inflation, même très faible, et en faveur de la stabilité monétaire austère, de manière à rendre sûre la circulation des capitaux d'un bout à l'autre de la Terre. Le système protectionniste, au contraire, marche de concert avec l'interventionnisme de l'État et l'État-providence, vise à réduire les inégalités et à renforcer la place de la classe moyenne. Un certain degré d'inflation contrôlée, qui aide au remboursement des dettes ou des déséquilibres contrôlés dans le cadre des différentes balances est en principe toléré. L'analyse détaillée des effets néfastes de la mondialisation ayant été faite, il nous faut maintenant ajouter les résultats négatifs du protectionnisme, lesquels peuvent se résumer comme suit :

• Les consommateurs, au sein de chaque économie aux frontières fermées, auront un choix plus restreint dans les produits qu'ils voudront consommer et souvent ils les acquerront à un prix plus élevé ou même, il se peut que les produits locaux soient de qualité inférieure à ceux importés.

• Le coût de production des entreprises nationales sera probablement supérieur car la possibilité de recourir à des économies d'échelle sera restreinte.

• Les industries nationales, notamment dans le cas où les restrictions de change imposées s'effectuent de manière stricte et efficace, risquent de ne pouvoir introduire à temps les technologies nouvelles.

---

445 Charlemagne, « Mr Juncker's Indian summer » (2017), *The Economist*, 16 septembre.

446 Même si ce résultat n'est pas certain, étant donné que l'on observe un net tournant vers les achats et les fusions.

• Il se peut que des entreprises nationales, se trouvant dans des économies soumises aux restrictions de changes, recherchent des pays dotés d'un régime de libre-échange. La portée de cet argument contre le protectionnisme est toutefois limitée, étant donné que selon la règle, lorsqu'une guerre commerciale commence, elle tend à se généraliser.

Quant à la démondialisation, quelle définition lui convient-elle ? Frédéric Lordon[447] en considère les nombreuses caractéristiques comme radicalement inverses de celles de la mondialisation, dans la mesure évidemment où la démondialisation est perçue comme une bénédiction. Voici, donc, sa définition de la mondialisation : « La concurrence entre économies à standards salariaux abyssalement différents. La menace permanente de délocalisation. La contrainte actionnariale exigeant des rentabilités financières sans limites ». Et la définition négative de la mondialisation qui est en même temps une définition positive de la démondialisation, toujours selon Frédéric Lordon[448] : « réduire les flux de marchandises et de capitaux, et relocaliser les systèmes productifs […], stopper la concurrence entre travailleurs et paysans du monde, valoriser la diversité des savoirs et des pratiques sociales, nourrir les populations et assurer la souveraineté alimentaire ». Walden Bello[449] tente lui aussi de définir la démondialisation : « Il s'agit de réorienter les économies, de la priorité à la production pour l'exportation, à celle pour la production destinée aux marchés locaux ».

Ici, il est important d'insister sur le fait qu'il est très difficile de savoir lequel des deux systèmes disponibles est le plus efficace et pertinent : celui du libre-échange ou celui du protectionnisme. Et cela car, premièrement, leur mise en œuvre est trop rarement absolue au point d'exclure toute combinaison, et deuxièmement, justement parce que les résultats sont fonction de leur combinaison.

Comme l'Amérique est l'économie qui a remis en cause la mondialisation, même si c'est elle qui l'a imposée au monde il y a une cinquantaine d'années, les premiers constats sur les conséquences des mesures protectionnistes sur son économie présentent un intérêt particulier. Les nouvelles semblent encourageantes pour les entreprises dont le chiffre d'affaire a augmenté de 22 % par rapport à l'année précédente, et les investissements ont augmenté de 19 %. En fin de compte, il semble que pour l'Amérique, à l'heure actuelle du moins, les effets positifs des mesures imposées à la Chine excèdent les désavantages[450].

---

[447] « Frédéric Lordon et la démondialisation », https://relocalisation.wordpress.com, 22 août 2013.
[448] *Ibid.*
[449] *Deglobalization, ideas for a New World Economy,* Londres et New York, 2002.
[450] « The affair » (2018), *The Economist*, 26 mai.

B. La mondialisation aux normes occidentales se retire

Les signes de fatigue de la mondialisation sont déjà observables, et dans de nombreux secteurs la situation est souvent dramatique. Étant donné que dans la dernière période de la libéralisation des échanges, c'est l'économie financière qui a prévalu, il convient de commencer par son renversement qui est particulièrement impressionnant, et de continuer par d'autres signes qui témoignent également de la tendance au ralentissement des échanges internationaux.

1. Contraction des transactions financières

Les échanges financiers de cette sorte qui ont apposé leur sceau sur la dernière mondialisation représentaient pour le monde entier 206 trillions de dollars[451] ou 355 % du PIB mondial avant la crise. Cette dimension incontrôlée de l'économie virtuelle qui évolue parallèlement à l'économie réelle laisse apparaître dans toute son ampleur le fait que la valeur des transactions boursières était près de quatre fois supérieure avant le début de la crise que la création de richesse dans l'économie réelle. La chute de cette forme de transactions fut vertigineuse après la crise et elle équivaut maintenant à environ 50 unités du PIB mondial. Le flux des capitaux internationaux a affiché une baisse tout aussi vertigineuse, estimée à environ 70 %, comparée à avant le début de la crise. De leur côté, les banques se sont empressées de réduire les prêts internationaux de 3 trillions de dollars, par rapport à ce qui prévalait avant le début de la crise. L'encouragement du retour des échanges à l'intérieur des frontières pourrait être interprété comme un souci, de la part des banques, de plus de sécurité. En tout état de cause, cette tendance a été renforcée par la crise, mais pas seulement. Parallèlement, de nombreuses économies retournent aux contrôles sur la circulation des capitaux. Ces contrôles ont entretemps redoré leur réputation et sont acceptés sous prétexte qu'ils servent à décourager les investissements étrangers indésirables[452]. Ainsi, le flux global des capitaux, qui depuis 2007 atteignait les 11 trillions de dollars, ne dépassait pas le tiers de ce montant en 2012[453]. Plus spécifiquement, on estime que pour l'Union européenne, au milieu de 2013, la totalité financière avait retrouvé son niveau de 1999, autrement dit celui d'avant l'adoption de la monnaie unique européenne[454]. C'est ainsi que l'on peut raisonnablement se demander si cette aversion croissante pour le risque se poursuivra après la crise. Rien n'est certain mais, dans le passé, le renversement de l'ordre économique international venait habituellement après

---

451 « Financial globalization: retreat or reset ? » (2013), Mc Kinsey Global Institute, mars.

452 *The Economist*,12 octobre 2013 - dossier spécial: World Economy.

453 *Ibid.*

454 François Lenglet, *op. cit.* p. 18.

des crises économiques. Il est donc fort probable que cette fois encore, le phénomène apparaisse. La forte tendance à la baisse des échanges financiers affecte aussi les investissements étrangers directs qui diminuent après la crise. Selon des estimations[455], les investissements étrangers directs pour les entreprises ont affiché une baisse supplémentaire de d'ordre de 15 % en 2012. Dans ce secteur, on observe que toutes les économies nationales ont une aversion croissante pour la vente de leurs richesses publiques, absolument justifiée, d'autant plus aujourd'hui, où la mondialisation se retire et que l'importance de l'État-nation est en train de renaître.

2. Stagnation du commerce international

L'effondrement de la banque Lehman Brothers a porté un coup dur au commerce international qui, malgré une amélioration dans l'année 2009-2010, n'est pas parvenu à retrouver son niveau d'avant la crise. Plus précisément, l'essor du commerce international s'est interrompu en 2011 et a stagné jusqu'en 2014 : depuis 2012, il a un rythme de croissance de tout juste 2 % contre 8,5 % pour la période 2002-2007. Ce ralentissement suit celui de l'activité économique dont le rythme de croissance après 2011 n'est que de 3,4 % contre plus de 5 % avant la crise. À prix constants, l'évolution du commerce international, pour la première fois depuis 1950, est inférieure à celle du PIB mondial[456]. L'élasticité revenu des échanges était égale à 2 en 1990 tandis que maintenant, elle n'est que de 1[457]. Au deuxième semestre de 2016, le volume du commerce international a diminué de 0,8 %[458]. On pouvait espérer une relance du commerce international avec la signature du nouveau partenariat de commerce et d'investissement entre l'Amérique et l'Europe (TTIP), finalement rejeté par le président américain qui refuse d'y prendre part. En tout état de cause, cet accord contenait un certain nombre d'aspects pour le moins troubles[459].

Cette interprétation impute essentiellement la stagnation du commerce international à la conjoncture économique mondiale qui a commencé à alimenter des inquiétudes quant à la fin probable de la croissance, autrement dit, un monde avec une croissance zéro[460]. Ces inquiétudes sont renforcées par le risque de déflation, à laquelle l'UE est déjà confrontée. En 2013, les

---

[455] Cabinet de consultants McKinsey.

[456] *Alternatives Économiques*, No 341, décembre 2014.

[457] « Le grand ralentissement des échanges internationaux » (2015), *Alternatives Économiques,* No 352, décembre.

[458] Robin Niblett (2017), « Liberalism in Retreat », *Foreign Affairs*, janvier/février.

[459] Lee Williams (2015), « What is TTIP ? And six reasons why the answer should scare you », *Independent* 6 octobre.

[460] Patrick Artus, Marie-Paule Virard 2015), *Croissance Zéro,* éd. Fayard. L. Williams (2015), « What is TTIP ? And six reasons why the answer should scare you », *Independent* 6 octobre.

échanges intercommunautaires ont baissé de 5 %, tandis qu'ils enregistraient au niveau mondial une baisse de l'ordre de 17 % par rapport au rythme de variation d'avant la crise. La déclaration de Pascal Lamy, l'ancien directeur général de l'OMC[461], à Genève en 2013, est en cela significative : « La menace protectionniste est peut-être plus forte maintenant qu'elle ne l'a jamais été depuis le début de la crise ». Le ralentissement du commerce international, en tant que pourcentage dans leur PIB semble, en raison de la crise, plus fort dans les économies émergentes parce que leurs exportations ont été touchées par la baisse de la demande des économies avancées, et qu'en temps de crise leurs importations sont plus vulnérables que dans les économies avancées. Effectivement, avant la crise, les importations des pays en développement avaient un rythme annuel de 7 %, tandis qu'elles sont maintenant tombées en moyenne à 3 %. Par ailleurs, la mondialisation semble épuisée aussi parce que les droits de douane, à l'échelle mondiale, sont en moyenne inférieures de 5 % à la valeur des importations et qu'elles peuvent difficilement baisser encore.

Davantage peut-être que la stabilité du commerce international, le ralentissement de la mondialisation se confirme par la tendance nette des économies nationales à conclure des accords régionaux. Les États-Unis, notamment, réduisent depuis peu leur activité dans les échanges mondiaux, concluant des accords commerciaux avec leurs alliés par excellence, à savoir l'ALENA, l'Union européenne, l'Asie, le Japon, la Corée du Sud, l'Australie et la Nouvelle-Zélande. Par ces accords régionaux, qui ont fini par porter un coup dur à la mondialisation, les États-Unis s'efforcent de limiter les réactions des trois économies émergentes, la Chine, l'Inde et le Brésil, lesquelles cherchent à préserver leurs propres intérêts[462]. Les économies émergentes ont en effet pris conscience de l'augmentation de leur poids spécifique dans l'arène de l'économie mondiale, elles unissent leurs forces et se montrent de plus en plus réticentes à accepter des accords qu'elles jugent possiblement nuisibles, propres à ralentir leur croissance rapide. C'est la raison pour laquelle elles ont réagi à la volonté des économies avancées d'étendre la libéralisation des échanges internationaux aux services, au régime des investissements étrangers et aux marchés publics.

La conférence qui a rassemblé 164 pays à Buenos Aires, en décembre 2017 dans le cadre de l'OMC, fut la première rencontre organisée depuis l'élection de Donald Trump[463]. L'avenir de cette organisation est entouré d'une grande incertitude en raison de la réticence de Donald Trump à donner suite aux nouveaux accords commerciaux. D'après les déclarations du nouveau président américain, complétées par celles de ses vassaux, l'OMC ne respecte

---

[461] Organisation mondiale du commerce.
[462] *Alternatives Économique*, *op. cit.*
[463] Ana Swanson (2017), « Once its champion, U.S. now a skeptic of W.T.O. », *The Economist*, 13 décembre.

pas les règles. Il lui reproche de toujours privilégier les Chinois, alors que l'on ne sait pas vraiment si ce pays fait véritablement partie des « économies de marché ». Par ailleurs, il accuse l'OMC de ne pas intervenir auprès de la Chine pour ses infractions à l'encontre des États-Unis et cette indulgence a eu pour effet l'augmentation du déficit commercial américain et une perte d'emplois considérable. L'Amérique est convaincue que cette organisation met sa souveraineté en danger et trompe les travailleurs. C'est donc sous cet angle hostile que Donald Trump, toutes proportions gardées, voit la quasi-totalité des organismes internationaux et les conventions comme l'OTAN, le partenariat transpacifique et la convention sur les changements climatiques. Le mode de fonctionnement du président américain et de son état-major est basé sur un objectif souvent répété autour duquel tourne tout le reste, à savoir « l'Amérique d'abord ». Cependant, on a du mal à comprendre comment cet objectif est devenu une attitude spécifique de l'Amérique envers l'OMC. Ce qui est certain, c'est ce qu'elle a déclaré, par le biais du conseiller de la Maison Blanche pour les affaires internationales, Dan Di Micco : « Nous pouvons aller à l'OMC et déposer plus de dossiers commerciaux. Et s'ils [les Chinois] ne coopèrent pas, nous pouvons quitter l'OMC »[464]. Ce qui est également certain, c'est son opposition aux accords commerciaux collectifs et qu'elle leur préfère les accords bilatéraux où il lui est plus facile d'imposer ses idées en tant qu'économie la plus puissante au monde. L'affaiblissement et la dévalorisation des accords commerciaux collectifs par le chef même de l'OMC, à savoir l'Amérique, signifient probablement le début de la fin de l'OMC, de la liberté absolue du commerce international et, bien sûr, de la mondialisation.

Sans pour autant le déclarer ouvertement, il semble toutefois que Donald Trump considère que les échanges internationaux, pour profiter à l'Amérique, doivent créer un excédent de sa balance commerciale, parce qu'un déficit serait un problème qu'il faudrait régler. Il s'agit de la fameuse conception mercantiliste, qui est contestable, car très souvent des économies parviennent à faire des profits malgré une balance commerciale déficitaire, cet inconvénient étant compensé par des avantages. Ce qu'il faut retenir toutefois, c'est que cette conception mercantiliste du commerce international aboutira à une impasse si tous les pays y ont recours.

Le fait que le nouveau président américain ait tardé à mettre à exécution ses menaces concernant les droits de douane élevés sur de nombreux produits chinois, proférées lors de la campagne électorale à l'encontre de la Chine et qu'il a maintenant établies, visait peut-être à ne pas déstabiliser l'Amérique face aux menaces nucléaires de la Corée du Nord et n'était dans ce cas pas un signe d'hésitation. Il s'agit de droits de douane supplémentaires que les États-Unis ont imposés sur les importations d'acier, de 25 %, et d'aluminium, de 10 %. Or, ces droits de douane affecteront très probablement davantage l'UE

[464] *Ibid.*

et le Canada que la Chine. Les droits de douane, au début, ne devraient concerner qu'à peu près 2 % des importations américaines sur un total d'environ 46 milliards de dollars. Quoi qu'il en soit, ces mesures initiales légères de démondialisation risquent fort de déclencher une guerre commerciale généralisée, d'autant plus que cette initiative vient de la plus grande économie du monde. C'est pourquoi je pense que l'invitation du président français, lors de sa visite officielle aux États-Unis, à ce que l'Europe soit exemptée des droits de douane n'a aucun sens au-delà de l'effet produit. Après l'échec des discussions sur le commerce international à Doha, en 2014, le début des mesures protectionnistes prises par les États-Unis réduiront la portée de l'OMC, qui est pourtant l'organisation la plus représentative de la mondialisation.

Or, la « fermeture » des frontières, annoncée elle aussi lors de la campagne électorale par le futur président américain, est déjà devenue réalité[465]. Prétextant le refus de laisser entrer aux États-Unis des personnes suspectées de terrorisme, de faire du trafic de stupéfiants ou de vouloir immigrer clandestinement, mais aussi le renvoi d'étrangers dont la carte verte arrive à expiration, l'Amérique met discrètement en place un régime qui soit un « véritable mur »[466], mobilisant des milliers de policiers pour procéder à des contrôles sur terre, en mer et dans les airs. Il envisage aussi d'embaucher 15 000 policiers supplémentaires pour renforcer la surveillance. Plus de 1 000 superviseurs sont campés à l'étranger pour surveiller navires, avions, voitures et piétons. Ces méthodes ont déjà permis de réduire le flux migratoire vers les États-Unis, tandis que le nouveau régime affiche son hostilité à tout ce qui est étranger et qui arrive dans le pays. Et puis, des Américains enseignent à 30 pays comment empêcher l'entrée sur leur territoire de personnes indésirables ou dangereuses. Dernière mesure contre les migrants : après s'être vus confisqués les papiers qui devaient les légitimer, ils sont mis en prison et séparés de leurs enfants. C'est pourquoi l'UE à protesté lorsque les États-Unis ont tenté d'imposer leurs vues sur l'immigration dans d'autres pays.

Quel résultat ont bien pu avoir, pour les États-Unis, ces mesures protectionnistes ? Le pays enregistre un doublement des droits de douane qui, de 3,8 % ont atteint 7,4 % à la fin 2016. Ces taxes affectent environ 9,2 % des importations chinoises. Et puis, des mesures qui toucheront le Mexique, lequel attend la signature d'un nouveau traité de libre-échange nord-américain (TAFTA), devraient être également mises en place. Avec ces mesures protectionnistes et d'autres qui sont à l'étude, l'Amérique espère supprimer, ou du moins réduire, son déficit commercial. Ainsi, Donald Trump a-t-il annoncé

---

[465] Ron Nixon (2017), « U.S., expands global reach to defend its own borders », *The International New York Times Edition*, 28 décembre.
[466] Miriam Jordan (2017), « Trump hits the brakes on legal immigration », *The International New York Times Edition*, 23-25 décembre.

la mise en place de 50 % de droits de douane sur les importations de machines à laver et 30 % sur les panneaux solaires, au motif que les produits importés bon marché détruisent l'industrie américaine. Donald Trump a également annoncé que la Chine sera rigoureusement condamnée au motif qu'elle viole la propriété intellectuelle américaine, notamment dans le domaine des nouvelles technologies. Il est clair que les intentions initiales de Donald Trump concernant aussi bien les sanctions que les droits de douane prohibitifs sur les importations provenant d'autres pays se concrétisent, alors que l'intention de l'OMC d'assurer à la Chine la possibilité de dialoguer avec l'Amérique a été couronnée d'un certain succès.

3. Rapatriement des entreprises délocalisées

La tendance au rapatriement des entreprises dans leur pays d'origine sera très probablement reconnue, dans un proche avenir, comme le signe le plus important de la démondialisation. La liberté des échanges étant à son zénith, c'est le phénomène de la délocalisation, ou la simple menace de délocalisation des entreprises, ou parties d'entreprises vers des économies émergentes ou en développement, qui a prévalu partout dans le monde. Cette pratique étendue a eu pour effet le nivellement des salaires vers le bas, et par voie de conséquence, l'apparition d'inégalités tous azimuts. Déjà depuis 2013, aux États-Unis d'abord et timidement au début, on enregistre une tendance au retour des entreprises à leur pays d'origine. Ce phénomène considérable a été amorcé par Apple, qui a réinstallé une usine de production d'ordinateurs au Texas. La General Electric a suivi, réinstallant sur le sol américain sa production de réfrigérateurs, machines à laver et radiateurs électriques. De nombreuses multinationales telles que Caterpillar ou ET Water Systems ont quitté la Chine pour retourner aux États-Unis[467]. On estime[468] que 37 % des entreprises dont le chiffre d'affaires est supérieur à un million de dollars déclarent avoir l'intention de rapatrier une partie de leur production. Il ne fait aucun doute que l'augmentation considérable de l'emploi aux États-Unis s'explique par cette tendance des entreprises américaines à retourner dans leur pays d'origine. Or, la même tendance s'étend également en Europe, avec toutefois un certain retard, comme toujours et dans tous les domaines. Cette évolution a pour conséquences, qui sont dans la plupart des cas les mêmes en Amérique et en Europe, le recul de la mondialisation. À titre d'exemple, on peut citer l'intérêt grandissant des consommateurs américains, mais aussi européens, pour la provenance des biens qu'ils achètent, préférant manifestement de plus en plus « leurs » produits. Ce nouvel élément, parmi les plus importants de l'antimondialisation, peut s'interpréter par la prise de conscience des souffrances engendrées par la mondialisation, mais aussi par le fait que les consommateurs s'intéressent davantage à la qualité des biens

[467] François Lenglet, *op. cit.*, p. 26 et suiv.
[468] Étude du Boston Consulting Group.

qu'ils achètent. En outre, un facteur catalyseur d'importance pour le rapatriement des entreprises a été la réduction récente de l'écart entre le niveau des salaires dans les économies émergentes et en développement et les économies avancées. En effet, en Chine, destination préférée des entreprises qui se délocalisaient, les salaires ont enregistré une augmentation allant jusqu'à 23 % depuis 2005. Et de l'autre côté, la politique d'austérité sans date limite mise en place dans les économies avancées et surtout dans l'UE a contribué au gel, ou même à la baisse des salaires réels.

Parallèlement à la relocalisation des entreprises, on observe un recul du poids économique spécifique des immenses multinationales qui étaient les principales représentantes de la mondialisation. Les multinationales réalisent une large part de leurs activités à l'étranger – elles y vendent 30 % de leur production – et bien qu'elles ne comptent que pour 2 % de l'emploi au niveau mondial, elles coordonnent la production qui est supérieure à 50 % du commerce international. Elles représentent un tiers de la valeur des marchés boursiers du monde entier et détiennent la part du lion de la propriété intellectuelle mondiale[469]. Lors des cinq dernières années, les profits de ces multinationales ont baissé d'environ 25 % en raison notamment de l'épuisement des méthodes de baisse du coût de la production et de l' « optimisation fiscale », de l'augmentation du niveau des salaires dans les pays émergents, du dollar fort, etc. Depuis cinq ans, ces multinationales, après avoir dispersé leurs activités partout dans le monde, commencent à les rapatrier, car leurs profits dans leur pays d'origine excèdent déjà les profits au niveau international.

4. L'opinion publique se dresse contre la mondialisation

Lorsque la crise a éclaté, on a observé un changement considérable de l'opinion publique à l'égard du système de libéralisation des échanges internationaux, laquelle y est devenue hostile, et qui s'explique par le fait qu'elle a pris conscience de ses nombreux effets négatifs. On estime en effet qu'autour de 65 % des Européens verraient d'un bon œil la restriction de la liberté des échanges, autrement dit, seraient favorable à la démondialisation. Cependant, le pourcentage le plus élevé de mécontents des résultats de la mondialisation s'observe aux États-Unis, où 71 % des Américains s'inquiètent de la destruction de l'emploi à cause des échanges commerciaux avec la Chine, et 78 % considèrent comme très sérieux le problème de la dépendance financière de l'Amérique vis-à-vis de la Chine[470]. Par contre, à peine 15 % des grands patrons américains se déclarent opposés à la mondialisation. Dans une

---

[469] « In retreat: Global companies are heading home. And it is not only because of the threat of protectionism » (2017), *The Economist*, 28 janvier.

[470] Jessica Tuchman Mattews, Andrew Kohut, Stapleton Roy (2012), « US public, experts differ on China policies », Pew Research Center, septembre.

récente étude de la Commission européenne[471], qui fait ressortir l'inquiétude face au recul et à l'avenir de la mondialisation, sont mentionnés des résultats de sondages sur le regard qu'y portent les Européens, et à travers elle l'UE qui n'est rien d'autre qu'une petite mondialisation au sein de la grande. C'est avec un embarras évident que la Commission européenne publie ces résultats, dont certains sont cités ci-dessous, car il en ressort que plus de la moitié, soit 53 %, des Européens sont très inquiets, considérant l'UE comme une menace pour leur identité. Seulement 41 % d'entre eux font confiance à l'UE, un taux toutefois plus élevé que leur confiance dans les gouvernements nationaux[472]. Cependant, 65 % des citoyens européens considèrent leur avenir avec confiance, tandis que 35 % en ont peur[473]. *On peut comprendre que ces résultats controversés préoccupent les dirigeants de l'UE et que ceux-ci aient les sondages en horreur. Comme on le sait, lorsqu'elle ne peut éviter les sondages, ou lorsque les résultats ne lui conviennent pas, l'UE recourt fréquemment à leur réitération ou en bénit le renversement.* En Grande-Bretagne, les 52 % de voix en faveur du Brexit sont la preuve la plus convaincante du retournement de l'opinion publique contre la mondialisation, tout comme les 62 % de NON des électeurs grecs à la politique de l'UE en 2015, même s'il fut illégalement transformé en OUI. Ce retournement s'explique car « le vote de 52 % en faveur du Brexit reflète sans doute en partie le fait que la mondialisation n'a pas permis à la plupart des travailleurs d'améliorer leur niveau de vie au cours des trente dernières années »[474]. Le niveau des salaires, dans les économies avancées qui avaient des frontières ouvertes au commerce avec des économies émergentes, s'est abaissé pour atteindre quasiment le niveau des salaires en vigueur dans ces dernières. Le résultat de la mondialisation pour les États-Unis (et pas seulement, cela va sans dire), a été le déficit de la balance commerciale et la perte de cinq millions d'emplois dans l'espace de ces vingt dernières années[475]. Aujourd'hui, comme l'a déclaré Lawrence Summers[476], « le défi politique dans de nombreux pays est le développement d'un nationalisme responsable reposant sur une politique qui privilégie les intérêts locaux et les natifs plus que les aspirations cosmopolites ».

C'est ainsi que les idées nationalistes gagnent du terrain alors qu'elles avaient été rendues particulièrement détestables durant la mondialisation,

---

[471] Commission européenne - Frans Timmermans, Jyrki Katainen (2017), « Document de réflexion sur la maîtrise de la mondialisation », COM (2017) 240, 10 mai.

[472] « European populism: Threat and opportunity » (2018), *The Economist*, 3 février.

[473] Source : Bertelsmann Stiftung et Commission européenne (2016).

[474] Robert Scott (2017), « Brexit: The end of globalization as we know it? », *Working Economics Blog*-posté le 28 juin 2016.

[475] *Ibid.*

[476] *Ibid.*

presque assimilées au fascisme. Ci-dessous, quelques idées glanées qui réhabilitent le nationalisme :

• Michael Barone[477] écrit: « Trump et le nationalisme avec "L'Amérique d'abord" n'est pas nécessairement une mauvaise chose ». Et de continuer : « Il est bon que quelqu'un préfère son pays à n'importe quel autre [...] Le nationalisme peut être une force positive [...] Être fier de sa patrie et de tout ce qui y a trait n'est pas égoïste ni raciste. C'est du patriotisme et c'est une réaction naturelle pour un citoyen normal ».

• Le psychologue social Jonathan Haidt[478] complète : « Les nationalistes se sentent liés à leur patrie et sont fiers d'en faire partie. Les globalistes veulent supprimer les frontières et se débarrasser de la démocratie ».

On observe déjà, diffusée aussi bien dans les économies avancées que dans les émergentes, une volonté plus forte qu'avant de développer la sécurité et de réduire le danger. Pour satisfaire ces tendances, il est nécessaire de restreindre la liberté absolue des échanges et de retourner à la régulation des marchés qui a été supprimée sous la mondialisation. Cela requiert aussi de s'éloigner de la conception de la « main invisible » des classiques supposée réguler les marchés et, en même temps, de se réconcilier avec la nécessaire intervention de l'État dans l'économie. Les frontières qui ont été abolies avec la mondialisation redeviennent opportunes car elles assurent une plus grande sécurité. Le recours à l'emprunt irresponsable est limité, et un certain degré d'inflation est toléré, afin de faciliter le remboursement des dettes accumulées pendant la mondialisation.

C. Le populisme, une réponse aux ravages de la mondialisation

Des années avant la propagation du populisme, quantité de signes avertissaient de la fin de la mondialisation et du début d'un nouvel ordre économique international tels que, par exemple, le « protectionnisme », le « nationalisme », la « surveillance des frontières », le « respect des traditions », l'«interventionnisme», l'«antimondialisation», etc. Ainsi se vérifie le passage déterminé de la mondialisation à la démondialisation, engendré par des forces endogènes tous les 40 ans environ.

De nombreux auteurs conçoivent, à juste titre selon moi, la mondialisation comme un stade du capitalisme et en déduisent que le mouvement antimondialiste est en réalité une réaction au capitalisme[479].

---

[477] National Review (http: //www.nationalreview.com/article/438915/donald-trumps-nationalism-not bringing-nazism-america).

[478] *Ibid.*

[479] Ning Wang, Xiaoyuan Xue (1998), « Globalization and post-colonial criticism Beijing: Chinese central compilation and translation press.

L'antimondialisation est le résultat de la colère des vaincus et des laissés-pour-compte de la mondialisation. La réaction des nombreux vaincus qui, pendant quelque cinquante ans, sont restés en marge des avantages de l'ordre économique mondial, s'est considérablement amplifiée face à la mondialisation. Celle-ci est apparue comme la principale responsable de l'inégalité démesurée dans la répartition des revenus et des richesses qui hante le monde entier. C'est cette même colère qui a conduit au Brexit, qui a porté Donald Trump au pouvoir, qui explique les récents résultats des élections en Autriche, en République tchèque, des gouvernements en Norvège, en Pologne, en Hongrie, en Italie mais aussi le combat pour l'indépendance de la Catalogne et l'évolution des choses en Vénétie et en Lombardie. Citons encore les nombreux partis politiques nouvellement créés qui, dans le monde entier, s'approchent du pouvoir et jouent indubitablement un rôle important dans le contenu de la politique suivie par leur pays. Ces partis nouvellement constitués appartiennent aussi bien à la droite qu'à la gauche, mais d'autres partis hybrides apparaissent aussi, tels que le Mouvement 5 Étoiles en Italie. Selon Dani Rodrik[480], « La mondialisation excessive encourage les revendications nationalistes des populistes des deux côtés ». À gauche, on trouve le Parti nationaliste écossais, Podemos en Espagne, Die Linke en Allemagne et avant qu'il ne soit complètement laminé par les diktats des créanciers, le Syriza au pouvoir en Grèce depuis à peu près trois ans. Le populisme de droite compte le deuxième parti politique en Finlande, le troisième parti en Suède, en Hongrie le parti de Viktor Orbán qui a été élu pour la quatrième fois, en France le Front National (tout récemment devenu Rassemblement National) de Marine Le Pen et enfin, l'Alternative pour l'Allemagne. À tout cela, on peut aussi ajouter les gouvernements qui ont permis à des partis populistes d'accéder au pouvoir, comme en Autriche, en Bulgarie, au Danemark, en Finlande, aux Pays-Bas, en Norvège et en Lettonie. *Tout indique que les partis de ce genre sont amenés à se multiplier et que leur impact s'amplifiera.*

Certains de ces partis populistes orientés à droite ou à gauche ou des partis hybrides, convergent dans des choix comme l'antimondialisation, le nationalisme, l'intervention de l'État, la recherche de prospérité mais aussi dans leur opposition à l'économie boursière. Il était attendu que ces partis diffèrent selon les cas. Le populisme de droite s'oppose catégoriquement à l'accueil de migrants dans son pays, contrairement au populisme de gauche. Quant à celui-ci, il ne se borne pas à poursuivre la croissance économique, ses partisans exigent en plus une redistribution de la richesse. Outre la correspondance des deux courants politiques populistes dans plusieurs de leurs principaux axes, il est intéressant de noter que la partie populiste de droite en particulier a rompu le lien avec les convictions de son camp, comme l'opposition à l'intervention de l'État dans l'économie. Le choix de Donald

---

480 Dossier spécial, *op.cit.*

Trump et de nombre d'hommes politiques européens autour ou proches du pouvoir s'appuie justement sur leur promesse de sortir de la mondialisation par le biais du protectionnisme.

Le résultat, d'ailleurs, de l'élection du 4 mai 2018 en Italie est clairement tourné contre le « système » et sauf imprévu, il annonce le début de la fin de l'UE et naturellement de l'euro. Le pourcentage désastreux – 18,1 % – obtenu par le parti libéral de Matteo Renzi illustre parfaitement la colère des électeurs à l'égard de l'Europe.

Compte tenu des résultats négatifs de la mondialisation[481], l'arrivée de partis politiques non conformes aux partis traditionnels des quelque cinquante dernières années, était parfaitement prévisible. Mais l'apparition et, surtout l'essor de ces nouveaux partis ont provoqué la surprise et le malaise en plus de la panique chez tous ceux qui y voient une menace sérieuse pour leurs importants intérêts multiformes investis. Hormis le fait, toutefois, que tous les 40-50 ans se produit l'alternance entre ces deux systèmes de l'ordre économique international (mondialisation et protectionnisme), l'élection du nouveau président des États-Unis semble accélérer la fin de la mondialisation et l'installation du protectionnisme. La préférence nette de Donald Trump pour la fermeture des frontières qui, après quelques annonces est déjà en train de se concrétiser, incite le reste du monde à le suivre. C'est ainsi que depuis quelque temps, la mondialisation, et particulièrement l'économie européenne, sont l'objet de réactions en cascade qui menacent de détruire le régime institutionnel dans lequel elles ont fonctionné pendant quelque 50 ans et d'en installer une nouvelle à sa place, laquelle obéirait à des normes complètement différentes. Il s'agit évidemment de la mondialisation dont la fin est annoncée par quantité de signes. Bien que l'alternance institutionnelle de l'ordre économique mondial[482] soit la règle, comme cela a été dit plus haut, et qu'elle ait lieu tous les 40-50 ans[483], les renversements observés ces derniers temps présentent certaines caractéristiques qui les différencient des précédents. Ce sont justement ces caractéristiques-là qui font que le nouveau paysage international est impossible à identifier, alors que dans le même temps certaines distinctions traditionnelles très fortes disparaissent.

1. Le populisme et les partis politiques populistes

Convaincue d'avoir été trompée par la classe politique traditionnelle de droite et de gauche, une large part des citoyens du monde entier a mis ses espoirs dans de nouveaux partis aux caractéristiques originales. *La réaction face aux souffrances apportées par la mondialisation ne vient pas de partis de*

---

[481] Analysés de manière approfondie dans la Partie I, Chap. 3, section I.

[482] Liberté des échanges ou protectionnisme.

[483] François Lenglet (2014), *La fin de mondialisation*, Librairie Arhème Fayard/Pluriel, Chap. 5.

gauche ou de droite, elle vient de la colère des peuples. Ces partis, la classe politique traditionnelle, pour les dénigrer, les a collectivement baptisés « partis populistes ». Et s'empresse d'expliquer le terme « populiste » en arguant que « leurs représentants font à leurs électeurs de merveilleuses promesses qu'ils ne pourront pas tenir ». *Et pourtant, en face, d'autres rétorquent (opportunément) que, justement, les partis populistes sont le résultat de toutes ces promesses presque jamais tenues, faites par les hommes politiques traditionnels tout au long de la cinquantaine d'années qu'a duré la mondialisation*. Une récente étude[484] explique la montée du populisme par la lenteur de la croissance à l'échelle mondiale. Cette explication est sans conteste globalement valable mais elle n'est pas suffisante. En effet, depuis 1985 la croissance était faible, mais si sa répartition était restée dans les limites du raisonnable et n'avait pas atteint ce niveau inacceptable, il est très probable que le populisme ne se serait pas développé.

Mais qu'est-ce que le populisme[485] exactement ? Et quels sont les facteurs qui le renforcent et l'imposent à notre époque ? Il convient de souligner, au préalable, que le contenu et les composantes du populisme n'ont aucun lien avec les allégations malveillantes, les sous-entendus et caricatures de toutes sortes diffusés par les médias et les hommes politiques qui refusent manifestement de s'occuper du fond du problème.

Le populisme apparaît vers 1980 et ne cesse depuis de s'étendre, renforcé par la crise de 2008, par l'incroyable ampleur des inégalités, par la montée de la corruption dans la vie politique, par l'immigration de masse mais aussi par le terrorisme. D'après une récente étude faite pour le compte de l'Institut Tony Blair[486], les votes populistes, en 2000, s'élevaient en moyenne à 8,5 % dans tous les États américains et avaient grimpé, en 2017, à 24,1 %[487]. Quelle définition donner au populisme ? Jan-Werner Müller[488] tente de le définir ainsi : « un peuple moralement pur et entièrement uni, trahi par une élite corrompue et moralement inférieure ». La phrase récurrente de Donald Trump « Redonner sa grandeur à l'Amérique » illustre très clairement cette définition.

Il est trop tôt et d'une manière générale difficile de se faire une idée objective sur les *fake news*[489] dont se plaignent Donald Trump et Vladimir Poutine, si répandues et surtout orientées[490], et servant des intérêts spécifiques.

---

484 Yascha Mounk (2018), *The people vs democracy*, éd. Harvard University Press.

485 Yasha Mounk (2018), « How populist uprisings could bring down liberal democracy », *The Guardian*, 4 mars.

486 *Ibid.*

487 Briefing European Populism (2018), *The Economist*, 3 février.

488 Princeton University.

489 = fausses informations.

490 Steven Erlanger (2017) « Autocrats globally echo "fake news" rallying cry », *International New York Times*,14 décembre.

En tout état de cause, des questions et des interrogations se posent sur de nombreux cas d'informations de masse dont les prévisions se sont avérées soit complètement fausses, comme par exemple lors de l'élection de Donald Trump, soit ont provoqué un tollé organisé contre des candidats, à un point dépassant le cadre démocratique, comme lors des élections présidentielles françaises avec Marine Le Pen. La mondialisation qui menace de se retirer porte atteinte à d'énormes intérêts investis qui réagissent par tous les moyens, ce qui est absolument normal. C'est ainsi que s'explique la guerre médiatique impitoyable menée contre Donald Trump et pas seulement. Comme l'observe avec intelligence le journaliste John Bivens : « Il est tentant d'évaluer la politique économique actuelle en appliquant la règle suivante : "si Trump est pour, je suis contre" »[491]. Un autre champ de réaction contre les nouveaux partis (populistes) est cette tendance des hommes politiques traditionnels à les classer globalement à l'extrême droite ou selon les cas du côté fasciste. Il ne fait hélas aucun doute que dans le monde entier la bête s'éveille et que ressurgissent la haine et les pratiques qui avaient perturbé l'Europe et annonçaient la Deuxième Guerre mondiale. Les partis populistes de droite empruntent souvent des méthodes de gauche et leurs partisans sont « Blancs, de droite et prétentieux »[492]. Ceux qui se rassemblent aux Pays-Bas, en Suède, en Autriche, en Italie et pas seulement et dont le porte-parole est Martin Sellner, sont désormais connus en tant qu' « identitaires »[493]. Leurs couleurs sont le jaune et le noir, celles des boucliers des combattants spartiates à la bataille des Thermopyles et sont tous opposés à l'immigration de masse, à l'Islam et à l'absolutisme corrompu de l'UE. L'action la plus ambitieuse et la plus critiquable de la branche italienne des « identitaires » est l'affrètement d'un navire, au mois d'août 2017 pour empêcher le sauvetage en Méditerranée des migrants en détresse par les ONG.

Toutefois, les attributs des nouveaux partis politiques connus comme populistes n'appartiennent pas clairement à la droite ou à la gauche, car ils empruntent des idées des deux côtés, comme j'essaie de le montrer. Je crois que la principale critique qui leur est faite, lorsqu'on les classe du côté de l'extrême-droite, ne correspond pas vraiment à la réalité, est simpliste et surtout, ne permet pas de comprendre ce qui est en jeu exactement, quel est le problème et par quelles mesures ils peuvent être contrés. Par contre, cette accusation répandue semble résulter du fait que tous ces partis nouvellement arrivés sortent de l'oubli le nationalisme déprécié pendant des années, qui avait été refoulé pour préparer l'arrivée de la gouvernance mondiale[494]. Le

---

491 « Don't worry about Trump's tariffs » (2018), *The International New York Times Edition*, 7 mars.

492 « White, right and pretentious, Europe's "identiterian" right » (2018), *The Economist*, 31 mars.

493 = identiterian.

494 M. Negreponti-Delivanis (2014), *L'assassinat économique de la Grèce*, éd.

nationalisme a donc été assimilé de manière arbitraire et injustifiable à des tendances politiques d'extrême-droite mais, dans la mesure où il n'est pas extrême au point d'encourager la haine à l'égard d'autres nations ou de « races » différentes, il est tout à fait acceptable. Car celui qui aime son pays, qui en est fier et se dit nationaliste n'est pas forcément extrémiste de droite. Cette tendance, très répandue de nos jours, à le rejeter en bloc, l'associant à l'extrême-droite et au fascisme, est douteuse, dangereuse et problématique. Il est clair que le problème de la montée du fascisme est bien réel, avec des pratiques abominables et menaçantes, surtout en Europe. Mais décrier les nouveaux partis politiques, les qualifier de « populistes » ne résoudra rien et il est urgent que des mesures décisives soient prises pour éliminer la bête, car on ne peut malheureusement nier que parmi ces partis, de telles tendances abjectes existent, comme la mouvance des « identitaires » dont il a été question plus haut. Heureusement, ils ne sont pas la norme.

Le double choix du nouvel ordre économique international, tel qu'annoncé, semble se présenter sous une nouvelle étiquette, une seule, du moins en apparence : *les frontières ouvertes ou fermées*. Il va de soi que cette distinction n'est pas nouvelle, il ne s'agit là que d'une évolution lexicale de la séparation qui a toujours existé entre le régime de la liberté du commerce international et celui du protectionnisme, ou plus récemment, entre la mondialisation et le nationalisme frontalier. Bien que la distinction traditionnelle, même sous différentes enseignes, entre la dérégulation et la régulation du commerce international perdure apparemment sans problèmes, ceux-ci surgissent toutefois dès l'instant où l'on entreprend une classification de leurs choix dans les deux partis politiques traditionnels de droite et de gauche. En effet, l'idée dominante est que la droite traditionnelle est attachée au libéralisme économique et à tout ce qui l'accompagne : la libéralisation des échanges internationaux, la libre circulation du capital et du travail, la non-intervention de l'État dans l'économie, la flexibilité du poids fiscal, ou encore le rétrécissement de l'État-providence –à quoi s'ajoute maintenant l'hostilité à l'égard de l'immigration de masse. En revanche, les principales caractéristiques de la gauche traditionnelle reposaient sur son acceptation du rôle et de l'importance de l'interventionnisme de l'État qui s'étend à la régulation des conditions du commerce international, sur la reconnaissance des avantages de la collaboration et de la complémentarité mutuelle des secteurs public et privé qui sont envisagés à égalité, sur le poids spécifique des services de l'État-providence, sur l'adoption du droit au travail reconnu comme le facteur de production le plus faible par rapport à celui du capital, sur une fiscalité progressive pour une répartition plus juste des revenus, mais aussi sur l'existence de l'État social. D'autres distinctions, moins sûres, entre la gauche et la droite résident dans les choix de politique économique. La

---

L'Harmattan, voir Introduction.

droite, reconnue comme étant la plus conservatrice, cherche habituellement à atteindre l'équilibre partout. Ses relations avec la politique microéconomique qui régule et encourage l'initiative privée sont plus visibles et étroites, tandis qu'elles sont moins claires avec la politique macroéconomique. C'est ainsi que s'explique l'attachement de la droite aux politiques d'austérité et sa préférence pour la politique monétaire et non pour la politique budgétaire.

Or, ces distinctions significatives et les préférences de la politique économique viennent d'être renversées, donnant raison à l'argument selon lequel l'opposition entre la gauche et la droite a été remplacée par la simple distinction entre partisans de la mondialisation et opposants à la mondialisation. Cette nouvelle forme hybride de partis politiques dont certains sont près d'accéder au pouvoir, outre leur opposition claire à la mondialisation, sont un amalgame, ni clair ni stable, des préférences économiques traditionnelles aussi bien de droite que de gauche. C'est pourquoi il est difficile de les classer sur la plateforme gauche ou droite. C'est pourquoi l'argument selon lequel *la distinction entre la droite et la gauche ne vaut plus, du moins dans sa forme traditionnelle,* est mis en avant de part et d'autre.

Les partis politiques populistes menacent clairement les partis traditionnels, mais dans le même temps ils comportent les nouveautés de la vie politique et sociale dont ont besoin les sociétés modernes pour assurer de nouvelles solutions à leurs problèmes nombreux et complexes, tels que notamment l'inégalité tous azimuts dans la répartition des revenus et des richesses, l'immigration de masse, la criminalité, le terrorisme, la corruption et l'évasion fiscale.

Tous les quatre ans, l'université de Caroline du Nord effectue des recherches où il est demandé à des experts comment ils classent les différents partis politiques européens, selon des points de vue variés. Les derniers résultats[495] remontent à 2014, provenant d'une enquête effectuée sur 132 partis dans 14 pays européens, parmi lesquels figurent les cinq plus grands, et les conclusions peuvent se résumer comme suit :

• Les partis socialistes, Chrétiens-démocrates et conservateurs se sont déplacés vers une politique de restriction de l'immigration.

• Les partis Chrétiens-démocrates et surtout les conservateurs ont développé une rhétorique contre la classe dirigeante et l'élitisme.

• La tendance en vigueur s'ouvre aux autres, mais reste toutefois limitée.

2. Deux « partis populistes » représentatifs

Citons, à titre d'exemple, deux cas qui font ressortir la difficulté de classer ces partis politiques à gauche ou à droite. Commençons par le Rassemblement national (anciennement Front national), le parti de Marine Le Pen en France

[495] Chapel Hill Expert Survey.

qui se situe officiellement à l'extrême-droite des partis européens. Or, ce parti, indépendamment de son échec aux dernières élections présidentielles françaises, a la préférence de la classe ouvrière. Cet élément est en effet surprenant et mérite une analyse plus approfondie. Comment se fait-il qu'un parti de droite ou d'extrême-droite obtienne la préférence de 43 % des électeurs de la classe ouvrière, traditionnellement ancrés à gauche ? Penchons-nous maintenant sur les États-Unis et plus précisément sur les orientations principales du parti du président Donald Trump que l'on pourrait qualifier de mutation extrême du Parti républicain. L'attitude du nouveau président Donald Trump est étonnante et en même temps originale, puisqu'il réunit de nombreux éléments propres à ce que l'on appelle le « populisme », mais aussi quantité d'autres qui l'en distinguent. Ainsi, Donald Trump se révèle-t-il chaque jour moins conventionnel : il ne tient pas compte du point de vue et des solutions à des problèmes majeurs de ses prédécesseurs, il impose des solutions complètement personnelles découlant de sa confiance exagérée en soi, il s'en prend à la politique des organisations internationales, il veut transformer l'actuel ordre économique international. Et même en matière d'économie intérieure, il ignore ou dénigre les conseils de diplomates confirmés, bafouant à la première occasion les règles de base de la diplomatie[496]. On pourrait faire valoir que le nouveau président américain est un exemple extrême de tout ce sur quoi reposent les populistes : l'opposition, autrement dit le refus de faire des compromis avec tout ce qui constituait la politique des gouvernements traditionnels. Le développement de nouvelles lignes directrices dans tous les domaines. On lui reproche évidemment qu'il est absurde de se faire le représentant de la philosophie populiste, étant donné qu'il est lui-même très riche et que certains des changements de la politique de ses prédécesseurs favorisent les plus fortunés, comme par exemple la baisse de la charge fiscale pour les riches[497]. Et pour répondre à ce genre de critiques on peut rétorquer que les projets d'un homme politique ne peuvent être décemment liés à sa personne et à ses besoins et désirs personnels, et que par conséquent, rien n'empêche le nouveau président, par le biais d'autres mesures, de s'intéresser au sort et de chercher à améliorer la situation de millions de travailleurs américains[498]. En effet, ce parti qui est déjà au pouvoir, a rassemblé autour de lui un nombre considérable de travailleurs auxquels il a promis de redresser le niveau de vie compromis par les gouvernements précédents, à savoir les Démocrates[499]. Il se trouve que ces deux partis politiques, même s'ils mettent

---

[496] Tom Ellis (2018), « America's diplomatic meltdown », *The International New York Times Edition*, 5 janvier.

[497] Il est important de souligner le fait que l'impôt sur les entreprises, aux États-Unis, était le plus élevé de toutes les économies de l'OCDE.

[498] Michael Kazin (2016), « Trump and American Populism », *Foreign Affairs*, novembre/décembre, p. 18.

[499] *Ibid.*

en œuvre leur politique économique[500] à partir d'éléments puisés dans leurs positions initiales orthodoxes et traditionnelles, telles que notamment la baisse du poids fiscal, la complètent en empruntant quelques aspects traditionnels chers à la gauche, tels que l'amélioration du niveau de vie de la classe ouvrière, l'augmentation des dépenses de l'État social, ou encore l'adoption d'une inflation contrôlée dans le but d'accélérer le rythme de croissance. Toutefois, un élément décisif, commun non seulement à ces deux partis politiques choisis ici comme exemples, mais aussi aux autres nouveaux partis hybrides, est leur forte hostilité aux frontières ouvertes. C'est justement cette hostilité qui s'est avérée être un argument des plus efficaces pour s'attirer des partisans en Europe et pas seulement. Un pourcentage de plus en plus élevé d'électeurs de ces partis, que leurs adversaires disent hyper-conservateurs et anachroniques, se dressent contre la libéralisation du commerce international et l'accueil des réfugiés et migrants sur leur sol, en règle générale, contre ces deux tendances-là qui appartiennent à la politique des frontières ouvertes. Les partisans de ces partis politiques sont convaincus – pas toujours pour les mêmes raisons – que l'ouverture des frontières, aussi bien aux produits qu'aux personnes, est dommageable à l'économie nationale et à ses habitants, et c'est pourquoi ils sont perçus comme des nationalistes. Avec la montée des partis populistes, c'est l'État-nation qui revient, après avoir été mis à l'écart par la mondialisation.

Les changements qui s'opèrent dans l'environnement international sont globalement attribuables aux excès et aux extrêmes qui se sont peu à peu immiscés aux facteurs mêmes qui ont imposé la mondialisation, il y a une cinquantaine d'années. Et qui, maintenant, mettent définitivement en avant les effets négatifs, à presque tous les niveaux, de la mondialisation, ignorant les effets positifs, quels qu'ils soient. Revenons aux constats que j'ai faits en 2001[501] concernant le contenu de la mondialisation : « L'environnement dans lequel fonctionne le nouveau régime remet à l'ordre du jour des conditions qui permettent le règne des lois de la jungle. Il légitime des situations d'exploitation à plusieurs niveaux, diminue l'importance des frontières nationales, fait disparaître la solidarité humaine élémentaire et fomente le crime sous toutes ses formes. Un nombre important d'évolutions parallèles, sans lien entre elles, favorise des conditions qui étaient en vigueur au Moyen Âge, et pour l'ensemble des expressions de la vie économiques, sociale et affective ».

La situation particulièrement critique de la mondialisation est essentiellement due au fait que, de nos jours, le travail est considéré comme le *mouton noir*, alors que dans le même temps l'absence substantielle de l'État

---

[500] Comme cela a déjà été observé.

[501] Comme cela a déjà été observé. M. Negreponti-Delivanis (2001), *Συνωμοτική Παγκοσμιοποίηση*, *op.cit.*

ne l'a guère améliorée. Comme l'a démontré l'économiste Dani Rodrik[502], « lorsque les échanges entre une économie avancée et une économie moins développée sont libérés, la condition des moins spécialisés de la première des deux économies se détériore. Et ce n'est pas seulement dû au fait qu'ils gagnent moins que les travailleurs spécialisés : ils sont confrontés à une baisse absolue de leur revenu. Et ce n'est pas fini. Plus les échanges se libéralisent, plus les profits macroéconomiques de chaque ouverture diminuent. En revanche, les pertes des moins spécialisés sont linéaires : 10 % de libéralisation des échanges en plus ont un impact deux fois plus négatif par rapport à une libéralisation de 5 %. Ainsi, plus le bilan coût-rentabilité d'une mondialisation commerciale progresse, plus il se détériore. Les conséquences négatives de la mondialisation commerciale concernent une part restreinte de la population, mais elles sont considérables ». Il convient encore d'ajouter qu'à l'ère de la mondialisation et malgré la dure politique d'austérité imposée au monde entier, avec l'Europe comme fer de lance, la dette mondiale a augmenté de 57 trillions de dollars. L'investissement, à prix constants, a baissé de 22 % dans la période 2007-2015 et le chômage a augmenté de 4,4 % entre 2008 et 2013.

Toutefois, la conséquence négative et la plus préoccupante que nous laisse la mondialisation en s'en allant est la menace de *stagnation séculaire* telle que décrite par Alvin Hansen et réactualisée par Lawrence Summers[503].

Attribuer unilatéralement à la « mondialisation », et à son levier essentiel la libéralisation du commerce international, toutes les souffrances que l'humanité endure depuis les années 1970 est peut-être excessif et ne correspond pas pleinement à la réalité. Car en effet, la libéralisation du commerce international était encadrée d' « éléments » auxquels il est impossible d'attribuer avec certitude le processus évolutif et les effets multiformes. Je pense, plus précisément :

• à la coexistence de la mondialisation et d'une forme extrême de libéralisme économique qui a complètement dérégulé le fonctionnement des économies nationales et de l'économie mondiale, en installant l'anarchie absolue et en encourageant le crime organisé.

• à l'arrivée, et surtout à la maturation du stade post-industriel de l'évolution capitalistique qui a progressivement renversé les principes théoriques de base sur lesquels s'appuyait la science économique. L'économie réelle a reculé face à la virtuelle, celle des marchés boursiers. Le progrès s'est totalement séparé de la prospérité des peuples.

---

[502] *Populism and the Economics of Globalization* (2017), CEPR: Discussion Paper, No 12119, juin, p. 43.

[503] Problème analysé dans la Partie I.

• à la domination d'un supercapitalisme qui s'est servi des marchés pour affaiblir la puissance des gouvernements nationaux, privilégiant l'efficacité au détriment de l'égalité[504].

• à la nette dévalorisation de l'importance des frontières nationales, en raison de la création d'unions supranationales, comme l'UE notamment, qui ont affaibli les gouvernements nationaux et ont fortement fait reculer la démocratie.

• au recul systématique de l'État-providence.

• à la dévalorisation de l'identité nationale[505]. Ces partis populistes sont dans une large mesure le résultat de la colère de la multitude de perdants de la mondialisation qui, pour la plupart, appartiennent à la classe moyenne des économies avancées. De grands groupes sociaux, hormis le fait qu'ils ont été économiquement marginalisés à cause du gel des salaires et de la perte de leur emploi, ont senti qu'ils étaient mis au ban de la société et qu'ils perdaient leur identité nationale. Qu'ils étaient chassés de la place qui était traditionnellement la leur dans leur propre pays. C'est ainsi qu'une grande part des populations, surtout dans les économies avancées, s'est dressée contre la classe politique établie qui l'a plongée dans ce terrible état de subordination, d'inégalité incommensurable dans la répartition des richesses, d'indignité, d'absence de conscience nationale, qui l'a exposée à une concurrence malsaine entre les travailleurs des économies avancées et ceux des économies en développement.

La multitude des persécutés de la mondialisation cherche le salut dans une nouvelle forme de gouvernance, régie par des règles complètement différentes de celles qui avaient régi les partis politiques des quelque cinq dernières décennies absolument soumises à la philosophie de la mondialisation.

Ce régime chaotique a fini par créer une armée innombrable de perdants pour une poignée de gagnants, et c'est la raison pour laquelle les avantages de la libéralisation du commerce international sont actuellement partout contestés[506].

Le populisme montant se tourne contre l'élitisme, les politiciens traditionnels et les institutions dominantes, en un mot, il se tourne contre l'ordre établi. Le populisme représente le simple citoyen qui se voit comme un laissé-pour-compte trahi par ses hommes politiques. Le populisme proclame un patriotisme sincère. Ses partisans sont en colère contre l'attitude de la classe politique et le fait qu'elle n'a pas respecté ses engagements. On peut interpréter l'élection de Donald Trump comme le désir des électeurs de laisser derrière

---

504 R. Reich (2007), *Supercapitalisme*, éd. Vuibert, Paris, p. 10.

505 Francis Fukuyama (2018), « Against identity policies », *Foreign Affairs,* septembre/octobre.

506 R. Foroohar (2016), « After decades of consensus, the value of global free trade is being contested by the left and the right », *Time*, 11 avril.

eux le mauvais passé politique. Par ailleurs, cette opinion ne reflète pas la réalité, il n'est pas lié de fait au fascisme, mais on ne peut naturellement exclure qu'il finisse par l'être, si l'excès prend le dessus. Le pourcentage de plus en plus élevé de voix favorables à ces partis, auxquels les adversaires politiques reprochent habituellement d'être hyper-conservateurs et anachroniques, s'opposent au libéralisme du commerce international, à l'accueil des migrants et réfugiés sur leur sol, à l'Islam ou souvent même à toutes les tendances et préférences relevant des frontières ouvertes. Je voudrais dire encore que la participation de l'extrême-droite au nouveau gouvernement de coalition allemand est également encouragée par la gauche, et en particulier par les syndicats d'ouvriers qui croient ainsi servir leurs intérêts[507]. Malgré la façon méprisante et unilatérale avec laquelle le populisme et les partis populistes européens sont partout considérés, par les médias surtout, ils renforcent de façon spectaculaire leur présence et leur pouvoir dans le monde entier. En Europe, le nombre de sièges des partis populistes de droite ont déjà augmenté d'en moyenne 13,7 % et les partis populistes de gauche de 11,5 %[508].

La montée, donc, de ce que ses adversaires choisissent d'appeler le « populisme » est une réalité et par conséquent, au lieu de le descendre en flammes à la première occasion, ils feraient mieux d'examiner premièrement les raisons qui l'ont fait émerger et pourquoi il s'amplifie avec l'élection de Donald Trump, et deuxièmement d'en examiner les principaux choix et lignes directrices.

Que ces nouveaux partis accèdent un jour au pouvoir ou non, ce qu'ils marquent certainement est l'inversement du courant qui pendant environ 50 ans a imposé la mondialisation à la Terre entière. L'environnement d'alors et d'aujourd'hui est indiscutablement très différent et ce, pour quantité de raisons. *La principale est certainement le fait que la mondialisation est le résultat d'une préparation minutieuse des puissants de la Terre, dont l'objectif essentiel était la maximisation des profits, alors que l'antimondialisation est le produit de la réaction des plus faibles de la planète, essentiellement de ceux qui ont perdu leur emploi en raison de la libéralisation du commerce international ou de ceux qui ont vu leur niveau de vie baisser à cause de la concurrence de leurs salaires avec ceux des immigrés et réfugiés.* À cette multitude, il convient naturellement d'ajouter les familles des victimes d'attentats terroristes et tous ceux qui, à juste titre, ont peur du terrorisme et croient que la fermeture des frontières les en protègera. Cette différence essentielle explique aussi comment a été imposée la mondialisation et

[507] Katrin Bnenhold (2018), « Far right in Germany sets sights on workers », *The International New York Times Edition*, 7 février.

[508] Les pourcentages varient constamment et il est possible que ceux-là ne soient plus valables à l'heure actuelle.

comment l'antimondialisation tente de la détrôner. La première a régné en maître sur le monde, se présentant comme une voie à sens unique et promettant d'assurer à tous les habitants une vie meilleure, tandis que les sceptiques étaient traités de réactionnaires, d'incultes, d'attardés, d'ennemis du progrès pour ne citer que quelques qualificatifs[509]. Les partisans farouches de la mondialisation sont ceux qui maintenant fustigent les adeptes de l'antimondialisation en utilisant les mêmes qualificatifs méprisants qu'avant. Toutefois, le nouvel ordre économique mondial, qui ne bénéficie ni de la promotion ni de la puissante propagande des médias dont jouissait et continue de jouir la mondialisation, ne cherche aucunement à s'imposer comme voie à sens unique, ne promet pas le paradis, mais apparaît simplement pour répondre à un besoin de réduire les souffrances étendues et multiples causées par son prédécesseur.

3. Les traits caractéristiques du populisme de Donald Trump

Voici une définition parmi d'autres du populisme: « Les populistes sont loués d'être les défenseurs des valeurs et des besoins de la majorité de ceux qui travaillent dur et blâmés pour leur démagogie qui exploite l'ignorance des incultes »[510].

Le populisme du président américain notamment, ramification d'un populisme plus général, exprime clairement son contenu dans cette formule qu'il répète à longueur de temps : « L'Amérique d'abord » grâce à laquelle il a été élu. Avant lui, d'autres politiciens américains utilisaient le même type de slogan qui se prête à plusieurs lectures : raciste, contre les immigrés et réfugiés, contre les gens de couleur, contre les non Chrétiens, pour la fermeture des frontières, pour des murs maritimes et terrestres, pour les droits de douane sur les produits chinois, etc. D'aucuns soutiennent[511] que les orientations plus spécifiques de Donald Trump trouvent leurs origines auprès de deux anciens présidents américains. D'abord chez Thomas Jefferson dont les convictions peuvent se résumer à « la diminution de la présence mondiale de l'Amérique [qui] réduira les dépenses et les dangers de la politique étrangère ». Et ensuite, au premier président populiste américain, Andrew Jackson, qui défendit fermement le caractère unique de l'Amérique et mit en avant la dignité individuelle des citoyens. Selon lui, « la mission du gouvernement américain est de réaliser le destin du pays en veillant à la sécurité et à la prospérité du peuple américain dans sa maison nationale et en intervenant le moins possible dans la liberté individuelle qui fait que ce pays

---

[509] M. Negreponti-Delivanis (2002), *Mondialisation Conspiratrice,* éd. Fondation Dimitri et Maria Delivani, CEDIMES/L'Harmattan, Paris, p. 43.

[510] Michael Kazin (2016), *op. cit.*

[511] Walter Russel Mead (2017), « The Jacksonian Revolt », *Foreign Affairs*, mars/avril.

est unique »[512]. Tous les aspects ou parties des aspects du contenu de « L'Amérique d'abord » existaient dans les discours de Donald Trump avant son élection : « le peuple américain », « notre classe moyenne », « nos familles de travailleurs ». Le socle idéologique, toutes proportions gardées, était le même qu'ailleurs, celui qui a conduit au Brexit ou a fait monter les pourcentages du Front national en France (sans pour autant le faire accéder au pouvoir). Une étude effectuée avant les élections américaines fait ressortir que 65 % des Blancs aux États-Unis seraient prêts à voter pour un parti qui « mettrait fin à l'immigration », « donnerait un travail aux ouvriers américains », « sauvegarderait l'héritage Chrétien », « combattrait le terrorisme islamiste ». Or, pour la plus grande gloire des *fake news*, les résultats de cette étude sont restés confidentiels. À noter encore qu'en 2013, un sondage en Amérique révélait que 52 % pensaient que l'Amérique se porterait mieux si elle s'occupait de ses propres affaires et laissait les autres pays libres de décider ce qui était le mieux pour eux[513]. Ce résultat montre que les choix du candidat à l'élection présidentielle Donald Trump étaient les bons car ils faisaient écho aux désirs et peurs du peuple américain concernant des questions cruciales.

Cependant, le fait que le président américain exprime d'une manière ou d'une autre sa volonté de donner davantage de poids à la politique intérieure a suscité une vive réaction chez ceux qui pensent que si l'Amérique cesse d'intervenir d'un bout à l'autre du globe, le monde retombera dans le chaos. Principal représentant de cette conception, Robert Kagan[514], lequel estime que les 70 années d'intervention américaine dans le monde ont garanti la paix, et qu'un changement de politique étrangère menacerait sérieusement l'Europe. L'avenir montrera si Robert Kagan a raison. Néanmoins, les changements dans la politique étrangère des États-Unis reflètent les préférences de ceux qui ont voté pour Donald Trump et montrent également les changements survenus dans ce domaine. De plus, l'argument de Robert Kagan est très discutable, car, comme on le sait, de nombreuses guerres ont eu lieu pendant les 70 années d'interventions militaires américaines, dont beaucoup étaient inutiles.

Même s'il est toujours risqué de tirer des conclusions hâtives, on peut tout de même se demander si Donald Trump a tenu ses promesses de campagne. Certains résultats sont connus, comme la limitation de l'immigration par différents moyens, pas toujours orthodoxes, le retrait des États-Unis d'accords commerciaux internationaux et pas seulement, et la baisse de la charge fiscale des entreprises. Beaucoup moins connue est l'augmentation de 4 % du salaire

---

512 *Ibid.*, p. 4.

513 Joseph S. Nye Jr (2017), « Will the Liberal Order Survive? », *Foreign Affairs*, janvier/février.

514 Robert Kagan, *The Jungle Grows Back: America and our Imperiled World*, à paraître.

des ouvriers et employés de l'industrie au dernier trimestre 2017[515]. L'une des nombreuses interrogations soulevées par la nouvelle politique internationale de Donald Trump, et qui donne lieu à une certaine inquiétude, est sa position ironique et hostile à l'égard du problème du réchauffement climatique et des efforts qui pourraient être faits pour le combattre. L'explication la plus plausible de cette attitude du président américain et qui justifie les critiques dont il est l'objet, est son opposition à toute forme d'interventionnisme, étant convaincu – cela valant aussi pour le climat – de son inutilité car, en plus, il a l'air de croire que les problèmes, quels qu'ils soient (dont ceux liés au climat), peuvent se résoudre tout seuls, d'une manière ou d'une autre. Ce point de vue est appuyé par ses dernières déclarations empreintes d'ironie où il fait remarquer que la planète ne se réchauffe pas mais se refroidit, contrairement à ce que soutiennent ceux qui réclament des mesures d'urgence. Et pourtant, on ne peut évidemment préjuger de l'opposition du nouveau président américain à toute forme d'interventionnisme, étant donné qu'en tant que candidat, il avait annoncé son intention de lancer des investissements, à hauteur d'un trillion de dollars, afin d'améliorer les infrastructures de son pays. Ajoutons à cela que Donald Trump, par l'intermédiaire de son collaborateur Jeremy Corbyn, adopte une nouvelle approche favorable aux nationalisations et à l'intervention de l'État[516]. Pas pour les entreprises des États-Unis, pour lesquelles il supprime la quasi-totalité des règlementations. Et c'est bien la preuve de la complexité du contenu et des objectifs des partis populistes, qui n'autorisent pas de généralisations simplistes mêmes si ce sont celles-là qui circulent. Je n'insisterai pas sur les écarts langagiers auquel Donald Trump se laisse aller fréquemment, surtout lorsqu'il parle d'États dont l'attitude ou les décisions ne lui conviennent pas, peu corrects pour un président des États-Unis. Cette rudesse n'est certainement pas le propre du « populisme », elle découle plutôt de son arrogance de gros homme d'affaires, plein d'assurance, qui continue de croire que *tout lui est permis*. Or, c'est justement cette assurance qui l'a poussé à oser quelque chose que personne n'aurait pu imaginer jusqu'alors, proposer de rencontrer le dictateur Nord-coréen, « versatile » et fou dangereux, en vue semble-t-il d'éviter qu'une catastrophe biblique ne s'abatte sur le monde. L'humanité doit bien lui reconnaître ce service d'une importance suprême.

La montée de Trump et des partis populistes s'explique par la « diversité » des positions qu'ils expriment et qui soutiennent, contrairement aux positions de ceux qui étaient au pouvoir durant les cinquante dernières années et qui

---

[515] Joseph S. Nye Jr (2017), « Will the Liberal Order Survive? », *Foreign Affairs*, janvier/février.

[516] Nikos Efstathiou (2018), « Joseph Stiglitz on the "value crisis" at Davos », *Kathimerini*, 5 février.

sont globalement rejetés par une part de plus en plus grande des habitants du monde entier.

4. Le nouveau terrain de confrontation dans l'UE contre Viktor Orbán

Le triomphe électoral, pour la quatrième fois, de Viktor Orbán en Hongrie (au pouvoir de 1998 à 2002 et depuis 2010), avec 134 sièges sur 199 et un taux de participation aux élections de 70 %, a été l'étincelle qui a enfin fait comprendre à l'UE les profonds bouleversements qu'a subi, lentement mais sûrement, son cadre traditionnel. Viktor Orbán se déclare opposé aux États européens unis et favorable au retour à l'État souverain en Europe. Les critiques fermes de l'UE à l'encontre du dirigeant hongrois plusieurs fois élu sont toujours axées sur l'absence de démocratie dans le pays. Ainsi, les observateurs de l'Organisation pour la sécurité et la coopération en Europe (OSCE), qui se trouvaient en Hongrie le jour des élections, furent-ils contraints d'admettre qu' « en général, les libertés et les droits individuels étaient respectés » et que « l'organisation, le jour des élections, était transparente et professionnelle » [517].

Une part importante de la population européenne déclare déjà et sans hésitation ne pas considérer la « démocratie libérale » comme un régime unique ni comme une forme parfaite incontestable de gouvernance des économies modernes. Avec à leur tête Viktor Orbán, la Hongrie, la Slovaquie, la République tchèque, la Pologne et la Roumanie contestent ouvertement et catégoriquement le modèle occidental qui impose, sans conditions, l'ouverture des frontières nationales aux migrants et aux réfugiés. On peut ajouter à cela l'élection toute récente du gouvernement de M. Janez Jansa en Slovénie, qui bénéficie du soutien et de la pleine acceptation de Viktor Orbán. Les entrepreneurs hongrois, tenant compte de l'influence croissante de leur dirigeant dans la région, sont en train d'ériger un empire médiatique dans leur pays qui leur permettrait de créer une nouvelle force politique en Europe qui ne sera plus fondée sur le régime de la démocratie libérale[518]. Par ailleurs, ces deux dernières années, des entrepreneurs hongrois qui approuvent le président Orbán, ont lancé une plateforme d'informations – Nova 24TV, Scandal 24 ou FPO TV – dans le but de diffuser les informations qui leur conviennent et assurer l'influence de M. Orbán en Hongrie et à l'étranger. En Europe toujours, une part des populations qui s'expriment par l'intermédiaire des partis politiques faisant partie du gouvernement, comme l'Alternative pour l'Allemagne, le FPÖ en Autriche, mais aussi des partis n'étant pas au pouvoir, comme celui de Marine Le Pen en France ou de Geert Wilders aux Pays-Bas,

---

[517] « Hungary's prime minister wins another landslide; fears for democracy deepen » (2018), *The Economist*, 14 avril.

[518] Patrck Kingley (2018), « Pushing his message across EU », *The International New York Times Edition*, 6 juin.

n'hésitent pas à s'opposer à l'ordre politique européen en vigueur. *Le net et rapide recul des partis politiques traditionnels de droite comme de gauche est désormais une réalité en Europe, lesquels laissent peu à peu la place à de nouveaux partis politiques anti-européens et favorables au retour de l'État-nation.* C'est ce qui s'est produit en France et en Allemagne, et l'Europe n'a pas caché son soulagement à l'issue des élections, puisque lesdits *partis populistes* n'ont pas réussi à accéder au pouvoir. Pourtant, le triomphe de l'UE face à ces résultats n'a pas lieu d'être car la puissance des partis non traditionnels ne cesse de grandir. En effet, en France, malgré la victoire d'Emmanuel Macron lors des dernières élections, les partis traditionnels de gauche et de droite sont arrivés respectivement en troisième et cinquième position alors qu'en Allemagne, et malgré la domination d'Angela Merkel, les deux partis politiques traditionnels qui rassemblaient 67 % des voix en 2013, n'en ont obtenu que 53 % en octobre 2017. Et, dernier en date, le coup fort venu d'Italie où les deux partis politiques traditionnels se sont là aussi effondrés lors des dernières élections[519]. Il est naturel que l'Europe ait peur de ces nouveaux partis qui s'opposent à elle et à l'euro et il est naturel qu'elle cherche le moyen de survivre dont on ne peut pas dire que ce soit une réussite, pour l'heure du moins. Les citoyens européens qui sont qualifiés en bloc et avec mépris de « populistes » (par les non « populistes ») ont dissocié leurs choix de ceux qui sont reconnus comme orthodoxes dans l'UE, et qui relèvent du domaine plus large de la « démocratie libérale ». Les « populistes » européens sont convaincus que l'UE est antinomique lorsqu'elle applique des politiques qui ne manqueront pas de la détruire, telles que l'admission sur ses territoires de l'immigration massive, l'abandon de la souveraineté nationale, du patriotisme, de son histoire et des traditions nationales. L'abandon, autrement dit, de l'identité nationale des États-nations. L'UE suit avec mécontentement, mais aussi avec une inquiétude croissante, la propagation rapide des « populistes » sur son sol, sans toutefois faire son autocritique, du moins pas encore. Or, si elle le faisait, cela lui permettrait de savoir pourquoi et comment ses principes sont ainsi abandonnés par un nombre de plus en plus important de citoyens. Et il va sans dire que la question du Brexit au Royaume-Uni ne peut rester en dehors de cela. Ici, il est nécessaire de souligner que les « populistes » européens ne sont pas les seuls à refuser d'être écrasés pour avoir ensuite à se soumettre à une gouvernance mondiale, car tout indique que l'UE s'y dirige. C'est ainsi que s'explique cette vague de revendications pour sauver l'identité nationale, avec évidemment de nombreuses variantes, qui a inondé non seulement l'Europe mais également le monde entier. C'est l'Amérique de Donald Trump, la Russie de Poutine, la Chine de Xi Jinping, mais ce sont aussi des régimes d'Amérique Latine et d'Afrique. À l'échelle mondiale, donc, la dichotomie entre l'Ouest et l'Est s'est faite sur la base du

---

[519] Ian Bremmer (2018), « The success of Italy's populists sets off alarm bells for Europe», *Time*, 19 mars.

mode de gouvernance. L'Occident affirme que son modèle de démocratie libérale est éternel, insurpassable et unique. Or, l'évolution des choses démontre que ce modèle est déjà dépassé et que sa portée s'affaiblit, s'affaiblit même très rapidement, écarté par un autre que l'on pourrait dire « asiatique » et qui s'étend dans le monde entier sans relâche, entraînant tout sur son passage. C'est pourquoi la réponse à la question « Y a-t-il encore dans le monde un lieu qui soit régi par la démocratie libérale ? » est assez effrayante.

Je reviens à mes pensées, telles qu'exposées dans l'introduction et à plusieurs endroits de l'analyse dans le corps principal de ce livre, pour rappeler le fait que le changement de décor est à la fois déterminé et provoqué. Et en ce qui concerne la deuxième cause du recul de la démocratie libérale au niveau mondial, il est difficile d'établir avec certitude si l'humanité se portera mieux ou moins bien avec le modèle asiatique. Toutefois, nous nous devons d'être honnêtes et objectifs à l'égard du modèle occidental de gouvernance. Non pas de ses valeurs, qui de toute évidence surpassent toutes les autres formes, mais de la façon dont ces valeurs ont été appliquées et quel en a été l'impact jusqu'à aujourd'hui. Il convient de se demander notamment quel poids spécifique peut avoir ce droit qu'est la liberté, qui signifie nécessairement le pouvoir de choisir, pour ceux, de plus en plus nombreux, qui sont au chômage, pour les sans-abris ou pour ceux qui n'ont pas de quoi vivre dans le « paradis » occidental ? Et puis, dans quelle mesure le système traditionnel occidental peut-il préserver la vie privée et les données personnelles des personnes, lorsqu'elles sont soumises à la surveillance et à une probable exploitation sauvage par les géants des nouvelles technologies ? Y a-t-il, en somme, une réelle différence entre la surveillance occidentale et la surveillance chinoise ? Et puis, avec quelle liberté le jugement individuel et les choix personnels se forment-ils lorsque les citoyens sont impitoyablement bombardés de propagande médiatique qui modèle l'opinion selon des directives venant d'en haut et que règnent les « fausses informations » ? À cet égard, le constat d'Anne-Cécile Robert dans son article du *Monde Diplomatique*, est très juste[520] : « Par un retournement spectaculaire, dans nos démocraties modernes, ce ne sont plus les électeurs qui choisissent et orientent les élus, ce sont les dirigeants qui jugent les citoyens ». On peut bien sûr graduer la restriction ou l'abolition des droits individuels entre les deux régimes. Mais, de nos jours, alors que plane la menace de la stagnation éternelle, il faut absolument, en plus du reste, trouver lequel des deux systèmes est le plus efficace pour :

- atteindre un rythme de croissance rapide ;
- combattre la corruption ;
- une meilleure (plus juste) répartition des revenus et des richesses ;

[520] « La Gouvernance contre la démocratie - De l'art d'ignorer le peuple » (2016), octobre.

- assurer le plein-emploi ;
- une meilleure qualité des services publics de santé et d'éducation ;
- protéger des dangers alimentaires ;
- imposer la méritocratie.

Même si les réponses à ces sujets d'inquiétude ne sont ni faciles ni certaines, du moins pour le moment, la problématique inévitable qui les accompagne fait ressortir une sombre réalité que les non « populistes » occidentaux refusent d'admettre : la question, en effet, n'est pas si simple, les solutions pas aussi évidentes qu'elles ne paraissent, et en revanche, une surveillance critique et objective du problème s'impose. Et puis, tous les chercheurs qui s'intéressent à ce problème de taille ne sont ni des traîtres, ni des extrémistes de droite, ni nostalgiques de régimes dictatoriaux, ni communistes.

5. L'UE, le populisme et le sud de l'Europe[521]

En Europe, la vague populiste s'est amorcée dans le sud et jouit d'une présence forte dans les Balkans. Cette tendance géographique était prévisible, compte tenu des ravages subis par ces régions et de l'ouverture, invariable dès le début, de leur développement économique au nord de l'Europe. Le nord de l'Europe, empreint d'un sentiment néocolonialiste et dont le chef incontestable est l'Allemagne, s'est servi de la dette comme cheval de Troie pour assujettir le sud. Il est très probable que les fondateurs de l'UE avaient les meilleures intentions et surtout qu'ils croyaient à la potentialité de leur réussite. Autrement dit, ils se sont efforcés d'assurer à l'Europe unie paix, démocratie, égalité, prospérité pour tous, une croissance rapide et le plein-emploi, et ils seraient maintenant désespérés de voir comment s'est dégradé leur rêve magnifique. C'est avec horreur qu'ils constateraient aujourd'hui, que non seulement pas un seul de leurs projets ne s'est réalisé mais qu'en plus, dernièrement, une guerre non déclarée mais exterminatrice fait rage entre le nord et le sud de l'Europe. Un conflit d'un genre terrible et original, sans armes de destruction massive mais avec des munitions autrement plus efficaces et plus toxiques que toutes les armes traditionnelles. Le sud de l'Europe est mis à mal par une union économique dont les lignes directrices avaient été tracées, dès le début, pour servir ses partenaires les plus forts et non ses besoins spécifiques. Pendant des décennies, le sud a vu son potentiel de croissance s'éroder et se désorienter, tandis qu'il était exploité par le nord – qui est riche – de façon systématique et déguisée[522]. Quant au cas spécifique des Balkans,

---

[521] M. Negreponti-Delivanis (2015), « La fin de la zone euro : le nord de l'Europe contre son sud », en ligne.

[522] Au moyen de la balance commerciale excédentaire de l'Allemagne, de l'obligation pour le sud de se procurer du matériel de guerre auprès du nord plus riche, mais aussi de l'impact extrêmement négatif du Pacte de stabilité sur les économies européennes les plus faibles.

dont de nombreux pays sont sortis du joug étouffant de l'Union soviétique en 1989, désirant ardemment retrouver leur souveraineté nationale, leurs coutumes, leur culture et leur religion, ils furent déçus et furieux de constater qu'ils devaient faire allégeance au troisième empire allemand[523]. En réaction, ces économies ont engendré des partis politiques hostiles à l'UE, car justement, celle-ci les oblige :

• à mettre en œuvre une politique d'austérité au détriment de leur développement ;

• à accepter des migrants au risque d'altérer leur population, car l'Allemagne a besoin de main-d'œuvre ;

• à ne pas appliquer une politique macroéconomique appropriée aux problèmes et aux spécificités de leur économie, mais celle choisie par l'Allemagne.

La nouvelle équipe gouvernementale en Italie, composée d'éléments populistes et par définition anti-européens, menace l'avenir de l'UE et de l'euro. Il est clair que le problème entre le centre et la périphérie de l'UE mis particulièrement en avant par les dirigeants européens n'est pas que la deuxième choisit des régimes non démocratiques et non libéraux. Le vrai problème de ces pays est qu'ils cherchent à retrouver leur souveraineté nationale[524].

L'UE a l'intention évidente d' « enfoncer » ces nouveaux partis, s'efforçant surtout d'en modifier les bases en intervenant le plus souvent ouvertement.

6. Les partis populistes et la démocratie

L'Amérique de l'après-guerre s'est révélée être le pays le plus riche, le plus puissant et le plus fructueux au monde. Ses succès formidables dans tous les domaines sont assimilés à son régime libéral démocratique, lequel fut peu à peu adopté par la plupart des économies avancées de la planète. Les pays non démocratiques ou avec des régimes autoritaires furent marginalisés, le revenu par habitant était le plus bas et leur rythme de croissance économique était lent. La démocratie libérale domina, au cours des décennies précédentes, en tant que régime politique auquel tous les pays du monde étaient destinés, dès lors qu'ils étaient en mesure d'assurer un revenu annuel par habitant satisfaisant, estimé à environ 14 000 dollars. Les pays régis par une démocratie libérale devinrent ainsi un « exemple à suivre » et la démocratie fut reconnue comme le meilleur régime qui soit, destiné à rester en place pour des siècles et absorber progressivement l'ensemble des régimes non démocratiques et autoritaires.

---

[523] Ross Douthat (2018), « Watching the German empire fall », *The International New York Times Edition*, 18 mai.
[524] *Ibid.*

À l'exception du niveau de vie élevé qui caractérisait, après la guerre, les économies pourvues d'une démocratie libérale, ce régime disposait de trois autres aspects enviables[525] :

- une égalité relative,
- un revenu en augmentation rapide pour tous les citoyens, et
- le fait que les pays non démocratiques prospéraient globalement moins.

Or, tout ce qui faisait les avantages et les principes du régime démocratique ne demandant qu'à se perpétuer et à être imités par les pays non démocratiques se sont évanouis. Et, détail d'importance, les régimes autoritaires s'avèrent avoir un rythme de croissance plus rapide que les régimes démocratiques. En effet, dans le monde, sur les 15 économies qui sont maintenant en croissance rapide, les 2/3 ont des régimes autoritaires, ou du moins ont à leur tête un gouvernement démocratique illibéral[526]. Et puis, parmi les 250 meilleures universités du monde, 16 appartiennent à des pays non démocratiques[527]. Par ailleurs, caractéristique du recul de la démocratie en tant que régime incomparable et unique, est la façon dont elle est perçue par les individus. Ainsi, les plus de 65 ans jugent très important de vivre dans un pays démocratique, alors qu'il est important de vivre dans une démocratie pour moins d'1/3 des moins de 35 ans seulement.

D. Et la deuxième mondialisation : la numérique[528]

Le vide causé par le recul de la mondialisation traditionnelle est comblé, au moins en partie, par une mondialisation différente qui ne connaît pas de frontières. C'est ainsi que face aux échanges de biens qui semblent fatigués, comme cela a été démontré ci-dessus, les échanges numériques de services explosent. Souvent incorporés dans des marchandises, les services sont largement sous-estimés par les statistiques du commerce international. Selon l'OCDE, l'analyse de la valeur ajoutée des produits échangés montre que la part des services dans le commerce mondial de biens et de services était de 64 % en 2016 et non de 23 %[529]. Mais ces chiffres ne permettent pas d'appréhender l'essor spectaculaire de la mondialisation numérique, car ils brouillent les frontières entre biens et services, et ne s'appuient pas directement sur des biens marchands, comme le montre l'exemple de Google, repris en masse par les start-up numériques. C'est ainsi que les flux internationaux de données (*data flows*) ont été multipliés par 45 depuis 2005

[525] Yasha Mounk, Roberto Stefan Foa (2018), « The End of the democratic Century », *Foreign Affairs*, mai/ juin, p. 29-36.
[526] *Ibid.*
[527] *Ibid.*
[528] « Mondialisation : reflux ou mutation ? » (2017), *Alternatives Économiques*, No 372, octobre.
[529] *Ibid.*

(+ 50 % par an) pour atteindre 400 000 gigabits par seconde à la fin de 2016. Selon une étude du McKinsey Global Institute, la contribution de ces flux à la croissance du PIB mondial serait d'ores et déjà plus significative que celle du commerce mondial de biens. Ces flux sont composés pour l'essentiel d'informations, de recherches, de communications, de transactions, de vidéos et de transferts de données intrafirmes. Ainsi les idées se propagent-elles, et une nouvelle forme de mondialisation est-elle mise en avant, qui confère un rôle essentiel aux plateformes numériques, comme Amazon, eBay ou Netflix. Ces plateformes mettent en relation des acheteurs et des vendeurs des cinq continents. En 2016, le montant des biens et des services vendus sur Amazon et Alibaba représentait 700 milliards de dollars (un quadruplement en cinq ans). Depuis 2005, les ventes en ligne ont été multipliées par 10 et l'on estime que ce chiffre devrait augmenter et atteindre 100 milliards d'euros en 2019[530]. Les consommateurs en ligne ont dépensé en moyenne 2 200 euros pour 33 échanges en 2017, alors qu'en 2007 ils avaient dépensé moins de 800 euros. 59 % des consommateurs en ligne se sont adressés, pour leurs achats, à des pays européens, du moins une fois sur deux, mais aussi à la Chine, pour 1/4 de leurs achats[531].

Une différence notoire de cette nouvelle forme de mondialisation par rapport à la forme traditionnelle, est qu'elle donne l'occasion à des milliers de petites entreprises d'économies en développement de participer au e-commerce international, et également d'entrer en compétition avec de plus grandes. Selon les estimations du MGI's, tous les pays ne bénéficient pas autant de ces opportunités offertes par l'internet. Celles qui s'activent davantage dans cette forme de mondialisation sont Singapour, les Pays-Bas, les États-Unis, l'Allemagne et la Chine. Si tous les pays avaient une part active dans l'e-commerce, on estime que le PIB mondial augmenterait de 13 %[532].

Il nous faut toutefois insister sur le fait que la mondialisation numérique, même si elle donne l'impression de fonctionner démocratiquement, est en réalité très différente[533]. En effet, alors que l'internet offre, en théorie, une quantité infinie de choix aux consommateurs, les gagnants, *in fine*, ceux qui récoltent des sommes et une notoriété énormes, sont très peu nombreux. Et cela, car la technologie dirige les consommateurs/spectateurs vers ce qui est prévu comme étant le plus attractif, laissant en bout de file les produits les moins demandés, les « laissés-pour-compte ». Par exemple, Netflix, qui propose des centaines de films et de vidéos, laisse systématiquement très peu de temps les films les plus

---

530 Selon les prévisions de la Fevad.

531 Justin Delépine (2018), « L'e-commerce passe un nouveau cap », *Alternatives Économiques*, mars, No 377.

532 MGI's.

533 « Winner take all » (2017), dossier spécial : Mass Entertainment, *The Economist*, 11 février.

demandés, tandis que tous les autres sont mis au placard. Parmi les milliers de films du monde entier, en 2016, 700 étaient américains et les cinq qui venaient en tête étaient des productions de Disney. Il en va de même pour BuzzAngle Music où, en 2016, les 1 000 chansons qui sont devenues célèbres représentait 23 % de la demande totale. En 2007, aux États-Unis, parmi les 3,9 millions de morceaux de musique, seuls 36 représentaient 7 % de l'ensemble des ventes. Les gens veulent voir, écouter, acquérir ce que la plupart veulent avoir. Bien que tous les participants en ligne soient libres de choisir parmi quantité de produits et services, les délais restreignent leurs choix, lesquels se calquent, sauf exception, à ceux des autres. « Le monde de l'internet est ainsi dominé par l'oligarchie des plateformes géantes, comme Facebook, Google, Amazon, Netflix, Disney, Alibaba et Tencent, et les riches deviennent encore plus riches ». Le résultat est, comme le fait remarquer Chris Anderson en 2016 dans son livre *The long Tail*, qu'en réalité, dans le divertissement de masse la question n'est pas si l'on va « vendre peu d'unités d'une grande quantité de produits » mais si l'on va vendre « beaucoup plus d'une petite quantité ».

La puissance démesurée qu'ont acquise en Occident ces entreprises géantes de l'internet, telles que Facebook, Google et Amazon a commencé à faire prendre conscience des dangers qui y sont liés et à chercher des moyens de les limiter. Les principaux problèmes que pose leur puissance énorme vient du fait que la compétitivité a en fait été supprimée, en raison de l'achat systématique des concurrents, mais également du fait que la concentration d'un nombre illimité d'informations personnelles permet de suivre tous les aspects de la vie privée des individus, et pour ce qui concerne l'aspect économique, identifier les conditions d'achat en ligne, ce qui remet sérieusement en cause le fonctionnement de la démocratie. Il convient également de citer le récent scandale qui a entaché Facebook, ayant été prouvé que l'entreprise a vendu les données personnelles de 87 millions d'usagers. Tous les gouvernements ont commencé à s'opposer à la puissance incontrôlée des géants de l'internet, surtout après l'amende de 2,7 milliards de dollars que la Commission européenne a imposée à Google en 2017. Et parallèlement à cela, des signes montrent que les consommateurs, même s'ils ne peuvent pas imaginer vivre sans les services offerts par ces géants, semblent pourtant estimer qu'un certain contrôle est nécessaire. Ce changement peut s'expliquer par les profits astronomiques que ces entreprises s'assurent en continu, et dont la valeur marchande est estimée à 3 trillions de dollars, soumise à un taux d'imposition très bas. La réaction de l'opinion publique est en plus renforcée par la corrélation entre les profits démesurés de ces entreprises et les très grandes inégalités de répartition des revenus[534]. Le récent scandale Facebook, avec les informations confidentielles de 87 millions d'usagers vendues et se trouvant maintenant dans la nature, a donné lieu à une nouvelle discussion autour des

[534] « Briefing Coping with techlash » (2018), *The Economist*, 20 janvier.

monstres numériques[535]. Il en ressort cette question plus générale : en quoi sont-ils utiles ? Plus particulièrement, les questions adressées à M. Zuckerberg, devant le Congrès américain, au motif d'imposer éventuellement des modifications restrictives dans le mode de fonctionnement de son entreprise, étaient : « Les informations sont-elles l'objet d'un quelconque contrôle ? » ; « Avec qui les coordonnées personnelles des clients sont-elles partagées ? » ; « Que fait Facebook exactement ? ». Naturellement, ces questions concernent le système d'information numérique dans son ensemble. Une autre question relativement concise peut dès lors se poser ainsi[536] : « Dans quelle mesure la combinaison d'analyses sophistiquées et de quantités massives de données sur les usagers mènera-t-elle à une amélioration du bien-être et dans quelle mesure entraînera-t-elle des changements simples dans la répartition de leurs richesses ? ». Le problème, analysé en plusieurs endroit du présent livre, réside dans la difficulté de mesurer la productivité des services en général et plus particulièrement de ces entreprises numériques, car celle-ci ne peut être mesurée à l'aide des outils traditionnels.

Les réponses de M. Zuckerberg devant le Congrès américain étaient peu convaincantes. Toutefois, le fait que durant le procès, les actions de Facebook soient montées de 5,7 % et que la fortune nette de son fondateur soit montée, elle, de 3,9 milliards de dollars[537] sont caractéristiques de la confiance générale du public à l'égard de cette entreprise.

Et puis, il y a le scandale de Cambridge Analytica, société qui possède des bureaux dans le monde entier, et dont l'histoire et les affaires troubles qu'elle prend en charge ne sont pas le moins du monde rassurantes quant à la façon dont les données personnelles des 87 millions d'utilisateurs de Facebook risquent d'être utilisées. En effet, il semble facile pour Nigel Oakes, le fondateur de Cambridge Analytica et ses collaborateurs psychologues, de manipuler le peuple et de l'orienter comme le veulent leurs clients qui, soit dit en passant, sont très bon payeurs. Il suffit d'accuser une minorité. Par exemple, Adolf Hitler n'avait soi-disant rien contre les Juifs, il n'a fait que réaliser le désir du peuple allemand qui n'aimait pas les Juifs ! Ou encore, Donald Trump aurait pu être élu en s'appuyant simplement sur le fait que les Américains n'aiment pas les Musulmans ! Ainsi, dans ce genre d'affaires, en cas de procès, comme celle de Facebook par exemple, le fondateur et ses collaborateurs choisissent de ne pas se présenter[538]. Ceci revient à supposer que des méthodes psychologiques similaires sont également utilisées

---

[535] Eduardo Porter (2018), « Facebook: Creepy and valuable », *The International New York Times Edition*, 19 avril.
[536] Posée dans un article de professeurs de la Carnegie Mellon University et citée par Eduardo Porter, *Ibid.*
[537] « Mark Zuckerberg and his questioners in Congress fail to reassure » (2018), *The Economist*, 14 avril.
[538] Ellen Barry (2018), « Roots of Cambridge Analytica », *The International New York Times Edition*, 24 avril.

pour orienter les choix des consommateurs. En plus du danger que représente la manipulation psychologique des choix des utilisateurs de Facebook (et pas seulement, cela vaut pour toutes les plateformes numériques) révélé par le scandale Facebook et Cambridge Analytica, un autre danger est apparu, celui de l'incitation à la violence, tortures, vengeance et meurtres à travers des vidéos diffusées sur cette plateforme. Bien qu'il soit interdit de l'utiliser (ainsi que d'autres géants numériques) pour inciter à des actes de violence, de vengeance et de haine, l'impossibilité souvent pour l'administration de tout contrôler risque de générer des épisodes graves et sanglants, comme ce fut le cas au Sri Lanka en février 2017[539].

Dans le domaine de la mondialisation numérique, les preuves sont là pour montrer la prééminence de la Chine. Les grandes entreprises numériques chinoises Alibaba et Tencent sont en concurrence avec Facebook, avec une valeur marchande de plus de 500 milliards de dollars. Leurs utilisateurs sont estimés à 800 millions, ce qui est le nombre le plus élevé par rapport à n'importe quel pays du monde. La Chine a également sécurisé le marché des paiements en ligne et l'ordinateur le plus rapide au monde. Dès 2025, elle devrait dépasser l'Amérique dans l'Intelligence Artificielle. L'Amérique est inquiète, et pas seulement, elle est en colère également et veut faire croire qu'elle parviendra à stopper les progrès de la Chine en imposant des droits de douane[540] ou même par une guerre froide commerciale.

Et l'on peut se demander si ce problème ne provient pas de la baisse du budget alloué à la recherche et au développement (R&D) qui, en 2015, était déjà d'1/3 inférieur à celui de 1964 et correspondait à seulement 0,6 % du PIB, tandis que Donald Trump a décidé, pour le budget de 2019 à 2028, de couper encore les dépenses non militaires de 43,3 % y compris la R&D[541].

IV. LA MONDIALISATION CHINOISE

Maintenant que la mondialisation traditionnelle de type occidental est sur le déclin, on ne peut s'empêcher de noter, non sans sourire, que c'est l'Amérique qui l'avait imposée il y a une cinquantaine d'années, et que c'est l'Amérique qui *désormais s'insurge contre elle*. Cette réaction semble avoir été provoquée par le mécontentement de Donald Trump face à la libéralisation incontrôlée du commerce international, et qui s'explique par le fait que 77 % du déficit commercial des États-Unis provient des transactions commerciales avec des pays appartenant à l'OMC (Organisation mondiale du commerce). De plus, il est vrai que le niveau moyen des droits de douane américains était jusqu'à

---

[539] Amanda Taub, Max Fisher (2018), « Facebook and Vengeance », *The International New York Times Edition*, 25 avril.
[540] « The battle for digital supremacy » (2018), *The Economist*, 17 mars.
[541] *Ibid.*

aujourd'hui largement inférieur à celui des autres pays[542] avec lesquels les États-Unis commercent.

Les préférences et les réactions du nouveau président américain sont *a priori* difficiles à situer dans une École économique précise, comme le fait remarquer très justement l'économiste Christian Chavagneux : « Libéral le matin, il promeut des baisses massives d'impôts et une déréglementation tous azimuts ; keynésien le midi, il souhaite engager un vaste plan de dépenses publiques ; protectionniste le soir, il veut taxer les produits fabriqués à l'étranger et se fermer aux migrations internationales ». Et Christian Chavagneux aboutit à un constat surprenant mais interprétatif sur le comportement de Donald Trump. Selon ses mots, le nouveau président américain est un « mercantiliste », autrement dit les mesures qu'il prend, et qui semblent à première vue incohérentes, visent à réduire la sortie des capitaux du pays et à en encourager autant que possible les entrées.

La mondialisation est le résultat d'une préparation rigoureuse des puissants de ce monde qui cherchent essentiellement à maximiser leurs profits, tandis que l'antimondialisation résulte de la réaction des plus faibles.

Maintenant, donc, que la mondialisation traditionnelle semble se marginaliser, une autre mondialisation voit le jour, aux formes nouvelles, et qui envahit énergiquement la scène internationale, emportant tout sur son passage. C'est la mondialisation chinoise[543], qui avait été présentée par *Xi Jinping* en 2013 comme *« Une ceinture, une route »*, et qui a l'ambition de *« dessiner le monde »* autour d'un nouvel ordre économique international dont le noyau sera la Chine. C'est le grand projet de Xi Jinping, le charismatique président chinois, qu'il qualifie lui-même de « nouveau plan Marshall », mais dans une version plus audacieuse que le précédent[544].

Avant de m'étendre davantage sur l'enjeu de cette « nouvelle route de la soie » qui fait présager un bouleversement de la scène économique internationale, il me paraît intéressant d'examiner comment le président chinois conçoit la mondialisation, si celle-ci se définit simplement comme une libre circulation des biens, services et facteurs de production. Du point de vue de la politique communiste chinoise, l'enthousiasme de Xi Jinping pour la mondialisation est *a priori* curieux, comme on a pu le constater à Davos en 2017 : « Le protectionnisme, c'est comme être tout seul dans le noir ». Cette déclaration cesse d'être curieuse et inexplicable dès lors qu'on la lie avec les résultats époustouflants de la croissance assurée à la Chine par la

---

[542] « Reassessing global trade » (2017), *The Economist*, 13 mai.
[543] Jane Perlez, Yufan Huang (2017), « Rearranging global trade », *The International New York Times Edition*, 16 mai.
[544] « Rearranging global trade » (2017), *The International New York Times Edition*, 16 mai.

mondialisation. Sans la mondialisation, la Chine serait encore un pays pauvre et marginal, et pas seulement la Chine, mais aussi d'autres économies émergentes. Néanmoins, la position de Xi Jinping face à la mondialisation, en dépit de ses déclarations enthousiastes, sont loin d'être claires. Lorsqu'à Davos toujours, il dit qu' « il faudra redéfinir la mondialisation...», ce à quoi s'ajoute une série d'actions, on peut en déduire que la Chine cherche à établir une mondialisation aux formes spécifiques, qui naturellement œuvrera en sa faveur. Plus exactement, depuis l'arrivée de Xi Jinping au pouvoir en 2012, les contrôles à l'exportation des capitaux, les critiques à l'encontre des convictions de l'Occident et la censure de l'internet se sont intensifiés. De plus, 80 % des entreprises américaines croient que la Chine se montre de moins en moins disposée à accepter les entreprises étrangères sur son sol[545]. *La mondialisation mise en place par la Chine s'arrange avec le protectionnisme, de même que son capitalisme s'arrange avec le communisme.* C'est sous cette forme que la mondialisation intègre la Chine dans l'actuel système des échanges internationaux, tandis que dans le même temps, une autre mondialisation avance, originale, complètement chinoise et visant à apporter des changements ravageurs dans l'économie mondiale. Il s'agit de la décision, déjà effective, de faire revivre la « route de la soie ».

La « route de la soie » était, il y a 2000 ans, le principal axe commercial reliant l'Occident avec l'Extrême-Orient. C'est par cette route qu'arriva Genghis Khan en Europe, et c'est par cette route qu'Alexandre le Grand atteignit presque la Chine. La fusion de ces deux grandes civilisations, grecque et extrême-orientale, donna une impulsion extraordinaire aux sciences, aux arts et à la philosophie. La pénétration d'Alexandre le Grand en Extrême-Orient, par la route de la soie, permit la fondation de nouvelles villes, dont nombreuses sont celles qui portent son nom, et diffusa la culture grecque et la pensée grecque dans les régions les plus lointaines. Le lien, par conséquent, entre la Chine et la Grèce remonte à des siècles et des siècles et s'est fait par la première route de la soie. Il se ravive avec la « nouvelle route de la soie » et avec le port du Pirée que la Chine a choisi comme porte pour faire entrer ses produits en Europe, lesquels circuleront grâce à la flotte marchande grecque[546].

La croissance économique avait rendu prohibitif le coût de la circulation des produits par la « route de la soie » qui avait été abandonnée pendant des siècles. Mais de nouveau, les nouvelles technologies ont fait réapparaître

[545] Pierre-Antoine Donnet (2018), *Quand la Chine achète le monde*, éd. Philipe Picquier, Paris.

[546] Sofia Hiniadou Cambanis (2017), « China-Greece relations from Old to New Silk Road », *Kathimerini* (édition anglaise), 3 décembre.

l'opportunité économique d'exploiter cette route, puisque la circulation ferroviaire est devenue rapide et financièrement abordable.

Les informations concernant les préparatifs effrénés de cette mondialisation, nouvelle et originale, planifiée et réalisée par la Chine, bien qu'elles soient relatées discrètement et sans tapage, traitent certainement de l'événement le plus important, étant donné qu'à long terme, elle changera la face du monde. Il s'agit d'une mondialisation dotée d'une philosophie complètement différente, qui fait table rase de toutes ses formes précédentes. Avec un budget se comptant en trillions de dollars, la Chine compte faire renaître la « route de la soie », mettant en œuvre des travaux d'infrastructure colossaux au Laos, au Pakistan, au Kenya, en Europe. La Chine projette de tracer des lignes de chemin de fer qui commenceront à Budapest, en Serbie et assureront ainsi une artère supplémentaire afin de diffuser ses produits en Europe. Le port du Pirée, acheté par la Chine, sera son tremplin vers l'Europe. Le projet « Une ceinture, une route », promu par le président chinois Xi Jinping, prévoit la construction d'infrastructures en Asie, en Afrique et en Europe, et améliorera la qualité de vie des habitants de plus de 60 pays dans le monde. L'objectif de ce projet de grands travaux est la valorisation, autant que faire se peut, de l'avantage stratégique dont dispose chaque pays qui y participe.

Plus précisément, les ingénieurs chinois construisent des centaines de tunnels et ponts dans la jungle du Laos qui supporteront les rails de la voie ferrée longue de 414 kilomètres. Ce chantier prévoit de relier six pays asiatiques et le coût estimé s'élève à 6 milliards de dollars. La Chine construit également au Pakistan des centrales électriques afin de fournir en électricité des régions qui n'en sont pas pourvues. Ces investissements, selon des estimations, s'élèveront à 46 milliards de dollars. Au Kenya, la Chine améliore la ligne ferroviaire qui relie le port de Mombasa à Nairobi, pour y faciliter l'accès à ses produits. Cette ligne ferroviaire a été mise en service à l'été 2017, et son entretien dépendra pendant plusieurs années de la Chine. D'importants chantiers d'infrastructure sont programmés ou ont débuté au Vietnam, au Bangladesh, au Sri Lanka, au Cambodge, en Tanzanie, etc. Financée par la Chine, la construction d'une ligne de chemin de fer est programmée, de Budapest à Belgrade, afin d'assurer une nouvelle artère pour diffuser les produits chinois en Europe, via le port du Pirée. D'un commun accord et avec d'autres, des investissements colossaux dans des chantiers d'infrastructure, en cours de réalisation ou à venir, sur les trois continents, Asie, Afrique et Europe, la Chine est en train d'ériger son empire mondial, sa propre mondialisation. Elle intensifie son influence et renforce sa présence aussi dans le Pacifique sud. Durant la période 2006-2016, elle a offert son aide dans la région à hauteur de 1,78 milliard de dollars pour des chantiers d'infrastructure. Les habitants de la région sont disposés à la suivre, car l'aide et les prêts intéressants qu'elle leur accorde ne sont pas soumis aux conditions strictes de l'Occident. C'est pour cela que les Occidentaux ont commencé à s'inquiéter de ses aspirations expansionnistes et illimitées. Mais c'est surtout l'Australie qui s'inquiète de savoir, même si cette nouvelle a été démentie des deux côtés, que Pékin a conclu un accord avec le gouvernement du Vanuatu qui prévoit une présence militaire chinoise permanente sur son archipel. La France aussi s'inquiète de l'intensification de l'influence de la Chine en Australie, ce qui explique le bref voyage qu'Emmanuel Macron y a effectué en mai 2018[547]. Les besoins importants en infrastructures de nombreux pays qui se sont associés à la « nouvelle route de la soie » atteignent 1,7 trillion de dollars par an. Parallèlement à la route maritime et terrestre de la soie, Xi Jinping projette une « route polaire de la soie ». Car, même si l'Arctique n'est pas très près de la Chine, il ambitionne de l'intégrer à son grand projet de la « nouvelle route de la soie ». Ainsi projette-t-il de construire des ports et les infrastructures nécessaires à l'amarrage des navires, surtout maintenant que la banquise fond. La Chine, en tant que « puissance polaire » se prolongera avec la construction d'une voie ferrée en face de la Finlande[548]. Les sommes astronomiques nécessaires à la réalisation de ce gigantesque projet justifient la peur de menaces sérieuses. Le régime communiste au Laos est considéré comme une menace réelle, tout comme l'instabilité politique générale dans la région et la corruption. Toutefois, le président chinois semble certain qu'à long terme, les bénéfices pour son pays dépasseront de beaucoup les sommes investies, aussi importantes soient-elles. Lors de la cérémonie du lancement de ce grand projet, le président chinois avait invité des chefs d'États à Pékin. Étaient entre autres présents le président russe Vladimir Poutine, la ministre allemande de l'Économie, Brigitte Zypries, mais aussi des représentants de Siemens et de la General Electric. On compte que la réalisation de ce projet permettra d'employer 100 000 Chinois.

Même si, pour le moment, il perd de l'argent, le président chinois vise à imposer cette nouvelle forme de mondialisation qui fera disparaître, comme tout l'indique, celle du monde occidental. La nouvelle mondialisation d'inspiration chinoise redéfinira l'ordre économique mondial, en faisant entrer des pays et des grandes entreprises dans le sillage de la Chine.

La construction de projets d'infrastructure dans le monde entier, d'une ampleur inconcevable, lie de manière admirable le problème de la surabondance des produits chinois en raison du ralentissement de son rythme de croissance, tels que l'acier, l'aluminium, le ciment et les machines, avec la domination mondiale de la Chine. Ajoutons que l'utilisation du charbon a été arrêtée en Chine, mais pas la production. Celle-ci est écoulée au Kenya où, aux frais de la Chine, sont construits des centrales électriques pour répondre à

---

547 Isabelle Dellerba, Harold Thibault (2018), « Les Occidentaux s'inquiètent de l'influence chinoise dans le Pacifique », *Le Monde*, 30 avril.

548 « A silk road through ice » (2018), *The Economist*, 14 avril.

la demande croissante en électricité du pays[549]. Ces produits, comme de nombreux autres, ne peuvent plus être absorbés par la Chine dont la croissance ralentit. Le président chinois fait un parallèle entre le plan « mondialisation 2.0 » et le plan Marshall, qui a aidé à la reconstruction de l'Europe après la guerre, et à travers lequel l'Amérique s'est fait des alliés en Europe et a pu s'imposer comme première puissance mondiale.

Pour l'heure, la Chine assure que sa mondialisation n'installera pas sa puissance sur des alliances stratégiques, ni sur des notions similaires au nouvel ordre des choses du président américain, « L'Amérique d'abord », fondé sur le protectionnisme. La Chine, au contraire, veut ériger une nouvelle mondialisation ciblant le long terme et non le court terme, reposant sur les investissements publics dans le monde entier. Même si l'Australie a refusé d'intégrer ce plan, la taille de la Chine, tout comme ses perspectives sont telles que tous s'efforceront d'entretenir les meilleures relations avec elle.

Nous examinerons ensuite comment se présentent les prévisions raisonnables par rapport à l'évolution des relations de la Chine avec l'Occident, sur la base de ses dernières aspirations à travers ce grand projet, et par rapport aussi à la physionomie qu'acquerra le nouvel ordre économique international, tels que le dessinera cette mondialisation aux couleurs chinoises.

A. La « nouvelle route de la soie » (One belt, one road ou OBOR)

En dépit des compliments que l'Amérique et la Chine se font réciproquement, il ne fait aucun doute que le succès de la mondialisation chinoise signera la fin de la domination américaine. Par conséquent, il semble évident que l'Amérique ne voie pas d'un bon œil les visées dominatrices de la Chine, et la question est de savoir ce qu'elle compte mettre en œuvre ou ce qu'elle devrait mettre en œuvre pour y faire obstacle. Pour l'heure, ce que l'on peut dire, c'est que l'Amérique prend des décisions et se lance dans des actions qui, objectivement, semblent contraires au bon sens. D'abord, l'Amérique a tardé à prendre conscience de l'essor de la Chine sur la scène internationale et ne lui a pas donné la place qu'elle méritait pour qu'elle ne se sente plus à l'écart. En réaction, la Chine a pris l'initiative de fonder, en 2013, la Banque asiatique d'investissement pour les infrastructures. Et au lieu de s'empresser d'en signer l'acte fondateur afin de la contrôler de l'intérieur, l'Amérique a refusé de le faire, laissant ainsi un champ plus large à l'influence internationale de la Chine. En revanche, les pays collaborateurs de l'Amérique se sont empressés de le signer : l'Australie, le Canada, la France, la Corée du Sud, Israël, l'Allemagne, la Grande-Bretagne. Cette banque, l'AIIB, a commencé à fonctionner en 2015 et finance de grands travaux d'infrastructures en Asie se

[549] Somini Sengupta (2018), « China wields its coal power », *The International New York Times Edition*, 2 mars.

comptant en trillions de dollars, posant ainsi les fondements de la « nouvelle route de la soie ». De son côté, l'Amérique s'engage dans un régime protectionniste, affectant de la sorte les économies qui commercent principalement avec elle, surtout lorsque ces échanges créent un déficit de sa balance commerciale. Et puis, toujours dans le but d'éviter un déficit de sa balance commerciale, l'Amérique s'est retirée de l'accord de partenariat transpacifique (Trans-Pacific Partnership) dont faisaient également partie l'Australie, le Brunei, le Canada, le Chili, le Japon, la Malaisie, le Mexique, la Nouvelle-Zélande, le Pérou, Singapour et le Vietnam. Au-delà des doutes justifiés sur le fait que, pour l'Amérique, le protectionnisme est préférable à un déficit de sa balance commerciale avec certains pays, ce qui est certain, c'est qu'avec ces décisions, elle laisse un vide que la Chine émergente, en tant que première puissance mondiale, s'empresse de combler. Ainsi, l'opinion selon laquelle *les choix de l'Amérique, au lieu d'empêcher ou de freiner le triomphe mondial de la Chine l'accélèrent, semble-t-elle se justifier*[550]. On peut raisonnablement s'attendre à ce que tous les pays membres de l'Accord de partenariat transpacifique (TPP), mécontents à juste titre d'avoir été abandonnés par l'Amérique, se feront un plaisir de s'approcher de la Chine et de s'associer à son ambitieux projet de domination du monde[551]. Il est certain que l'Amérique s'inquiète en suivant les tendances expansionnistes manifestes de la Chine, qui concernent *in fine* la planète entière. Et la question est de savoir si elle va rester passive et se laisser marginaliser ou si elle va s'engager dans des mesures radicales afin de défendre ses intérêts. La réponse à cette question est loin d'être simple. Car, à l'exception d'une guerre, tout ce qu'elle peut faire, c'est de se bercer de l'illusion, aussi longtemps que possible, qu'elle continuera de dominer le monde.

L'Amérique, angoissée par l'essor fulgurant de la Chine dans tous les domaines, y compris dans les nouvelles technologies, a tout récemment été amenée à prendre de nouvelles dispositions visant à protéger sa souveraineté. Prétextant sa *sécurité nationale*, elle refuse de plus en plus souvent d'autoriser la Chine à acheter des entreprises américaines. Avec ces nouvelles restrictions, elle s'efforce de protéger par tous les moyens sa propre nouvelle technologie, la fameuse 5G qui prépare le terrain à la télécommunication sans fil des appareils ménagers, véhicules autonomes et éclairage urbain[552]. Ainsi le gouvernement américain soupçonne-t-il fortement que des investisseurs étrangers, plus précisément des investisseurs chinois, achètent des entreprises

---

[550] Yan Xuetong (2017), « Trump era could held China boom », *The International New York Times Edition*, 26 janvier.

[551] Avec, bien entendu, quelques exceptions, l'Australie ayant refusé de signer le projet de la Chine, et l'Inde qui hésite car certaines routes que la Chine veut ouvrir passent par le Cachemire, région revendiquée par le Pakistan.

[552] Cecilia Kang, Alan Rappeport (2018), « U.S. and China battle for edge in technology », *The International New York Times Edition*, 8 mars.

dans le but d'accéder aux nouvelles technologies. Et c'est justement cette tendance que l'Amérique cherche à stopper. Mais peut-être est-il déjà trop tard.

L'inquiétude de l'Amérique face au déferlement de la Chine sur la planète entière est partagée par l'Union européenne qui, avec raison, se sent elle aussi menacée. Et cela, car la Chine s'est déjà rapprochée de onze États membres de l'UE et cinq pays des Balkans[553] avec lesquels elle coopère et qu'elle finance. Ces pays sont : la Hongrie, la Bulgarie, la Roumanie, la Pologne, la Bosnie-Herzégovine, la Serbie, la Croatie, la Slovénie, l'Albanie, l'ARYM, le Monténégro, la Tchéquie, la Lituanie, la Lettonie et l'Estonie. L'Amérique et l'Europe craignent l'expansion de la Chine dans les Balkans et de son alliée surtout, la Russie, d'où leur volonté de trouver au plus vite un accord sur l'appellation de l'ARYM pour que ce petit État puisse intégrer l'OTAN et l'UE et se protéger d'un éventuel impact négatif. Or, la Chine a déjà acheté l'aéroport international de Tirana, la plus grande mine d'acier de Serbie, une grande mine de charbon en Roumanie et le port du Pirée, en Grèce. Des pays de l'UE et sources alliées, réagissant à cela, soutiennent que la Chine « cherche à s'insinuer dans l'UE et à faire éclater sa cohésion ». Bien qu'elle ait assuré ne pas avoir de telles visées et qu'elle cherchait, au contraire, à conclure des accords commerciaux multilatéraux qui profiteraient à tous, comment ne pas se demander, non sans quelque ironie difficile à cacher, de « quelle cohésion européenne » parlent ces accusations. Du Brexit, avec la Grande-Bretagne qui a déclaré par les urnes « nous ne voulons pas de cette Europe » ? De la Catalogne dont la liberté de parole est étouffée par les menaces terrifiantes et les manipulations programmées ? De la Hongrie qui a choisi à plusieurs reprises de faire ce qui va dans son intérêt national et ne correspondait pas à ce qui lui était imposé par l'Union européenne ? De la montée en Europe de ce qu'on appelle les partis populistes qui ne veulent pas en entendre parler ? Ou bien enfin, sans trop m'étendre, de la Grèce, pour le sauvetage de laquelle (et dans une plus large mesure de tout le sud de l'Europe), aucune solution n'a été trouvée, en huit ans, si ce n'est sa destruction ?

L'Union européenne s'emploie à des contrôles pour savoir si les investissements de la Chine sur le sol européen sont viables et si les règles européennes concernant l'obligation d'appel d'offre sont respectées[554]. Et, pendant que l'Union européenne se soucie de détails bureaucratiques, la Chine a déjà investi en Europe, depuis 2012, 15 milliards de dollars et pour les prochaines années, elle projette des investissements supplémentaires d'une hauteur de 10 milliards de dollars[555]. Pour 2016 notamment, année où les investissements publics en Europe avaient atteint leur plus bas niveau depuis

---

[553] Giorgos Ch. Papageorgiou (2017), « Η κινέζικη εισβολή τρομάζει τις Βρυξέλλες » [L'invasion chinoise effraie Bruxelles], *Proto Thema*, 3 décembre.
[554] *Ibid.*
[555] *Ibid.*

vingt ans, les investissements de la Chine se sont élevés à 35 milliards d'euros, affichant une hausse de 77 % par rapport à 2015[556].

La France fait figure d'exception dans sa position face aux conséquences menaçantes de la nouvelle route de la soie dans les échanges commerciaux avec l'Occident, comme il ressort du discours du président Emmanuel Macron à Pékin, début janvier 2018. Car, au lieu de se plaindre et d'exiger de la Chine qu'elle tienne compte – ce qui serait évidemment absurde et utopique de sa part – des intérêts de l'Occident dans ses démarches, le président français a essayé de poser les bases d'une participation active de l'Europe aux activités de la nouvelle route de la soie.

B. Les principaux objectifs de la Chine dans le cadre de la « nouvelle route de la soie »[557]

Le but central de cette gigantesque entreprise, la renaissance de la « route de la soie », est de relier la Chine au reste du monde par le biais d'importants travaux d'infrastructure en des points stratégiques de la planète. Ce projet de grande envergure devrait être mené à bien en 2049 et il n'est pas improbable qu'il soit lié avec la demande de Xi Jinping au Comité central d'être nommé président sans mandat limité, ce qui lui permettra d'en suivre l'avancée et de le coordonner lui-même. La question, pour la Chine, est de renforcer ses échanges commerciaux avec l'Afrique, l'Eurasie, l'Europe, le Moyen-Orient et l'Asie.

Le projet chinois comprend deux parties : la première est la ceinture économique terrestre de la route de la soie (la SREB) et la deuxième est la route maritime de la soie (MSR). Ce plan est, par ailleurs, extrêmement ambitieux, pluridimensionnel, puisqu'il englobe les transports, les droits de douane, l'énergie, le tourisme, la finance, les alliances politiques. Son coût est estimé à 26 milliards de dollars. De nombreux projets sont déjà en cours d'exécution tandis que d'autres en sont encore au stade de l'étude[558].

L'objectif de la Chine n'est pas tant de renverser l'ordre économique mondial, mais plutôt de l'adapter à ses propres mesures et intérêts, et d'y augmenter son influence. L'une des raisons qui justifie la grande décision de la Chine qu'est la renaissance de la route de la soie est que malgré un certain ralentissement, son rythme de croissance est encore très rapide et engendre une surproduction de certains produits – acier, ciment, machines – qui ne peut être absorbée par son économie intérieure et qui crée des installations

---

[556] « Charlemagne/More than yuan Europe » (2017), *The Economist*, 2 décembre.
[557] Jonathan Holstag (2017), « How China's new silk road threatens european trade », *The International Spectator*, Italian Journal of International Affairs, Vol. 52, issue 1.
[558] Eric Mottet, Frédéric Lasserre (2018), Dossier - L'initiative, « Belt and Road stratégie chinoise du "Grand Jeu" », *Diplomatie* No 90, janvier/février.

productives non utilisées. Convaincu que la croissance va continuer à ralentir, le gouvernement a jugé que faire revivre la route de la soie était la solution, puisqu'elle permettrait de revaloriser les régions les plus pauvres. Ce que veut en premier la Chine, c'est garder ses frontières ouvertes et protéger ses entreprises pour qu'elles puissent s'étendre continuellement à de nouveaux marchés. En outre, le régime sous lequel elle marchera vers la conquête de la souveraineté mondiale semble imposer une *mondialisation spécifique.* On prévoit que celle-ci associera le libre-échange avec l'aide aux économies en développement, lesquelles garderont toutefois leur souveraineté nationale[559]. Le deuxième objectif de la Chine, visé lui aussi à travers la nouvelle route de la soie, est d'arriver à une meilleure coordination ainsi qu'à une collaboration et non compétitivité entre les entreprises chinoises et de servir les intérêts nationaux[560]. Ayant officiellement annoncé, jusqu'au Congrès du Parti communiste, qu'elle désirait rester une puissance tranquille, elle s'emploie déjà à concurrencer idéologiquement la devise favorite de Donald Trump « L'Amérique d'abord ». Son troisième objectif est de promouvoir l'exportation de ses produits manufacturés. L'initiative « une ceinture, une route » est en partie une tentative de développer de nouveaux marchés dans toute l'Eurasie – avec des infrastructures reliant l'Asie centrale et du sud avec l'Europe et l'Afrique. Vingt villes chinoises sont désormais reliées avec l'Europe par des lignes ferroviaires et la quantité de fret à destination de l'Europe a été multipliée par cinq depuis 2013, tandis que des liaisons sont renforcées, telles que Tchentu-Prague ou Wuhan-Lyon. Ainsi, sans aucun tapage, la plus grande ambition de l'initiative « une ceinture, une route » est de transformer l'Eurasie en une région économique et stratégique qui concurrencera – et finira par passer devant – la région euro-atlantique. Et il va sans dire que tout cela tournera autour de la Chine.

La Chine s'intéresse également à l'Europe et aux Balkans, région qu'elle considère essentielle pour mettre sur le marché une grande quantité de ses produits. Les investissements vers l'Europe, et surtout vers l'Allemagne, ont décuplé ces dix dernières années et sont évalués à 10 milliards de dollars[561], dirigés pour l'essentiel vers les infrastructures. La Chine compte construire le plus court chemin vers les Balkans, à savoir l'autoroute qui reliera Belgrade, Niš (Serbie), Pristina (Kosovo) et Durrës (Albanie). Cette autoroute complètera la ligne de chemin de fer Budapest-Belgrade, le but étant de relier par un axe le port du Pirée et l'Europe centrale et orientale via la Serbie.

---

[559] Roger Cohen (2017), « China has Trump where it wants him », *The International New York Times Edition*, 13 novembre.

[560] Jonathan Holstag, *op.cit.*

[561] Marie Charrel (2018), « La Chine se renforce dans les Balkans pour déployer sa nouvelle route de la soie », *Le Monde*, 1er avril.

Carte 5 - Les principaux points clés géographiques de la nouvelle route de la soie

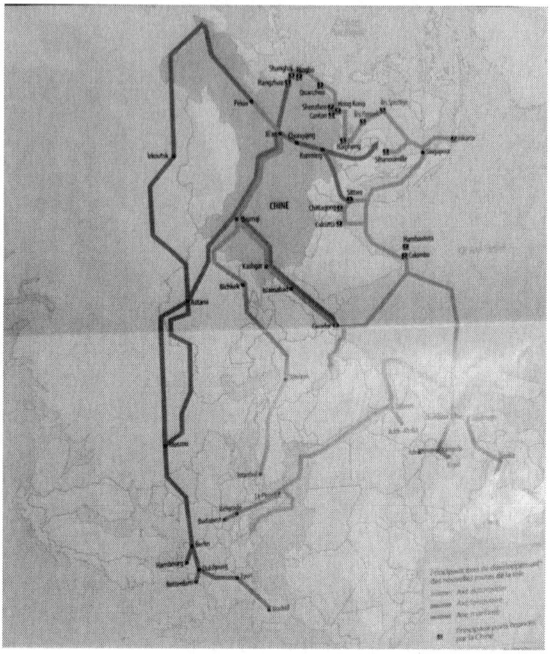

La réalisation de cet objectif complexe suppose la poursuite de la méthode de travail intensif dans l'industrie chinoise, afin que des emplois soient créés dans les régions les plus pauvres. Parallèlement, l'installation d'entreprises chinoises d'assemblage est renforcée à l'étranger[562]. Le quatrième objectif de la renaissance de la route de la soie est l'exportation de la surproduction, notamment d'acier, vers l'étranger. Par ce plan génial, Xi Jinping vise d'autres objectifs parallèles et très importants, comme continuer la production d'acier et par conséquent préserver les emplois dans ce secteur, utiliser l'acier pour créer des infrastructures dans des régions du monde en développement et développer ainsi de nouveaux marchés pour les produits chinois. Il veut aussi créer un cercle étendu de pays – une centaine – autour de la Chine et qui le considèreront comme le nouveau leader mondial. Et enfin, le dernier grand objectif de la Chine est d'accroître sa part de marché dans les produits de haute technologie tels que l'électricité, le rail, les chantiers navals, l'aviation, les énergies renouvelables, les machines, la biotechnologie et les appareils de pointe. Pour résumer, les cinq principaux objectifs de la nouvelle route de la soie visent à promouvoir les produits chinois. Pour soutenir ces objectifs, une aide de l'État en priorité absolue et souvent au mépris des règlements internationaux est prévue pour les grandes entreprises chinoises. Ces entreprises appartiennent à l'État et priment en importance sur les petites et les

562 *Ibid.*

entreprises privées. *La meilleure manière, pour l'État, d'aider les grandes entreprises est de les financer confortablement.* Pour ce faire, il incite les ménages à déposer leurs économies dans les banques qui accordent des prêts aux entreprises à un taux d'intérêt très bas. Le transfert d'épargne des ménages aux entreprises a atteint, en 2015, 4,5 trillions de dollars. Autrement dit, c'est une politique fortement keynésienne qui est suivie en Chine, politique qui donne de brillants résultats, contrairement aux politiques d'austérité choisies par l'Occident (et surtout l'Europe) et dont les résultats sont particulièrement déroutants. La Chine, en plus d'accorder des prêts nationaux afin de promouvoir la croissance, effectue des investissements nombreux et multidimensionnels à l'étranger, en utilisant les devises provenant de son excédent commercial, grâce à ses exportations. Les réserves de change de la Chine sont évaluées à 6,3 trillions de dollars, les investissements directs étrangers à 1 trillion de dollars, les prêts commerciaux à 1 trillion de dollars[563]. Cette politique monétaire expansive comprend assurément des risques, puisque sa dette augmente dangereusement. Au total, celle-ci était de 141 % du PIB en 2008, et en 2017 elle avait atteint 256 %. Il est toutefois clair que la Chine donne, pour le moment, une priorité immédiate à la croissance, remettant à plus tard la question de la stabilité.

La mondialisation chinoise n'implique cependant pas une ouverture claire des frontières, mais plutôt « une ouverture des frontières gérée de manière appropriée ». L'intérêt de la Chine ne porte pas tant sur la concurrence avec les États-Unis ou l'UE, mais plutôt sur l'érection de son propre empire, auquel les économies des pays partenaires seront attachées et, en quelque sorte, dépendantes de lui sans être en concurrence. Elle cherche à réglementer les termes du commerce et à instaurer une hiérarchie harmonieuse dans ses relations avec les autres pays. Son intention est de réorganiser l'Asie sur la base d'un système de collaboration politique et économique, qui s'appuierait sur le développement local et l'investissement. En introduisant ce nouveau système de collaboration, la Chine se différencie du système américain qui est pour elle illégal[564]. Son ouverture au libre-échange se fait en même temps qu'une forte protection de ses entreprises[565]. De toute évidence, on ne peut dire qu'elle mette en œuvre un régime de libre concurrence. On observe par contre qu'elle suit les incitations de F. List concernant le besoin de protection de ses nouvelles entreprises contre la libre concurrence, et qu'elle cherche partout à combiner des systèmes différents et belligérants.

Les intentions de la Chine concernant le commerce extérieur et ses relations avec les autres pays n'étant pas claires, elles inquiètent l'Occident, surtout depuis que Xi Jinping a obtenu triomphalement son investiture à vie,

---

563 *Ibid.*

564 Eric Mottet, Frédéric Lasserre (2018), dossier, *op. cit.*

565 *Ibid.*

votée par près de 3000 représentants du peuple. L'Occident craint les répercussions que peuvent avoir les investissements massifs prévus surtout dans les Balkans et son objectif ambitieux qu'est le plan « Made in China 2025 » pour promouvoir ses produits et ses nouvelles technologies. Ces craintes sont justifiées, en partie du moins, par le fait que les entreprises chinoises reçoivent d'importantes subventions de l'État, où et quand cela est nécessaire, privilège de taille face aux entreprises et produits occidentaux.

C. Cosco - le port du Pirée

Étant de ceux qui reconnaissent leurs erreurs, j'avoue donc que j'étais opposée à la concession du port du Pirée. En théorie j'avais raison, car les ports appartiennent à cette catégorie de biens et services qui, en raison de l'importance plurifonctionnelle de leurs services sociaux et de leur caractère national, doivent rester dans le secteur public. Toutefois, je n'avais pas assez tenu compte, parce qu'ils n'avaient pas été rendus publics, des projets de grande ampleur que les Chinois nourrissaient pour le Pirée et ce qu'aurait indiscutablement à y gagner la Grèce. À l'heure qu'il est, les investissements de Cosco promettent une croissance multiple à la Grèce et, plus important encore, constante et rapide et qui augmentera en même temps que la mise en œuvre du plan « Une ceinture, une route ». Une cosmogonie est en effet prévue, qui ne devrait certainement pas se cantonner à l'espace géographique trop étroit du port mais s'étendre au reste de la région et, grâce à ses effets multiplicateurs, se fera sentir dans l'ensemble du pays. Dans un premier temps, cinq hôtels de luxe vont être construits qui emploieront en permanence à peu près un millier de personnes. La plus grande base de la Méditerranée orientale sera également créée, et pourra accueillir 450 navires par an. Le contrat de concession du port impose également à l'OLP S.A. (l'autorité portuaire du Pirée) de procéder dans les cinq ans suivant la cession des parts à des investissements d'une hauteur 293,8 millions d'euros, le but à long terme étant qu'ils atteignent un milliard d'euros[566]. Le Pirée est le tremplin qui permettra à la Chine de réaliser son invasion économique et culturelle de l'Europe, des Balkans et de l'Afrique du nord. L'investissement de Cosco est le plus gros investissement jamais fait dans un port grec, et l'on peut aisément comprendre que les États-Unis et l'UE s'en inquiètent, puisqu'il constitue l'accès le plus important des produits et services chinois en Europe, et aussi parce qu'il est lié à la politique plus large de l'influence de la Chine, surtout dans les Balkans.

Le Pirée sera un excellent point de départ qui permet d'espérer le redressement de la Grèce. Si ces espoirs prennent forme, celle-ci passera dans

---

[566] Minas Tsamopoulos (2018), « Οι Κινέζοι δημιουργούν χιλιάδες θέσεις εργασίας στον Πειραιά » [Les Chinois créent des milliers d'emplois au Pirée], *Proto Thema*, 28 janvier.

l'Histoire pour avoir été le pays de l'UE dont l'économie, détruite par ses partenaires, aura survécu grâce à l'aide de la Chine.

D. Les effets néfastes sur les échanges commerciaux européens

L'invasion de la Chine au moyen de la route de la soie devrait avoir des effets néfastes sur le volume de ses échanges commerciaux avec l'Occident. La longue crise européenne a entraîné la stagnation de ses échanges avec la nouvelle route de la soie. Et, tandis qu'avant la crise les importations de produits et services européens dans des pays faisant partie de l'escorte de la nouvelle route de la soie augmentaient à un rythme annuel de 19 %, après l'éclatement de la crise en 2008 et jusqu'en 2014, elles augmentaient de tout juste 2 %. De 2008 à 2014, les exportations européennes vers des pays de la nouvelle route de la soie affichaient une baisse de l'ordre de 25 milliards de dollars (par rapport à 2000-2008), tandis que les exportations de la Chine augmentaient de 250 milliards de dollars. Par voie de conséquence, cette évolution des choses peu réjouissante pour l'Europe a également réduit sa part de marché de 38 à 30 %, tandis que celle de la Chine est passée de 9 à 16 %. L'évolution est encore plus dramatique pour l'Europe concernant sa part de marché des produits de haute technologie qui chute de 62 à 30 %, alors que celle de la Chine affiche une augmentation de 15 à 26 %. Bien que l'évolution du commerce de services soit difficile à suivre, tout indique que là aussi comme pour ses produits[567], elle n'est pas favorable à l'Europe.

E. L'avenir du nouvel ordre économique international

À l'heure où ces lignes sont écrites, on compte trois formes de mondialisation dans les échanges mondiaux et un certain degré de protectionnisme en train d'émerger. On peut raisonnablement se demander ce qui prédomine en fin de compte. La réponse n'est pas aisée et ne peut être absolue. L'évolution la plus probable mais nullement certaine peut se résumer à ceci :

• Ces quatre systèmes vont continuer de coexister encore assez longtemps. *Le monde sera multipolaire, la portée de la Chine continuera très certainement de s'étendre et au fil du temps il redeviendra unipolaire et sera dirigé par la Chine.*

• L'influence internationale de l'Amérique continuera de perdre du terrain, pas uniquement à cause de l'évolution inéluctable des choses, inhérente au déclin de l'Occident, mais aussi à cause de ses propres choix tels qu'ils apparaissent dans la déclaration de Donald Trump, le 18 décembre 2017, à propos de la Stratégie de sécurité nationale (NSS). Ce sont justement ces choix qui réduisent l'importance du rôle de l'Amérique, sous prétexte qu'elle y a pour le moment intérêt, afin de mettre un terme à l'exploitation et au jeu de dupes

---

567 *Ibid.*

qui ont prévalu durant toutes ces décennies[568]. En effet, selon le président américain, le coût du maintien de l'ordre international par les États-Unis était supérieur aux avantages[569].

• Le grand point d'interrogation concerne l'avenir de l'Allemagne, sa place de leader dans l'UE et la zone euro, mais aussi la réalisation de ses projets d'expansion intrinsèques. Dans les prévisions pour 2050, l'Allemagne figure toujours parmi les 20 économies les plus importantes au monde, bien qu'en léger recul par rapport à 2016 (au 4e rang en 2016 et au 5e en 2050). On peut légitimement douter de sa place dans l'Europe et tout particulièrement de ses alliances futures. Il est très possible qu'elle ne veuille plus rester au sommet de l'Europe manifestement sur le déclin, laquelle présente des problèmes insolubles et est menacée de dissolution, et dont elle sortira très certainement surtout gagnante. Et il est plus probable qu'elle noue des liens étroits avec les puissants d'alors, la Chine et la Russie. Il convient à ce propos de souligner le fait que la Chine, pour déployer son grand projet de « nouvelle route de la soie », a grandement besoin de l'Allemagne et plus particulièrement de ses ports, pour transporter à bon coût ses produits en Europe. Quant à la Russie, son marché est la destination la plus importante des produits allemands, tandis que l'Allemagne importe de Russie la part la plus importante de son pétrole et de son gaz.

• Une certaine forme de protectionnisme a déjà gagné du terrain, tandis que la mondialisation traditionnelle perd de sa puissance, que des droits de douane sont mis en place par l'Amérique, signe que la guerre commerciale a commencé, et que la portée de ce que l'on appelle les « partis populistes » s'étend à un rythme très rapide. Toutefois, la mondialisation chinoise ne permettra pas que les frontières se ferment car cela ne servirait pas ses intérêts. L'évolution la plus probable penchera pour les « frontières ouvertes » dans la mesure et selon les modalités allant dans l'intérêt de la Chine. Le fait que, sauf imprévu, la Chine devienne bientôt le régulateur des termes du commerce international irrite profondément l'Occident.

• Au niveau mondial, le nationalisme va continuer de monter et va s'intensifier, et c'est l'Amérique qui « mènera la danse ». D'après des prévisions raisonnables, il faut s'attendre à un net recul de l'importance du mouvement international pour l'installation d'une gouvernance mondiale, car l'État-nation revient et s'affermit, après avoir été longtemps dévalorisé.

• La mondialisation chinoise et les anciens régimes cosmothéoriques coexisteront encore quelque temps, mais la première continuera d'affermir sa suprématie. Dès lors que sa souveraineté mondiale sera indéniable, c'est sa mondialisation et aucune autre qui l'officialisera en tant qu'ordre économique international.

---

568 Leaders-Defending America, Donald Trump's way (2017), *The Economist*, 23 décembre.

569 Joseph S. Nye Jr., *op.cit.* (note 513).

• La mondialisation numérique continuera de se développer sans obstacles, de servir toutes les autres formes de mondialisation et, pourquoi pas, le protectionnisme aussi, étant donné que ces deux régimes entretiennent une relation complémentaire et non concurrentielle.

V. Le capitalisme chinois

C'est sous la présidence de Deng Xiaoping que des éléments capitalistiques dans le développement de la Chine ont commencé à être tolérés. La déclaration suivante, devenue célèbre, révèle l'acceptation du président chinois d'alors de la nécessité d'appliquer les normes du capitalisme pour que le pays parvienne à une croissance rapide : « peu importe que le chat soit noir ou blanc, pourvu qu'il attrape des souris »[570]. La Chine est passée du communisme – après transformations, ajouts, suppressions et combinaisons divers – à une forme de système mixte composé d'éléments qui forment un capitalisme original que l'on pourrait qualifier de « capitalisme chinois ». Ce capitalisme chinois est constitué d'éléments forts du « capitalisme d'État », il est inhérent au Parti communiste combiné à une bonne part des idées de J. M. Keynes. Ce capitalisme inédit a dû accepter le développement du secteur privé dont les entreprises, étant donné leur importance pour la croissance de la Chine, sont appuyées et alimentées par l'État, à condition que celui-ci en garde le contrôle. Les Occidentaux peinent à comprendre le contenu de ce capitalisme *sui generis* qui ouvre une voie originale vers le 21e siècle, comme l'observe très justement l'économiste français Michel Aglietta et avec qui je suis entièrement d'accord lorsqu'il écrit : « Car notre manière de pensée est pétrie de stéréotypes universels : les droits de l'homme, la démocratie, le marché, dont la réalisation est censée conduire à la fin de l'histoire »[571]. Mais l'histoire suit son cours, les termes évoluent au fil du temps. Elle ne finit pas, elle n'est faite que de changements.

La Chine donne l'impression d'avoir dépassé le socialisme de Marx et d'avoir davantage adopté le modèle de Lénine, car sa classe moyenne, en plein essor, s'est lancée à corps perdu dans une consommation capitaliste insatiable sous l'œil vigilant du Parti. Néanmoins, la conclusion qui suit est baignée d'incertitude car à Pékin, pour le bicentenaire de la naissance de Marx, on

---

[570] Marc Beeson (2016), « Capitalism with Chinese characteristics », *The Conversation*, 4 janvier. Krystian Karnia, « China's Capitalism », Warsaw Forum of Economic Sociology 3:1 (5) Spring 2012 © Warsaw School of Economics; Collegium of Socio-Economics; Department of Economic Sociology.

[571] Michel Aglietta (2018), « La Chine développe un capitalisme qui ouvre une voie originale vers le XXIe siècle » M-Idées *Le Monde*, 21 avril 2018 (http://www.lemonde.fr/idees/article/2018/04/21/michel-aglietta-la-chine-developpe-un-capitalisme-qui-ouvre-une-voie-originale-vers-le-xxie-siecle_5288703_3232.html#EOpuJtQITljjZHWd.99).

soutient exactement le contraire. À savoir que, même si le capitalisme chinois est bel et bien entré dans l'économie de marché et que l'on ne parle plus de « lutte des classes », pierre angulaire de la théorie marxiste, l'élément qui, à l'époque de Marx et aujourd'hui encore compte le plus, est qu'un seul et unique parti garde son emprise. En Chine, cette emprise est toute-puissante et elle la préserve des règles du capitalisme. Concernant les capacités infinies de changement et d'adaptation du communisme aux circonstances particulières, dans le cadre toujours de la célébration du bicentenaire de la naissance de Marx, on retiendra l'observation suivante, effectivement troublante : « S'il avait vécu aujourd'hui, Marx serait devenu très riche avec l'argent qu'il aurait gagné grâce à la vente du Capital »[572]. Le capitalisme chinois apparaît bien plus multiple que l'occidental dominé par l'argent, et recherche, au contraire, toute une série d'autres interdépendances, telles qu'alliances politiques, échanges commerciaux mutuels, investissements à long terme, etc. Quant à savoir si ce système original de gouvernance est bon ou mauvais pour l'humanité, cela apparaîtra dans quelques années. En tout état de cause, le nombre de pays qui suivent la voie de la Chine ne cesse d'augmenter.

[572] Chris Buckley (2018), « Putting down the phones and picking up Marx », *The International New York Times Edition*, 10 mai.

CHAPITRE 2

AMÉRIQUE ET CHINE : COEXISTENCE ET TOLÉRANCE OU LE SYNDRÔME DE THUCYDIDE

« Qui est le plus grand criminel : celui qui vole une banque ou celui qui en fonde une ? »

Bertolt Brecht, 1898-1956, écrivain Allemand

Introduction

Et subitement, alors que la Chine se trouve à un pas du sommet du monde, et que plus rien ne semble pouvoir empêcher sa domination économique mondiale, l'Occident, bien qu'hétérogène et divisé par des écarts insurmontables, s'unit pour faire front à l'invasion chinoise dans son espace.

Cette réaction très tardive de l'Occident face aux projets depuis longtemps menaçants de la Chine s'est manifestée lors de la déclaration du président américain, juste après sa visite officielle à Pékin. La Chine y est qualifiée d'ennemie qui met en danger la nouvelle stratégie de sécurité de l'Amérique et cela implique que des mesures soient prises pour lutter contre la propagande et les fausses informations diffusées par les médias chinois[573]. Les réactions face à l'essor fulgurant de la Chine ne viennent pas seulement d'Occident, elles viennent aussi de pays voisins tels que l'Inde, le Pakistan, l'Australie et le Japon qui semblent craindre son irruption non seulement économique mais également culturelle, et dernièrement aussi militaire.

---

[573] Luke Patey (2017), « China is pushing its luck with the West », *The International New York Times Edition*, 28 décembre.

La Chine, c'est un fait, a essayé de tirer des avantages de l'Occident et du reste du monde sans contrepartie, du moins jusqu'à présent. Notons, à titre indicatif, que les tarifs douaniers sur les produits américains en Chine étaient deux à trois fois plus élevés que ceux sur les produits chinois en Amérique, que les investissements chinois étaient acceptés sans problème en Occident, alors que les obstacles étaient multiples pour les investissements occidentaux en Chine, que les marchés occidentaux étaient ouverts aux produits chinois, ce qui n'était pas le cas pour les produits occidentaux du côté chinois.

Toutefois, le réveil tardif de l'Occident face à cette nouvelle menace ne touche pas uniquement le domaine économique où la Chine a dernièrement commencé à exiger des « comportements gratifiants ». Les craintes de l'Occident s'étendent aussi à d'autres niveaux et récemment, l'Allemagne a accusé la Chine de rendre publiques les données personnelles de citoyens et diplomates allemands. L'Australie, à son tour, accuse la Chine d'utiliser ses ressortissants proches du parti communiste pour entrer en contact et s'entendre avec les universitaires, politiciens et éditeurs australiens et chercher ainsi à les influencer pour faire passer des lois servant ses propres intérêts[574]. Accusé d'avoir accepté des dons de la part de Chinois, un député australien a été contraint de démissionner. Le Japon et l'Inde cherchent à empêcher la Chine d'accéder à leurs sources. La panique s'est également emparée de la Nouvelle-Zélande, du Canada et de la Grande-Bretagne pour des problèmes analogues. Le gouvernement indien s'inquiète lui aussi de se faire encercler par la Chine à travers des travaux d'infrastructure dont l'impact est clairement stratégique, tels que les ports construits au Pakistan et au Sri Lanka.

En somme, on pourrait affirmer le plus objectivement possible, que la « tolérance » et la « grandeur d'âme » dont l'Occident a fait preuve pendant si longtemps à l'égard de la Chine s'expliquent d'abord par le fait qu'il n'a pas pris conscience à temps de la menace qu'elle représentait, ensuite par le fait que pendant longtemps il a sous-estimé les capacités de ce pays immense, et enfin que contrairement à elle, il n'avait pas de plan. C'est ainsi, et pour ces raisons-là, que l'Occident n'a pas empêché la Chine d'intégrer son marché libre qui, d'ailleurs, était la condition de sa cosmothéorie néolibérale. L'Occident, à tort, n'a pas tenu compte du fait qu'il avait affaire à un pays qui n'avait aucun rapport avec ses valeurs et n'avait nullement l'intention d'en avoir. Par contre, la Chine était très fière et très sûre de ses choix, autrement dit l'interventionnisme de l'État, le protectionnisme sélectif et le remplacement de la démocratie libérale par un système qui, selon elle, assure la cohésion sociale et est plus efficace que la démocratie. Ce système est appelé la « démocratie illibérale ».

[574] « China is manipulating debate in western democracies. What they could do about ? » (2017), *The Economist*, 16 décembre.

L'une des grandes interrogations qui préoccupe déjà l'Occident est de savoir si la Chine se contentera de conquérir la souveraineté économique mondiale ou si elle cherchera dans le même temps à imposer au monde ses valeurs culturelles, profondément différentes des valeurs occidentales. Bien que l'on ne puisse être sûr de manière précise de la façon dont la Chine projette de dominer le monde, certains détails dans le comportement de ses dirigeants sont néanmoins très préoccupants. En effet, la Chine, avec le deuxième mandat de son président charismatique Xi Jinping, a abandonné son ancienne approche à l'égard de l'Occident, empreinte de respect et peut-être même d'une certaine admiration, et se montre ouvertement arrogante. Elle se comporte déjà comme une puissance montante face à l'Occident déclinant et n'hésite pas à défendre ses propres fondements idéologiques, dénigrant les principes occidentaux. Le parti communiste chinois rejette sans réserves le régime libéral de l'Occident qu'il juge dangereux et inefficace, exhibant l'efficacité de son modèle – autrement dit la gouvernance du pays par un parti unique –, soutenant que c'est celui-ci qui doit être promu dans le monde entier. Lors du 19e Congrès du parti, Xi Jinping a proposé « un nouveau choix pour les autres pays » supposant « la sagesse et l'approche chinoises pour résoudre les problèmes du genre humain »[575]. Le régime démocratique occidental avec sa liberté est également au centre de discussions et de questionnements en Chine, mais est globalement rejeté, car on lui impute la faiblesse et le déclin du monde occidental. Cette opposition devrait s'intensifier avec le fait que le secrétaire général du Parti communiste chinois a modifié la Constitution de son pays pour rester au pouvoir autant de temps qu'il le voudra.

Il va sans dire que la faiblesse de l'Occident, comme cela a été analysé dans la première partie de ce livre, est due au fait qu'il semble avoir épuisé le temps qui lui était imparti et non au modèle socio-économique qu'il avait adopté. Toutefois, il se peut que le temps de l'Occident ait également été réduit par ses choix au niveau cosmothéorique et économique.

Dans les deux sections de ce chapitre, je vais aborder d'abord les différences essentielles entre les cultures occidentale et chinoise et ensuite les conflits possibles qui pourraient éclater entre ces deux cultures.

I. AMÉRIQUE ET CHINE : SIMILITUDES ET DIFFÉRENCES

Tant que l'économie de la Chine était sensiblement moins développée que celle de l'Amérique, les politiciens, les économistes et les analystes s'intéressaient peu à la tournure que prendraient les relations entre les deux superpuissances au cas où l'écart de croissance entre les deux se réduirait, autrement dit si la paix serait préservée ou si elles s'engageraient dans un conflit. De plus, un certain nombre d'observateurs occidentaux persistaient à

---

575 « What the West got wrong » (2018), *The Economist*, 3 mars.

voir en la Chine un pays insuffisamment développé qui resterait indéfiniment ainsi. La situation a toutefois vite changé, de sorte que la question angoissante sur la façon dont leurs relations sont amenées à évoluer exige d'être creusée et d'avoir une réponse à sa mesure.

La réponse à cette question cruciale concernant l'avenir du monde entier dépend de nombreux facteurs, dont plusieurs sont déjà d'actualité et d'autres – peut-être la plupart – appartiennent encore à l'avenir.

L'analyse de cette section sera fondée sur des données et des informations déjà existantes et s'appuiera sur des hypothèses raisonnables concernant la suite des événements n'ayant pas encore pris forme. Il va sans dire que les conclusions qui en ressortiront, quelles qu'elles soient, ne peuvent être absolues.

Il convient tout d'abord de souligner que la différence la plus notoire entre les États-Unis et la Chine, et qui rend le reste presque insurmontable, est le fait que celle-ci a derrière elle une culture vieille de plus de 5000 ans, qui a forgé et qui a profondément imprégné ses habitants. L'Amérique, au contraire, est un pays relativement jeune qui a commencé et continue en tant qu'amalgame de cultures et nations, de sorte que le comportement de ses habitants n'est pas constitué d'éléments clairs et stables. Cette différence se retrouve dans tout l'éventail des manifestations de la vie économique, sociale, politique, intellectuelle, culturelle et psychologique et trouve son point d'orgue avec l'attitude générale de Donald Trump, à la tête de la première puissance mondiale.

Bien sûr, certaines similitudes entre les deux pays proviennent essentiellement de l'adoption par la Chine de nombreuses idées occidentales sans pour autant qu'elle les laisse influencer les orientations fondamentales de son modèle. Celui-ci est d'ailleurs sévèrement critiqué par l'Occident qui lui reproche notamment de ne pas être démocratique et d'opprimer la population. Face à ces critiques, souvent justifiées, le modèle chinois fait valoir le seul résultat qu'aucun autre pays n'a jamais obtenu, à savoir un rythme de croissance très rapide, lequel a élevé un pays pauvre et insignifiant au sommet en seulement 37 ans. Depuis lors, la Chine est parvenue dans ce si petit intervalle à revendiquer la première place mondiale, a cessé de flotter dans l'incertitude et fait valoir son système de gouvernance comme préférable et plus efficace que l'occidental, invoquant notamment qu'elle n'a jamais subi de crise équivalente à celle de 2008.

En réalité, le modèle chinois est le produit de plusieurs combinaisons qui le rendent flexible, efficient et lui permettent d'évoluer constamment. Le fait que la Chine a un parti unique et que les décisions sont prises par une seule personne a ses avantages et ses inconvénients. La possibilité de prendre des décisions rapides fait indiscutablement partie des avantages, et le risque important de faire des choix erronés fait partie des inconvénients. Ce qui distingue la Chine du modèle occidental émane, dans une large mesure, des différences abyssales que l'on peut aisément observer entre ses valeurs essentielles d'une part, et de l'autre celles de l'Amérique[576].

Je vais d'abord m'intéresser aux différences générales de comportement et de convictions entre les États-Unis et la Chine, et ensuite aux différences entre les deux superpuissances concernant leurs relations avec les autres pays.

A. Différences générales

• La structure sociale : Pour la Chine, la hiérarchie et l'ordre sont des valeurs suprêmes. On respecte et se comporte selon le premier commandement de Confucius : « connaître sa place ». La société chinoise est séparée par des cloisons qu'il n'est pas permis de franchir. En Amérique, au contraire, les choses sont plus souples et les murs sociaux inaccessibles au premier venu sont très peu nombreux.

• La confrontation entre interlocuteurs d'avis différents : La différence de comportement entre les Américains et les Chinois face à des interlocuteurs en cas de désaccord est un élément essentiel dans le traitement de situations plus ou moins graves. Les Chinois, contrairement à leurs homologues Occidentaux, ne montrent ni leur désaccord — du moins frontalement —, ni leur triomphe au cas où il s'avère que ce sont eux qui ont raison. Il se peut que cette différence empêche l'Occident, en cas de crise, de mesurer la gravité de la situation. Mais les Occidentaux peuvent ainsi aggraver une situation qui, autrement, pourrait être normalisée sans difficulté particulière.

• L'intérêt personnel contre l'intérêt commun : Cette différence joue un rôle catalyseur important car elle est à la base de la vision du monde diamétralement opposée de l'Occident et de la Chine. La reconnaissance, par l'Occident, de la primauté de l'individu s'explique par l'acceptation générale de l'hypothèse que « l'intérêt particulier coïncide avec l'intérêt général », même si la réalité s'avère toute différente. Ainsi, en Chine, l'individu se préoccupe-t-il davantage de la façon dont le général sera influencé par son acte ou absence d'acte que par la répercussion que cela aura sur lui-même. C'est exactement le contraire qui se produit lorsque l'individu en Occident est confronté au même dilemme. L'inclinaison des Chinois qui se sacrifient pour l'ensemble s'oppose à l'individualisme et à l'égoïsme des Occidentaux, reconnus néanmoins comme étant le principal moteur de la réussite du Nouveau (ancien désormais) Monde. Bien que pour l'Amérique, et par extension l'ensemble du monde occidental, la recherche du maximum de profit

---

576 Rebecca Graf (2010), « 10 Major Cultural Differences between China and the United States », posté le 30 septembre, Owlcation, social Sciences, Anthropology ; *The Hundred Year Marathon : China's Secret Strategy to Replace America as the Global Superpower.*

individuel et de la réussite individuelle (qui sans que ce soit clairement formulé, justifie également, pour y parvenir, d'écraser les plus faibles socialement, « qu'est-ce que ça peut faire qu'ils disparaissent, ça ne va pas changer la face du monde ») soit appuyé par le système, cela constitue une base sociale froide et terrible comparée à la solidarité sociale asiatique qui dépasse l'intérêt particulier. Pour l'Amérique, l'individualisme c'est la liberté, laquelle cependant est souvent reconnue comme illimitée, même si elle nuit à l'ensemble. En Chine, au contraire, l'individualisme est contraire aux intérêts du pays, c'est pourquoi à la place de la liberté c'est l'harmonie sociale qui est recherchée. *Cette différence peut justifier la décision d'un conflit armé, pour des raisons complètement autres, par l'Amérique ou par la Chine. De l'Occident à la Chine, la « liberté ou la mort » devient l'« harmonie sociale ou la mort ».*

• La réputation personnelle : Bien qu'en Chine, l'individu vienne après l'ensemble, une importance considérable est donnée à la bonne réputation personnelle, et l'on évite les scandales et les provocations. Pour préserver ou retrouver sa bonne réputation, l'individu en Chine est capable de tout sacrifier. Il en va autrement en Occident où la réputation est fonction de la réussite personnelle. Dès lors qu'on y est parvenu, la façon dont on l'a acquise n'a pas d'importance, et si elle est répréhensible, est oubliée presque automatiquement. Ainsi, à mesure qu'en Occident le capitalisme mûrit et que s'intensifient ses problèmes insolubles, la fin prend le dessus au détriment des moyens qui sont le plus souvent passés sous silence, tandis que les scandales criminels sont dissimulés. En Occident, quiconque parvient à s'enrichir par des moyens malhonnêtes sans être découvert est considéré comme « un vrai mec », « intelligent », devient un exemple à suivre et est très bien accueilli par la « bonne société ». Après cela, il n'est pas excessif de considérer qu'il s'agit peut-être là de la principale cause du déclin de l'Occident.

• Création d'entreprise en Amérique et en Chine : Dans la Chine moderne, trois idéologies différentes cohabitent, s'entre-déchirent et s'influencent mutuellement : le libéralisme, le néoconfucianisme moderne (conservateur) et la nouvelle gauche[577]. Ce pluralisme politique a été décidé et signé par 28 académiciens le 4 septembre 2013 pour assurer au pays une place dans cette nouvelle ère et ces conditions changeantes, combinant tradition et environnement nouveau. Les trois idéologies sévèrement critiquées par les médias nationaux sont liées à la vie quotidienne de la population et aux nouvelles technologies. L'étude a démontré que la plupart des Chinois se déclarent favorables à l'idéologie libérale qui a été mesurée par le besoin de plus de marché et par son succès, ouvrant ainsi la voie à la poursuite des réformes.

---

[577] Ye Lu, Yajie Chou, Fei Shen (2016), « Mass media, new technology, and ideology: An analysis of political trends in China », *Global Media and China* (article de recherche), 16 avril.

• *Les valeurs morales :* Selon les critères occidentaux, les valeurs morales de la Chine la classe dans la catégorie des sociétés conservatrices, surtout en ce qui concerne la relation entre les deux sexes. Le régime conseille aux jeunes de ne pas se marier trop tôt et d'attacher de l'importance aux vertus telles que la bienséance, la dignité, la fierté. Le « modernisme » de nombreuses facettes de l'Occident *inquiète* souvent par la tournure que « prennent les choses ».

• Le respect et l'hommage rendu aux morts : Cet aspect de l'Asie est important car, au-delà du souvenir des morts, il exprime un profond attachement aux traditions et la volonté de recourir à la sagesse et aux conseils ancestraux. Cette habitude assure la continuité. Une fois par an, les familles chinoises visitent les tombes de leurs proches décédés et expriment leur respect. Malheureusement, cela ne vaut pas en Occident, notamment en Amérique où l'on entretient de moins en moins le souvenir des morts.

• L'humilité : Alors qu'en Occident, la modestie et la retenue sont signes d'une faiblesse de caractère, en Chine, c'est une qualité et le contraire est sujet à caution car provenant d'autres cultures.

• Le respect : En Chine, les besoins d'autrui sont pris très au sérieux et l'on cherche à y répondre dans la mesure du possible. En Amérique et plus généralement en Occident, l'égoïsme qui malheureusement accompagne l'individualisme, a affaibli la solidarité sociale.

• L'État : Pour l'Amérique, l'existence de l'État est considérée comme un mal nécessaire, et il s'agit d'en rendre la présence dans les affaires économiques la plus discrète possible. En Chine, au contraire, l'État est précieux, la planification est considérée comme indispensable, particulièrement dans le domaine de la croissance économique, tout comme la régulation des marchés. Toutefois, avec le nouveau président américain, les différences entre ces deux pays concernant la taille de l'État paraissent moins nettes qu'avant. En effet, dans ses déclarations, Donald Trump confère un rôle important à l'État pour l'exécution de travaux d'infrastructure d'une valeur de 1 trillion de dollars qui font revivre d'anciennes idées de Keynes en partie oubliées. Notons que cette initiative, bien que n'ayant pas encore été mise en œuvre, vient couvrir un besoin important, étant donné que les infrastructures du pays ont besoin d'être renouvelées et améliorées. Dans le même temps, les idées du président américain renforcent la politique de limitation des frontières ouvertes, notamment s'agissant de la politique étrangère. La nouvelle direction prise par la politique étrangère, combinée au refus de signer et à la décision de se retirer des accords commerciaux collectifs, se traduit par une limitation de l'intérêt interventionniste des États-Unis pour les pays étrangers et par un renforcement du nationalisme économique, et témoigne d'une certaine dose de protectionnisme. Il est plus probable que ces nouvelles caractéristiques de la politique économique américaine, combinées au souci de maintenir de bonnes relations avec la Chine et la Russie, réduisent l'éventualité d'un conflit avec la Chine.

• La reconnaissance de valeurs supérieures à l'argent : Dans la Chine des années 1980, chaque mois les grandes usines faisaient circuler dans les rues des chars parés du nom du meilleur ouvrier, le plus productif. Ce n'est pas l'argent qui était utilisé pour inciter les ouvriers à travailler davantage et être plus rentables (cela aurait été une offense), mais une meilleure reconnaissance pour ces travailleurs qui œuvrent pour le bien général.

B. Des différences dans les relations avec les autres pays[578]

Les différences les plus importantes sont les suivantes :

• La Chine ne suit pas les pratiques de la vision du monde néolibérale, et contrairement aux États-Unis et à l'ensemble du monde occidental, elle évite de se mêler militairement des affaires d'autres États. Ce fut sa position lorsque les États-Unis, en 1990, intervinrent militairement au Panama, en Haïti, dans les Balkans et récemment, elle refusa de prendre part au conflit syrien et en Irak.

• La Chine a intégré le système des organisations internationales occidentales sans intention de les supprimer ; elle a par contre amené avec elle des alliés forts tels que les BRICS et a fondé la banque asiatique d'investissement pour les infrastructures (AIIB), son intention étant de modifier leur fonctionnement à son avantage.

• Enfin, la Chine, en intégrant le système international, entendait y renforcer son rôle en raison de la taille de son économie, au détriment des petits pays. Cette position s'explique par l'idée philosophique selon laquelle les plus petits respectent les plus grands et se soumettent à leurs décisions. Or, Washington ne partage pas cette vue.

C. L'ouverture des frontières chinoises au monde extérieur[579]

Les succès extraordinaires de la Chine, dans tous les domaines, ont convaincu le Parti communiste, aux début des années 2000, qu'elle était en mesure de supporter les comparaisons, quelles qu'elles soient, avec le monde extérieur. Et il s'avère qu'il avait raison, puisque les Chinois en visite dans des pays étrangers ne se laissent pas impressionner et considèrent que les infrastructures de leur pays sont globalement plus avancées, et leurs villes plus intéressantes. C'est ainsi qu'une marée humaine de touristes et d'étudiants s'est irrésistiblement déversée sur le monde, apportant des changements considérables à tous les niveaux, aussi bien dans le monde qu'en Chine. Selon l'Organisation internationale du tourisme, en 2016, les touristes chinois ont dépensé à l'étranger deux fois plus que les américains, soit un montant estimé

---

[578] Evan A. Feigenbaum (2017), « China and the World », *Foreign Affairs*, janvier/février.

[579] « Opening the Gates » (2018), dossier spécial - China in the World, *The Economist*, 19 mai.

à plus de 260 millions de dollars. Et leur besoin de produits de luxe a participé aux 3/4 au développement de cette branche durant la période 2008-2016.

Au-delà du tourisme, la Chine fait tomber les murs en envoyant à l'étranger ses étudiants qui, depuis 1978, inondent les universités du monde entier, grâce à la politique « ouverture et réforme » initiée par Deng Xiaoping. On estime pour 2017 le nombre de jeunes Chinois ayant étudié à l'étranger à plus de 600 000, la Grande-Bretagne et les États-Unis étant leur destination privilégiée. La baisse, en Occident, de la contribution de l'État aux dépenses de l'éducation, ces dernières décennies, a accrû la dépendance des universités aux revenus provenant des droits d'inscription, de sorte que les étudiants chinois participent considérablement au maintien de leur niveau. De nombreux Chinois, qui occupent aujourd'hui les plus hauts postes dans cet immense pays, ont étudié dans les meilleures universités américaines, alimentant pendant un temps le rêve que les étudiants chinois finiraient par ressembler aux Américains et contribueraient à resserrer les liens entre les deux superpuissances. Cependant, tout comme cela s'était produit avec la démocratie libérale occidentale où pendant longtemps fut cultivé l'espoir que la Chine l'adopterait, de la même manière exactement les attentes de l'Occident dans ce domaine ne se sont pas concrétisées. La culture chinoise et, toutes proportions gardées, asiatique en général, non seulement est très différente de la culture occidentale, mais en plus elle repose sur des bases solides qui ne peuvent être balayées par une autre culture, ce dont l'Occident aveuglé par son arrogance n'a pas compris à temps. Le comportement, sauf exception, des étudiants chinois à l'étranger trahit un sentiment patriotique fort, la soumission aux choix du Parti et une préférence pour le régime chinois par rapport à celui de l'Occident. Il faudra considérer pour acquis que les étudiants chinois de l'étranger de retour au pays ont apporté avec eux des connaissances importantes sur les nouvelles technologies et le savoir-faire. Selon des estimations, 89 % des Chinois étudiant à l'étranger rentrent en Chine une fois leurs études achevées[580].

L'hypothèse selon laquelle les Chinois sont nationalistes est peut-être écartée par la tendance d'un grand nombre d'entre eux, qui appartiennent essentiellement à un milieu aisé et qui préfèrent vivre hors de Chine. En effet, on estime qu'en 2017, plus de 46 % des Chinois dont la fortune s'élève de 1,3 à 26,3 millions de dollars, désirent émigrer[581]. Pourtant, ce ne sont pas seulement les Chinois riches qui émigrent, mais aussi les plus pauvres, qui préfèrent largement l'Afrique. Les investissements chinois dans cette région ont presque triplé entre 2010 et 2015, avoisinant les 35 millions de dollars[582]. D'ailleurs, un million de Chinois vivent en Afrique. Le déplacement de la

---

[580] *Ibid.*
[581] Selon les résultats de l'Institut de recherche Hurun basé à Shanghai.
[582] Selon la CNUCED.

population et des investissements de la Chine vers l'Afrique sont bien sûr liés à la renaissance de la « route de la soie », compte tenu du fait qu'aucune des deux parties n'éprouve de sympathie pour l'autre.

II - CONFLIT

L'analyse qui précède incite à conclure que s'il y avait tension, conflit entre l'Amérique et la Chine, ce serait moins à cause des différences qui séparent les deux superpuissances, c'est-à-dire la diversité de leurs deux cultures, aussi profondes soient-elles, que la menace pour l'Amérique de perdre son hégémonie économique mondiale. En effet, jusqu'au Congrès du Parti communiste, la Chine considérait l'Occident avec tolérance et humilité. Je dirais même que l'attitude de la Chine à l'égard de l'Occident n'était qu'apparente et qu'elle était même trompeuse, dans le but de le rassurer et de lui faire croire qu'elle ne revendiquait rien. Je m'appuie ici sur l'opinion que je me suis faite entre autres d'après des expériences personnelles lors d'un voyage que je fis en Chine en 1976. Notre guide, un jeune Chinois parlant un grec parfait qu'il avait appris en Albanie, aimait à répéter d'un ton à la fois calme et railleur : « Le soleil se lève en Chine et se couche en Amérique », expliquant que « l'Occident est en pleine décadence et que sa fin est proche ». Depuis, des dizaines d'années ont passé. Mais une différence majeure entre les Chinois et les Occidentaux reste inaltérée, à savoir que les premiers prennent leur temps et avancent à petits pas vers leur objectif, faisant preuve d'une patience extrême, tandis que les seconds briguent la victoire immédiate et tout ce qui vient retarder leur entreprise les perturbent.

Or, cette situation a radicalement changé après le Congrès du Parti communiste chinois et le renouvellement du mandat présidentiel de Xi Jinping. La Chine a fait savoir son intention, et qu'elle en a la capacité, de devenir la première économie au monde et de rétrograder les États-Unis à la deuxième place. Le problème est qu'après tant de décennies l'Amérique n'est pas disposée à lui céder sa place. Plus exactement, comme tout le montre, l'Amérique rejette cette éventualité, même si la Chine grimpe quatre à quatre les marches du pouvoir mondial. C'est ainsi qu'à ce stade, chacune des deux grandes puissances se considère digne d'être à la première place. Et pour se faire une première idée de ce qui peut se produire dans l'avenir, penchons-nous d'abord sur le fameux *dilemme (ou piège) de Thucydide* qui explique les causes de la Guerre du Péloponnèse et dont l'interprétation est considérée comme plus actuelle que jamais, étant donné qu'elle met en lumière la nature des relations entre les États-Unis et la Chine. Dans le court article qui suit et que je reproduis intégralement, le professeur de Relations internationales et ex-ministre Constantinos Arvanitopoulos, résume avec justesse le problème du « piège », toutes choses égales par ailleurs, et sa réactualisation motivée par l'essor de la Chine qui menace la souveraineté des États-Unis[583] :

« Lorsque l'État-major de Trump étudie Thucydide, c'est un événement. Il y a quelques semaines, Graham Allison, *La guerre du Péloponnèse* sous le bras, franchissait le seuil de la Maison Blanche pour parler au Conseil de sécurité nationale. Allison, professeur de Politique internationale à Harvard, s'est fait connaître du public dans les années 1970, avec *L'essence de la décision*, une étude importante du processus qui mena aux prises de décisions lors de la crise des missiles de Cuba en 1962. Cette fois-ci, la discussion ne concernait pas la Russie mais la Chine. Dans un livre récent, Allison se demande si l'Amérique et la Chine peuvent échapper au piège de Thucydide[584]. Le piège, c'est la peur. La peur de perdre la primauté face à l'essor d'une puissance émergente. La peur qui conduit à la guerre. De même que la peur qu'avait Sparte de la puissance grandissante d'Athènes conduisit à la guerre du Péloponnèse, la peur de la montée en puissance de la Chine peut conduire à une guerre et au désastre.

L'étude de Thucydide est toujours d'actualité aux États-Unis. *La guerre du Péloponnèse* de Thucydide, l'*Iliade* d'Homère, *Œdipe roi* et *Antigone* de Sophocle, certains dialogues de Platon et l'œuvre d'Aristote sont l'héritage de la littérature grecque ancienne enseignée de tout temps dans les facultés américaines de sciences humaines. Les époques changent mais les grands problèmes que les hommes doivent affronter restent les mêmes, comme la question de la guerre. Quelles raisons poussent-elles les hommes et collégialités à la barbarie et aux désastres de la guerre ? L'œuvre de Thucydide reste essentielle car elle analyse en profondeur les vraies causes du conflit entre Athènes et Sparte. Et ses enseignements concernant le comportement humain et les sociétés organisées. Enseignements tels que, comme l'écrit Thucydide lui-même, « L'Histoire est un éternel recommencement ».

Aujourd'hui encore, les hommes déclenchent des guerres pour les mêmes raisons analysées par Thucydide il y a 2000 ans. Pour le pouvoir, pour le prestige et l'honneur, pour l'intérêt. C'est cela qui a fait de *La guerre du Péloponnèse* une source d'enseignements pour l'élite américaine tout au long de la guerre froide. C'est cela qui rend de nouveau cette œuvre actuelle pour affronter la puissance grandissante de la Chine. Allison, dans son livre, affirme que la compétition ne conduit pas inévitablement à la guerre. Il y a aussi des cas de règlement pacifique par le rééquilibrage des forces. La question est de savoir si Allison a averti le gouvernement de Trump de l'autre piège décrit par

---

583 Constantinos Arvanitopoulos (2017), « Η παγίδα του Θουκυδίδη » [Le piège de Thucydide], *Antilogos,* 4 juillet.

584 Graham Allison (2017), « China vs. America », *Foreign Affairs*, septembre/octobre.

Thucydide. Le piège des démagogues qui pousse même des démocraties fortes à se décomposer politiquement et à la décadence ».

Je tiens à faire remarquer à ce propos que la question de la Guerre du Péloponnèse, telle que la conçut Thucydide dans son « piège », est très en vogue chez les chercheurs, comme le montrent notamment deux récentes thèses de doctorat à l'université où j'ai enseigné pendant des décennies et où j'ai été élue Rectrice trois fois, l'Université de Macédoine[585].

Une guerre entre les États-Unis et la Chine est-elle réellement envisageable ? À première vue, le fait que ces derniers temps le président chinois provoque l'Occident, à quoi s'ajoute le complexe de supériorité de l'une et de l'autre, chacune des deux puissances considérant que c'est elle qui doit être le numéro un mondial, est préoccupant. À ce complexe de supériorité et cette arrogance s'ajoute – du moins s'agissant de la Chine – la question de la supériorité de la culture. Selon les dires du président chinois ou de ses officiers, « aucune civilisation n'est comparable à celle de la Chine ». Les dirigeants du Parti communiste rejettent le libéralisme occidental qui, même s'il garantit la liberté, a affaibli l'Occident. C'est la raison pour laquelle on pourrait logiquement supposer que le gouvernement chinois soutienne la nécessité de diffuser le « modèle chinois » dans le reste du monde. Or, il n'est pas du tout certain qu'il en ait l'intention. Et cela, car contrairement à l'Amérique, qui considère que tous les peuples de la Terre doivent adhérer à la démocratie et au libéralisme, car c'est un modèle à imiter, la Chine ne cherche pas à imposer au reste du monde ses propres choix de vision du monde. En revanche, dans la mesure où il est possible de dépouiller les vues de la Chine dans ce domaine en particulier, les décideurs chinois semblent convaincus de la plus grande valeur de leur modèle vers lequel, grâce à ses brillants résultats, le monde finira par s'orienter de son plein gré. La Chine, dans le domaine strictement économique, exporte un modèle socialiste ouvert sur l'extérieur largement interventionniste. La démocratie, dans ce modèle, est écrasée par la surveillance légale de tout le monde par tout le monde et par l'absence de liberté des médias. Google, sous la pression de la Chine, a été contraint de supprimer des informations ayant pourtant déjà été mises en circulation dans le monde entier, pour qu'elles n'aillent pas contredire celles que le gouvernement veut livrer ou ne pas livrer à la population. Quant à Facebook, la Chine en a bloqué l'accès. La surveillance et les interdictions se sont intensifiées depuis que Xi Jinping a décidé de rester indéfiniment à la tête de son pays. Cependant, on pourrait faire valoir que ce degré d'oppression

---

[585] Ioannis Drakos (2016) « Διεθνής Πολιτική και Σχέσεις ΗΠΑ-Κίνας » [Politique internationale et relations États-Unis-Chine] et Anastasia Pampaliaris (2013), « Οι Σινο-αμερικανικές σχέσεις στον 21°- αιώνα υπό το πρίσμα του Θουκυδίδειου διλήμματος ασφαλείας » [Les relations sino-américaines au 21e siècle du point de vue du dilemme de sécurité de Thucydide].

semble tolérable en Chine, puisque les règles sont connues de tous et que la soumission aux règles est un élément clé de la culture chinoise et n'est généralement contestée par personne. Mais, à ce point, l'Occident aussi donne lieu à de nombreuses questions auxquelles il convient de répondre avec le plus d'objectivité possible. À savoir, notamment, de quel degré de démocratie jouit encore l'Occident, en dehors du mode d'élection de ses dirigeants politiques. Or, je crains que cette proportion soit tout à fait discutable, compte tenu du rôle souvent subjectif et par voie de conséquence non-objectif des médias, associé à la portée de plus en plus grande des fausses informations. Dit autrement, et pour s'en tenir à deux cas récents d'élections présidentielles, aux États-Unis et en France, la façon dont les médias informent les électeurs, dans les deux cas, est assez préoccupante, car il est évident qu'il y a eu parti pris. Cela signifie que l'information des électeurs n'était pas, comme elle aurait dû l'être, neutre et démocratique, étant donné que la majorité des médias avait déjà fait son choix et qu'il est clair qu'ils soutenaient un seul des deux candidats, fustigeant l'autre, jugé inapproprié et dangereux. Que les médias partiaux soient parvenus à leurs fins en France et non aux États-Unis n'a que peu d'importance. Il convient également de se demander dans quelle mesure ces procédés, désormais largement suivis par l'UE, visant à s'assurer le résultat désiré, ont été intégrés au contenu de la démocratie. Et comment la démocratie est-elle compatible avec les inégalités sans précédent dans la répartition des revenus et des richesses, qui privent les personnes les moins chanceuses, non seulement d'une vie digne mais en plus réduisent leur espérance de vie ? Je reviens à cet argument de l'Occident selon lequel il respecte les libertés individuelles, tandis que la Chine les opprime, *surveillant tout et tout le monde*. Je me demande si cette distinction entre les deux superpuissances projetée à longueur de temps par l'Occident comme étant d'une importance capitale est encore valable en réalité. Autrement dit, si l'Occident respecte la vie privée de ses populations. Et je crains que la réponse ne soit clairement négative, étant donné que la surveillance, en Occident, est de plus en plus en compétition avec celle de la Chine et de la Russie, ces deux pays privés de démocratie, totalitaires. En effet, de rapides calculs effectués par le McKinsey Global Institute montrent que les disques durs des ordinateurs, des téléphones portables, des appareils photo, des consoles de jeux, etc. créent une masse colossale de données qui augmentent de 40 % par an. C'est ainsi qu'est née l'idée des *big data* (grandes données) mis en valeur et amplement exploités par les entreprises et les États (voir la récente affaire concernant Facebook). Les nouvelles technologies permettent de photographier un rassemblement sur une place et d'en isoler des visages dont les traits sont reconnaissables. De même, un nouveau logiciel développé par Israël permet de généraliser facilement l'espionnage des individus. Au début, on avait annoncé que cette nouvelle technologie avait été créée pour lutter contre le terrorisme et qu'elle s'en tiendrait exclusivement à cela. Or, rien d'étonnant à ce que ce logiciel de haute technologie soit déjà fortement utilisé au-delà du terrorisme, comme le montre une demande du Mexique aux États-Unis pour l'aider dans l'espionnage de ses citoyens[586]. Tous ces nouveaux procédés garantissent-ils la protection des données personnelles dont on parle tant en Occident, et dont on prétend qu'elles sont sécurisées, ce qui n'est pas le cas en Chine et en Russie ? Or, en Occident aussi (tout comme en Chine et en Russie), un gouvernement peut décider de surveiller des personnes jour et nuit. Les objectifs visés sont nombreux et sont utilisés de diverses manières. Il ne fait aucun doute, cependant, que dans les pays occidentaux de la quasi-démocratie, aussi bien que dans la Chine ou la Russie du totalitarisme, le respect de la vie privée a été aboli. Mieux vaut donc ne pas cultiver l'idée que les pays occidentaux sont les seuls garants de la protection des données et des libertés individuelles.

Concernant la conviction qu'aux États-Unis – et dans les pays occidentaux en général – les libertés sont plus grandes qu'en Chine et que les valeurs humaines sont davantage respectées, je voudrais me reporter à un article récent intitulé « Is the U.S. becoming like China ? »[587]. Cet article dissout ces idées et démontre que les différences en ces deux mondes ne sont pas aussi grandes qu'on le croit, ni de cette nature. Thomas Friedman écrit qu'en Chine, avec la nouvelle loi sur la corruption dont le contenu n'est pas clair, les gens sont terrifiés et évitent de parler de peur d'un malentendu et d'être envoyés en prison. Or, dans l'actuelle Amérique, les gens ont peur de se rendre à des repas ou réunions où ils risqueraient de se retrouver en compagnie de personnes ayant des idées politiques différentes, d'entrer en conflit ou de se lancer dans des discussions par trop animées. Dans ces deux cas, il y a autocensure et les gens évitent de parler librement de leurs positions idéologiques. Aux États-Unis, contrairement à la Chine où le président jouit du plus grand respect, on est libre d'exprimer des critiques à l'encontre des décisions et du comportement du président. Toutefois, Thomas Friedman conclut que cette différence n'est pas dans l'intérêt de l'Amérique car elle est exploitée par la Chine qui affirme que son système de parti unique ne lui a pas apporté un « si mauvais président ». Thomas Friedman poursuit avec d'autres similitudes et différences entre les États-Unis et la Chine, telles que la volonté des deux présidents de « rendre à leur pays leur grandeur passée ». Mais chacun des deux s'y prend différemment pour atteindre cet objectif. Xi Jinping exige que tout le monde travaille et y mette du sien, alors que Trump pense pouvoir l'atteindre en baissant l'impôt des riches.

Le nouvel élément dans le domaine de la succession au pouvoir mondial qui acquiert une autre dimension aujourd'hui, est l'émergence du nationalisme

---

[586] Azam Ahmed (2018), « Mexico spying inquiry bogs down », *The International New York Times Edition*, 22 février.

[587] Thomas L. Friedman (2018), « Is the U.S. becoming like China? », *The International New York Times Edition*, 11 mai.

présent en Chine mais aussi dans l'Amérique de Trump et pas seulement, en même temps que le recul de la mondialisation. Une question intéressante se pose alors : La montée du nationalisme renforce-t-elle ou apaise-t-elle la tension entre la Chine et les États-Unis ? Augmente-t-elle ou écarte-t-elle le risque d'un conflit armé ?

Je tends à soutenir que ces deux évolutions sont tout aussi probables l'une que l'autre. D'abord, il est probable que la montée du nationalisme aux États-Unis écarte le risque d'une guerre avec la Chine car, comme le cours des choses jusqu'à aujourd'hui le laisse apparaître, le président américain s'intéresse moins au monde – du moins par rapport à ses prédécesseurs – qu'à l'Amérique, qu'il place « d'abord ». Ici, toutefois, le contenu de sa devise doit être défini.

Il est pour l'heure presque impossible de savoir de quelle manière le président américain réagira à ces provocations grandissantes puisque son anticonformisme immodéré ne laisse effectivement guère de marge à l'espoir. Par ailleurs, il est très difficile de savoir lequel des deux chefs d'État défendra le plus son désir d'être le numéro un mondial et d'imposer la culture de son pays au reste du monde[588]. Pour l'Amérique, il n'y avait pas d'autre système de gouvernance que le respect des droits de l'homme et de la démocratie, défendus certes verbalement, mais en réalité sujets à des abus de plus en plus fréquents. Or, cette position monolithique n'est déjà plus aussi forte, ébranlée par de nombreux échecs. La Chine, pour sa part, estime que ce qui compte pour un gouvernement, ce n'est pas la manière dont il a été choisi, mais ses aptitudes, ses compétences, son efficacité. Bien que l'Amérique et la Chine semblent chacune convaincues que leurs choix politiques fondamentaux sont les meilleurs qui soient, leur position diverge pour ce qui concerne le monde extérieur. L'Amérique est convaincue de l'universalité et de l'immortalité des valeurs démocratiques et des droits de l'homme. Forte de cette idée, en tant que première puissance, elle pense avoir non seulement le droit, mais également le devoir de les imposer et de les étendre au reste du monde. Elle est convaincue de la nécessité du prosélytisme et peut aller jusqu'à la guerre, si cela n'est pas possible autrement, comme on l'a vu avec l'Afghanistan et l'Irak, ou jusqu'au néo-colonialisme ou tout autre moyen jugé préférable. En revanche, la Chine, comme cela a déjà été dit plus haut, ne cherche pas à faire de prosélytisme auprès des peuples qui ne partagent pas ses principes, elle cherche à les attirer pacifiquement, par son exemple tout en affirmant qu'avec le temps, cela finira pas se faire. À cet égard, il est plus probable que ce soit l'Amérique et non la Chine qui décide d'engager les hostilités. Et, d'une manière générale, au-delà des détails, il est possible que le nationalisme excessif observé au sein de ces deux grandes puissances encourage le déclenchement d'une guerre.

---

[588] Graham Allison, *op. cit.*

Un autre point de désaccord entre l'Amérique et la Chine qui pourrait donner lieu à un conflit armé est le temps dont elles ont besoin pour prendre une décision[589]. Pour l'Amérique, tout problème qui se présente est considéré comme nouveau et demande une solution immédiate. Elle ne cherche pas particulièrement à s'attacher au passé et à son histoire. Et elle ne peut concevoir de remettre le problème à plus tard. À l'exact opposé de cette conception des choses, la Chine cherche à résoudre chaque problème en s'enquérant des souvenirs du passé et de sa longue histoire. La Chine sait attendre le moment propice pour donner la solution adaptée à chacun de ses problèmes, dont la solution définitive peut attendre et qui peuvent, dans l'intervalle, être gérés. La Chine prend le temps de penser et agir. L'Amérique veut une solution sur le champ. Il est à craindre qu'en cas de crise dans les relations sino-américaines, la tendance de l'Amérique à exiger une solution immédiate à chaque problème ne conduise à un conflit armé.

S'agissant de leurs relations et exigences envers d'autres pays, chacune des deux superpuissances se comporte différemment. Pour la Chine, l'obligation de respecter la hiérarchie et l'ordre s'étend à ses contacts avec l'étranger. Les pays plus petits se doivent tout simplement de respecter les décisions de la Chine qui est le chef en raison de sa taille. L'Amérique invoque les lois et les accords internationaux qui doivent être acceptés sans discussion par toutes les parties. Or, la Chine s'en plaint, faisant valoir que « lorsque ces décisions-là étaient prises, elle n'était pas présente » et refuse constamment de s'y joindre[590].

Pendant des décennies, les États-Unis étaient le souverain incontesté de l'économie au niveau international. La situation a néanmoins changé avec l'essor de la Chine, et ce changement ne doit pas être négligé par les États-Unis. Ainsi, les politiciens américains sont déjà conscients de la nécessité de compter avec elle. Plus spécifiquement, ce qui les préoccupe, c'est la façon dont les Chinois conçoivent l'utilisation de la machine de guerre, dans quelles conditions ils y ont recours. Les Chinois sont extrêmement pragmatiques dans leurs échanges, ils ne se laissent pas influencer par l'idéologie et essaient de servir, autant que faire se peut, leurs intérêts nationaux. Une autre caractéristique des Chinois, lorsqu'ils sont amenés à prendre des décisions graves, est qu'ils s'efforcent de lier le problème en question avec tout ce qui peut l'être, avec tout ce qui peut impacter ou être impacté. Entretemps, ils demeurent sereins, passant en revue chaque détail du contexte général dans lequel se situe le problème qui les préoccupe, et dès qu'ils jugent l'instant propice, ils bondissent et « frappent ». Pour l'adversaire il est alors trop tard pour réagir. Les mouvements des Chinois, lorsqu'ils approchent de la solution à un problème, sont subtils, lents et en apparence anodins. Quantitativement,

---

589 *Ibid.*
590 *Ibid.*

comparé aux Occidentaux, leurs mouvements sont quatre à cinq fois plus nombreux. À la fin, toutefois, l'adversaire occidental est cerné de toute part sans échappatoire possible[591].

Ces différences et bien d'autres encore, entre l'Amérique et la Chine, démentent de façon criante cette vieille conviction des Occidentaux que « la Chine se conformera au modèle américain (occidental) ».

De toute évidence, le pire qui doit à tout prix être évité, c'est une troisième guerre mondiale entre les États-Unis et la Chine, à laquelle participerait probablement la Russie et où il y a fort à craindre que l'arme nucléaire soit utilisée. Le conflit s'appuierait sur le fait que les intérêts de ces deux grandes puissances ne convergent pas, qu'ils sont opposés car la Chine cherche à s'emparer de la primauté internationale des États-Unis. L'Occident ne doit en aucun cas tenir pour acquis que la Chine a encore besoin de dix ans, voire plus, pour être militairement prête à affronter l'Amérique. Et ceci car des dizaines de pays l'ont déjà rejointe sur la « route de la soie ». S'il y avait guerre, l'Occident devrait affronter de nombreux pays. Ce scénario peu judicieux en rendrait l'issue incertaine. Ce serait aussi une guerre au cours de laquelle il n'est pas du tout certain qu'il ne sera pas fait usage de cette arme hautement criminelle qu'est le nucléaire, au cas où les Chinois jugent qu'elle servirait les intérêts de leur pays. Il convient d'ajouter à la liste des aspects et évolutions dangereux susceptibles eux aussi de déclencher un conflit armé entre les deux superpuissances, la mise à exécution de la menace pré-électorale de Donald Trump, à savoir une hausse considérable des droits de douane sur les produits chinois importés. Et tout indique que c'est cette décision qui a incité le président Xi Jinping a commencer à moderniser sa machine de guerre[592]. La Chine peut déjà être considérée comme une puissance navale importante avec un certain nombre de navires de guerre ultramodernes rivalisant avec ceux des États-Unis. Elle est sur le pied de guerre, elle s'est préparée en très peu de temps, et on peut comprendre que les États-Unis s'en soucient[593]. Et justement, le fait que les États-Unis, la Chine et la Russie sont sur le pied de guerre doit inquiéter le monde entier[594]. À ce point, il faut saluer une fois de plus l'initiative du président Donald Trump qui s'est accordé avec le président de la Corée du Nord pour qu'il détruise son arsenal nucléaire. Bien que le président Nord-coréen se soit montré plutôt disposé à satisfaire les exigences américaines, il a tout de suite demandé à son homologue de s'engager lui aussi à détruire ses armes nucléaires. C'est là qu'apparaît un problème complexe, sachant que l'Amérique, non seulement n'a jamais envisagé de détruire ou

---

[591] *Ibid.*

[592] Jennifer Lind (2017), « Asia's Other Revisionist Power », *Foreign Affairs*, mars/avril.

[593] Et modernisent leur machine militaire.

[594] W. J. Hennigan (2018), « The New Nuclear Poker », *Time*, 12 février.

même de réduire son équipement nucléaire, mais en plus elle le renforce considérablement, avec l'assentiment des Démocrates et des Républicains. Invoquant le besoin de protéger la démocratie menacée pour l'essentiel par Poutine, selon ses dires, la Maison Blanche a demandé au Pentagone une étude[595] qui, contrairement aux positions officielles, approuve un usage accrû des armes nucléaires dans l'avenir. Plus précisément, en 2016, Donald Trump, alors candidat à la présidence américaine, avait posé à son conseiller la question suivante : « À quoi servent les armes nucléaires si on ne peut pas s'en servir ? »[596]. Et le Pentagone avait répondu : « Face aux aspirations géopolitiques de la Russie (et de la Chine), à la volonté de la Russie de changer par la force la carte de l'Europe et de remettre en cause l'ordre international issu de la fin de la guerre froide, les États-Unis doivent entreprendre sans délai de moderniser leur armement nucléaire »[597]. Cette asymétrie flagrante s'explique évidemment par le fait que le reste du monde a tacitement abandonné aux États-Unis le droit d'utiliser l'arme nucléaire pour garantir de la sécurité de la planète, alors que l'utilisation de ces armes par d'autres pays est jugée extrêmement dangereuse et doit donc être exclue. Que cette hypothèse soit réaliste ou non, l'énergie nucléaire peut potentiellement détruire tôt ou tard la planète. Car on ne peut concevoir que le monde entier reconnaisse et accepte que chaque président américain dispose du monopole de ces armes destructrices, armes avec lesquelles il lui est facile d'anéantir ses ennemis, ces mêmes ennemis auxquels il refuse le droit de se défendre à armes égales.

La menace d'un conflit mondial où l'arme nucléaire serait utilisée est, hélas, plus réelle depuis que le président a déclaré qu'il se retirait du traité sur les armes nucléaires de portée intermédiaire (INF) signé avec la Russie en 1987 en vue de les supprimer. Donald Trump fait valoir que « la Russie n'a pas respecté le traité ». Or, la vraie raison qui se cache derrière cette décision est en soi terrifiante. Donald Trump y tient, « les États-Unis ont besoin de développer leur équipement militaire »[598].

Le fait que pour l'heure les deux superpuissances ne soient pas disposées à s'engager dans un conflit armé dément la conviction de Graham Allison de la réalité, dans tous les cas, du « piège de Thucydide ». La réticence de la Chine à l'égard d'un conflit armé peut s'expliquer par le fait que pour le moment, cela ne figure pas dans ses projets, mais aussi par le fait que selon des estimations, elle ne sera pas en mesure d'affronter militairement l'Amérique avant 2050.

---

595 Ashley Feinberg (2018), « Exclusive: here is a draft of Trump's nuclear review. He wants a lot more nukes », www.huffingtopost.com, 11 janvier.

596 MSNBC, 3 août 2016.

597 Serge Halimi (2018), « "Idiots utiles" du Pentagone », *Le Monde Diplomatique*, No 767-65e année, février/avril.

598 *Pendapostagma*, 21 octobre 2018.

Des estimations concernant l'armement des deux superpuissances indiquent que si une guerre éclatait, ce sont les États-Unis qui en sortiraient victorieux[599]. D'ici là, en guise de guerre, il est plus probable que des « zones grises » soient créées. Ces « zones grises », approche déjà adoptée par la Chine et la Russie, ont pour but de garantir des avantages similaires à ceux promis par une victoire armée. Parmi les approches relevant de ces « zones grises » il y a le chantage économique, la propagande, les cyberattaques, etc. La Chine recourt à cette politique dans ses mers du sud-est, et la Russie en Ukraine. Il s'agit d'une démarche que l'on pourrait qualifier de « guerre hybride ». Parallèlement à la guerre des « zones grises », une guerre froide émerge entre Pékin et Washington, se manifestant par l'attitude hypocrite et le manque de confiance de chacune des deux parties envers l'autre, qui peuvent très bien conduire à l'explosion d'un conflit proprement dit. Si, par exemple, les États-Unis venaient à reconnaître la République (nationaliste) de Chine, Xi Jinping a laissé entendre que ce serait un *casus belli*. Et, bien sûr, il y a aussi la décision géniale de Donald Trump de faire pression sur le dictateur Nord-coréen pour qu'il détruise son arsenal nucléaire et annexer Kim au char de l'Amérique, qui laisserait ainsi tomber, comme tout le montre, la Chine[600]. Ce changement de la part de la Corée du Nord, si toutefois il se confirme par la suite, serait un coup dur pour la Chine.

Toujours à propos de la possibilité d'une troisième guerre mondiale, les récentes déclarations de Donald Trump, de Poutine et de Xi Jinping font très peur (en plus des menaces que l'on sait, proférées par le dictateur Nord-coréen), d'où il ressort *grosso modo* qu'ils pensent devoir être prêts à toute éventualité et qu'ils utiliseront l'arme nucléaire s'il le faut pour sauver leur pays.

Cette section, axée sur les perspectives et l'angoisse quant à l'avenir de l'humanité, peut se clore sur une conclusion que l'on peut considérer comme optimiste. « L'Amérique d'abord » de Donald Trump ouvre la voie à la souveraineté de la Chine, dont la succession pourrait se faire sans effusion de sang si l'Amérique cessait de se soucier du sort de l'Occident et si elle décidait que ses intérêts seraient effectivement mieux servis à l'échelle nationale que mondiale. La voie s'ouvre encore plus largement à la souveraineté de la Chine grâce à l'Allemagne, manifestement peu désireuse et incapable de combler le vide laissé par les États-Unis en perte d'influence au niveau international.

Voilà pour le court et le moyen terme. D'ici à dix ans, l'idée de la guerre et la manière de s'y préparer n'auront plus rien à voir avec celles d'aujourd'hui.

---

[599] Business Insider : Ποιος θα κέρδιζε σε έναν πόλεμο ΗΠΑ, Κίνας και Ρωσίας ; [Qui gagnerait la guerre entre les E.U. et la Chine et la Russie ?], *Pentapostagma*, 21 avril 2018.

[600] Jean-Pierre Cabestan (2018), « Kim turns to America to foil China », *The International New York Times Edition*, 9 mai.

Dans dix ans, les robots, qui seront alors très probablement autonomes, se chargeront des guerres et les mèneront à bien. Des guerres très différentes de ce que nous connaissons, plus destructrices, mais aussi beaucoup plus brèves. Et d'ici peu, comme on le voit déjà, la Chine sera indubitablement en avance sur la robotique américaine. Si, d'ici là, le « piège de Thucydide » n'est pas envisagé avec sérénité, l'évolution des choses en Occident risque de prendre une tournure tragique.

Toutefois, les plus puissants du monde ne se préoccupent pas, du moins à ma connaissance, de cette problématique, et ne cherchent pas à la traiter. En revanche, ils se soucient de questions beaucoup moins importantes et de moindre envergure, à savoir la pérennité des principes de la civilisation occidentale dans des pays qui n'ont absolument rien à voir avec elle.

III - L'OCCIDENT VEUT-IL VRAIMENT GARDER LA SOUVERAINETÉ MONDIALE ?

La question soulevée dans cette section revêt une importance cruciale, d'autant plus que le pouvoir mondial est assumé par un président dont l'attitude, très différente de celle de ses prédécesseurs (excepté Barack Obama qui avait commencé à retirer son pays de la scène internationale), a installé le doute et une grande gêne en Occident.

Quelle que soit la manière dont a été accepté le recul de la présence américaine dans le monde entier, et quel qu'en soit l'instigateur, cette évolution des choses était inévitable, à partir du moment où la part de l'Amérique dans le PIB mondial a diminué. Celle-ci était de 50 % à la fin de la Deuxième Guerre mondiale. En 1985, elle était passé à 22,5 %, aujourd'hui elle n'est plus que de 15,1 %, et en 2023, elle pourrait avoir baissé à 13,7 %.

Il faut par conséquent bien reconnaître que la persistance des États-Unis à vouloir maintenir une présence internationale forte et intervenir continuellement partout où l'on a besoin d'eux implique nécessairement de réduire la consommation interne et d'augmenter les impôts qui serviront à renforcer et à moderniser leur machine militaire. Par conséquent, lorsque Donald Trump déclare ne plus être disposé à ce que l'Amérique s'implique militairement partout dans le monde, il est parfaitement avisé. Depuis 2001, les États-Unis consacrent 561 milliards de dollars par an à des fins militaires et ont l'intention de dépenser 756,9 milliards de dollars chaque année entre 2019 et 2023. Or, si les États-Unis veulent continuer d'être présents militairement partout dans le monde, ils leur faudrait dépenser en plus, pour les cinq prochaines années, en moyenne environ 196 milliards de dollars[601]. Et vu les réactions de la Chine et de la Russie, les États-Unis risquent de

[601] Christopher A. Preble (2018), « Adapting as America declines », *The International New York Times Edition*, 23 avril.

s'impliquer dans des guerres où il se peut qu'ils ne parviennent pas dominer. À ce stade, le meilleur choix semble être que ces pays-là qui sont impliqués dans des conflits armés fassent quelque chose, au lieu d'attendre que la solution leur vienne des États-Unis, comme cela était le cas jusqu'à présent.

Quelle que soit la réponse, positive ou négative, à la question de savoir si l'Occident, c'est-à-dire l'Amérique, veut réellement maintenir sa souveraineté mondiale, ou si au contraire, la souveraineté mondiale ne fait pas partie de ses priorités immédiates, elle est sujette à polémique. Et cela car il n'est pas du tout certain que la devise récurrente de Donald Trump, « L'Amérique d'abord », associée à sa position sans ambiguïté contre la poursuite de la mondialisation conduise à en déduire qu'il optera pour le conflit sous la menace de la domination chinoise. Dans la mesure où les déclarations du président américain sont fidèles à leur fond, il répéta, au cours d'un discours en septembre 2017, 21 fois en 41 minutes la phrase suivante : « Que chacun s'occupe de sa propre maison ». Ces mots qui sonnent comme un avertissement, associés à d'autres faits et gestes du président américain, tels que la critique virulente de la mondialisation et des organisations internationales, de même que le refus de s'engager dans des accords internationaux ou d'y rester, renforcent l'hypothèse selon laquelle « L'Amérique d'abord » prendra forme en partie à l'intérieur des frontières nationales. Autrement dit, la domination mondiale, selon le président américain, semble se faire principalement aux États-Unis mêmes et moins dans la mondialisation, dont de nombreux aspects ont déjà été officiellement rejetés par le président américain.

En dépit des doutes qui l'entourent plus généralement, je vais tenter de faire la lumière sur ce problème certainement épineux de la position de l'Amérique face au monde extérieur, voyant sa souveraineté mondiale reculer. Dans la première section, je m'intéresserai essentiellement à la nouvelle dimension de la présence américaine dans le monde, en m'appuyant sur la signification de « L'Amérique d'abord », tandis que dans la deuxième section, je me pencherai sur le nouvel élément de la politique économique étrangère des États-Unis, la reconnaissance maintenant ouverte de la Chine comme son ennemi économique numéro un.

A. La réduction de la présence américaine sur la scène internationale

Bien que la présence plus discrète de l'Amérique dans l'environnement international soit le fait de Donald Trump, en réalité elle fut inaugurée par Barack Obama, en réaction aux échecs subis par les États-Unis en Afghanistan et en Irak, qui furent des guerres coûteuses, et à la situation chaotique qui a été créée en Libye. Avant même l'arrivée au pouvoir de Donald Trump, la décision avait été prise de réduire les interventions américaines, et la création d'une armée de mercenaires américains avait été envisagée, qui serait rémunérée chaque fois que des pays en guerre feraient appel à elle pour les aider[602].

Ainsi donc, la question n'est-elle plus de savoir s'il y a lieu de croire qu'une guerre peut éclater entre les États-Unis et la Chine, mais si la mondialisation va se poursuivre ou s'éclipser.

Or, parmi les joueurs de l'équilibre international, lesquels sont pour et lesquels sont contre la mondialisation ? Hormis le président américain, ce sont tous les partis européens qualifiés abusivement et avec mépris de « populistes » qui se sont déclarés opposés à la mondialisation, partis dont on aurait tort de sous-estimer le pourcentage de sympathisants – encore assez incertain – et qui ne cesse d'augmenter. Car ces pays européens déjà dirigés par des gouvernements populistes ont été rejoints par de grandes économies européennes telles que l'Italie. Le mouvement populiste est loin d'être fini, et bien qu'y étant presque arrivé en France, il n'a pu finalement accéder au pouvoir, surtout parce que son chef, Marine Le Pen, a été littéralement « diabolisée » par des forces qui ne voulaient en aucun cas que la mondialisation soit abandonnée. À partir du moment où les gouvernements nationaux ne s'engagent pas dans des mesures capables de réduire la souffrance causée par la mondialisation, les partis populistes européens continueront d'étendre leurs tentacules et attirer des sympathisants, les victimes de la mondialisation toujours plus nombreuses. *L'Europe, donc, ne parle pas d'une seule voix, mais une partie, d'une ampleur encore indéterminée, partage les choix de l'Amérique.*

L'hypothèse d'un conflit entre la Chine et les États-Unis qui serait déclenché par la revendication de la souveraineté mondiale suppose un contenu statique des deux côtés. Cependant, il est presque certain que la devise « L'Amérique d'abord », associée à l'émaciation de la mondialisation et au contenu très large de la « nouvelle route de la soie », soit étrangère aux normes de la souveraineté mondiale traditionnelle. C'est pour cela que l'on peut aisément envisager plusieurs positions, qui soient toutes en mesure de satisfaire, d'une manière ou d'une autre, les exigences de la domination du monde. L'Amérique, qui renforcera son économie nationale en limitant ses contacts avec d'autres économies, pourrait se sentir puissante et à la tête du monde, sans avoir à réguler l'économie mondiale. De son côté, la Chine sera engagée dans un nouveau plan Marshall dont le contenu sera différent du précédent, qu'elle mettra en œuvre et gèrera elle-même, et jouera un rôle régulateur dans l'économie mondiale, mais avec certaines restrictions.

La décision de l'Amérique de réduire sa présence, impliquant de fait un amoindrissement de sa souveraineté dans le monde, bien que prévisible a cependant provoqué de vives réactions, car un tel changement de politique

---

602 Robin Niblett, *op. cit.*

étrangère pourrait s'avérer finalement plus coûteux qu'avant et rendre le monde « encore plus dangereux et instable »[603]. Et pas seulement, car les États-Unis sont accusés de ne pas être intervenus à temps en Syrie pour prévenir les atrocités et cette guerre d'une grande violence qui dure depuis déjà sept ans, et de s'abstenir d'intervenir en Birmanie où la situation est inacceptable, alors que 680 000 personnes, soit ont été tuées, soit ont été forcées de quitter leur village pour échapper à la mort[604]. Bien sûr, « cette indifférence » succède à des décennies au cours desquelles l'intervention des États-Unis dans le monde entier pour prévenir les conflits et les catastrophes était considérée comme un droit et un devoir. Ce passé-là justifie les préoccupations et les critiques maintenant que cette tradition semble s'être interrompue. Les États-Unis, en effet, se virent reprocher par le passé leurs interventions militaires dans le monde, qui souvent ne se terminaient pas bien, servaient leurs propres intérêts et ne constituaient donc pas une aide réelle[605]. Avec le retour de l'État-nation sur la scène internationale et le recul de la mondialisation, l'existence d'un « gendarme international » est certainement moins nécessaire qu'avant, puisque chaque pays devra être soi-même responsable de sa sécurité. Peut-être cette formule apportera-t-elle plus de paix et moins de violence au monde. L'avenir le montrera. Par contre, il conviendrait que la lutte contre le terrorisme soit envisagée sous un autre angle et se fasse peut-être d'un commun accord entre l'Amérique, la Chine et la Russie.

Le président Donald Trump, dès sa prise de fonctions, a adopté les positions que Barrack Obama avait déjà prises pour réduire la présence des États-Unis à l'échelle internationale, tout en y ajoutant quelques variantes personnelles. Plus précisément, il a signifié premièrement aux économies occidentales avancées qu'elles devraient prendre elles-mêmes en charge leur sécurité, deuxièmement, que la participation aux dépenses des organisations internationales devait se faire de façon mieux proportionnée qu'avant, et troisièmement, il a laissé entendre qu'il utiliserait les interventions militaires à des fins strictement punitives. Une autre différence de Donald Trump par rapport à ses prédécesseurs et à Barrak Obama en particulier est sa position globalement bienveillante à l'égard de la Russie et sa décision de rencontrer le dictateur Nord-coréen. Initiatives dont on doit assurément se féliciter.

Pour conclure, relativement au risque d'un conflit armé entre les deux superpuissances, il semble que pour l'heure, aucune des deux parties n'ait envie de s'impliquer dans un conflit armé de forme traditionnelle,

---

[603] Kori Schake (2017), « Will Washington abandon the order ? », *Foreign Affairs*, janvier/février.
[604] John McCain et Angelina Jolie (2018), « Rohingya need rescue led by U.S. », *The International New York Times Edition*, 11-12 mars.
[605] M. Negreponti-Delivanis, *Τα παιδιά της παγκοσμιοποίησης* [Les enfants de la mondialisation], *op. cit.*

contrairement à ce que pense Graham Allison. La Chine, notamment, qui est en train de développer une classe moyenne forte, est davantage concentrée sur ses efforts pour améliorer le niveau de vie de ses habitants et pour diffuser, utiliser et exploiter les nouvelles technologies, que par l'idée de s'engager dans une guerre contre les États-Unis. Surtout que sa politique démographique sévèrement suivie au cours des dernières décennies, interdisant aux couples d'avoir un deuxième enfant, est un puissant facteur de dissuasion[606]. Et puis, de leur côté, la réaction des États-Unis est nettement plus modérée face à la Chine que face à la Russie. Bien que, pour les États-Unis et l'Occident en général, le danger quel qu'il soit, vienne en fait moins de la Russie que de la Chine, c'est la Russie qui est dans la ligne de mire, ce qui en soi est étrange et incompréhensible et laisse à penser que, aussi mystérieusement que cela paraisse, la guerre froide n'a pas fini en 1989 et qu'elle dure toujours. C'est la raison pour laquelle la Russie n'a jamais été considérée par l'Occident comme un partenaire à part égale, alors que la Chine a pu s'imposer. On peut dire que celle-ci inspire une plus grande confiance à l'Occident, que son comportement ne dépassera pas un certain seuil de tolérance, contrairement à la Russie. Et cela, peut-être parce que la Russie est supérieure militairement à la Chine. Compte tenu de cette distinction, on pourrait dire qu'une guerre entre l'Occident et la Russie semble plus probable qu'une guerre entre l'Occident et la Chine. Or, à cet égard, il faut bien reconnaître que, pour autant qu'on puisse juger de la présence de Donald Trump à la Maison Blanche pendant quelques années encore, on constate un apaisement dans les relations russo-américaines, ce qui est plutôt rassurant pour la politique mondiale. Ce constat ne signifie évidemment pas que d'un côté comme de l'autre la production d'équipements militaires a ralenti ou a été interrompue. Au contraire même, Donald Trump a décidé de renforcer, comme cela a été dit précédemment, la puissance militaire de son pays.

Mais la Chine aussi se prépare fermement et systématiquement à un éventuel usage de la force armée, laquelle a un certain retard sur les États-Unis et l'aura encore, selon des estimations, jusqu'à la fin du 21e siècle. L'Amérique, toutefois, semble inquiète du succès de la partie militaire du plan chinois depuis 2013.

Cette image sera peut-être différente si l'on se détourne du domaine de la guerre traditionnelle pour regarder de plus près celui qui devrait selon toute probabilité lui succéder, la robotique autonome. Là, il est possible que ce soit la Chine qui prédomine. Les caractéristiques des armes autonomes, selon le rapport du Comité de défense scientifique du Pentagone, étaient définies en 2016 de la façon suivante : « pour être autonome, un système doit avoir la capacité de concevoir et de sélectionner de manière autonome, entre différentes possibilités d'action, d'atteindre des objectifs basés sur la

[606] The future of the war (2018), dossier spécial, *The Economist*, 3 janvier.

compréhension et la situation du monde »[607]. La robotique autonome, en cas de guerre, laisse envisager des situations terrifiantes dont il n'est pas du tout certain que les efforts pour les éviter aboutissent.

Dans les prochaines années, le rôle des États-Unis sera de tout faire pour éviter une troisième guerre mondiale. Or, une telle entreprise, assurément très ardue et dont l'issue est plus qu'incertaine, suppose qu'ils collaborent avec d'autres puissances afin que les armes nucléaires ne tombent pas dans les mains de terroristes.

B. Les États-Unis voient en la Chine un ennemi économique[608]

Si pour l'heure, le risque d'une guerre sino-américaine semble écarté, la guerre commerciale a belle et bien commencé, et comme tout le montre, elle sera violente et sonnera le glas de la mondialisation. En effet, les États-Unis, qui ont fini par comprendre, assez tardivement, que la Chine leur « coupait l'herbe sous les pieds », concentrent tous leurs efforts pour trouver le moyen de tenir front à cette menace.

Ce que l'Amérique craint plus que tout, et on peut le comprendre, c'est le secteur des nouvelles technologies, où de nombreux signes montrent que la Chine a pris de l'avance sur eux. Il ressort d'un rapport datant de 2017, élaboré par une commission spéciale du Congrès chargée d'examiner les relations entre les États[609], que les investissements de la Chine en Amérique ont pour objet stratégique les technologies de l'information et de la communication, l'agriculture et la biotechnique. L'administration américaine accuse maintenant sans détour les Chinois de voler sa technologie et d'exploiter la liberté d'investir en Amérique, alors qu'ils ont imposé chez eux de nombreuses restrictions sur les investissements américains. D'après les conclusions de cette enquête, ce vol intellectuel de la Chine a coûté 1 trillion de dollars aux États-Unis. Pour mettre fin à cette situation d'exploitation, les États-Unis ont retiré de l'oubli une loi de 1977, qui avait en outre été utilisée au lendemain de la catastrophe du 11 septembre 2001. Cette loi[610] donne au président des pouvoirs spécifiques afin de répondre à des « dangers inhabituels et exceptionnels » et peut désormais s'étendre à toute forme d'investissement, même s'il ne constitue pas une réelle menace. L'objectif de l'Amérique est d'entraver les investissements chinois de haute technologie directement ou indirectement impliqués dans le programme « Made in China 2025 » tels que les véhicules électriques, la haute technologie navale et la technologie spatiale.

---

[607] *Ibid.*

[608] Ana Swanson et Alan Rappeport (2018), « Trump looks to curb chinese investment », *The International New York Times Edition*, 30 mars.

[609] La Commission de surveillance économique et sécuritaire des relations sino-américaines.

[610] Loi d'urgence économique internationale.

Elle compte dresser des obstacles à ces investissements chinois. En plus des droits douaniers, les mesures protectionnistes s'étendent déjà aux investissements et occasionnent de nombreuses réactions de la part de ceux qui en pâtissent. Or, ces derniers réagissent par des représailles. La guerre commerciale a commencé, elle s'intensifie et s'étend chaque jour un peu plus sans qu'il soit possible, du moins pour le moment, de savoir lesquels en sortiront gagnants et lesquels en sortiront perdants. La complexité des répercussions d'une guerre économique est bien connue, mais on sait aussi que cette complexité ne permet pas d'en prévoir l'évolution. Et c'est la raison pour laquelle les conseillers de Donald Trump et les économistes en particulier sont divisés : il y a ceux qui saluent ces mesures et ceux qui prévoient que les droits douaniers nuiront davantage aux États-Unis qu'à la Chine. Il semble que les premières mesures soient globalement assez simples car elles visent dans un premier temps à protéger une branche industrielle précise, la métallurgie, qui est moins compétitive que son équivalent chinois, et qu'elles évoluent ensuite vers des branches plus sensibles (comme le sont presque toutes celles prises par la Chine), le but étant de contraindre la Chine de changer de politique et plus spécifiquement de cesser de « voler » la technologie américaine. Ceux, parmi les économistes, qui se disent opposés aux droits douaniers aboutissent à cette position négative, non parce qu'ils ont pu analyser dans le détail la situation – chose plutôt difficile à l'heure actuelle –, mais parce qu'ils sont en général convaincus que les guerres commerciales ne produisent pas de vainqueurs mais seulement des vaincus. Parmi ceux qui approuvent ces mesures, figurent le célèbre économiste et conseiller de l'ex-président Ronald Reagan, Martin Feldstein, professeur à Harvard, qui réprouve fermement le vol des nouvelles technologies par les Chinois mais qui se déclare opposé aux droits douaniers, tout en insistant sur le fait qu'un moyen de stopper ces vols doit être trouvé.

Cependant, à mesure que le temps passe, le véritable objectif des États-Unis vis-à-vis de la Chine – probablement établi dès le début – apparaît désormais au grand jour, après avoir été longtemps dissimulé au prix d'efforts concertés. Ainsi, alors qu'au début le président américain exprimait sa farouche opposition à bon nombre de ses alliés traditionnels, se retirant des accords commerciaux collectifs, menaçant d'instaurer des droits de douane élevés et des sanctions à presque tous les pays avec lesquels l'Amérique entretient des relations commerciales, répétant à qui voulait l'entendre « L'Amérique d'abord », il semble finalement que ces attaques aient pour cible presque exclusive la Chine. En effet, l'intention de Donald Trump semble être d'isoler la Chine au moyen d'une série de mesures clairement agressives : rediriger l'Amérique vers des accords commerciaux bilatéraux avec ses partenaires traditionnels, avec interdiction de conclure d'autres accords avec la Chine, comme le récent accord américain avec le Canada et le Mexique[611]. En outre, des pourparlers sont prévus qui, selon toute vraisemblance, renforceront les relations de l'Amérique avec l'UE, le Japon, la Grande-Bretagne, les Philippines, le Vietnam, etc., le but étant que la Chine n'en fasse pas partie, au motif qu'elle ne respecte pas les conditions du libre-échange. Dans le même temps, Donald Trump cherche d'autres moyens complémentaires, souvent surprenants, afin de mettre un terme à la croissance économique rapide de la Chine et pour l'empêcher de prendre le pouvoir mondial. Dans cette tentative globale visant à lui nuire et à freiner son rythme de croissance, il y a cette mesure inattendue, la suppression de l'accord postal entre les deux pays, en vigueur depuis 1874 – soit depuis 144 ans – et qui assure l'expédition bon marché de petits colis de la Chine vers les États-Unis. Ce transport privilégié de vêtements, d'articles électroménagers et de produits électroniques grand public était principalement axé sur la préférence des Chinois à expédier leurs produits aux États-Unis.

Une chose est certaine, c'est que la mondialisation est en recul et apparaît comme la première victime du conflit économique qui oppose les États-Unis à la Chine.

Cependant, ces mesures, hormis le fait qu'elles sont arrivées trop tard, ne peuvent en aucun cas avoir les résultats escomptés. Ce sont des mesures du désespoir, incapables de contrer le raz-de-marée chinois. C'est pourquoi rien n'exclut, à long terme, un conflit armé entre les deux superpuissances dont la menace est renforcée par les mesures successives prises à l'encontre de la Chine par les États-Unis. Il s'avère toutefois que la devise préférée du président américain, « L'Amérique d'abord », ne signifie pas son isolement du reste du monde. À travers elle, Donald Trump essaie, au contraire, de montrer ses capacités d'homme politique et de négociateur défendant les intérêts américains, de montrer que c'est lui qui a « les cartes du jeu mondial en main ».

---

[611] A. Rappeport, Keith Bradsher (2018), « A fence around China », *The International New York Times Edition*, 19 octobre.

CHAPITRE 3
LA VIE SUR TERRE AVEC LES ROBOTS

« Nous avons toujours su
que l'intérêt personnel irréfléchi était moralement mauvais ;
nous savons maintenant qu'il est économiquement mauvais »

Theodore Roosevelt (président américain) 1858-1919

L'invasion des robots et de l'Intelligence Artificielle ne devrait pas tarder à changer radicalement notre vie quotidienne. Les nouvelles technologies, qui sont déjà bien installées dans de nombreux domaines, sont à l'origine d'un bouleversement extraordinaire à tous les niveaux et la principale difficulté pour la théorie économique dominante est qu'elle est incapable d'interpréter leur mode de fonctionnement. On pourrait arguer que la première phase post-industrielle s'achève et que la scène économique internationale connaît une nouvelle phase de développement capitaliste, à travers l'ancienne, celle de l'automatisation. La question angoissante qui vient alors à l'esprit est de savoir si ces mutations transversales nous emmènent vers le meilleur ou vers le pire. Une réponse simple et rapide serait d'affirmer qu'ils apporteront le meilleur, étant donné que ce que l'homme attend des nouvelles technologies est qu'elles l'affranchissent, dans une large mesure, d'un travail lourd et routinier. Le genre humain aurait alors le temps de s'occuper de ce qui l'intéresse le plus, ce qu'il ne pouvait faire auparavant.

Il est toutefois clair que ce point de vue envisage les robots comme des collaborateurs de l'homme, et non comme son substituant. Or, le danger perceptible et peut-être déjà bien présent, est qu'une grande partie des activités des nouvelles technologies, qui de surcroît se multiplieront avec le temps, ne feront pas que coopérer avec les hommes, elles les remplaceront et les menaceront. C'est en cela que les projections optimistes semblent malheureusement peu vraisemblables. Par contre, les faits et tout ce qui est prédit avec certitude dans ce domaine donnent raison aux pessimistes. Le principal danger qui pèse sur les sociétés humaines, si aucune mesure adaptée n'est prise face à l'automatisation, c'est l'apparition d'un chômage technologique incontrôlé, qui s'accompagnera d'une aggravation des inégalités déjà existantes dans la répartition des revenus et des richesses.

Au-delà de leurs répercussions sur l'emploi, dont dépend la qualité de vie et la survie des hommes, les nouvelles technologies comportent d'autres dangers, à savoir des changements redoutables et indésirables dans leur comportement, leurs choix et leur équilibre psychologique[612]. Il semblerait qu'un nouveau genre humain soit en train d'apparaître, qui passe chaque jour de longues heures absorbé par son « téléphone intelligent », qui sort de moins en moins souvent avec ses amis, qui est mieux informé que par le passé est toujours pressé et surtout qui ne se pose plus de questions, ne se soucie plus du fond des choses, et qui est enclin à de fréquentes et parfois sérieuses dépressions. Et justement, l'envers du progrès est que les technologies permettent à l'homme d'avoir du temps libre et que ce temps libre, il préfère le consacrer à son smart phone. *Autrement dit, esclave de son travail qui l'accapare de nombreuses heures, il se fait esclave de son smart phone*.

Il ne fait aucun doute que les robots n'ont pas été créés pour se substituer à l'homme, mais pour l'aider à être plus efficace dans ce qu'il fait. Or, cet objectif initial est déjà dépassé, ou plus exactement, il s'est dégradé avec le temps et s'est engagé dans une voie peu souhaitable. Et maintenant que l'on a pris conscience des dangers que représentent les robots, il faut chercher, dans un premier temps, comment l'humanité doit traiter ces dangers et dans un deuxième temps, si elle peut encore le faire ou si c'est déjà trop tard.

Je m'intéresserai ensuite au contenu et aux répercussions des nouvelles technologies sur l'emploi, puis à l'Intelligence Artificielle et aux menaces qu'elle représente pour l'homme, et enfin je proposerai une solution, que je défends depuis longtemps, au problème du chômage et à quelques-uns des autres dangers visibles.

I. LE CONTENU ET LES RÉPERCUSSIONS DES NOUVELLES TECHNOLOGIES

A. Que sont les robots et comment ils sont apparus

La robotique est née de l'évolution de nombreuses technologies et initialement, ses capacités étaient limitées. Les robots ne pouvaient que distinguer des objets, les déplacer, imiter quelques mouvements humains, ils étaient capables de gestes simples et fonctionnaient en groupe avec d'autres

---

[612] David Brooks (2017), « Just how evil is tech ? », *The International New York Times Edition*, 24 novembre.

robots. La méthodologie qui a permis ce résultat, à quoi s'ajoutent continuellement de nouvelles prouesses toujours plus admirables, est basée sur la répétition inlassable d'une image, d'un mot, d'une commande. Et jusqu'à ce point, les robots auraient été de précieux assistants de l'humain, ils lui auraient permis de se reposer, de travailler moins et d'avoir plus de temps de repos, pour s'épanouir ou se distraire, et ils auraient été complètement dépendants de lui. *C'était ainsi, au début, et ces attentes répondaient apparemment à ce pour quoi ils avaient été conçus*. Or, le contrôle a été perdu en cours de route. C'est pourquoi il est presque naïf, aujourd'hui, de ne voir dans les robots que des assistants de l'être humain. En effet, on ne peut plus être certain qu'après les avoir laissés seuls le soir, on les retrouvera le matin dans le même état. Aussi incroyable que cela puisse paraître, les évolutions les plus récentes dans le domaine de la robotique montrent qu'après un certain seuil, les robots ne se contentent plus d'apprendre des humains mais ils progressent dans la connaissance, continuant d'apprendre entre eux. Le plus étonnant mais aussi le plus effrayant est que les robots communiquent dans une langue inaccessible aux humains.

Les recherches sur la robotique commencèrent tôt mais furent abandonnées pendant longtemps, car on pensait qu'ils ne donnaient pas les résultats escomptés. Puis elles furent reprises, comme en témoigne cette phrase datant de 1956 trouvée sur un projet de recherche qui s'imposa vite comme le sujet le plus intéressant pour les chercheurs dans ce secteur précis : « Faire que les machines puissent résoudre le type de problèmes maintenant réservé aux humains... si un groupe de scientifiques soigneusement sélectionnés y travaille ensemble pendant un été »[613].

Pour simplifier, la méthode utilisée pour développer les performances de la robotique est, toutes proportions gardées, qu'elle cherche à imiter le fonctionnement du cerveau humain. La méthode d'apprentissage s'appuie sur la répétition d'une quantité importante de données telles qu'images, voix, cartes bancaires qui s'est perfectionnée avec le temps, assurant des résultats positifs à presque 100 %. Les recherches sont surtout dirigées vers le perfectionnement de cette méthode, le but étant de rendre les robots capables d'exécuter des tâches plus nombreuses et plus compliquées qu'avant. Les logiciels des robots sont basés sur des algorithmes constamment réadaptés et perfectionnés par les spécialistes, et sont très demandés par les grandes plateformes telles que Facebook, Google, IBM, Alibaba ou Tencent. Celles-ci investissent des sommes énormes dans la robotique et rivalisent entre elles *à couteaux tirés* pour gagner ce marché, promesse de gains colossaux. Les géants du numérique s'arrachent les chercheurs spécialisés et les rémunérations tentantes laissent craindre qu'ils ne quittent les universités et les centres de recherches pour les rejoindre. Pour le moment, d'après les aveux

[613]Artificial Intelligence (2016), dossier spécial, *The Economist*, 25 juin.

de chercheurs spécialisés dans ce domaine, on sait que de grandes compagnies du numérique les approchent et qu'ils sont nombreux à refuser de quitter la recherche scientifique pour la recherche commerciale. Mais résisteront-ils encore longtemps à ces propositions si alléchantes ?[614]

B. Les principales difficultés théoriques des nouvelles technologies

On constate, donc, qu'un stade de développement plus récent a surgi du stade post-industriel, la robotique qui, pour autant que l'on puisse le prévoir, enfoncera encore davantage les économies modernes dans le chaos économique. Ce nouveau stade fait apparaître de nouvelles difficultés, telles que :

1. L'impossibilité de mesurer la productivité du travail et du capital

Il y a un problème important et non résolu à l'heure actuelle qui est l'impossibilité de mesurer la productivité des deux facteurs de base de production, le travail et le capital. Et cela, car en ce nouveau stade de l'évolution capitaliste, l'importance de ces deux facteurs de base s'est amoindrie, et un troisième facteur de production est apparu, si l'on peut dire, et même un quatrième, si l'on tient compte du sol. Ce nouveau facteur de production est l'automatisation, qui incarne la toute dernière forme d'innovation, et qui laisse espérer des gains importants dans l'avenir. Ces gains ne sont plus censés favoriser les deux facteurs de production traditionnels, le capital dans sa forme classique et le travail. En revanche, un groupe restreint, fort de ses idées nouvelles, qui apporte des innovations et crée de nouveaux produits, de nouveaux services et de nouveaux modèles commerciaux, fait valoir ces gains importants et s'impose comme bénéficiaire. Le mode de répartition des revenus qui se dessine est celui du célèbre *diagramme de Pareto*, où un petit nombre de joueurs gagnent une part disproportionnée des bénéfices[615]. Ce nouveau facteur, ce sont les idées novatrices, plus rares que la main-d'œuvre et le capital traditionnel. Or, les idées novatrices peuvent finalement être perçues comme une forme de capital spécifique dont la rémunération accrue ne cessera de réduire la part du travail dans le PIB.

2. L'impossibilité de mesurer la productivité globale

Des difficultés surgissent dans ce nouveau stade de l'évolution, non seulement dans le calcul de la productivité des deux facteurs de base traditionnels de production, mais aussi dans l'évaluation de la productivité globale, car elle semble inexistante, encourageant ainsi des arguments

---

[614] Cade Metz (2018), « A.I. a drain on human brains », *The International New York Times Edition*, 8 mai.

[615] Eric Brynjolfsson, Andrew McAfee, Michael Spence (2014), « New World Order », *Foreign Affairs*, juillet/août, p. 44-53.

soutenant que les économies avancées sont entrées dans une phase de *stagnation séculaire*[616].

Les anticipations de M. Kalecki[617] sont vérifiées, selon lesquelles, contrairement à la seconde révolution industrielle qui est associée à une répartition plus équitable des revenus, évidemment nécessaire pour que la production de masse soit absorbée, le troisième stade du processus capitaliste a apporté le chômage et la pauvreté à l'humanité. Il y a quelques années, on parlait d'une société des 2/3, et une réaction saine était qu'il fallait éviter cela par tous les moyens. *Or, il y a fort à craindre que la société attendue sera celle du 1/10ᵉ. Autrement dit, un enfer pour le plus grand nombre.*

La difficulté de mesurer la productivité globale résultant de cette nouvelle forme de progrès technique est due au fait que les données ne sont pas quantitatives mais qualitatives[618]. Il va sans dire que les téléphones mobiles, l'Internet, la baisse du prix des ordinateurs etc., sont dans l'intérêt des consommateurs, mais qu'ils ne contribuent pas à l'augmentation du PIB. Le *paradoxe de Solow* a donné lieu à de nombreuses interprétations sur ce qui peut arriver avec le stade informatique et les raisons de la baisse de la productivité.

En effet, malgré les sommes astronomiques investies par les entreprises dans la robotique, l'augmentation de leur productivité ne cesse de baisser. Comme le constate le président du Cercle des économistes Jean-Hervé Lorenzi, « Partout en Europe, aux États-Unis et même en Chine, les gains de productivité ont été divisés par deux en l'espace d'une décennie »[619]. Aux États-Unis, le rythme de croissance annuel de la productivité était de 3 % pendant la période 1920-1970, de 1,8 % pendant la période 1970-2006 et de 0,9 % au cours de la dernière décennie[620]. Or, sans hausse de productivité, il n'y a pas de croissance.

Je renvoie à ce que j'ai précédemment affirmé sur la difficulté de mesurer la hausse de la qualité de la productivité (Partie I, Chap. 2, section B) en y ajoutant toutefois l'optimisme d'Olivier Blanchard qui soutient que, pour la France notamment, la véritable croissance n'est pas si famélique que ce qui est

---

616 Lawrence H. Summers, « The age of secular stagnation », *Foreign Affairs* : The world is flat, mars/avril 2016, p. 2 et suiv.
617 Robinson J., F. Wilkinson (1977), « What has become of employment policy? », *Cambridge journal of economics*, mars, p. 5-14.
618 Robert Gordon (2016), *The Rise and Fall of American Growth, The U.S. Standard of Living Since the Civil War,* éd. Princeton University Press.
619 Cité par Béatrice Mathieu (2017), « Les chiffres trompeurs de la croissance », *L'Express*, 31 mai.
620 *Ibid.*

officiellement annoncé, à savoir de 1,5 %, mais qu'elle est plutôt de 2,5 voire 3 %[621].

C. Les conséquences sur l'emploi

S'agissant de l'impact des nouvelles technologies sur l'emploi et la répartition des revenus et des richesses, il y a d'un côté les optimistes et de l'autre, les pessimistes. Ceux-ci s'accordent toutefois sur certains points :

– premièrement, le régime de plein-emploi appartient définitivement au passé, car le processus de production moderne exige une plus faible quantité des deux facteurs pour produire une unité de produit, et

– deuxièmement, la mondialisation a déjà créé une situation où il y a extrêmement peu de gagnants pour une infinité de perdants.

Je dirais ici que la divergence de vue entre les optimistes et les pessimistes est essentiellement temporelle. À savoir que les premiers pensent que les robots assisteront toujours les humains et dépendront toujours d'eux, et les seconds voient plus loin, sur une période plus longue où les robots se substitueront au travail humain et acquerront une intelligence supérieure à l'intelligence humaine.

1. La version optimiste : Les robots, assistants des humains

Les scientifiques, qui appartiennent à la catégorie des optimistes (il serait plus correct de dire qu'ils sont moins pessimistes), soutiennent que les problèmes majeurs pour les travailleurs ne vont pas apparaître tout de suite, dans les dix prochaines années. Ils espèrent également qu'il sera possible d'y remédier à temps. Leur optimisme s'explique par l'hypothèse que, sur une période assez longue, le rôle des technologies sera surtout d'aider les hommes, qui continueront d'en avoir besoin en permanence. Cet optimisme relatif s'exprime dans une étude réalisée au début de 2017 par le McKinsey Institute. Les conclusions alarmistes d'une étude antérieure y sont remises en question[622], selon laquelle 47 % des emplois risquent d'être automatisés[623]. L'étude du McKinsey Institute confirme, elle, que 49 % du temps de travail sera probablement remplacé par l'automatisation. Et une étude toute récente[624] estime que seulement 38 % des postes de travail seront remplacés par des robots, tandis que les salaires en moins représenteront 15 trillions de dollars. Cependant, l'optimisme de ces études réside dans l'hypothèse que l'avenir de l'emploi ne sera pas jugé seulement en fonction de ce qui est

---

[621] *Ibid.*

[622] Des économistes Carl Benedikt Frey et Michael Osborne, de l'Université d'Oxford.

[623] L'étude porte sur l'économie américaine, qui ne diffère toutefois guère des autres économies avancées occidentales.

[624] De Savvas Robolis et Vassilis Betsis (citée dans *Eleftheri Ellinès*, le 14 avril 2018).

technologiquement possible, mais aussi en fonction d'autres facteurs. Par exemple, l'étude du McKinsey Institute indique que les voitures sans conducteur devraient supprimer l'emploi de 1,7 million de camionneurs. Or, le remplacement des camions nécessitera un investissement d'un trillion de dollars et cela demandera du temps. Les auteurs de l'étude du McKinsey Institute concluent que les projections alarmistes ne prennent pas en compte suffisamment de facteurs et selon eux, l'emploi baissera de 50 % mais pas avant 2055. Une étude encore plus optimiste sur le sujet fut réalisée par l'OCDE en 2016 et prévoit que pour ses 21 États membres, l'automatisation ne menace que 9 % de l'emploi. Or, 9 %, ce sont des millions de personnes qui perdront leur emploi. Cet optimisme excessif semble s'appuyer sur une situation similaire dans le passé qui démentit toutefois les prédictions pessimistes d'alors, parmi lesquelles celles de John Maynard Keynes. Il y a 80 ans, Keynes avait en effet évoqué une « nouvelle épidémie » qu'il nomma « sous-emploi technologique » et qui, heureusement, n'eut jamais lieu.

En Suède, les robots sont perçus sous un jour diamétralement opposé au reste de l'Occident et notamment les États-Unis. En effet, selon une étude de l'UE menée en 2017, 80 % des Suédois interrogés se déclaraient favorables à l'emploi de robots dans l'économie, contre 72 % des Américains qui avouaient, dans une étude du Pew Research Center, en avoir peur. Cet écart s'explique par le fait que les Suédois sont confiants et pensent que l'État fera ce qu'il faut pour que la généralisation des robots ne crée pas de chômage. Et cette confiance se justifie par le fait qu'en Suède, en Finlande et au Danemark 27 % du PIB est utilisé par les gouvernements pour aider les chômeurs et autres groupes sociaux en difficultés. En Scandinavie, l'État peut se permettre cela grâce aux impôts qui absorbent 60 % du PIB et qui sont utilisés de manière adéquate et utile. Toutefois, la substitution massive des travailleurs par les robots réduira considérablement les recettes fiscales des États, raison pour laquelle on envisage de les considérer comme des personnes électroniques imposables. En 2017, afin justement de régler ce problème, la Commission des affaires juridiques déposa au Parlement européen un projet de loi sur la taxation des robots comme s'ils étaient des travailleurs à part entière. Or, cette proposition fut rejetée sous prétexte que « cette prévision tarde trop à se réaliser ». Bill Gates critiqua cette décision, soutenant que sans taxation des robots, leurs constructeurs et leurs propriétaires tireront des profits considérables. Le rejet de cette taxation est la preuve que nos dirigeants sont généralement convaincus que la robotique en tant que substituant du travail humain à tous les niveaux a encore du chemin à faire, qu'ils ne voient pas que cette tendance évolue très vite et qu'elle est déjà à nos portes.

Les optimistes, s'agissant des répercussions de la robotique sur nos vies, insistent sur l'aide qu'elle nous apportera, affirmant que les robots succèderont à nos ordinateurs.

L'un des services très importants que rendent les robots sont les voitures sans conducteur, qui devraient être à la disposition des consommateurs dès 2020. De nombreuses universités, majoritairement aux États-Unis, élaborent des projets et une règlementation du mode d'utilisation de ces voitures autonomes, tandis qu'un rapport annuel de la Direction des transports de Singapour prévoit que ces voitures, partagées entre plusieurs utilisateurs, réduiront la circulation des voitures traditionnelles d'environ 80 %, ce qui aura un impact considérable aussi bien sur la durée des trajets que sur la pollution atmosphérique[625]. Pour l'heure, ces voitures autonomes ne peuvent pas encore faire face à des situations difficiles et imprévues, mais elles devraient vite être perfectionnées, ce qui permettrait aux voyageurs de lire, penser, planifier leurs activités tout au long du trajet. Les robots devraient également aider dans les activités ménagères, à transporter les achats, par exemple. Le robot en question, nommé Gita[626], suivra son propriétaire dans la rue, au supermarché, portera les courses et pourra communiquer avec lui en cas de besoin. Également en cours d'élaboration, des taxis volants Uber et des avions autonomes pour l'armée de l'air américaine dotés d'un système conçu pour réduire de 800 000 dollars le coût relatif à chaque utilisation[627]. Les secteurs les plus susceptibles d'être concernés par les robots sont les transports maritimes, la médecine, les hôpitaux et l'industrie de l'armement[628].

2. La version pessimiste : Les robots, substituants du travail humain

Malheureusement, la perspective optimiste des répercussions de la robotique sur le travail est utopique et déjà démentie par les faits. Les robots ne sont pas là pour assister, mais pour remplacer le travail humain et pas seulement. La substitution du travail humain par des robots progresse dans de nombreux secteurs, rapidement, et aggrave la situation déjà difficile que connaissent les économies avancées, où le plein-emploi concerne une part de plus en plus réduite de l'ensemble au profit du travail informel. En 2013, quelque 1,2 million de robots étaient utilisés à l'échelle mondiale. En 2015, ils étaient 1,6 million et leur nombre devrait approcher les 2,6 millions en 2019. Plus précisément, on compte aux États-Unis 300 000 robots dans l'industrie, et selon la Fédération internationale de la robotique 340 000 dans les cinq plus grandes économies de l'Union européenne (Allemagne, France, Espagne, Italie, Angleterre[629]). En Chine, le nombre de robots est estimé à 420 000. Et puis, en Corée du Nord et aux États-Unis, on compte 411 robots pour 10 000

---

[625] Daniela Rus (2015), « The robots are coming », *Foreign Affairs*, juillet/août, p. 2-6.

[626] « The future of home delivery » (2017), *The Economist*, 18 février.

[627] « Aviation and robots » (2016), *The Economist,* 20 août.

[628] Alex Fitzpatrick (2016), « Grappling with the right role for robots at work », *Time*, 11 avril.

[629] Avant le Brexit.

travailleurs, 213 au Japon, 170 en Allemagne, 159 à Taïwan et 126 en France[630].

Les facultés des robots s'améliorent et se multiplient à une vitesse phénoménale, ils acquièrent l'une après l'autres les aptitudes humaines, même les plus délicates, les plus complexes et les plus exigeantes. Et le pire est que pour la plupart de ces aptitudes, les robots s'avèrent plus « capables » et mieux « dotés » que l'humain.

Par conséquent, tous les signes montrent que la menace qui pèse sur le travail ne concerne pas un avenir lointain mais qu'elle est vite devenue réalité. Et ce qui est étonnant, c'est que parmi les personnes interrogées, trois sur cinq pensent que l'Intelligence Artificielle va détruire plus d'emplois qu'elle n'en créera, mais elles n'ont pas peur de perdre le leur[631]. Cela montre une fois encore que l'homme se soucie et ne décide d'affronter un problème que lorsque celui-ci empiète sur sa vie quotidienne. Autrement, son optimisme le rassure, il espère toujours que le pire sera finalement évité.

Depuis 1980, les travailleurs, dans les économies avancées, tombent de Charybde en Scylla. Avec la mondialisation, ils sont confrontés aux bas salaires des pays en développement et ont vu leur niveau de vie se détériorer. Et avant même la fin de la mondialisation traditionnelle, même dans les émergentes ils sont contraints de lutter pour leur survie face aux robots. Un combat perdu d'avance, sauf si l'humanité décide de faire front à ce désastre.

Suivent quelques références et exemples concernant l'évolution du remplacement de l'homme par les robots.

2a. Ce qui est déjà la réalité

Ces « optimistes » qui soutiennent que le chômage de masse provoqué par le remplacement du travail des humains par des robots concerne un avenir lointain et que par conséquent « nous avons le temps de réfléchir au problème », sont déjà dépassés par la réalité. Leur optimisme est chaque jour mis à mal, comme en témoignent ces quelques faits significatifs :

• Aujourd'hui, on observe que sont employés 101 robots pour 10 000 travailleurs.

• Je choisis pour commencer une annonce récente ayant trait à une grande usine d'assemblage de lits d'hôpitaux à Prague, en République tchèque, qui exporte dans le monde entier[632]. L'entreprise en question, Linet, ne parvenant pas à trouver de travailleurs malgré une augmentation des salaires[633], a été

---

630 Fédération internationale de robotique.

631 Niraj Chokshi, *op. cit.*

632 Liz Adelman (2018), « Finding no workers, companies get robots - Fast-growing economies in Eastern Europe solve their severe labor shortage », *The International New York Times Edition*,18 avril.

633 Notons ici que la République tchèque refuse d'accueillir des migrants sur son sol

contrainte de recourir à des robots. Et ce n'est ni la première ni la seule entreprise dans ce pays à utiliser des robots, étant donné que durant la période 2010-2015 l'automatisation y a augmenté de 40 %[634]. En plus des lits d'hôpitaux, les robots de l'entreprise Linet exécutent d'autres tâches, ils peuvent par exemple coudre, peindre, souder. Trente robots font un travail qui nécessiterait 200 personnes. Bien que le cas de la République tchèque soit exceptionnel, puisque le pays connaît le taux de croissance le plus élevé et le taux de chômage le plus bas de l'UE, le ralentissement ou la récession à venir risquent de poser là aussi le problème général que crée (mais surtout créera) l'emploi des robots, à savoir le chômage.

• Je pense aussi au cas d'un nouvel hôtel au Japon, le Henn na, où les clients sont reçus et enregistrés par des robots qui les saluent quand ils s'en vont. Les robots, dans cet hôtel, sont même capables de conduire les clients à leur chambre, de parler la langue du choix des clients, de régler la température ambiante. Dans leur chambre, les clients peuvent recevoir des instructions vocales pour régler l'éclairage, les robots peuvent les informer sur la météo ou leur donner l'heure[635].

• Autre exemple, parce que la liste de substitution du travail humain est déjà longue et s'allonge de jour en jour, une expérience d'Amazon pour voir si les robots sont capables de sélectionner par eux-mêmes des objets dans les rayons de l'entrepôt employant 50 000 personnes et de les placer ailleurs. Lors de cette expérience, un robot est parvenu à effectuer 10 tâches sur un total de 12. Cette entreprise, située à Berlin, a « engagé » 15 000 robots, et va bientôt en acquérir d'autres.

• Dans le domaine de la restauration, des entreprises utilisent des robots pour remplacer le travail humain, pour servir les plats commandés, pour aider les clients à faire leur choix, mais aussi pour le règlement de l'addition.

• À l'hôpital, une sorte de robot, appelé NAO, aide les patients à surmonter leur anxiété.

• Tout récemment, un robot a effectué avec succès une opération chirurgicale extrêmement délicate où il s'agissait de lier des vaisseaux, ce que peu de chirurgiens pourraient faire. C'est la première fois qu'un robot était

---

et qu'elle est une exception, étant donné qu'elle affiche le taux de chômage le plus bas de l'UE (2,4 %, autrement dit, le plein-emploi) et le rythme de croissance le plus rapide (5 %).

[634] Fédération internationale de robotique.

[635] Darrel M. West (2015), « What happens if robots take the jobs? The impact of emerging technologies on employment and public policy », *Center for Technological Innovation at Brookings*, octobre.

mobilisé pour une telle tâche et apparemment tout s'est déroulé sans aucun problème[636].

2b. Des bouleversements arrivent

Des chercheurs britanniques ont développé un nouveau système d'Intelligence Artificielle pouvant diagnostiquer à temps des cardiopathies, mieux que les médecins. Un deuxième système permet quelque chose de similaire avec le cancer du poumon. Le premier système, qui a été élaboré à l'hôpital universitaire John Radcliffe à Oxford et peut « voir », lors de tests de dépistage, des détails significatifs qui échappent à l'œil des médecins, devrait bientôt être utilisé gratuitement dans les hôpitaux appartenant au Service national de santé (NHS) de Grande-Bretagne. On pense que ce système fera économiser plusieurs milliards de livres sterling grâce au diagnostic précoce des maladies et à un traitement par conséquent plus efficace. Le professeur de médecine de l'université d'Oxford, Sir John Bell déclara sur la BBC que l'Intelligence Artificielle peut « sauver le NHS » qui est sujette à des dépenses de plus en plus importantes.

L'Intelligence Artificielle pourrait donc faire baisser considérablement les dépenses du NHS (d'au moins 300 millions de livres sterling par an) puisque de nombreuses interventions chirurgicales pourraient être évitées grâce à des diagnostics précoces et fiables. Selon des estimations britanniques, aujourd'hui environ un examen cardiologique sur cinq ne permet pas d'établir de diagnostic correct et les chercheurs estiment que les robots parviennent plus facilement que les médecins à détecter et évaluer le risque pour un patient d'être un jour victime d'un AVC. Ultromics a été initialement formé par l'étude des examens de 1 000 patients hospitalisés au cours des sept dernières années, et par l'analyse d'informations supplémentaires permettant de savoir si parmi ces patients certains ont éventuellement développé une maladie cardiaque. Dans le même temps, le système a appris et a évolué de façon à être capable d'établir des diagnostics tout seul.

Un autre système d'Intelligence Artificielle a été élaboré, permettant le diagnostic précoce du cancer du poumon. Il détecte les nodules pulmonaires et détermine ceux qui sont ou non cancéreux. Les médecins, actuellement, ne peuvent savoir avec certitude dans quelle mesure certains nodules évoluent en cancer, contraignant les patients à subir régulièrement des examens d'imagerie médicale pour en suivre l'évolution. Ce nouveau système « intelligent », comme l'ont montré les tests cliniques effectués jusqu'à maintenant, évitent aux patients non atteints une longue angoisse de plusieurs mois, puisqu'il est

---

[636] Mike Wehner (2017), « A robot just performed one of the most precise medical procedures for the first time ever », 3 octobre (https://bgr.com/2017/.../robot-surgery-medical-breakthr).

capable de diagnostiquer un cancer bien plus tôt que les médecins. C'est la start-up Optellum qui commercialise ce système, dont le responsable scientifique, le Dr Timor Kadir, estime que s'il était plus largement exploité par les hôpitaux britanniques et européens, il permettrait une réduction conséquente des dépenses médicales de l'ordre de 10 milliards d'euros[637]. Par ailleurs, une équipe de chercheurs américains et européens a récemment mis au point un système d'Intelligence Artificielle qui, pour la première fois, est plus performant que les dermatologues et permet de diagnostiquer le cancer de la peau le plus agressif et mortel qui soit, le mélanome. Ce système consiste en un réseau neuronal convolutionnel d'apprentissage profond[638], entraîné à détecter le cancer au moyen de plus de 100 000 images montrant (pour être comparées) des lésions de la peau bénignes ou malignes. Les chercheurs allemands, français et américains, dirigés par le Pr Holger Haenssle, directeur du département de dermatologie de l'université d'Heidelberg, ont publié les résultats de leurs travaux dans la revue *Annals of Oncology* de la Société européenne d'oncologie médicale. Pour tester la fiabilité de ce système, les diagnostics ont été comparés à ceux de 58 dermatologues provenant de 17 pays différents, dont la Grèce. Il s'avéra que le système a identifié plus de mélanomes (95 %) que les médecins (89 %) et moins de diagnostics faussement positifs (lésions bénignes diagnostiquées à tort comme des cancers).

Et puis, une équipe américaine a récemment conçu un robot microscopique qui peut être introduit dans le corps humain, peut en contrôler le fonctionnement et transporter un médicament à administrer *in vivo* dans un organe précis et qui finira par se dissoudre dans l'organisme[639]. Un rapport récent[640] sur le travail dans les banques prévoit que dans la prochaine décennie, celles-ci vont supprimer 30 % de leurs postes en raison de l'essor des nouvelles technologies. L'économiste Martin Ford prévoit que la totalité des emplois de la classe moyenne va disparaître, que la mobilité économique va s'arrêter et que la ploutocratie sera contrainte de se réfugier dans des communautés clôturées ou dans des villes spécifiques qui seront gardées par des robots militaires autonomes et des drones[641]. Aux États-Unis, on observe déjà un remplacement de grande ampleur des travailleurs par des robots dans l'industrie, alors que la productivité des biens, en 2016, était de 85 % supérieure par rapport à 1987, malgré un renforcement des effectifs des deux

---

637 Pentapostagma.gr, 3 janvier 2018.

638 Deep learning convolutional neural network.

639 James Corman (2018), « A tiny robot to dole out the medecine », *The International New York Times Edition*, 26 janvier.

640 « Digital Disruption » (2016), par Citigroup, mars.

641 « Machine Translation-beyond Babel » (2017), *Technology Quarterly/Language*, *The Economist*, 7 janvier.

tiers seulement[642]. Il s'agit de robots qui apprennent par eux-mêmes, ont dépassé le stade des mouvements simples et surtout sont capables d'exécuter des tâches après les avoir vues. À l'université californienne de Berkeley, des machines bien plus complexes que celles existantes sont mises au point, et seront très bientôt utilisées dans l'industrie mais aussi pour accomplir des tâches ménagères[643].

Jouant un rôle catalyseur tout aussi déterminant, la nouvelle technologie numérique devrait transformer le secteur plus large de l'éducation[644], où l'enseignement traditionnel est déjà de plus en plus remplacé par l'enseignement en ligne. Cette forme d'enseignement s'accélère, principalement pour deux raisons. La première est liée à la réduction de l'État social, même dans le domaine de l'éducation, sous la pression de plus en plus forte des recettes néolibérales. Les universités du monde entier sont de plus en plus dépendantes des droits d'inscription des étudiants, ce qui rend les études extrêmement coûteuses, alors que les subventions publiques baissent. La deuxième raison est l'avancée de la technologie numérique et de la robotique qui réduit considérablement le coût administratif des universités, garantit des économies d'échelle presque illimitées et rend l'enseignement accessible à tous. À long terme, cette phase des nouvelles technologies aura également un effet redistributif imprévisible sur les inégalités excessives dans la répartition des revenus. Elle entraînera dans le même temps une hausse du chômage, cette fois dans le domaine de l'éducation, alors que l'on estime que d'ici à une quinzaine d'années, 50 % des universités américaines auront fait faillite[645]. Enfin, les traducteurs non plus ne seront pas épargnés puisque de grands progrès ont été réalisés dans ce domaine aussi, de sorte que l'on peut raisonnablement envisager que très bientôt l'homme ne sera plus indispensable[646]. Même les secrétaires ont été remplacés par le robot Alexa. Disponible à tout instant pour servir son chef, elle a la voix douce, presque chaleureuse et a réponse à tout. Les capacités de ces robots assistants sont illimitées, s'améliorent sans cesse et détrônent les secrétaires humains. Les robots, en outre, reconnaissent la voix humaine et peuvent composer des phrases mais ne sont pas encore capables de mener une conversation. Des progrès fantastiques ont également été faits par les robots qui peuvent désormais imiter des voix[647]. Et à peine croyable, ces stripteaseuses fabriquées

---

642 Farad Manjoo (2017), « Make robots great again (to stay one step ahead) », *The International New York Times Edition*, 25 janvier.
643 Cade Metz (2017), « Machines that teach themselves », *The International New York Times Edition*, 19 septembre.
644 « The digital degree » (2014), *The Economist-Briefing: The future of universities*, 28 juin.
645 La prévision appartient à Clayton Christensen, de la Harvard Business School.
646 « Machine Translation-beyond Babel », *op.cit.*
647 « Cloning voices » (2017), *The Economist*, 22 avril.

par le Britannique Giles Walker à partir de métaux recyclés, qui ondoient lascivement dans les night clubs de Las Vegas[648]. Les robots reconnaissent les visages mais pas seulement, puisqu'ils peuvent aussi composer des visages aussi réalistes que des vrais. *Les robots sont partout ! Ils supplantent l'homme et prennent sa place.*

Des chercheurs de Singapour ont créé les deux premiers robots au monde capables d'accomplir une tâche difficile et, habituellement désagréable pour les hommes : assembler des meubles. C'est un robot de la Nanyang Technological University doté de bras robotiques, de capteurs et de caméras 3-D qui est parvenu à assembler une chaise « Stefan » d'IKEA en un peu moins de 20 minutes (11 minutes pour développer les algorithmes nécessaires, 9 minutes pour le montage), alors qu'une personne, lorsqu'elle en est capable, a besoin de 15 minutes. Dans cinq ou dix ans, de tels robots (forts de leur intelligence artificielle) se chargeront d'assembler n'importe quel meuble, soit après avoir « lu » la notice, soit sur ordre vocal, soit en voyant tout simplement une image du meuble monté[649].

Ces quelques exemples suffisent à convaincre que les robots ont déjà évincé du marché du travail de nombreux travailleurs et annoncent vraisemblablement un avenir des plus sombres pour le travail humain, où malheureusement, l'optimisme n'aura pas sa place. Un avenir qui sera dominé par un chômage démesuré, qui n'épargnera aucun type d'emploi, même ceux exigeant des connaissances, une spécialisation ou une planification. Et si, aujourd'hui, la coordination de l'éducation et de l'emploi est le moyen proposé pour surmonter cette situation difficile[650], ce ne sera bientôt plus le cas, dans la mesure, bien sûr, du prévisible. Cela, car il s'avère non seulement que les robots apprennent très vite auprès des hommes, mais en plus, ils ont récemment commencé à se transmettre mutuellement leurs connaissances[651]. Les emplois spécialisés survivront-ils à la robotique ? Difficile à prédire, et certainement pas à très long terme. Je pense à ces catégories des scientifiques, des professionnels de la santé, des écrivains, des chefs d'entreprise et des artistes : rien n'est moins sûr et quoi qu'il en soit leur temps est compté.

---

[648] Avec le temps et les progrès fantastiques des robots, l'optimisme de ceux qui prédisaient que les artistes leur survivraient ne tient plus.

[649] *Science Robotics/Pentapostagma*, 19 avril 2018.

[650] « Learning and Earning » (2017), dossier spécial (Lifelong Education), *The Economist*, 14 janvier.

[651] Cade Metz (2017), « Machines that teach themselves », *The International New York Times Edition*, 19 septembre.

3. Les répercussions sur les économies en développement

Les effets négatifs de l'expansion de la robotique sur l'emploi ne se limitent pas aux économies avancées. Je dirais même que dans les économies émergentes la situation est bien plus grave, car les nouvelles technologies les privent des privilèges qu'elles avaient, à savoir une main-d'œuvre bon marché et l'installation des entreprises occidentales sur leur sol. On estime que la Chine a ainsi perdu 30 millions d'emplois dans l'industrie depuis 1996, soit 25 % du total, malgré une augmentation de 70 % de ses produits manufacturés[652]. Par ailleurs, en Chine toujours, on observe depuis 2013 une baisse de l'emploi dans l'industrie et une stagnation de l'exportation des produits industriels. La première menace donc, et la plus sérieuse venant de la robotique pour les économies émergentes et en développement, devrait être la disparition de ce privilège déterminant dont elles jouissaient jusqu'à présent, celui de la main-d'œuvre bon marché qui encourageait l'installation sur leur sol d'entreprises étrangères délocalisées. Mais alors, si ce n'est plus la main-d'œuvre bon marché qui mène à la croissance économique, qu'est-ce que c'est ? Sur ce point, le constat général de Thomas Picketty[653], à savoir que le taux de rendement du capital est supérieur au taux de la croissance, se transpose aux robots, qui sont perçus comme une sorte de capital dont le rendement ira à leurs propriétaires. Cette différence, en faveur des robots et au détriment du travail, s'amplifiera avec le temps, puisque la qualité et la quantité de travail des robots s'améliorent constamment, contrairement au travail humain, qui reste stationnaire[654]. Le capital, bien qu'ayant perdu sa forme traditionnelle, reste par conséquent le grand gagnant de ce nouveau modèle. On pourrait anticiper et supposer qu'un groupe très restreint, une oligarchie d'innovateurs n'aura aucunement l'intention de partager ses gains avec d'autres bénéficiaires, à savoir les travailleurs non qualifiés et le capital traditionnel. Ces derniers auront du mal à survivre, avec un revenu inférieur à la moyenne, alors que les créateurs d'idées nouvelles seront presque les seuls à être rémunérés. Dans cette phase de l'évolution capitaliste, le travail non qualifié est en fait presque inutile, et le capital traditionnel est également dévalorisé.

Une étude récente menée par la Bank of America Merrill Lynch prévoit pour 2025, en Amérique, des retombées économiques du renouvellement et de la création d'Intelligence Artificielle de l'ordre de 14 à 33 trillions de dollars, dont 9 trillions proviendront de la baisse du coût de la main-d'œuvre. Et de son côté, l'étude du McKinsey Institute prévoit un bouleversement de la société dû aux progrès de l'Intelligence Artificielle, « 10 fois plus rapide et 300 fois plus élevée, soit avec des retombées environ 3 000 fois plus

---

[652] Eric Brynjolfsson, Andrew McAfee et Michael Spence, *op.cit.*

[653] *Le capital au XXIe siècle* (2013), éd. Seuil, Paris.

[654] Illah Reza Nourbakhsh (2014), « The Comic Robot Dystorpia », *Foreign Affairs*, p. 23-28.

importantes » que celles de la révolution industrielle[655]. Cette baisse du coût de production en raison de la substitution du travail humain par des robots dotés d'une Intelligence Artificielle pourrait être considérée comme une conséquence positive à condition que ceux qui ont perdu leur travail puissent être employés ailleurs ou aient de quoi vivre. Autrement, la baisse du coût des banques fera grimper leurs profits et aggravera l'inégalité incontrôlée de la répartition de la richesse, et à travers elle, la pauvreté et le mal-être humain.

Dans les économies en développement, par contre, d'autres problèmes interviennent, pour lesquels aucune solution n'a encore été trouvée. Ici aussi, les optimistes ont probablement raison, si l'on s'en tient au court terme, lorsqu'ils soutiennent que les robots ne sont pas encore en mesure d'accomplir des tâches complexes et compliquées telles que l'assemblage de vêtements, et c'est pourquoi ils espèrent que les économies comme le Bangladesh et l'Inde, dont le secteur du prêt-à-porter constitue une part importante des exportations, seront moins touchées par l'automatisation que d'autres. Mais les aptitudes des robots s'améliorent presque de jour en jour, ils sont constamment remis à jour de sorte qu'ils accomplissent des tâches hautement précises bien mieux que l'homme. Par conséquent, l'optimisme, même sur ce point, ne peut être que de courte durée. Les optimistes affirment également que l'automatisation complète d'une usine est possible du point de vue technologique, mais que le coût en est, la plupart du temps, dissuasif. Quoi qu'il en soit, une usine d'Atlanta est en train de mettre au point la production entièrement automatisée de t-shirts qui permettra à un seul robot adapté de produire 1 142 pièces en 8 heures. C'est 17 fois plus que ce qu'un ouvrier qualifié pourrait produire[656]. En 2016, un célèbre fabricant allemand d'équipement sportif a relocalisé, en Bavière, la production d'un modèle de chaussures de sport dans une usine entièrement robotisée. L'entreprise envisage d'ouvrir d'autres *speed factories* en Europe et aux États-Unis. Ces quelques exemples isolés font douter de la justesse du point de vue des chercheurs et économistes optimistes convaincus de la capacité des hommes à résister encore longtemps face à l'automatisation.

Les économies en développement se heurtent encore à d'autres problèmes liés à la généralisation de la robotique, étant dans l'impossibilité d'évoluer en douceur et de passer d'une économie essentiellement basée sur l'agriculture à une économie basée sur l'industrie et le tertiaire. Autrement dit, du fait de l'automatisation, les économies en développement risquent de ne jamais passer au stade de l'industrialisation qui, selon Nicholas Kaldor, signifie l'impossibilité complète de se développer. Mais au-delà de cette vision résolument kaldorienne[657], les économies en développement risquent de ne

---

[655] « The return of the machinery question », dossier spécial, Artificial Intelligence (2016), *The Economist*, 25 juin.

[656] « Emerging Markets » - dossier spécial (2017), *The Economist*, 7 octobre.

[657] Constestée par Eleni Delivani dans sa thèse de doctorat, pour ce qui concerne

pouvoir tirer parti de l'augmentation importante de la productivité du travail, qui, selon Angus Maddison[658], garantit le transfert de la main-d'œuvre de l'agriculture vers l'industrie, précisément à cause de l'automatisation, ce qui entraînera une désindustrialisation précoce et empêchera les effets positifs de la croissance sur l'économie de se généraliser. Le McKinsey Institute a calculé que l'automatisation du travail industriel en Inde, en Indonésie et en Thaïlande sera technologiquement possible à 67 %. Mais alors, existe-t-il un moyen de vraiment de stopper l'automatisation à moyen ou à long terme ? Aucun coût élevé ni rien d'autre ne le pourra, puisque le rendement marginal de l'investissement est extrêmement élevé.

4. Les répercussions sur les entreprises[659]

L'Intelligence Artificielle s'est déjà étendue, au-delà du secteur industriel, aux entreprises, aux travailleurs et aux consommateurs, et est utilisée :

• Pour dénicher des informations fausses données par les consommateurs lorsqu'ils achètent à crédit et mentionnent leurs revenus et plus généralement leur capacité à rembourser un prêt. Répondant aux nombreuses questions qui leur sont posées concernant l'acquittement de leur dette, ils sont filmés et les 50 portraits microscopiques sont fouillés pour qu'y soient détectées d'éventuelles inexactitudes.

• Les entreprises Johnson & Johnson et Accenture utilisent un organe consultatif issu de l'Intelligence Artificielle pour recruter les meilleurs candidats.

• Vodafone recourt à l'Intelligence Artificielle pour prévoir l'apparition de problèmes avec les téléphones portables de ses clients.

• Des entreprises, dans tous les domaines, utilisent l'Intelligence Artificielle pour se protéger des hackers et autres dangers.

• La société française Leroy-Merlin utilise des algorithmes pour ses commandes et des informations sur ses ventes précédentes, telles que les prévisions météorologiques, afin de rationaliser son stock. Grâce à cela, l'entreprise a réduit ses stocks de 8 % et augmenté ses ventes de 2 %.

• L'Intelligence Artificielle produit un volume infini d'informations utilisées par les entreprises, ce qui réduit considérablement leur coût d'acquisition, n'étant plus obligées de faire appel à des statisticiens.

• On prévoit par ailleurs une importante réduction du coût des prévisions, plus fiables et plus accessibles à la plupart.

• Les robots ne sont plus seulement capables de lire, ils peuvent aussi parler, écouter, voir, sauter, se déplacer sur un sol irrégulier et reconnaître des

---

l'Europe du sud. V. Eleni Delivani (1991) *Tourism as an alternative engine of economic growth: the case of Greece; a Kaldorian approach.* PhD thesis, University of York.

658 *op. cit.*

659 GrAIt expectations (2018), dossier spécial, *The Economist*, 31 mars.

voix et des visages. Leur utilisation par de nombreuses entreprises a déjà considérablement réduit leur coût de fonctionnement et augmente leur rendement.

II - LES CAPACITÉS INCONNUES ET INCONTRÔLABLES DE L'INTELLIGENCE ARTIFICIELLE

1. Des dangers matériels

Les dangers liés à la capacité des robots de remplacer complètement le travail humain semblent bien pâles comparés aux possibilités qu'apporte l'Intelligence Artificielle et dont beaucoup sont déjà entrées dans nos vies. Ainsi, tout un pan obscur d'internet permet de « tirer avantage et d'accéder à des vulnérabilités du logiciel inconnues auparavant » et est proposé à la vente pour quelques milliers de dollars. On estime que la cyberguerre menée par les *hackers* fait perdre chaque année aux entreprises 400 milliards de dollars[660]. « Il est facile d'imaginer un scénario où des acteurs non étatiques – terroristes, milices, centres politiques – lancent une cyberattaque conçue pour sembler provenir du gouvernement d'un pays donné »[661]. Des dangers insoupçonnables, impossibles à anticiper mais qui peuvent tout de même être évités. Le milliardaire Elon Musk[662], fondateur de Spacex et Tesla, exprima ainsi ses craintes face à l'Intelligence Artificielle : « Avec l'Intelligence Artificielle, nous invoquons le Diable » et pour le philosophe Nick Bostrom, de l'université d'Oxford, « l'Intelligence Artificielle est plus dangereuse que les armes nucléaires ».

Il y a peu de temps de cela, les robots n'étaient capables que de faire des gestes relativement simples, programmés par l'homme, tels que saisir ou déplacer des objets qu'ils avaient vus précédemment. Maintenant, leur champ d'action est bien plus vaste, ils ont beaucoup progressé dans l'imitation de la voix et plus important encore, facteur de risques imprévisibles pour l'avenir, ils ont acquis la faculté d'apprendre les uns des autres[663], sans intervention humaine. En 2016, le directeur du Renseignement national, James R. Clapper, dans son rapport annuel sur la sécurité, tire la sonnette d'alarme à propos de l'Intelligence Artificielle. Les dangers des logiciels malveillants, appelés *Blackshades* et de plus en plus populaires, sont assez bien connus en raison de leur expansion sur l'internet. En outre, certains spécialistes de la sécurité informatique soutiennent que les cybercriminels utilisent l'Intelligence

---

[660] Eric Shmidt and Jaret Cohen (2017), « Cyberwars: We must prepare ourselves for the wars of the future », *The Economist*, 2 janvier.
[661] *Ibid.*
[662] Artificial Intelligence (2016), *op.cit.*
[663] Cade Metz, *op. cit.*

Artificielle depuis des années[664]. Les dangers avec les robots résident dans le fait que leur apprentissage suit une progression géométrique et rien n'exclut que leur intelligence dépasse un jour celle de l'homme. Un scénario hypothétique est que la planète soit occupée par des robots superintelligents qui décideront pour eux-mêmes, écartant les hommes ou même les exterminant[665]. Des scientifiques tels que Stephen Hawking et Elon Musk proposent des recherches pour éviter une telle évolution, pas si improbable que cela.

De même que l'intelligence humaine produit souvent des actes incompréhensibles, l'Intelligence Artificielle peut elle aussi causer des situations inattendues, inimaginables et constituant une menace pour l'homme. Surtout, comme c'est souvent déjà le cas, parce que les actions des robots dépassent les limites de l'enseignement humain. Mais cette dimension des robots signifie que l'homme n'est pas capable de les contrôler, ce dont il sera encore moins capable dans l'avenir. Des signes montrent déjà qu'ils ont une intelligence propre, différente et étrangère à celle de l'être humain et donc, il y a un danger réel à ce que la communication entre les humains et les robots devienne un jour impossible. Et en supposant que le type et l'étendue des connaissances des robots finissent par échapper à tout contrôle, il y aura un point critique où leurs actions aussi seront imprévisibles. De plus, si l'Intelligence Artificielle évolue plus rapidement que l'humaine, le scénario de l'assujettissement du genre humain par les robots peut, dans quelques années, ne plus appartenir à la sphère de la science-fiction.

Dans de multiples domaines les robots sont plus performants que l'homme, bien que ce soit grâce à lui, par l'apprentissage et l'itération, qu'ils ont pu y arriver. Quoi qu'il en soit, les robots mettent l'anthropocentrisme à l'épreuve lorsque leurs activités aboutissent à des résultats supérieurs, comme dans le domaine des jeux. En 1997, Garry Kasparov, le champion du monde d'échecs perdit un match contre un ordinateur d'IBM. Kasparov s'amusa de cette défaite, parlant de l' « intelligence barbare » de cette machine qui l'a vaincu. Lui, le champion du monde, a... perdu ! Le Dr Demis Hassabis[666], qui a vendu son entreprise à Google, obtenait un résultat jusqu'alors incroyable avec son propre logiciel, lorsqu'en mars 2016 à Séoul, le système AlphaGo gagna 4 à 1 au jeu de go contre le joueur professionnel coréen, Lee Sedol. Demis Hassabis et son équipe chez Google essayèrent dès lors de mettre au point une « Intelligence Artificielle générale », capable de trouver des solutions à toutes sortes de problèmes, afin qu'aucun logiciel spécifique ne soit plus

---

664 John Markoff (2016), « An artificial intelligence evolves, so does its criminal potential », *The International New York Times Edition*, 25 octobre.

665 *R.U.R.* (Rossum's Universal Robots), de Karel Čapek, 1920.

666 Artificial Intelligence (2016), dossier spécial, *op. cit.*

nécessaire[667]. Des logiciels d'Intelligence Artificielle sont utilisés quotidiennement par les plateformes Google, Facebook, Microsoft ou IBM soucieuses d'optimiser leurs services aux utilisateurs.

Il y a un autre domaine où l'Intelligence Artificielle devrait connaître un franc succès, et qui a déjà fait l'objet d'une étude par la RTB House[668]. Cette étude montre que l'Intelligence Artificielle peut reconnaître, apprendre des modèles et prévoir des comportements individuels de consommation mieux que les êtres humains. Pour démontrer que dans ce cas l'Intelligence Artificielle peut être plus performante que l'être humain, la société a effectué un test comparatif entre des bannières publicitaires élaborées par des personnes et d'autres créées par l'Intelligence Artificielle, et a ensuite analysé l'ensemble des données. L'étude tient compte de la façon dont les utilisateurs réagissent face à deux pancartes, la première, donc, faite par une personne et la deuxième issue d'algorithmes. La question était de savoir si l'intuition nuit au succès de la publicité en ligne et si l'Intelligence Artificielle peut donner de meilleurs résultats. Après une semaine de test, il s'est avéré que les campagnes publicitaires issues d'algorithmes donnaient de meilleurs résultats que les tentatives des humains. En effet, les clients potentiels peuvent être segmentés, des publicités ciblées peuvent être créées pour chacun d'eux et la variation de leur comportement peut être observée en quelques fractions de seconde.

Ce qui est terrifiant avec l'Intelligence Artificielle c'est que, en réalité, même les scientifiques qui y travaillent n'en connaissent pas le potentiel et, par voie de conséquence, n'en connaissent pas non plus les dangers potentiels. L'Intelligence Artificielle renferme d'obscurs secrets que personne ne peut détecter, et que Carlos Guestrin résume comme suit : « Nous n'avons pas réalisé tout le rêve, là où l'IA discute avec vous et peut expliquer »[669], ajoutant « Nous sommes loin d'avoir une IA vraiment interprétable »[670]. Une étude définit de façon simple mais satisfaisante « l'Intelligence Artificielle comme toute technologie capable d'accomplir une tâche comme le font les humains »[671]. À noter l'article de Will Knight où celui-ci évoque des expériences incroyables sur l'utilisation de l'Intelligence Artificielle dans des hôpitaux, significatives de l'incapacité de l'homme à comprendre la pensée des machines qu'il a lui-même créées. C'est ainsi qu'au Mount Sinai hospital de New York, une équipe de chercheurs a mis au point un logiciel appelé « Deep

---

667 *Ibid.*

668 Cette société internationale fournit des solutions sur mesure en utilisant une technologie de pointe.

669 Will Knight (2017) « The Dark Secret at the Heart of AI », *MIT Technology Review*, 11 avril.

670 *Ibid.*

671 Niraj Chokshi (2018), « Most Americans see A.I. as a threat to jobs (just not theirs) », *The International New York Times Edition*, 8 mars.

Patient ». Ce logiciel a été formé à partir des données d'environ 700 000 personnes et, sans qu'aucune instruction lui soit donnée, il a découvert des données cachées de l'hôpital qui établissaient quels patients étaient prédisposés à certaines maladies, notamment le cancer du foie. Mais ce qui n'a pas manqué de surprendre les programmateurs et qui n'avait pas été demandé au logiciel, est que celui-ci a anticipé des désordres psychiatriques que même des spécialistes peuvent difficilement établir. Autrement dit, il a montré quelles personnes avaient une prédisposition à la schizophrénie. Joel Dudley, le chef de l'équipe de chercheurs, fait le constat suivant : « Nous pouvons construire ces modèles, mais nous ne savons pas comment ils marchent ». Toujours dans le domaine infini et largement méconnu de l'Intelligence Artificielle, a été annoncée la création d'un algorithme capable de déterminer la date de notre mort. Pour des raisons évidentes, il serait préférable que cette faculté ne soit pas utilisée. Mieux attendre la mort comme un événement certain mais indéterminé dans le temps plutôt que de connaître le moment précis de sa venue.

À la fois fascinés et terrifiés, car les répercussions sont encore imprévisibles et la menace bien réelle, les chercheurs chinois et américains ont annoncé leur exploit. Alexa d'Amazon, Siri d'Apple et son Assistant, de Google, reçoivent directement des instructions que les humains ne peuvent pas entendre. Ces instructions peuvent être données via la radio, des chansons ou youtube. On peut aisément concevoir l'ampleur des dangers que cela implique, si cette méthode venait à tomber dans des mains malveillantes. Et l'on soupçonne que le mal est fait et qu'elle est déjà utilisée[672].

Les robots, si parfaits qu'ils ne diffèrent pas de l'être humain, posent un problème éthique, à savoir s'ils ont la faculté d'acquérir une conscience propre. Les philosophes et les scientifiques, non seulement n'excluent pas cette éventualité, mais la considèrent comme tout à fait envisageable, même s'ils n'ont pas encore trouvé le moyen de créer une conscience. Ces robots sont des machines qui auront la faculté de souffrir, d'aimer, de ressentir du plaisir, de désirer, d'être déçus, d'espérer. Or, sans disposition légale, ces machines dotées d'une conscience dépendront totalement de l'homme (si elles ne projettent pas de se révolter) dont il n'est pas du tout certain qu'il les traitera correctement, à juger la façon dont certains traitent les animaux par exemple.

Ceux qui ont peur des facultés futures des robots suivent deux tendances. Les premiers se focalisent sur les aspects obscurs des résultats souvent obtenus par les algorithmes, « la boîte noire » de leurs conséquences. Et, imaginant un avenir pas si lointain fait de désastres de type *Terminator*, ils demandent des mesures préventives. Ils ont probablement raison d'imaginer que les robots,

[672] Graig Smith (2018), « Alexa can hear the command, you can't », *The International New York Times Edition*, 12-13 mai.

qui déjà communiquent entre eux et obtiennent souvent des résultats inattendus qui ne leur ont pas été demandés, décideront un jour de s'élever contre leurs créateurs. C'est un scénario que l'on aurait tort d'exclure, étant donné que, comme cela a été vu plus haut, même les spécialistes qui conçoivent les logiciels des robots avouent ne pas savoir où et comment cela se terminera. Et naturellement, les dangers se multiplient au rythme du perfectionnement constant et de l'avancée rapide de ces logiciels. Il est néanmoins peu probable que les robots se soulèvent d'eux-mêmes contre les hommes, mais ce qui est plus probable c'est qu'ils soient utilisés par des terroristes, des criminels ou même des dictateurs, et qu'ils mettent ainsi l'humanité en danger. On ne peut exclure non plus l'éventualité d'une guerre avec des robots, dont les conséquences sont imprévisibles et terrifiantes. Par conséquent, je pense que l'autre tendance suivie par les robot-sceptiques est plus fondée et je souscrirais à « l'appel » de Stephen Hawking, Max Tegmark et Elon Musk qui demandent l'interdiction de l'Intelligence Artificielle à des fins militaires. Car, comme l'affirment les robot-sceptiques, « il sera beaucoup plus facile de réaffecter une machine d'Intelligence Artificielle à des fins destructives que de réaffecter un réacteur nucléaire »[673]. Or, je crains que cet « appel », pourtant signé par de nombreux scientifiques respectables, ne suffira pas à éviter la catastrophe.

Selon les prévisions d'Elon Musk, l'évolution de l'Intelligence Artificielle deviendra une menace pour l'homme dès 2024 et en 2060, un million de personnes auront élu domicile sur Mars.

« Les machines nous dépassent et se substituent à nous ». Gageons, pour citer Yuval Noah Harari, auteur israélien d'*Homo Deus*[674] – l'évangile du futur –, qu'elles finiront par nous assujettir.

L'Occident a peur que la Chine qui devrait notamment primer dans le secteur de l'Intelligence Artificielle dès 2030, n'essaie d'utiliser les découvertes et de les exploiter pour surveiller ses citoyens. Notons que l'Occident aussi est loin d'être innocent en la matière. La seule différence est qu'en Occident la surveillance est moins obscure qu'en Chine, quoique pas toujours, mais lorsqu'un abus est découvert, il est rarement suivi de sanctions. Et plus précisément, le fait que les conditions de sécurité relatives à l'utilisation des données confidentielles n'ont pas été signées risque fort de s'avérer dangereux même pour le monde, autre que la Chine. Un autre domaine de l'Intelligence Artificielle, à juste titre effrayant, est que dans l'avenir, elle

---

673 Nach Musgrave and Bryan W. Roberts (2015), « Humans, not robots, are the real reason artificial intelligence is », *The Atlantic*, 14 août.

674 674 Pour en savoir plus, se reporter au *Πρώτο Θέμα της Κυριακής* [Proto thema tis kyriakis], 25 mars 2018.

pourra se combiner à des *fake news*[675] qu'il sera impossible de distinguer des vraies.

2. Intelligence Artificielle et démocratie

Au-delà des dangers imprévisibles qu'implique la généralisation de l'utilisation des robots, il reste un chapitre important qui n'a pas été abordé et auquel l'Occident, du moins en théorie, semble beaucoup s'intéresser, à savoir celui de l'impact de la robotique sur la démocratie. En effet, « le capitalisme et la démocratie reposent sur deux hypothèses sous-jacentes communes : si les individus informés agissant de manière rationnelle peuvent exprimer leur libre volonté, leurs choix individuels se combinent pour produire le meilleur résultat possible pour la société dans son ensemble. Les deux systèmes dépendent donc de deux conditions : les personnes doivent avoir accès à l'information et avoir le pouvoir de choisir par eux-mêmes »[676]. Or, la technologie de la robotique menace de supprimer ces deux conditions. Et c'est déjà souvent le cas[677]. Ainsi, Google – et pas seulement – prépare les choix des consommateurs, collectant des masses de données personnelles et transmettant ces informations aux entreprises intéressées. Dans l'avenir, les expressions du visage des consommateurs soumis à des informations et stimuli donnés seront exploitées au moyen des nouvelles technologies.

Un projet, qui pourrait aisément être qualifié de satanique et qui est déjà en place dans des algorithmes sous une forme encore simple, envisage de fusionner le cerveau humain avec l'Intelligence Artificielle.

III - PROPOSITIONS POUR LUTTER CONTRE LA MENACE DES NOUVELLES TECHNOLOGIES SUR LE CHÔMAGE

Il est temps de dépasser pour un peu notre peur des nouvelles technologies en général et de la robotique en particulier, et d'essayer d'examiner depuis le début, sans se laisser envahir par le scepticisme ambiant, comment le problème se pose exactement, comment se présentent les menaces contre le travail humain et lesquelles sont les plus susceptibles de se réaliser, alors que quantité d'autres sont déjà une réalité. Il est un fait qu'une part considérable du travail, et pas seulement le travail répétitif, pourra très bientôt être effectué par des robots formés pour cela. Et il semble aussi que presque toutes les tâches nécessitant une des facultés spécifiques, y compris les tâches profondément scientifiques, seront un jour réalisées par des robots, pour un résultat plus satisfaisant que si elles étaient accomplies par des humains.

---

[675] Fausses informations.

[676] Illah Reza Nourbakhsh (2015), « The coming Robot Dystopia », *Foreign Affairs*, juillet/août, p. 26.

[677] *Ibid.*

Le travail humain devient presque obsolète, excepté celui qui concernera la formation des robots et orientera leur apprentissage. Quelle tournure prendra la panique face au travail des robots ? « Nous allons perdre notre travail, comment vivrons-nous ? », est la question angoissée qui vient à l'esprit. En fait, deux problèmes complètement distincts se posent, profondément liés à l'ère pré-robotique mais qui pourront se dissocier à l'ère robotique.

Dans l'économie pré-robotique, le travail humain, le capital et la terre (les trois facteurs de production), intervenaient dans la production de biens et de services. Jusqu'aux années 1980, une partie des richesses ainsi produites allait au travail, environ les deux tiers selon les hypothèses de la fonction de Cobb-Douglas, pour ensuite s'amenuiser en raison de l'explosion des inégalités issues de la mondialisation (v. Partie I, chap. 3, section I, A, 1). Les hommes, pour gagner un revenu leur permettant de vivre, étaient obligés de travailler. Le problème du chômage et du sous-emploi n'est pas nouveau pour l'économie mondiale et surtout pour l'Europe, au contraire même, il perdure sans que n'y soit trouvée aucune solution, ce qui aggrave naturellement les inégalités dans la répartition des revenus. Or, avec l'essor de la robotique à un point tel qu'elle remplace le travail humain, ce ne sont pas seulement les conditions de travail qui changent, mais tout est complètement bouleversé. Autrement dit, rien n'est plus stable comme avant l'ère robotique. Or, bien que ne faisant pas l'objet de réflexion, peut-être à cause de l'impression fausse que « nous avons encore du temps devant nous », que « les changements transversaux vont tarder à venir », que « des problèmes plus urgents doivent d'abord être réglés », la nouvelle réalité est déjà proche et bouleverse les fondements de presque toute la science économique. Et il est pour le moins étonnant que ce problème, qui normalement devrait passer avant tous les autres, n'inquiète pas encore les syndicats de travailleurs, les partis de gauche, les sociologues et les économistes, les philosophes, les théologiens et tout le monde en général. Par contre, nous continuons à nous préoccuper, surtout en Grèce, de limiter le pillage du pays par ses créanciers, lesquels ne semblent pas non plus se rendre compte que la question du remboursement de la dette grecque insoutenable sera bientôt éclipsée par d'autres problèmes autrement plus sérieux, qui sèmeront alors la panique, justement parce qu'ils n'auront pas été pris en charge à temps. Voici quelques-unes des questions toujours sans réponse :

• Qui bénéficiera de la part de productivité du travail des robots, étant donné que les robots ne sont ni un facteur « travail » ni un facteur « capital » (du moins traditionnel) ?

• Comment le produit fini sera-t-il distribué après la disparition des deux facteurs principaux de production, le « travail » et le « capital » ?

• À qui appartiendront les robots et comment, par qui sera régulée la quantité et la nature de leur production ?

• Quelle sera la relation des scientifiques entre eux (sachant qu'ils feront partie de cette minorité dont le travail sera indispensable), eux qui programmeront et superviseront le travail des robots ? Comment et par qui seront-ils rémunérés ?

• Quels genres de monopoles, contraires à la théorie économique en vigueur, seront créés, et sera-t-il possible de les éviter ?

Et puis, la question qui prime sur toutes les autres : comment la population survivra-t-elle, lorsque les emplois pour elle auront disparu ? Pour ma part, c'est ce problème qui demande une solution immédiate, maintenant que la robotique devient toute-puissante, et non ce qui adviendra lorsque le travail humain sera remplacé par les robots.

Cette question peut tout aussi bien être plus directe : Vivons-nous pour travailler ou travaillons-nous pour vivre ? Il va de soi que nous travaillons pour vivre. Par conséquent, si nous n'avons pas besoin de travailler pour vivre, le problème sera probablement davantage d'ordre psychologique que de survie même. En d'autres termes, il nous faudra organiser notre temps, libéré du travail nécessaire à notre survie, de façon constructive, collective et personnelle.

À l'ère robotique, on continuera naturellement de produire, et l'on estime que la productivité augmentera avec constance. Or, celle-ci sera assurée par les robots. Il est donc faux de considérer les robots comme nos rivaux (comme cela semble être le cas) et non comme nos serviteurs et nos esclaves grâce auxquels nous vivrons le paradis sur Terre. Nous pourrons voyager partout dans le monde, et bientôt dans l'espace. Nous pourrons développer toutes sortes de facultés. Nous pourrons nous promener avec nos enfants et leur consacrer plus de temps que jamais. Dans l'Antiquité, nos ancêtres, grâce aux esclaves, développèrent les arts et les lettres, comme peu de peuples purent le faire. Aujourd'hui, une opportunité unique nous est offerte, celle de posséder des esclaves et d'avoir la conscience en paix puisque ce ne sont pas des êtres humains. Alors, en fin de compte, quel est le problème avec les robots ? Quoi qu'il en soit, pas celui de la disparition du travail qui nous obsède. Il s'agit là d'un faux problème.

La peur suscitée par les nouvelles technologies, notamment la robotique, est théoriquement absurde. Car, si les facultés des robots leur permettent de se substituer au travail humain et si dans le même temps la production et la richesse des États augmentent, les hommes pourront vivre plus ou moins comme des rois, servis par des esclaves d'un genre spécial. Où est le problème, et pourquoi débat-on sur la disparition du travail ? *Les nouvelles technologies et les robots qui en font partie ne sont ni un facteur capital, ni un facteur travail. Ils sont l'évolution de l'humanité, ils appartiennent à l'humanité tout entière et non à quelques groupes.*

La substitution du travail humain par les robots assurera des profits considérables aux entreprises qui créeront l'Intelligence Artificielle, mais aussi à celles qui l'adopteront. Et dans le même temps, un chômage de masse sera généré.

Encore une fois, il est clair que la véritable question qui se pose avec les robots est celle de la répartition du revenu et des richesses, comme c'était d'ailleurs le cas dans le passé, et que le problème du chômage – qui précède la robotique – demeure. Plus précisément, le chômage, qui n'a pas été combattu avec efficacité ni même avec humanité, comme cela aurait dû être, c'est-à-dire par une baisse du nombre d'heures de travail obligatoires, est le signe annonciateur de la disparition du travail.

Trouver des moyens d'assurer à l'humanité, aux sociétés de demain une évolution favorable grâce aux nouvelles technologies est une question de vie ou de mort. Quoique le problème se présente sous un jour complexe et difficile, il est crucial de bien comprendre que *c'est nous, les êtres humains, qui décidons de l'évolution des choses, que les solutions existent et qu'elles sont simples, et que par conséquent, il est en notre pouvoir de ne pas faire de la planète un enfer.*

Commençons par le problème du chômage qui est plus ancien que la robotique, et notons qu'il pourrait être résolu d'une façon relativement simple si l'individualisme excessif, l'accumulation illimitée des richesses par une élite restreinte et la corruption effrénée à tous les niveaux n'avaient pas pris une telle ampleur. Je soutiens depuis des années que le chômage est en réalité un faux problème, et que le vrai problème réside dans la répartition des revenus[678]. Et ceci car le chômage est une conséquence de l'inégalité excessive dans la répartition des revenus et des richesses, et que 45 % du PIB mondial sont détenus par une élite de quelque 62 magnats.

Et pour continuer avec le chômage, rappelons que l'on a complètement oublié le fait que dans le passé, il fut combattu avec succès. En effet, le problème n'est pas nouveau, puisque, toutes proportions gardées, une situation similaire était apparue et avait été traitée au lendemain de la Deuxième Guerre mondiale, lorsque les femmes étaient arrivées massivement sur le marché du travail. Le problème du chômage avait alors été traité de la seule façon rationnelle possible à l'époque moderne : par une réduction drastique du nombre d'heures de travail hebdomadaire légal d'environ 35 %, alors, par rapport à l'avant-guerre.

---

[678] M. Negreponti-Delivani (1995) *Ανεργία - Ένα ψευδοπρόβλημα ;* [Chômage - Un faux problème], éd. Sakkoulas, Thessalonique.

Il est clair que ces changements dans le régime du travail, apparus à la fin du 20e et au début du 21e siècle, exigent une intervention de l'État plus grande et non le contraire, de sorte que le chômage ne puisse plus être utilisé pour créer des disparités toujours plus grandes et transformer le marché du travail en une jungle de plus en plus sauvage.

Pour que le 21e siècle soit vivable, il est primordial d'accepter et de comprendre sans plus tarder que l'amélioration du savoir humain est un héritage du passé et appartient à l'humanité tout entière. C'est pourquoi il est inadmissible qu'il soit monopolisé par le capital ou par un petit groupe d'innovateurs, pour la seule raison que, dans ce nouveau stade de développement que traverse l'humanité, aucune loi ni règle ne régissent la répartition des revenus. Il est donc nécessaire de parvenir au plein-emploi en réduisant résolument le temps de travail, comme ce fut le cas dans l'économie de l'après-guerre. En effet, en 1840, le travail hebdomadaire moyen était de l'ordre de 70-80 heures et du lendemain de la Deuxième Guerre mondiale à aujourd'hui, il était limité à environ 40 heures, voire moins. Il y avait le plein-emploi avant et après la réduction des heures de travail, tandis que la baisse la plus importante du temps de travail de l'après-guerre ne fut nullement un obstacle au progrès rapide des économies avancées, ce qui leur permit de connaître trente années glorieuses.

Il est absolument impératif qu'une décision courageuse de cette sorte soit prise maintenant afin d'éviter le pire déjà en gestation. Il faut que cette initiative soit prise à l'échelle mondiale, afin de protéger les économies qui viendraient à l'adopter d'une éventuelle dégradation de leur compétitivité. Et le temps de travail devrait être réduit jusqu'à ce que les parts du travail et du capital dans le PIB se rétablissent, comme cela prévaut dans la fonction de production Cobb-Douglas. Ces conditions du domaine du marché du travail seraient une garantie pour le maintien de l'équilibre macroéconomique et assureraient une demande effective suffisante pour les nouveaux produits et services, afin d'encourager la réalisation et l'adoption des innovations.

Les problèmes engendrés par la robotique devraient être réglés de la même façon que ceux engendrés par le chômage. C'est-à-dire qu'il faudrait suivre les bienfaits des robots et non s'engluer dans les problèmes qu'ils créent. Il serait criminel que les sociétés de demain tolèrent l'accumulation de richesses démesurées créées par les robots dans les mains d'une poignée d'individus pour la simple raison qu'ils en seraient les propriétaires ou qu'ils les manipuleraient. Cette richesse doit au contraire être redistribuée à la multitude qui sera au chômage, compte tenu du fait que l'humanité tout entière aura atteint un tel niveau qu'elle n'aura plus besoin de travailler ou très peu, car elle aura des « esclaves » pour la remplacer. Contrairement au capital dans le stade industriel, les robots proviennent d'idées qui sont le résultat de la longue évolution de l'humanité, et par conséquent, on ne peut concevoir qu'ils soient la propriété de quelques-uns, ceux qui auront pu accumuler des richesses au stade précédent du capitalisme et dont ils essaient d'étendre les normes fondamentales au nouveau. Dans le stade capitalistique de la pré-robotique, les richesses étaient associées aux inégalités et à la pauvreté, et dans le stade de la robotique, si aucune solution n'est trouvée, les richesses dans les mains d'une infime partie de l'humanité signifieront la mort pour la multitude.

La concurrence entre les entreprises ou les personnes n'aura aucune raison d'être puisque la richesse qui sera produite par le travail des robots suffira à l'ensemble de la population humaine, et il ne restera qu'à les distribuer de façon à ce que tout le monde vive sans problèmes. Pour parvenir à une situation harmonieuse dans le monde de la robotique, il faudra supprimer l'accumulation démesurée des richesses, qui n'aura plus de sens, étant donné que la création de richesses toujours plus grandes sera assurée sans le travail humain.

Le stade de la robotique, dont les effets mettront de toute évidence du temps à se généraliser, nécessitera plus que jamais une présence active de l'État. L'État devra étudier de nouveaux modes de répartition des richesses afin d'éviter les inégalités abyssales des périodes précédentes et assurer une vie décente à l'ensemble de la population. L'État devra également faire preuve d'imagination pour que les chômeurs de la robotique s'occupent de façon constructive, car comme le dit l'adage, « l'inaction est la mère de tous les maux »[679]. Et les sociétés humaines de demain auront toujours besoin de mains, même si les robots continuent de se perfectionner et se substituent partout à l'homme.

Mais à supposer que l'humanité ait l'intelligence de surmonter, dans le domaine purement économique, les problèmes suscités par la robotique, une autre question largement plus terrifiante demeure, à savoir : Quel sera l'impact de l'utilisation généralisée des robots sur la psychologie humaine ? Il se trouve qu'a été porté à mon attention un article intitulé « Verso una post-umanità »[680], qui ne s'intéresse pas directement à l'impact des robots sur notre vie mais qui l'inclut très certainement, dessinant un homme mécanique dépourvu d'âme et de sentiments, incapable d'aimer et dans l'impossibilité de communiquer avec le monde d'hier.

De toute évidence, stopper l'avancée des nouvelles technologies ne résoudra pas les problèmes des économies du 21e siècle, étant donné que leur application permet de nombreux résultats valables, synonymes de progrès. Cependant, comme l'expérience du chômage de masse, conséquence des

---

[679] Solon, 630-560 av. J.-C.

[680] Francesco Lamendola (2016), 13 novembre (http://www.accademianuovaitalia.it/index.php/esoterismo-e-focus/mistero-e-trascendenza/3859-verso-una-post-umanita).

innovations du passé, est pour le moins malheureuse, il faut absolument que des mesures en proportion du problème soient prises afin de minimiser les effets néfastes des nouvelles technologies. Outre la nécessité évidente de les adapter aux conditions spécifiques des différentes économies, surtout les économies émergentes, il convient également de souligner que les nouvelles technologies peuvent difficilement – ou ne peuvent pas – être utilisées dans un contexte d'austérité et encore moins dans un contexte de déflation. En effet, les nouvelles technologies constituent un facteur de croissance accélérée, ce qui nécessite une liquidité suffisante et une répartition des revenus meilleure et plus équitable, afin que soit assurée une demande suffisante des produits et services des nouveaux progrès techniques. L'austérité adoptée dans l'UE, sans date d'échéance, ne se prête pas à l'adoption et à la valorisation des nouvelles technologies.

Il faudra, en outre, adopter les nouvelles technologies avec modération et certainement pas tous azimuts. Des mesures qui autoriseraient l'économie à utiliser progressivement les nouvelles technologies et la protègeraient contre le risque d'effondrement devraient être la condition *sine qua non* à la politique économique qu'il serait bon de suivre.

À ce stade délicat du développement, l'intervention de l'État dans l'économie, dans le but de réduire les inégalités causées par les nouvelles technologies aura une importance capitale. Hormis la réduction drastique des heures de travail, qui est considérée comme la mesure la plus importante pour compenser les effets néfastes des nouvelles technologies, l'État devra procéder à un investissement important afin d'assurer une éducation de qualité au plus grand nombre, en lien avec les exigences des nouvelles technologies. Et puis, au lieu de restreindre l'État-providence comme cela se fait depuis longtemps en Europe, l'État devra veiller à ce qu'il y ait suffisamment d'hôpitaux offrant des soins gratuitement, mettre un frein aux privatisations – surtout des entreprises de service public d'intérêt général –, et intensifier les réformes structurelles, dans le domaine notamment de l'emploi, afin d'utiliser mieux et avec plus d'efficacité l'ensemble de la main-d'œuvre.

Le taux de chômage élevé, toléré dans les économies modernes, à quoi s'ajoute le refus effectif d'adopter la seule mesure susceptible de le combattre (qui est la réduction des heures de travail), sont la preuve irréfutable que l'humanité, malgré des progrès technologiques révolutionnaires, n'a malheureusement pas développé son sens moral.

L'autre aspect du chômage est le refus de partager la productivité croissante des nouvelles technologies avec le reste de l'humanité, qui lui reviennent de droit.

Conclusion

Nous tous, mais surtout nos petits-enfants, sommes voués à vivre dans un monde complètement différent de celui que nous connaissons. Que ce monde-là soit meilleur que le nôtre ou devienne un enfer sur Terre dépendra entièrement de nos décisions qui sont malheureusement imprévisibles. Et si ces décisions continuent de dépendre de la recherche du maximum de profit par tous les moyens, la vie sur Terre sera effectivement intenable. Espérons que grâce aux facilités qu'apportera la robotique à leur quotidien, les hommes se tournent enfin vers les valeurs essentielles de la vie.

Toutefois, au-delà de l'hypothèse d'un passage en douceur à ce nouveau monde qui s'annonce, un autre scénario est tapi dans l'ombre, celui d'une troisième guerre mondiale où l'arme nucléaire serait utilisée et qui risquerait fort de détruire la planète. Ce scénario ne peut malheureusement pas être exclu, d'autant plus qu'il est renforcé par l'attitude versatile de certains chefs d'État qui disposent d'armes de destruction massive. Jusqu'à récemment, c'est le dictateur Nord-coréen, Kim Jong Un, qui représentait le plus grave danger, ayant hérité d'une haine intarissable de l'Amérique. Cette haine, qui s'est transformée en peur que l'Amérique fasse disparaître la Corée du Nord, a conduit le pays, dès les années 1990, à mettre en place un programme nucléaire avec l'aide des scientifiques russes. Aujourd'hui, la Corée du Nord dispose de 2 500 à 5 000 tonnes d'armes chimiques et de 200 lanceurs de toutes sortes de missiles balistiques. C'est ce qui amena Terry Branstad, l'actuel ambassadeur américain en Chine, à déclarer à *Time* que d'après lui, « la Corée du Nord est aujourd'hui la plus grande menace pour l'humanité tout entière ». C'est la raison pour laquelle, selon des informations, le succès de la rencontre entre Donald Trump et Kim Jong Un pour lui arracher la promesse de détruire ses armes de destruction massive sont d'une importance historique. À condition bien entendu que cette promesse soit tenue. De l'autre côté, cependant, les chances d'unification des deux Corées dans la perspective de devenir les alliés des États-Unis augmentent, sans toutefois réduire le risque d'un conflit armé entre ces dernières et la Chine.

Si aucun conflit ne vient y faire obstacle, l'Intelligence Artificielle deviendra le terrain de jeu illimité de la Chine. La qualité de la vie sur Terre dépendra des dispositions que prendra alors la Chine pour affronter les nouveaux et nombreux problèmes de l'humanité. Les différences qui séparent l'Occident et la Chine, les choix de la Chine, les conséquences attendues de la renaissance de la route de la soie mais aussi l'efficacité de la gouvernance de ce pays immense, laissent espérer que le monde finira par sortir de l'impasse où il se trouve.

CONCLUSION GÉNÉRALE
LE NOUVEL ORDRE ÉCONOMIQUE INTERNATIONAL

« Pour que la démocratie fonctionne,
les hommes politiques doivent respecter
la différence entre un ennemi et un adversaire.
Un adversaire est quelqu'un que vous voulez battre.
Un ennemi est quelqu'un qu'il vous faut détruire. »

Michael Ignatieff
(théoricien politique et ancien président du Parti libéral du Canada)

L'Occident est entré dans une phase de déclin, et forcément avec lui son système entier. Ce constat n'est pas fondé sur le simple fait que les économies avancées sont embourbées dans une stagnation économique depuis une dizaine d'années. Il ne s'explique pas non plus par le fait que, malgré l'enthousiasme avec lequel l'Occident l'a accueillie, la croissance est somme toute assez faible, inférieure à celle d'avant la crise, et perceptible surtout dans les économies en développement et émergentes. En revanche, ce constat implacable s'inscrit dans un processus de démantèlement général, avec de nombreux indices décevants, des évolutions néfastes et des problèmes majeurs depuis longtemps impossibles à résoudre. Il est par ailleurs important de souligner que le déclin ne se manifeste pas seulement au niveau quantitatif mais aussi et surtout qualitatif.

L'évolution la plus déplorable, dangereuse et épouvantable est à n'en pas douter le fait que depuis assez longtemps l'Occident s'est concilié avec l'aggravation des inégalités maintenant profondes, qui privent une part importante de la société d'un emploi lui permettant une vie décente, qui n'offrent pas aux jeunes des conditions de vie meilleures que celles de leurs parents et la possibilité de fonder une famille. Les dirigeants se sont complètement éloignés de la mesure du bien-être, incompatible avec le fait qu'une poignée de privilégiés prospère tandis que la multitude périclite, avec la destruction des acquis sociaux et un marché du travail retournant à des temps obscurs, incompatible avec l'immigration de masse et le terrorisme, avec la détérioration climatique, et enfin, incompatible avec les promesses jamais tenues.

L'Occident ne peut malheureusement continuer dans cette voie qu'il suit depuis des décennies, car l'hypocrisie qu'il affiche dans chacune de ses décisions et actions a largement dépassé les limites du tolérable, vidant dangereusement de leur sens et de leur contenu des mots et expressions tels que démocratie, droits individuels, politiques de réduction de la pauvreté et des inégalités, préservation de la concurrence (parmi tant d'autres). L'Occident, et l'UE en particulier, ne peuvent plus se présenter comme les dépositaires des valeurs essentielles de la vie, dès lors que leurs propres initiatives ont fait réapparaître la servitude pour dettes en Europe[681], ce qui a notamment pour effet de jeter à la rue des familles trop pauvres pour rembourser leurs emprunts[682]. L'Occident a malheureusement signé son arrêt de mort dès l'instant où l'argent et le gain – qui n'étaient qu'un moyen d'améliorer la vie – ont été déifiés, éclipsant toutes les autres valeurs essentielles de l'existence humaine. L'Occident, et l'UE en particulier, ont malheureusement opté pour leur autodestruction, adoptant un modèle d'économie en récession permanente qui réduit la part des salaires dans le PIB en faveur des profits, maintenant ainsi un niveau élevé de sous-emploi.

Dans la conclusion du présent livre, je vais essayer de donner une réponse à deux sujets d'une importance cruciale, qui ne sont pas fondamentalement distincts mais relèvent tous deux du problème de la fin de la domination économique de l'Occident.

Le premier de ces deux problèmes est la fin de la croissance dans les économies avancées. Dans ce livre ont été avancés des indices et des faits qui prédisent la fin de la croissance. Or, bien qu'étant convaincue que la théorie d'Alvin Hansen soit déjà largement avérée, je me suis gardée de me positionner clairement en sa faveur. Arrivée à la conclusion, je me permets de le faire.

Commençons avec *l'arrivée de la stagnation économique permanente* : en 2017, le retour de la croissance a été salué avec un enthousiasme certain mais une confiance modérée quant à sa poursuite et à son avenir. Aux États-Unis, en Europe et dans toutes les grandes économies, la reprise était là et

[681] Qui avait été abolie par Solon.
[682] Mis aux enchères en Espagne et en Grèce, avec les conséquences tragiques que l'on imagine.

l'optimisme régnait, éloignant les craintes de voir s'installer le stade de la *stagnation séculaire*.

Or, il semble que de lourds nuages n'ont jamais cessé de s'accumuler au-dessus de ce stade indésirable du capitalisme de maturité, dont Alvin Hansen prévoyait l'arrivée dès les années 1930, récemment confirmée par Lawrence Summers et son équipe de chercheurs. Les signes sont « discrets » et très préoccupants mais n'inquiètent pas assez, du moins pour le moment, ceux qui se contentent d'un contrôle facile et se veulent rassurants, car en apparence tout va bien.

Ainsi, même si la croissance donne globalement l'impression d'être revenue, il n'est pas du tout certain qu'elle soit viable, tandis que de nombreuses statistiques montrent un manque de dynamisme sur les marchés des économies avancées, sur le marché américain plus qu'ailleurs[683]. En dépit du recul du sous-emploi, le pourcentage d'adultes ayant un emploi est inférieur à celui de la fin du 20e siècle et la productivité, au cours de la dernière décennie, est à son niveau le plus bas depuis la fin de la Deuxième Guerre mondiale. On constate une forte baisse chronique du nombre de nouvelles entreprises, égal ou inférieur à celles qui ferment, comme on peut le voir dans le graphique 10 ci-dessous.

Graphique 10. Nouvelles entreprises en tant que part de l'ensemble des entreprises (dans certains pays de l'OCDE)

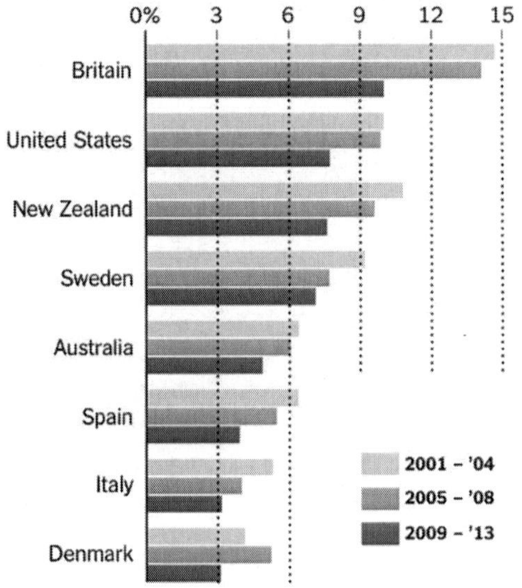

[683] Eduardo Porter (2018), « Loss of dynamism in impeding growth », *The International New York Times Edition*, 8 février.

Source : Brooking Institution, « How Declining Dynamism Affects Wages » par Jay Shambaugh, Ryan Nunn et Patrick Liu : Organization for Cooperation and Development.

On constate également une incapacité chronique, dans les économies avancées, à soutenir la création de nouvelles entreprises, dont l'effet direct est le gel des salaires dans l'industrie. En effet, le niveau de revenu d'une famille-type américaine est plus ou moins le même qu'en 1980. Cette stagnation des salaires met indiscutablement en cause l'existence de la croissance économique et affermit la théorie de la *stagnation séculaire* qui semble s'être silencieusement installée dans les économies avancées depuis 1980. Les idées nouvelles sont plus rares et les nouvelles entreprises ne suffisent plus à compenser les plus anciennes qui ferment. Selon les résultats de recherches sur ce sujet, la baisse du nombre de nouvelles entreprises, depuis 1980, est due à la baisse de productivité de 3,1 %[684]. Bien qu'il soit difficile de juger du bien-fondé d'un sujet si controversé et si difficile à démontrer, je pense que les preuves sont suffisantes pour admettre la justesse de la théorie d'Alvin Hansen.

Et puis, même si les marchés boursiers ne sont pas l'économie et réagissent toujours à différents stimuli qui influencent leur évolution, il convient néanmoins d'y ajouter les fluctuations très inquiétantes affichées par les instituts boursiers internationaux le 6 février 2018 (v. graphique 7). Ces fluctuations ont mis fin à la conviction des dernières années selon laquelle la stabilité est assurée par les marchés boursiers des économies avancées.

Un autre danger, parti des États-Unis, menace la reprise : la peur de l'inflation[685]. L'inflation, même en restant inférieure à 2 % et malgré la reprise économique, entraînera très certainement une hausse du taux d'intérêt. Toutes les économies avancées occidentales sont concernées. Rappelons à ce propos que, malgré les efforts faits en 2017 pour l'augmenter, en renforçant considérablement la liquidité – à coup de mesures pas toujours orthodoxes –, l'inflation restait inférieure au niveau escompté qui était de 2 %. Selon la théorie de la *stagnation séculaire*, l'inflation d'équilibre (V. Chap. 1, Partie I) est estimée à 4 %, pour un taux d'intérêt égal ou inférieur à zéro. Ainsi, même si l'aversion pour l'inflation semble actuellement, au début de 2018, parfaitement infondée, les mesures évoquées ralentiront la croissance et confirmeront l'installation en Occident de la *stagnation séculaire*.

---

[684] *Ibid.*

[685] Cette fois encore je perçois le risque que ne lui soit accordé un poids exagéré et que, par conséquent, des mesures inadéquates ne soient prises, qui limiteront la reprise économique.

La deuxième grande question (qui relève en fait de la précédente), permet une conclusion plus simple. Sauf événement imprévu, y compris une troisième guerre mondiale évidemment peu souhaitable, la souveraineté de l'Occident est arrivée à son terme et comme tout le montre, une nouvelle culture va très bientôt prendre la place de la nôtre. Pour compléter l'analyse de ce problème qui prévaut sur toutes les analyses partielles, on tentera, dans la deuxième partie de la conclusion, de comprendre à quoi ressembleront les institutions et les cosmothéories qui constituaient le socle de la culture occidentale.

Dans ce livre, un certain nombre de questions clés ont été soulevées, dont l'issue dépendra, dans les prochaines années, du cours de l'économie mondiale, de la qualité de vie des habitants de notre planète largement déterminée par le choix et le mode de mise en œuvre des cosmothéories de base, de la portée de la démocratie, du degré de liberté des citoyens du monde et de son contenu, de la sécurité et de la paix, mais aussi depuis quelques années, croit-on, de notre capacité à influer sur l'évolution climatique.

Répondre à ces questions portant sur l'avenir, un avenir obscur, chargé d'incertitudes et de menaces multiples, est, de fait, une tâche des plus difficiles. Néanmoins, comme toute étude se termine habituellement sur une anticipation, nous allons nous y attacher, en nous appuyant sur plusieurs hypothèses ou scénarios. Les questions choisies – car selon moi elles sont particulièrement cruciales pour l'avenir – sont les suivantes :

1. Qu'adviendra-t-il de la mondialisation, de l'UE et de la guerre commerciale ?

Commençons par la mondialisation car sa fin, comme cela a été analysé à plusieurs endroits de cette étude, est déterminante pour un certain nombre de facteurs, aussi bien en matière de quantité que de qualité. On observe globalement une diminution de son étendue qui fait émerger à la fois le protectionnisme et une autre forme de mondialisation. Le mot d'ordre du protectionnisme, sans que l'on puisse encore en prévoir la portée, est donné par les États-Unis. Le président Donald Trump a dévoilé, avec prudence dans un premier temps, ses intentions concernant l'avenir du commerce international, même à Davos, en 2018, où tout le monde était littéralement suspendu à ses lèvres. L'inquiétude ambiante était manifeste et parfaitement compréhensible. Le président américain, qui laisse habituellement entendre que chacun de ses pas et chacune de ses décisions servent son intention première qui est d'imposer au reste du monde sa doctrinaire « Amérique d'abord », n'a toutefois pas vraiment précisé de quelle façon il procèderait. Excepté le fait que lors du Davos 2018, Gary D. Cohn se soit efforcé de calmer les inquiétudes des personnes présentes, déclarant que « L'Amérique d'abord » ne signifie pas « L'Amérique seulement »[686], il n'a pas précisé si le président

[686] Ana Swanson, Jim Tankersley (2018), « Trade pacts move ahead as U.S. goes its

américain avait l'intention de laisser vacant le siège du leadership mondial, au risque de se faire prendre la place par une autre puissance. En revanche, ce que l'on observe, c'est que Donald Trump cherche à réexaminer les relations des États-Unis avec tous les pays du monde et à en réorienter le contenu. Et cela car il croit que l'Amérique a été exploitée par l'Europe (l'Allemagne surtout), par la plupart des organisations internationales et par les accords commerciaux. C'est ainsi qu'il a décidé soit de les quitter, soit d'en exiger des termes plus intéressants. L'Amérique s'étant retirée du TTP[687], déjà signé par 12 pays, celui-ci va probablement perdre sa raison d'être, sauf s'il est modifié de façon substantielle. Rappelons à cet égard que son contenu et ses objectifs avaient déjà été sévèrement critiqués car cet accord, en cas de conflit, servait les intérêts de multinationales au détriment des gouvernements nationaux, mais aussi parce qu'il menaçait de faire disparaître des emplois en Amérique. Dans le même temps, « L'Amérique d'abord » comprend aussi, le cas échéant, la signature d'accords sur des droits douaniers, de sorte que le système qui prévaudra sera mixte, à savoir une mondialisation de moindre envergure combinée à un certain degré de protectionnisme. Comme je l'ai toujours soutenu dans mes livres et articles, l'ouverture obligatoire des marchés sous le régime de la mondialisation absolue était dangereuse et ne pouvait qu'avoir des résultats négatifs, car il était impossible pour les économies, surtout celles en développement, de gérer leurs propres spécificités. Ces pays étaient obligés d'ouvrir leurs marchés, même si cela se faisait au préjudice de leurs perspectives de croissance, et s'ils ne le faisaient pas, ils se voyaient souvent refuser une aide absolument nécessaire. Une perspective semble toutefois s'ouvrir à ces pays qui peuvent désormais choisir la proportion de libre-échange et de protectionnisme qu'ils jugent la plus appropriée. Je crois que ce régime d'échanges internationaux aura des résultats moins mauvais que le système qui a prévalu ces quelque cinquante dernières années. Et concernant la Grèce en particulier, une telle combinaison serait on ne peut plus adaptée pour relancer sa croissance, à condition qu'il lui soit permis d'instaurer des droits de douane à l'importation de biens de luxe et demi-luxe, en vue de remplacer les importations, lorsqu'elle le jugerait possible[688]. Dans le même temps, avec le recul de la mondialisation de type occidental, ont également été annoncés, lors du Davos 2018, la perspective globale de la venue de la mondialisation chinoise par la nouvelle route de la soie et la création de la Banque asiatique d'investissement pour concurrencer la Banque mondiale.

La poursuite de la mondialisation, même de moindre envergure, nécessite d'être coordonnée par le président américain. Certains signes récents laissent

---

own way », *The International New York Times Edition*, 26 janvier.

[687] Accord de partenariat transpacifique.

[688] Et à condition qu'elle se libère des griffes des mémorandums et de leurs ramifications.

entendre que deux tendances coexistent dans « L'Amérique d'abord » de Donald Trump : il souhaite d'une part maintenir la souveraineté mondiale de l'Amérique, mais de l'autre, certaines de ses actions peuvent être interprétées comme de l'indifférence. Certes, le brouillard est épais, mais une chose est certaine : *le champ de la mondialisation se réduit et rien ne sera plus comme avant.*

Depuis le 3 avril 2018, le doute sur l'avenir de la mondialisation s'est cependant installé et les espoirs de la sauver s'amenuisent gravement, car Donald Trump, fidèle à ses promesses de campagne, a annoncé sa décision d'imposer des droits de douane de 25 % sur les importations d'acier aux États-Unis et de 10 % sur les importations d'aluminium. Cette décision signe la fin de la mondialisation, du moins dans les termes et l'ampleur qu'elle avait jusqu'à maintenant. Elle est en passe d'être remplacée par un système mixte dont le dosage et les détails seront progressivement définis selon les préférences d'abord, des deux superpuissances, et ensuite de toutes les autres économies du monde.

Bien qu'il soit difficile de fixer avec certitude les objectifs de cette guerre, notamment parce que le paysage est extrêmement changeant, il est clair que pour Donald Trump, c'est la Chine qui a engagé les hostilités : « Nous ne sommes pas en guerre commerciale avec la Chine. Cette guerre a été perdue il y a des années par les personnes, insensées ou incompétentes, qui représentaient les États-Unis. Maintenant, nous avons un déficit commercial de 500 milliards de dollars, à quoi il faut ajouter le vol de propriété intellectuelle pour 300 milliards. Nous ne pouvons pas permettre que cela continue ! »[689]. Et il exige de la Chine qu'elle réduise de 100 milliards de dollars son excédent commercial avec les États-Unis, qui était estimé à 375 milliards de dollars en 2017.

Visiblement terrifiée et impuissante, l'UE a annoncé son intention de riposter, par la bouche de Jean-Claude Juncker, en instaurant des droits de douane sur les importations américaines, qui concerneraient surtout les produits agricoles à hauteur de 2,8 milliards d'euros, mais aussi les importations de jeans, de whisky et de Harley-Davidson. L'UE a le droit, selon la règlementation de 1944, de mettre en place des taxes directes mais provisoires si un État membre est inondé par des importations et ses producteurs menacés de « sérieux dommages ». Prévisibles, les menaces proférées par Jean-Claude Juncker vont immanquablement déclencher une tempête, étant donné que le protectionnisme va s'étendre au monde entier et réduire ainsi la portée de la mondialisation. Un autre scénario possible serait que les deux superpuissances s'accordent à réguler leurs échanges, laissant

---

[689] Arnaud Leparmentier (2018), « Conflit commercial avec la Chine : interrogations sur les buts de guerre américains », *Le Monde-Économie*, 5 avril.

l'UE en dehors. Il fallait naturellement s'attendre à ce que la Chine, s'étant attirée les foudres de Donald Trump, riposte et s'engage dans la guerre commerciale. En effet, elle menace les États-Unis d'imposer des droits de douane sur deux de leurs produits-phares, le soja pour une valeur de 12,4 milliards de dollars et les avions Boeing, mais aussi une centaine d'autres produits tels que les fruits, le vin, la viande de porc, pour une valeur totale de 3 milliards de dollars. On estime à 2 % de l'ensemble les exportations américaines qui seront ainsi touchées. La Chine n'a pas peur d'une guerre commerciale, comme le déclare son ministre du Commerce : « Nous sommes confiants et capables de relever tous les défis et espérons que les États-Unis s'arrêteront au bord du précipice, qu'ils prendront des décisions prudentes et éviteront d'entraîner les relations commerciales bilatérales sur un terrain dangereux »[690]. Même si, à première vue, une guerre commerciale devrait être plus préjudiciable à l'Amérique qu'à la Chine, le dirigeant chinois Xi Jinping se montre plus conciliant – du moins en apparence – que son homologue américain, peut-être parce qu'ayant dépassé certaines limites il veut se montrer disposé à satisfaire certaines des exigences de Donald Trump. C'est ainsi qu'il consent, entre autres, à ouvrir les banques chinoises, l'industrie automobile et le secteur industriel à l'étranger, sans garantir toutefois qu'il tiendra ses promesses ni dans combien de temps. Et puis, Xi Jinping veut rassurer sur ses intentions, déclarant notamment que la guerre froide est dommageable pour tout le monde et que la décision de travailler pacifiquement ensemble profitera[691] à toutes les parties contractantes[692].

Cependant, la Chine a déjà pris des dispositions pour contourner une partie des droits de douane instaurés par les États-Unis sur ses produits. C'est ainsi que les cargos transportant des produits chinois en direction des États-Unis font un détour par la Malaisie (et ailleurs, le cas échéant), ce qui leur fait parcourir 4 600 miles de plus mais exempte la Chine des droits de douane américains, car ainsi ses produits semblent provenir d'un autre pays[693]. Dans le même temps, l'idée d'un boycott des produits américains se répand de toute part en Chine, et s'il est adopté par le Parti et le gouvernement, ce procédé risque fort de donner de très bons résultats. Ce serait un coup dur pour les États-Unis, étant donné que leurs produits sont destinés à 1,4 milliard de Chinois[694].

---

[690] Sui-Lee Wee, Keith Bradsher (2018), « Answer to tariffs by Beijing is restrained ». *The International New York Times Edition*, 26 mars.

[691] Alexandra Stevenson (2018), « China squeeze on business », *The International New York Times Edition*, 16 avril.

[692] Alexandra Stevenson (2018), « President Xi calling for dialogue rather than confrontation », *International New York Times*, 11 avril.

[693] Keith Bradsher (2018), « Dodging tariffs with a 4,000-mile detour », *The International New York Times Edition*, 24 avril.

[694] Sui-Lee Wee et Zhang Tiantian (2018), « A boycott of U.S. goods by China », *The*

Chaque jour les déclarations des deux dirigeants confirment que leurs avis sur l'avenir du libre-échange divergent. Le président américain s'en prend sans scrupules à la mondialisation et veut mettre en place des mesures de protection, prétextant l'attitude de la Chine qui a gravement approfondi le déficit commercial de son pays. Quant au dirigeant chinois, il semble être un fervent partisan de la mondialisation, insistant sur les conséquences qu'aurait une guerre commerciale et promettant d'ouvrir son pays au commerce international et de satisfaire les diverses demandes de Donald Trump. Toutefois, les invités présents à la conférence annuelle qui se déroula sur l'île chinoise de Boao à la mi-avril 2018, furent privés d'Internet, tandis que l'engagement de Xi Jinping qui avait promis « davantage de mondialisation » restait vague et sans date de début. Venant confirmer cette incertitude, des mesures ont été prises, limitant l'indépendance des entreprises étrangères établies sur le territoire chinois. Le Parti règne au sein de ces entreprises, il contrôle leurs actions et leurs décisions, et le gouvernement a déjà prévu de créer une nouvelle génération de concurrents chinois, qui les remplaceront bientôt. L'attitude des dirigeants des deux superpuissances renforce l'idée que *le monde ne pourra échapper à une guerre commerciale* et que la mondialisation recule, étant donné qu'en dépit des divergences apparentes, les résultats obtenus sont les mêmes.

Mais quel sera l'avenir de l'UE si la liberté de circulation des biens, des services et des personnes est fortement réduite, comme cela est prévu ? L'OMC a déjà été durement touchée par les États-Unis qui lui ont fait perdre de son importance avec l'introduction de droits de douane, lesquels tendent à se généraliser et à se transformer en une guerre commerciale. Il serait complètement naïf de croire que l'UE et la zone euro en sortiront indemnes. L'Europe sera néanmoins prise dans les échanges de tirs entre les deux superpuissances et il n'est pas déraisonnable de penser que l'UE et la zone euro risquent de se dissoudre, ayant entre autres à leur actif l'affaiblissement des économies du sud de l'Europe et la dévastation totale de la Grèce. Naturellement, rien n'exclut que la zone euro et l'UE résistent encore pour quelque temps, vivotent et continuent de lutter pour leur survie, sous la pression surtout des intérêts faramineux investis.

Concernant l'échec de la monnaie unique européenne[695] notamment, presque tous les partis populistes, dont le nombre ne cesse de croître, demandent des comptes tandis que plusieurs proposent même un recours au référendum pour en décider du sort.

International New York Times Edition, 25 avril.

[695] M. Negrepondi-Delivanis (2004), *Η τύχη του ευρώ, μετά την κηδεία του Συμφώνου Σταθερότητας* [Le sort de l'euro après l'enterrement du Pacte de stabilité], éd. Fondation Delivanis et Kornilia Sfakianaki, Thessalonique.

La plus grande menace qui pèse toutefois sur l'avenir de l'UE est l'antipathie patente du président américain à son égard, voyant apparemment d'un mauvais œil sa germanisation, à l'origine d'une partie importante du déficit commercial des États-Unis. L'antipathie du président américain s'étendant jusqu'au président français le conduit à ignorer – pour ne pas dire mépriser – les demandes que lui font les Européens, voire à y répondre par des décisions diamétralement opposées. En fait, il y a déjà un fossé visible entre l'Amérique et l'UE, que Donald Trump ne manque pas, dès que l'occasion se présente, de rappeler d'une manière ou d'une autre, tandis que l'UE persiste dans l'illusion qu'elle repose sur une alliance... qui n'existe plus. En effet, aucune politique commune ne soutient plus ce rêve. Ni le commerce, ni le climat, ni la politique migratoire.

Le début de la fin de la mondialisation et de l'UE coïncide avec les problèmes gouvernementaux que connaissent l'Allemagne et l'Italie qui devraient accélérer le processus. Emmanuel Macron, malgré son talent pourtant incontestable, ne pourra pas sauver l'Europe. Par contre, il se pourrait que la dissolution de l'UE et de la zone euro revitalise l'économie française et l'Europe dans son ensemble.

2. Comment le populisme va-t-il évoluer ?

À plusieurs reprises dans la présente analyse j'ai exprimé des réserves sur la manière abusive et dégradante dont sont taxés les « populistes » et qui émane du mécontentement de ceux qui sont affectés et menacés par leurs idées. Je vais maintenant tenter de prédire l'évolution du populisme[696]. Un article bref mais instructif de Dani Rodrik[697] donne la dimension de l'emploi erroné du mot « populisme ». Pour commencer, il fait remonter le populisme au 19e siècle, né des souffrances causées par la mondialisation d'alors. Puis, il affirme que Roosevelt était, en quelque sorte, un populiste qui combattit les ravages de la mondialisation d'alors au moyen du New Deal. Il critique ensuite le populisme du nouveau président américain et celui de certains dirigeants européens, affirmant que les mesures introduites et prises ne pourront pas corriger les ravages de la mondialisation. Plus précisément, au lieu d'incriminer les Mexicains et les importations de produits chinois censés voler le travail des Américains, et les immigrés censés concurrencer les travailleurs européens, Dani Rodrik soutient que le commerce international et intérieur doivent être envisagés sur de nouvelles bases de sorte que leurs règles favorisent le travail. Un populisme comme cela serait honnête, selon Dani Rodrik, réaliserait ses objectifs et ne porterait pas atteinte à la démocratie.

---

[696] Eduardo Porter (2018), « Is the populist revolt over ? Not if robots move in », *The International New York Times Edition*, 1er février.
[697] *op. cit.*, 2018.

Le populisme occidental fustige les partis politiques traditionnels et l'ordre établi, ce qui explique, premièrement, le fait que le taux de popularité des dirigeants démocratiquement élus dégringole tout de suite après leur élection, et deuxièmement, que leurs taux ne remontent pas avec le redressement de l'économie. Par contre, plusieurs chefs d'États considérés comme non démocratiques, tels que Vladimir Poutine, Viktor Orbán ou Recep Tayyip Erdoğan jouissent dans leur pays d'une grande popularité qui résiste au le temps. L'hypothèse selon laquelle la démocratie, trop souvent vidée de son contenu, a cessé d'émouvoir les électeurs occidentaux, n'est peut-être pas très loin de la vérité.

Il est certain qu'avec la domination de la Chine, le populisme occidental, qui est une réaction aux souffrances engendrées par la mondialisation et plus particulièrement à la destruction de l'emploi, à la baisse des salaires et aux inégalités de revenus, va peu à peu évoluer, vu qu'une partie de ses effets s'épuisera avec l'augmentation du niveau des salaires en Chine et avec la restriction des échanges commerciaux internationaux qui ralentira les pertes d'emploi en Occident. Il convient d'ajouter à cela la limitation attendue du flux migratoire vers l'Europe et l'Amérique consécutivement à l'opposition des populistes d'un côté comme de l'autre de l'Atlantique.

Revenons à l'influence et à la portée des « gouvernements populistes » qui ont envahi l'Europe, indépendamment du fait que celle-ci feigne de les ignorer, et qu'elle soit supposée continuer de dominer en tant que démocratie libérale. Or, l'Europe a perdu sa puissance, étant donné que la Grande-Bretagne l'a quittée et que l'Italie est dirigée par un gouvernement certes faible et instable, mais « populiste ». Que l'Autriche et la Finlande n'en sont pas loin. Quant à la région des Balkans, elle a été envahie par des gouvernements « populistes » dont l'objectif essentiel est d'affaiblir définitivement le régime de l'UE. *Alors, que reste-t-il exactement de cette puissante Union européenne d'autrefois et de sa monnaie forte, l'euro ?* Un rêve qui risque bientôt de laisser apparaître les ruines d'une tentative initialement extraordinaire. Cette tentative a été entachée surtout par le fait que le leadership européen a été implicitement dévolu à l'Allemagne. C'est le régime autocratique et l'attitude néocolonialiste de l'Allemagne à l'égard des pays du sud de l'Europe qui ont fait éclore le « populisme ».

Mais un nouvel ennemi se profile déjà à l'horizon, sur le point d'entrer sur le marché du travail et de détruire des millions d'emplois, pas dans 25 ans, comme prévu initialement par certains économistes optimistes, mais dans cinq ou six ans, comme le soutient Frank Levy du Massachusetts Institute of Technology (MIT). Et il est intéressant d'essayer de déterminer quel type de réactions seront provoquées par l'Intelligence Artificielle, si ces réactions ressembleront à ce que ce que l'on appelle le « populisme », et comment elles affecteront la scène politique dans les prochaines années. Comme indiqué au chapitre 3 de la Partie II, les conséquences attendues de la généralisation de l'Intelligence Artificielle sont infiniment plus terribles pour l'emploi que la mondialisation. Daron Acemoğlu, professeur au MIT, fait valoir à cet égard que les réactions contre l'Intelligence Artificielle ne seront pas aussi fortes que celle générées par la mondialisation, car les « coupables » ne seront plus des personnes, mais des machines. Ce point de vue ne tient cependant pas compte d'un risque probable – et tout à fait réaliste – d'augmentation du degré de monopole, dans le futur environnement économique de la robotique. Les personnes et les entreprises qui disposeront de robots dotés de facultés considérables sont les millionnaires de demain. Les disparités dans la répartition des revenus et de la richesse seront sans précédent. Sur quoi les futurs partis populistes s'appuieront-ils et quelles promesses pourront-ils faire aux électeurs face à une si mauvaise conjoncture ?

Tout d'abord, j'estime que la réduction des différences entre les partis politiques de gauche et de droite, déjà largement amorcée, se poursuivra malgré la recrudescence d'actes fascistes. Le contrôle des frontières continuera d'être au centre des préoccupations des deux parties qui se focaliseront davantage sur l'immigration incontrôlée que sur l'importation des biens, majoritairement produits par des robots. Mais ce à quoi les partis, de gauche ou de droite, devront prioritairement s'attacher, sera l'amélioration du sort de la multitude de chômeurs, et cela ne peut se faire sans une réduction draconienne de la durée du travail obligatoire.

3. Est-ce la démocratie qui prévaudra ou des régimes dits autocratiques ?[698]

Le monde occidental, jusqu'à récemment, autrement dit jusqu'à l'élection de Donald Trump, ne reconnaissait aucun autre système de gouvernance que la démocratie libérale, qu'il essayait par tous les moyens d'imposer au reste du monde, y compris par la guerre.

En effet, George W. Bush, pour justifier les interventions américaines en Irak, en Afghanistan etc., invoqua la nécessité de « démocratiser » ces pays. L'idée que la démocratie libérale et le capitalisme sont le seul système permettant de produire richesse et puissance a été renforcée par l'effondrement du bloc soviétique, qui était son seul adversaire.

Le changement que semble apporter le nouvel ordre économique mondial de Donald Trump est considérable, même s'il passe inaperçu. Autrement dit, bien qu'il ait été reproché au président américain d'utiliser sa devise « L'Amérique d'abord » pour signifier son indifférence face à la sécurité mondiale notamment, cette hypothèse s'avère erronée. Effectivement, à cet

---

[698] Daniel Deudney, G. John Ikenberry (2009), « The myth of the autocratic Revival », *Foreign Affairs*, janvier/février.

égard, très peu de choses semblent avoir changé, et l'Amérique continue d'être partout dans le monde où elle pense que sa présence est nécessaire. Et son président de déclarer : « les pays que nous défendons doivent assumer le coût de cette défense, sinon, les États-Unis doivent être prêts à les laisser se défendre eux-mêmes »[699]. Par contre, Donald Trump, comme tout le montre, a renoncé à l'hégémonie libérale des États-Unis, instaurée juste après la Deuxième Guerre mondiale. Il s'agit du droit – ou plus exactement du devoir – des États-Unis d'imposer la démocratie au reste du monde comme seul régime compatible avec le capitalisme. L'abandon de ce deuxième objectif fondamental de l'hégémonie libérale américaine modifie le mode de fonctionnement de l'Amérique, nécessairement toléré par le monde extérieur lui-même, qui a cessé d'être une « démocratie libérale » pour devenir une « hégémonie illibérale[700] », une « démocratie illibérale[701] » ou encore une « démocratie sans droits ». Ce changement a été jugé nécessaire car l'Amérique a connu plusieurs échecs dans ce domaine et, de plus, avec la montée dans le monde entier des partis dits *populistes*, d'autres encore sont à prévoir. Mais, outre ces échecs, avec la Chine, la Russie, la Pologne, la Hongrie, la Turquie, l'Autriche etc., qui ne sont pas des démocraties libérales, je tendrais à soutenir qu'il serait plutôt absurde que le président américain continue de l'imposer (même si elle était reconnue comme le meilleur régime) par tous les moyens sauf démocratiques ou par la guerre.

L'impossibilité d'imposer la démocratie à des pays qui ne le veulent pas apparaît au grand jour depuis l'essor économique de la Chine, qui a adhéré au capitalisme sans se défaire de son régime autoritaire, et depuis que son président a obtenu la possibilité de rester à vie au pouvoir. On constate que la Russie – et pas seulement – suit la même voie puisqu'en Europe aussi, ces derniers temps, des partis populistes et hybrides tendent à se développer. C'est donc la preuve que le capitalisme peut exister tout aussi bien avec la démocratie qu'avec des régimes autoritaires. C'est la preuve aussi que la démocratie, du moins celle aux normes occidentales, recule peu à peu, étant donné que ce système régit une part de plus en plus réduite de la population mondiale, et qu'il a cessé de respecter ses spécifications originelles, celles des Grecs anciens.

La question qui se pose ici est de savoir si cette coexistence est viable et donc en mesure de résister dans le temps, ou si les contrastes de cette combinaison la feront disparaître, faisant revenir le capitalisme avec une

---

[699] Barry N. Posen (2018), « The Rise of Illiberal Hegemony », *Foreign Affairs*, mars/avril.
[700] Selon la définition de Fareed Zakaria, grand spécialiste des affaires étrangères. V. Jan-Werner Muller (2018), « The trouble with illiberal democracy », *The International New York Times Edition*, 6 avril.
[701] *Ibid.*

démocratie libérale ou le socialisme. Les avis divergent sur ce point crucial concernant l'avenir de l'Occident et du monde. Ceux que je qualifierais d'optimistes soutiennent que les régimes autoritaires ne peuvent survivre que dans des économies pauvres, telles que la Chine, la Russie ou encore la Turquie, tandis que lorsque le revenu par tête augmente et que la classe moyenne gagne en puissance, leurs citoyens réclament le libéralisme politique. Les optimistes pensent qu'avec le temps, le capitalisme finira par éjecter le totalitarisme, mais qu'il n'est pas possible de déterminer par avance à quel moment exactement cela se produira. Ils pensent que le libéralisme politique ne pourra que se maintenir, en raison des contradictions et des dysfonctionnements du capitalisme lorsqu'il est combiné au totalitarisme, tels que la corruption, les inégalités de revenus, la désinformation, la restriction des libertés individuelles ou l'exploitation du pouvoir de l'État par la classe politique pour garder sa grandeur. Les optimistes sont tout de même contraints d'admettre que ces inconvénients et dysfonctionnements se retrouvent aussi dans le capitalisme combiné à démocratie libérale, mais ils préfèrent croire qu'avec le libéralisme, les conséquences négatives seront moindres. Or, même dans les économies occidentales, les inconvénients et dysfonctionnements s'aggravent et s'amplifient, comme cela a été analysé en plusieurs endroits de ce livre. Il est donc difficile – voire impossible – d'affirmer dans lequel de ces deux régimes les dysfonctionnements et les caractéristiques négatives sont les plus marqués. Mais il est tout aussi difficile de savoir si et dans quelle mesure les différences entre ces deux régimes se maintiendront et, s'ils se maintiennent, lequel des deux perdurera. Pour ma part, si la Chine et les économies connexes dotées d'un régime plus ou moins semblable entreprenaient de l'imposer à l'Occident, une fois acquise la domination du monde, elles ne rencontreraient aucune difficulté particulière, vu que le régime démocratique libéral occidental est en plein déclin.

Il convient de citer, à cet égard, quelques passages d'un article récent du célèbre journaliste Paul Craig Roberts[702] :

« Entre les dirigeants politiques occidentaux il n'y a pas le moindre soupçon d'intégrité ou d'honnêteté. La presse occidentale et la télévision sont si malhonnêtes et corrompues qu'elles ne peuvent s'améliorer. [...] La corruption en Occident s'étend aux spécialistes et aux experts, en plus des hommes politiques, du journalisme prostitué et d'un public semi-débile. [...] L'Union

[702] « Interity has vanished from the West ». C'est avec cet article qu'ont commencé à publier les rédacteurs de Zero Hedge (signés Tyler Durden), l'agence américaine de presse indépendante la plus populaire, le 27 mars 2018, lendemain de l'expulsion d'une centaine de diplomates russes (dont des dizaines « d'agents de renseignement ») de quelque 20 pays occidentaux, sur les conseils de Washington, selon les envoyés spéciaux des chaînes de télévision européennes ; l'article a été présenté par Mihaïl Stylianou le 28 mars 2018.

européenne est elle-même un complot contre la démocratie. La faculté de la propagande occidentale à se fabriquer des vertus inexistantes est la plus belle réussite de la technique des relations publiques de l'Histoire ».

L'un des principaux arguments de l'Occident convaincu qu'il parviendra à maintenir en place son régime politique malgré la domination planétaire de la Chine, est que dans le monde du 21e siècle, la puissance passe par la mondialisation et les organisations internationales, et que c'est lui, l'Occident, qui en a le contrôle[703]. Or, cet argument ne tient plus depuis le coup dur porté à la mondialisation par l'instauration du protectionnisme et les accusations de Donald Trump à l'encontre des organisations internationales et globalement de l'ordre économique international établi. Cet argument a également perdu beaucoup de son lustre initial en raison de la montée du populisme, lequel exprime la colère des populations et s'oppose à la mondialisation et au système occidental en général. Et puis, il n'est pas du tout certain que la Chine utilise les mêmes moyens que l'Occident pour imposer au monde son propre système politique. Par contre, il est bien plus probable, au vu de ses inclinations philosophiques et de ses convictions politiques, qu'elle cherche à convaincre d'autres puissances (ce qu'elle a déjà entrepris) de sa supériorité politique. Et enfin, il convient de souligner que ce sont la mondialisation et les inégalités tous azimuts qu'elle a générées qui ont mis à mal la démocratie.

Toutefois, comme il vient d'être dit plus haut, des régimes autoritaires[704] se sont créés et ambitionnent de s'étendre dans l'UE, au-delà des frontières de l'Europe de l'Est et dans ses économies pauvres qui, comme certains le croient, finiront peut-être par se tourner vers la démocratie libérale dès lors qu'elles se seront davantage développées. Citons d'abord la Hongrie[705] et son premier ministre, Viktor Orbán, au pouvoir depuis huit ans et réélu triomphalement pour un quatrième mandat en avril 2018 (Premier ministre de 1998 à 2002, puis en 2010), et puis, la Pologne dont le Premier ministre est Jaroslaw Kaczyński, ces deux cas n'étant pas uniques. Leur existence et leurs choix politiques horripilent l'Occident et surtout l'UE qui n'a de cesse de les traiter de populistes, qualificatif vide de sens comme je l'ai déjà signalé dans ce livre, et qui ne fait que trahir son malaise. Viktor Orbán, notamment en tant qu'ennemi déclaré des immigrés et des sans-abris, est montré du doigt par l'UE. Il est celui qui a affirmé son « indépendance » à l'égard de la politique imposée par l'UE et à qui le président polonais du parti Droit et Justice déclara : « La Hongrie nous montre le chemin... Merci ! ». Viktor Orbán est aussi celui qui est approuvé par plus de 50 % de ses compatriotes, et celui dont les choix

---

[703] *Ibid.*

[704] C'est en tant que tels que sont reconnus les régimes de parti unique, qui par ailleurs ne sont pas forcément totalitaires.

[705] Patrick Kingsley (2018), « Model for would-be autocrats », *The International New York Times Edition*, 12 février.

servent d'exemple à des pays d'Europe centrale et de l'Est. Lorsqu'il déclare « La Hongrie d'abord »[706], la référence au président américain ne fait évidemment aucun doute. Et puis, on ne peut bien entendu ignorer le président russe Vladimir Poutine, systématiquement fustigé par l'Occident, souvent arbitrairement accusé de crimes[707] et qui a été récemment réélu à 77 %. Pourtant, malgré ce taux incroyablement élevé, l'Occident le qualifie d'autoritaire, de dictateur, d'antidémocrate. Mais, si 77 % des électeurs le trouvent exceptionnel au point de voter et de voter encore pour lui, que trouvent à redire les opinions contraires hors de Russie ?

Les Occidentaux (à l'exception des États-Unis depuis l'élection de leur nouveau président) invoquent le viol de la démocratie par Viktor Orbán et ses admirateurs. Il s'agit là d'un débat dont on pourrait faire un livre entier sans nécessairement en épuiser le sujet. Mon intention n'est pas de défendre Viktor Orbán ou tout autre potentat qui suit son exemple. Je tâche simplement d'être aussi objective que possible. Je tâche, sans être jamais certaine d'y parvenir, de percevoir ce qu'il y a derrière l'apparence des événements. Et je ne pense pas que le seul fait d'invoquer la démocratie, sachant qu'elle se satisfait très facilement des conséquences *a priori* incompatibles avec elle, suffise à calmer nos inquiétudes. J'ai de plus en plus la conviction que la démocratie est invoquée pour faire diversion face aux indicibles crimes commis chaque jour en son nom. En somme, je crois que le simple fait de mentionner la démocratie rassure, apporte des garanties qui n'incitent pas à s'enquérir de solutions à des problèmes difficiles pouvant parfois mener à des situations monstrueuses. Des situations qui, en fin de compte, ne diffèrent pas tant que cela des régimes autoritaires qui, eux au moins, n'invoquent pas la démocratie. Il convient de souligner à cet égard que les citoyens des pays démocratiques n'ont guère confiance en leur régime. Une étude faite en Amérique, le pays qui promeut peut-être le plus les bienfaits de la démocratie par opposition à tous ces événements pénibles qui se produisent dans les pays qui en sont privés, montre en effet que 45 % des personnes interrogées émettent des doutes concernant les éléments positifs de la gouvernance démocratique et n'ont que peu ou pas du tout confiance en elle[708].

Je me limiterai ici à quelques observations pertinentes qui me paraissent significatives. Commençons avec l'une des nombreuses accusations que l'Occident n'a pas hésité à formuler à l'encontre de Viktor Orbán après qu'il a « criminalisé les sans-abris ». Je me demande : quel sort l'Occident, qui n'a pas « criminalisé les sans-abris », leur réserve-t-il ? Les capitales et les grandes villes européennes sont pleines de sans-abris qui offrent un triste spectacle les

---

706 Roger Cohen (2018), « How democracy became the enemy », *The International New York Times Edition*, 7-8 avril.

707 Je pense à l'empoisonnement de Sergeï Skripal, à Londres.

708 Survey Monkey.

soirs d'hiver glaciaux, lorsqu'ils dorment dans la rue. Avec le froid polaire qui a frappé la France en février 2018, la police arrêtait tous les sans-abris qui refusaient de se réfugier dans les lieux mis à leur disposition. Les différences de comportement entre un pays démocratique et un pays non démocratique sont parfois difficiles à percevoir. Et puis, l'UE reproche à Viktor Orbán de ne pas accepter de migrants dans son pays, laissant entendre que, elle, elle les accueille. Officiellement. Car en réalité, n'étant pas parvenue à trouver une solution au problème migratoire, ne serait-ce que sur le papier, elle parque les migrants, de préférence dans les îles grecques, sur les côtes italiennes ou d'ailleurs, et, incapable de mieux faire, les fait vivre dans des conditions généralement lamentables, les laissant dans une incertitude incommensurable quant à leur avenir. Continuons avec les accusations continuelles et méprisantes – par ailleurs justifiées – de l'Occident contre les pays non démocratiques qui « surveillent leurs citoyens », qui exercent la censure dans les médias et partout. Soit, mais en Occident, supposé démocratique, comment justifier le fait que Facebook non seulement ait suivi des millions de personnes, mais en plus qu'il ait vendu les données personnelles de 87 millions d'utilisateurs, s'assurant ainsi des gains astronomiques ? Il est clair que Facebook doit rendre compte devant les tribunaux particuliers de cette pratique non conforme à la démocratie, révélée par Edward Snowden, lequel a été contraint de se réfugier en Russie (pays non démocratique) car il est menacé de mort pour avoir rendu public la façon dont est contournée la démocratie en Occident. Alors, existe-t-il encore des différences réelles et certaines entre les économies officiellement reconnues comme démocratiques et celles qui sont officiellement reconnues comme n'étant pas démocratiques? *Quoi qu'il en soit, dans le monde « non officiel », ces différences sont de moins en moins sensibles*.

Aux populistes et aux partis politiques populistes ou hybrides au pouvoir, il faut maintenant ajouter la coalition gouvernementale à la tête de l'Italie. Le résultat des élections est certainement le camouflet le plus fort qu'ait reçu l'UE, plus fort que le Brexit. Et cela car l'Italie est, en taille, la troisième économie de l'UE, car elle est membre de la zone euro, car enfin son aversion pour la mondialisation et ses effets mais aussi pour les diktats de l'UE lui est devenue insoutenable. Les résultats des élections italiennes du 4 mars 2018 montrent que plus de la moitié des électeurs sont opposés à la voie européenne. Ils témoignent une fois de plus que la démocratie a fortement reculé, tout comme la souveraineté nationale, même dans les grandes économies, et que dans l'UE les gouvernements, s'ils ne sont pas approuvés par Bruxelles, sont l'objet de manipulations diverses et variées absolument contraires aux principes démocratiques. L'arrivée au pouvoir des gouvernements populistes met en lumière une nouvelle tendance chez les « hommes forts » de la politique dont font partie les dirigeants de la Chine, des États-Unis, de la Russie, de la Hongrie, de la Turquie, des Philippines et d'ailleurs en Asie et en Amérique

Latine. Ces hommes forts, en tant que chefs d'État, font pression sur le peuple contrairement aux hommes politiques traditionnels qui y sont soumis, modifiant les règles du jeu politique, s'il le faut, pour mieux utiliser les nouvelles technologies[709].

Il est nécessaire, ici, de se pencher plus spécifiquement sur la démocratie en Amérique. C'est peut-être parce qu'il est si souvent fait référence à la démocratie américaine – mais jamais pour la remettre en cause – que ce régime y règne sans aucun problème. Donald Trump, toutefois, se comporte de plus en plus comme un populiste et non comme le porte-parole suprême de la devise occidentale. Cette facette du nouveau président américain est notamment apparue lorsqu'il réagit à la critique soulevée par le maintien à vie au pouvoir de Xi Jinping. Un article révélateur renverse un certain nombre d'idées reçues concernant les supposées différences internes entre les régimes de ces deux superpuissances[710]. En voici d'ailleurs de cours passages :

« Trump pense que l'idée d'avoir un président à vie est tellement géniale que l'Amérique voudrait peut-être emprunter la même direction. Peut-être que nous devrions essayer un jour [...] Mais regardons ce qui se passe : nous avons déjà un président à vie [...] Peu importe qui siège sur le trône, la fonction du président des États-Unis est devenue, pour ainsi dire, un pouvoir unilatéral en soi [...] Bien que la Constitution confère au président des pouvoirs très spécifiques et limités, ces dernières années, les présidents américains revendiquent le pouvoir de modifier complètement et presque unilatéralement le paysage de ce pays, pour le meilleur ou pour le pire [...] La présidence elle-même est devenue impériale et dotée de pouvoirs permanents [...] De ce fait, nous n'avons plus de système de pouvoir et de contrepouvoir [...] Toutes les puissances impériales réunies par Barack Obama et George W. Bush – pour tuer des citoyens américains sans procès régulier, pour détenir indéfiniment des suspects, pour dépouiller les Américains de leurs droits de citoyenneté, pour surveiller massivement les Américains sans motif valable, pour suspendre des lois en temps de guerre, pour ignorer les lois avec lesquelles ils pourraient être en désaccord, pour mener des guerres secrètes et convoquer des tribunaux secrets, pour sanctionner la torture, pour contourner la législature et les tribunaux à coup de décrets et en signant des engagements, pour ordonner aux forces armées d'agir en toute impunité, pour diriger un gouvernement fantôme et pour agir comme un dictateur ou un tyran, au-dessus de la loi et sans véritablement en assumer la responsabilité – ont été hérités par Donald Trump ».

---

[709] Ian Brenner (2018), « The Strongman Era », *Time*, 14 mai.
[710] John Whitehead (2018), « Dictator for life : the rise of the american imperial president », *The Rutherford Institute*, 6 mars.

En généralisant le problème autour de l'idée démocratique, on en vient à se demander dans quelle mesure elle peut se satisfaire d'une forme extrême d'inégalité dans la répartition des revenus telle que celle qui s'est installée dans les économies avancées mais aussi dans certaines économies en développement (v. Partie I, Chap. 3). Et plus spécifiquement, comment peut-on accepter le fait que la démocratie permette que les 1 % des habitants les plus riches de la planète possèdent 20 % du PIB mondial, alors que les 50 % de la part la plus pauvre de la population mondiale doivent se contenter de 9 % ? À cela, on ne peut qu'en déduire que la démocratie n'existe pas, ce dont attestent ces proverbes venant du berceau de la démocratie :

• Une démocratie parfaite est une démocratie qui n'a ni trop de citoyens riches ni trop de citoyens pauvres (Thalès de Milet, 643-548 av. J.-C., philosophe grec).

• Notre démocratie s'autodétruit car le droit à la liberté et à l'égalité a été violé, car elle a appris aux citoyens à considérer l'arrogance comme un droit, l'illégalité comme la liberté, l'impertinence de la parole comme l'égalité et l'anarchie comme le bonheur (Isocrate, 436-338 av. J.-C., orateur athénien).

Selon moi, ces scientifiques renommés[711] ont raison lorsqu'ils affirment que le recul de la démocratie, depuis une dizaine d'années dans les économies avancées occidentales, est le résultat de graves problèmes internes : gel des salaires depuis 25 ans aux États-Unis et en Europe et explosion des inégalités de toute sorte, conséquences de la mondialisation. Dans une étude du Pew research center effectuée en 2014, 50 % des personnes interrogées vivant dans des économies avancées occidentales estimaient que la mondialisation faisait disparaître des emplois et baisser les salaires. Dans le même temps, en Europe, on se montre de plus en plus réticent face à une union politique plus profonde[712].

Les pays qui n'ont pas de système démocratique mais un régime autocratique sont en fait dirigés par un parti unique et c'est cela qui fait d'eux des pays non démocratiques. De toute évidence, il est largement admis qu'un pays démocratique (doté d'une démocratie représentative) dispose habituellement de plus d'un parti politique. Or, si l'on s'en tient à la zone euro, on peut raisonnablement se demander ce que tous ces partis peuvent offrir quand, du moins en matière d'économie, les États membres sont obligés de suivre la politique macroéconomique européenne commune qui ne peut en aucun cas répondre aux spécificités de chaque économie membre, ni aux préférences idéologiques de chaque parti politique. Concernant la Grèce et les

---

[711] *Democracy in decline ?* (2015), édité par Larry Diamond et Marc F. Plattner ; textes : Francis Fukuyama, Robert Kagan, Larry Diamond, Thomas Carothers, Marc F. Plattner, Philippe C. Schmitter, Steven Levitsky, Lucan Way, John Hopkins University.

[712] Robin Niblett (2017), « Liberalism in Retreat », *Foreign Affairs*, janvier/février.

mémorandums en particulier, on ne peut sérieusement affirmer que les gouvernements de gauche ou de droite qui se sont succédés au cours des dernières décennies aient été libres de choisir, ne serait-ce qu'en partie, une politique différente de celle imposée par ses partenaires/créanciers. Cependant, il est étonnant que les médias persistent dans cette vaine distinction entre dirigeants de « gauche » et dirigeants de « droite » qui, en tant que membres de l'UE et de la zone euro, mais également en tant qu'économies de la mondialisation, suivent tête baissée le système économique libéral (d'où l'émergence récente des populistes). Si l'on exclut l'hypothèse selon laquelle cette distinction persiste à suivre et respecter une tradition qui n'est plus de mise, du moins en Occident, l'autre explication est que cette distinction poursuit un rêve à travers lequel elle brigue des avantages politiques ou autres.

Dans une véritable démocratie, les *droits de l'homme* occupent une place primordiale. C'est la raison pour laquelle leur violation par des régimes autocratiques est fermement condamnée par les économies modernes qui s'autoproclament démocratiques. Cependant, dans la mesure où le régime politique américain, depuis la fin de la Seconde Guerre mondiale, est admis comme étant représentatif du système actuel dans tous les pays occidentaux, il est devenu très difficile, surtout depuis les déclarations de Donald Trump, d'affirmer sérieusement que les droits de l'homme sont respectés en Occident, et que dans les régimes autoritaires ils sont bafoués. Rappelons les déclarations du nouveau président américain[713] sur ce sujet, pendant la campagne électorale :

• Faisant l'apologie de Saddam Hussein : « Il a tué des terroristes. Il le faisait si bien. On ne leur lisait pas leurs droits. On ne leur parlait pas. C'étaient des terroristes, c'était fini ».

• Promettant de supprimer l'interdiction de torturer lors de l'interrogatoire de suspects : « Je réintroduirai des choses bien pires que le supplice de la baignoire ».

• Saluant Vladimir Poutine : « Pour l'exercice du pouvoir, Poutine mérite un A ».

• Prenant le parti de Vladimir Poutine, lors d'une émission de télévision, accusé d'être un meurtrier : « On a plein de meurtriers. Qu'est-ce que vous croyez, que notre pays est si innocent ? ».

Alexis de Tocqueville[714] soutint qu'il ne peut y avoir de liberté sans démocratie tout en acceptant le fait que la démocratie pourrait exister sans liberté. Il présentait cependant une image très noire de cette situation, car il prévoyait que cela créerait des citoyens sans défense face à l'État tout-

---

[713] Sarah Margon (2018), « Giving Up the High Ground », *Foreign Affairs*, mars/avril.
[714] Alexis de Tocqueville (1992), De la démocratie en Amérique, éd. Gallimard, coll. de la Pléiade.

puissant. Or, tout montre que le monde se dirige vers un régime de cette sorte. Et j'ajouterais même que l'absence de liberté n'est pas le propre des gouvernements modernes mais plutôt des grandes entreprises technologiques qui détiennent une grande part du marché et « échangent » avec les gouvernements, collaborent avec des représentants gouvernementaux après leur retrait de la politique. De leurs nouveaux postes, ces représentants disposent de quantités d'informations, peuvent aisément influencer et orienter l'opinion des électeurs vers le résultat désiré par les entreprises et eux-mêmes.

Or, nombreux sont ceux qui, face aux changements observés en Occident, affirment que la « démocratie illibérale », ce régime issu d'élections libres mais qui restreint les libertés des personnes, peut être tout aussi bien être envisagé comme une réponse définitive au libéralisme non démocratique[715]. N'oublions surtout pas l'impact sur la démocratie de la diffusion et de l'exploitation, le cas échéant, des *fake news*. Il ressort que les résultats d'études portant sur les conséquences de ce genre d'informations sont, à plusieurs égards, inattendus et pour cela préoccupants[716]. Il en ressort notamment que les personnes de droite sont plus enclines à croire les fausses informations, tandis que la population, dans son ensemble, se laisse plus difficilement convaincre que les informations qu'elle croyait vraies ne le sont pas, même lorsque les vraies rétablissent en fin de compte la vérité. Habituellement, les fausses informations sont colportées et renforcées par les conversations dans les familles ou entre amis et ensuite la vérité a du mal à effacer des convictions erronées. Par conséquent, le danger de modifier les intentions de vote des électeurs au moyen des fausses informations est réel et restreint l'importance des choix politiques dans le contexte démocratique.

Si la démocratie n'est pas réelle, si elle est fortement virtuelle, comme c'est le cas de nos jours, il n'est pas du tout certain qu'elle ait de meilleurs résultats que les régimes non démocratiques.

4. Quel avenir pour le capitalisme ?

Les évolutions observées, surtout ces dernières années, dans les économies capitalistes avancées vérifient la prévision générale de Karl Marx selon laquelle « le capitalisme s'autodétruit », chose aujourd'hui admise, même par les économistes néolibéraux[717]. À plusieurs endroits de la présente étude, sont mentionnées et analysées des causes de décomposition du système capitalistique, la principale étant le mode monstrueux de répartition des revenus. Ses contradictions insurmontables, qui ont conduit à cette inconcevable inégalité de revenus, où en 2017, les 1 % de la population les

---

[715] Jan-Werner Muller, *op. cit.*

[716] Brendan Nyhan (Dartmouth College), Jason Reifers (University of Exeter), « Fake news flourishes when partisan audience crave it », avril 2018.

[717] Tels que Nouriel Roubini.

plus riches s'assuraient 82 % des richesses produites annuellement[718], semblent signifier sa fin. Toutefois, aussi saugrenue que soit l'idée affirmant que la Chine s'est chargée de sauver le capitalisme, elle vérifie indiscutablement les analyses de Marx pour qui le capitalisme a la faculté de prendre une forme ou une autre autant de fois qu'il le faut, au gré des situations. Comme cela a été analysé (Partie II, Chap. 1, section V), la Chine est parvenue à combiner le communisme avec le capitalisme, s'assurant des résultats économiques exceptionnels dans tous les domaines. Par conséquent, la forme du capitalisme, à moyen et long terme, doit être examinée. Et ceci revient à se demander comment le capitalisme chinois se contentera de l'absence d'individualisme qui en est le moteur essentiel. « Mais la Chine démontre jour après jour que la dictature politique, le contrôle étatique de la monnaie, la soumission des entrepreneurs au Parti communiste d'une part, aux marchés publics de l'autre, font un excellent ménage avec la croissance. La Chine a besoin des individus-*consommateurs*. Elle n'a nul besoin des individus-*citoyens* »[719]. La consommation chinoise forme encore un ménage harmonieux avec les modèles de consommation qui se généralisent de plus en plus, élaborés par les géants des nouvelles technologies et imposés aux consommateurs. Le nouveau capitalisme sera despotique et en Europe, son prélude est offert par des pays dotés d'un gouvernement populiste, tels que la Hongrie ou la Pologne. *Le capitalisme du futur, qui sera chinois, sera fort probablement un capitalisme d'État.* Et si tel est le choix de la Chine, lorsqu'elle sera devenue la première puissance mondiale, le libéralisme économique et la démocratie reculeront, deviendront les vestiges de l'Occident dont la Chine n'a jamais fait partie. Cette combinaison originale qui a porté la Chine au deuxième rang mondial et l'élève déjà vers le premier a forcé Francis Fukuyama à reconnaître son erreur : « Sur ce point, la Chine est de loin le plus gros défi au récit de la *Fin de l'histoire* puisqu'elle s'est modernisée économiquement tout en restant une dictature. [...] Si, au cours des prochaines années, la croissance de la Chine se poursuit et que celle-ci garde sa place de plus grande puissance économique du monde, j'admettrai que ma thèse de 1992 a été définitivement réfutée »[720].

Un problème de taille que rencontrera le capitalisme chinois et qui risque très vite de s'étendre au reste du monde, sera celui de la relation de l'homme au travail, autrement dit comment gérer une société qui n'aura pas besoin ou aura peu besoin du travail humain. Plus exactement, dans les sociétés robotiques à venir, le problème sera essentiellement celui de la distribution de

---

[718] Selon OXFAM.

[719] Bernard Maris (2016), *L'Avenir du capitalisme,* éd. Les liens qui libèrent, Paris, p. 52.

[720] Francis Fukuyama (2018), « Retour sur "La fin de l'Histoire" », *Commentaire*, No 161, Paris, printemps.

produits issus du travail des robots. Et l'on peut associer ces intuitions des économistes plus anciens, les classiques et leurs successeurs, à l'avenir de l'économie. Des intuitions qui deviennent aujourd'hui réalité grâce à la robotique – laquelle naturellement ne pouvait être prédite – et qui en ont néanmoins anticipé les conséquences. Celles-ci sont soit optimistes soit pessimistes, comme d'ailleurs le furent les prévisions des économistes plus anciens. Les optimistes, parmi lesquels figurent Jean-Baptiste Say, Marx et Keynes, considèrent comme naturelle la fin de la rareté des biens qui devrait conduire à une réticence à accumuler les richesses, à supprimer la concurrence dans toutes ses formes, à choisir comment jouir de son temps libre, à la fin de la lutte pour la survie. Dans cette société idéale où chacun sera supposé acquérir sa part de la production selon ses besoins, exactement comme dans le communisme (qui ne s'est jamais réalisé, nulle part[721]), un seul problème théorique demeurera, celui de l'organisation de la répartition du produit. Toutefois, l'hypothèse selon laquelle les choses se dérouleront aussi sereinement et aussi normalement grâce à l'abondance de production qui fera disparaître la cupidité, le besoin de se démarquer et la vanité est simpliste et utopique et ne reflète en rien la nature humaine. C'est pourquoi, vu sous cet angle, *un régime de capitalisme despotique pourrait s'avérer plus approprié, autrement dit, plus efficace dans la mise en œuvre de ces normes que le capitalisme libéral.* Dans la société idéale de l'abondance et du travail non indispensable, il serait également nécessaire d'organiser le temps libre des citoyens. Et à cet égard aussi, c'est le système autarcique – et non le capitalisme libéral – qui semble le plus approprié.

L'espoir d'une perspective heureuse pour les sociétés futures, affranchies du problème de la survie, s'éteint car totalement infondé, dès lors qu'interviennent les vues des économistes pessimistes, dont les plus représentatifs sont Thomas Malthus et David Ricardo. Considérant que le potentiel de l'économie est statique car il ne tient pas compte des progrès techniques, ils s'inquiètent de la pénurie croissante de biens qui ne suffiront pas à nourrir la population toujours plus nombreuse et de l'épuisement des ressources naturelles et des facteurs de production, qui seront en rendements décroissants. Aux économistes pessimistes du passé s'ajoutent les plus jeunes qui craignent le changement climatique. Le risque d'une insuffisance de matières premières ne peut de toute évidence être supprimé par le travail des robots, mais les richesses inexploitées que la Terre recèle et qui font régulièrement surface, laissent penser qu'elles sont infinies. Le problème du changement climatique s'avèrera beaucoup plus grave peut-être, même si nombreux dans le milieu plus large des libéraux, sont ceux qui croient que des cycles de dégradation et d'amélioration vont se succéder et que, par conséquent, il n'est pas nécessaire d'intervenir.

---

[721] À l'exception, toutes proportions gardées, des kibboutz en Israël.

Si, comme cela semble acquis (sauf imprévu donc), la Chine devient le régulateur de l'économie mondiale et si son système de gouvernance est adopté par l'Occident, alors « le communisme, qui semblait avoir fini avec l'Union soviétique en 1989, renaîtra sous une autre forme ».

5. Que se passera-t-il avec le terrorisme ?

Je crains que pour le terrorisme, il n'y ait pas de solution toute prête, du moins à court terme. Ou plus exactement, espérer en trouver une serait, en l'état actuel des choses, pure utopie. Le phénomène n'est pas nouveau. Son ampleur, en revanche, est un fait sans précédent. Malheureusement, sur ce terrain difficile, les erreurs de l'Occident ont été tragiques, surtout parce qu'il a cru qu'il avait le droit d'imposer, même par la force, même par la guerre, son propre modèle culturel[722]

Maintenant, et si en effet l'Occident veut ou est obligé de se défaire de cette attitude tout aussi arrogante qu'injurieuse (pour tous ceux qui la subissent), et à condition qu'il s'en tienne là, on peut espérer pouvoir un jour maîtriser le terrorisme. En d'autres termes, si l'Occident accepte de se comporter vis-à-vis de tous les États-nations d'égal à égal et non, comme par le passé, en imposant par la force ses idées et ses lois, on peut envisager un recul du terrorisme.

Malheureusement, il faut bien avouer que le terrorisme est un abcès provoqué par les erreurs inadmissibles et continuelles de l'Occident[723]. Les pays du Moyen-Orient n'ont pas participé au développement, ils ont été à l'écart pendant des décennies et la mondialisation avec ses inégalités démesurées, ainsi que la baisse du prix du pétrole ont fortement aggravé la situation.

Le terrorisme actuel a peu de choses en commun avec l'ancien, celui qui a toujours existé et qui était notamment lié aux guerres de libération, à l'indépendance des colonies, au séparatisme, à la reconnaissance de populations nationalistes, etc.724 Par contre, la forme actuelle du terrorisme, d'abord avec Al-Qaida et puis avec l'État Islamique (Daech) s'attaque sans compromis à l'Occident pour le détruire. Le nouveau terrorisme repose sur une idéologie radicale. « En 2015, Daech contrôlait un territoire de 250 000 kilomètres carrés, comprenant 8 millions d'individus placés sous une règle de fer, avec un budget estimé à 2,5 milliards de dollars (pétrole, trafics humains

---

722 M. Negreponti-Delivanis (2004), *Τα παιδιά της παγκοσμιοποίησης : τρομοκρατία και φασισμός* [Les enfants de la mondialisation : Terrorisme et fascisme], éd. Fondation Delivanis et Papazissis, Athènes.

723 Maria Negreponti-Delivanis (2008) « Les conséquences économiques de la guerre contre le terrorisme », Cahiers du CEDIMES, Vol. 2-No 1, Nouvelle Série-Été, p. 3-20.

724 Pascal Lamy et Nicole Gnesotto avec Jean-Michel Baer (2017), *Où va le monde ? Le marché ou la force ?*, éd. Odile Jacob, Paris p. 122 et suiv.

et d'œuvres d'art...). Il disposait en 2016 de forces étrangères, estimées à 40 000 combattants venant de plus de cinquante pays dont des pays de l'Union Européenne ».

La forme actuelle du terrorisme se distingue essentiellement de la forme ancienne en tant que[725] :

• elle est plus meurtrière ;

• elle bénéficie de nouvelles sources de financement dépendant moins de dons étatiques ;

• elle a de nouvelles formes d'organisation ;

• elle a la possibilité de mener des campagnes de type collectif ;

• elle utilise les nouvelles technologies de communication ;

• certains terroristes sont passés de la simple tactique à la stratégie, même s'ils n'ont pu encore atteindre pleinement leurs objectifs ;

• de plus en plus de femmes et d'enfants, voire de familles entières, prennent part à des attaques terroristes[726].

L'immigration massive n'est ni le principe générateur ni la raison de la montée du terrorisme actuel. Or, le fait qu'à l'échelle mondiale, le nombre de migrants a triplé durant les quarante dernières années est assurément un facteur propice au terrorisme.

6. Comment la menace de la stagnation séculaire *évoluera-t-elle ?*

Nous voilà à la fin du livre qui s'achève sur une grande incertitude.

D'abord, il conviendrait de se demander si la théorie de la *stagnation séculaire* est liée au régime spécifique occidental ou si elle relève d'un phénomène plus général. Cette question est condamnée à rester sans réponse, hormis tout au plus quelques hypothèses. Et parmi celles-ci, on pourrait soutenir que dans un régime interventionniste, la concrétisation des conditions nécessaires à la poursuite de la croissance, telles que la tolérance à l'égard d'une inflation relativement élevée, la détermination d'un taux d'intérêt négatif ou la mise en place d'investissements publics à grande échelle est concevable, alors qu'elle est parfaitement impossible dans le capitalisme libéral.

Bien qu'en plusieurs endroits de cette étude j'aie défendu la théorie d'Alvin Hansen et de Lawrence Summers et qu'en plusieurs autres je n'aie pas caché mes doutes, l'évolution, depuis lors, de l'économie mondiale renforce ma première opinion. Je pense à l'évolution de l'économie mondiale dont les résultats en 2017[727] semblent avoir démenti la théorie de la *stagnation séculaire*. Le rythme de croissance – le plus rapide depuis 2011 – était de

---

[725] Rand-National Security Research Division.

[726] Sidney Jones (2018), « How ISIS has changed terrorism in Indonesia », *The International New York Times Edition*, 24 mai.

[727] The world economy : Levelling off (2018), *The Economist*, 19 mai.

3,8 %, celui du commerce international avait atteint 4,9 %, la monnaie des économies en développement avait repris de la valeur par rapport au dollar et l'inflation était maîtrisée. Cette bonne santé de l'économie mondiale convainquit le FMI que tout allait bien, lequel s'empressa alors de déclarer que « la reprise s'est élargie et affermie ». Il a pourtant eu tort, car très vite, cette reprise a perdu de sa vigueur. Aux États-Unis, les profits en augmentation ne sont pas investis, mais servent à l'achat d'actions. Les salaires restent gelés, le degré de monopole s'élève et la productivité n'augmente pas, tandis que les effets de cette nouvelle forme de croissance, essentiellement dans le domaine des nouvelles technologies, sont encore vagues concernant les inégalités. En Europe, on prévoit un rythme de croissance du PIB d'à peine 1,4 %. Mais dans le reste du monde aussi, l'économie est au point mort : l'économie américaine est passée de 3 % à 2,3 % et la croissance du Japon a ralenti de 0,6 %. Un problème persiste néanmoins – y compris quand l'économie a l'air de bien se porter –, c'est la stagnation des salaires. On calcule qu'au niveau mondial l'évolution des salaires en 2017 n'a été que de 0,4 %. Une explication possible est que l'important déséquilibre entre l'offre et la demande de travail en raison du taux élevé de sous-emploi, qui est de 18 %[728], ce qui fait naturellement entrer les économies avancées dans le stade de la *stagnation séculaire*. Dans le même temps, les prévisions des investisseurs font également tomber l'optimisme du début, tandis que les prévisions concernant l'augmentation du taux d'intérêt ont fait baisser la valeur extérieure de la monnaie des économies en développement et leur capacité à importer. Il convient d'ajouter à cette évolution néfaste de l'économie internationale le mauvais état de l'économie de la Turquie et la résurgence des problèmes en Argentine. De plus, le taux d'inflation, dont la faiblesse est caractéristique de la récession chronique, reste à 1,3 % à peine en Europe, laquelle cherche, depuis des années, à atteindre au moins les 2 %. La hausse du prix du pétrole pèse lourdement sur la situation et risque surtout de déclencher une guerre commerciale.

Et pour continuer, lorsque l'on parle de la *théorie de la stagnation séculaire* à l'époque du règne des robots qui sont supposés supprimer la pénurie des biens disponibles, on pénètre dans un monde encore incertain, où aucune des connaissances, hypothèses et théories économiques n'est plus valable. La *théorie de la stagnation séculaire* est fondée sur l'évolution de données économiques et monétaires incapables de s'équilibrer. Mais, combien et lesquelles de ces données seront-elles encore de mise et toujours nécessaires à l'époque de la robotique généralisée ? Ces données, de même que la théorie économique dans son ensemble sont les outils indispensables d'un monde dont le problème essentiel est la pénurie de biens. Lorsque la pénurie reculera (si elle recule), grâce à la productivité et à la forte capacité d'invention dans le

[728] Jacques Adda (2018), « Les salaires, chaînons manquant de la reprise », *Alternatives Économiques*, No 379, mai.

secteur de la robotique qui devrait, selon les prédictions, bouleverser le paysage économique, aucune, ou presque aucune de nos connaissances économiques antérieures ne sera plus valable. Une première approche, à ma connaissance, concernant les effets fondamentaux de l'utilisation de la robotique, fait ressortir une augmentation de 30 % de la productivité des entreprises et une baisse de 18 à 33 % du coût de la production industrielle[729].

Pendant ce temps, toutefois, la gestion de la pénurie de biens et sa réduction progressive grâce à la robotique seront confiées à la Chine, qui sera secondée par ses amis et alliés. Reste à espérer qu'elle optera pour la meilleure solution possible.

Peu de temps sépare l'humanité de l'avènement de ce nouveau monde de la robotique et de cette autre culture, et pourtant les problèmes traditionnels continuent de dominer les préoccupations et la planification des puissants de notre planète. Inexplicable et terrifiant ! Cela montre à quel point l'homme reste désespérément attaché à son microcosme, même lorsque le monde autour de lui change à une vitesse vertigineuse.

---

[729] D'après les calculs figurant dans le dernier exposé de Savvas Robolis et Vassilis Betsis (cité dans l'article de Mary Lampaditis dans *Eleftheri Ellinès*, 14 avril 2018).

ÉPILOGUE

« Celui qui collectionne librement, collectionne bien »

Rigas Féréos, 1757-1798, martyr de la nation
Florilège de physique

Maintenant que les choses changent avec l'intrusion de la Chine dans la forteresse de la civilisation occidentale, avec la fin de la mondialisation, de l'UE et naturellement de la zone euro, tout espoir de trouver des solutions aux problèmes traditionnels s'est, de fait, amenuisé ou plus exactement, est perdu. Et la seule chose qui, en fin de compte, intéressera les survivants des bouleversements attendus et des mutations radicales sera la réponse à cette question : la vie sur Terre sera-t-elle meilleure ou pire qu'avant ?

La réponse à cette question n'aura de sens que si la guerre entre les deux superpuissances est évitée, ou sinon, une fois la guerre terminée, avec ce qu'elle aura laissé derrière elle. Dans le deuxième cas malheureux, la population sur la Terre aura été tragiquement décimée, compte tenu de la forte probabilité que soient utilisées, dans ce qui serait la troisième guerre mondiale, des armes de destruction massive, telles que l'arme nucléaire. Cette hypothèse terrifiante autorise tous les scénarios, même celui de la destruction totale du genre humain qui peut très bien subir une attaque meurtrière de robots d'Intelligence Artificielle. Bien que, logiquement, ce scénario doive être exclu et bien que des efforts concertés soient faits pour l'exclure, on ne peut que déplorer le fait que les guerres, mêmes celles où sont utilisées les armes traditionnelles à plus faible portée, sont rarement décidées d'une façon rationnelle.

Quoi qu'il en soit, de nombreux foyers sont potentiellement prêts à exploser à l'heure où ces lignes sont écrites, et il est impossible de prévoir raisonnablement ce que la prochaine décennie nous réserve. La Chine et les

États-Unis constituent l'un des foyers les plus susceptibles d'exploser. Le reste du monde serait entraîné dans la guerre, des alliances seraient créées avec chacune des deux superpuissances.

Un autre scénario, moins dramatique mais toujours basé sur l'intrusion en Occident du modèle chinois, laisse envisager un environnement plus populiste, avec moins de démocratie, plus de nationalisme, un recul de la mondialisation et un affaiblissement de l'UE, et une diminution de l'importance des organisations internationales. Si les conséquences de ces changements, qu'ils soient négatifs ou positifs, s'accompagnent d'une réduction drastique des inégalités dans la répartition des revenus et des richesses, d'une maîtrise de la corruption et d'hommes politiques respectant leurs engagements, il n'est pas impossible que notre monde évolue dans le bon sens et devienne meilleur que celui que nous connaissons.

Le fait que le populisme s'en prenne à toutes les normes du passé, y compris la démocratie, est sur le principe préoccupant. Les populistes sont le produit du changement radical qui s'est opéré dans les préférences des électeurs, des jeunes notamment. En effet, et même si les 2/3 des Américains les plus âgés déclarent leur préférence pour la démocratie, moins d'1/3 des jeunes seulement déclare s'en soucier, favorable par contre à l'éventualité d'une gouvernance autoritaire et sévèrement critique envers la démocratie[730]. Il convient d'ajouter qu'il y a une vingtaine d'années, 25 % des Britanniques étaient favorables à l'idée d'un gouvernement autoritaire, alors qu'aujourd'hui leur pourcentage est passé à 50 %. Mais encore, dans des pays tels que l'Allemagne, l'Angleterre ou les États-Unis, le pourcentage des jeunes qui déclarent leur préférence pour l'extrême-droite ou l'extrême-gauche a doublé au cours des deux dernières décennies, et triplé en Suède. Les pourcentages sont similaires dans des pays comme la Hongrie, l'Autriche, la Grèce ou la Finlande[731].

Cette évolution préoccupante – et qui s'est visiblement généralisée – des préférences des électeurs occidentaux n'est pas le fruit du hasard et n'est pas incompréhensible. Elle est malheureusement la triste conséquence de l'échec complet du mode de gouvernance des hommes politiques qui n'ont pour ainsi dire jamais tenus leurs promesses de campagne, qui ont couvert ou ont eux-mêmes participé à la corruption, qui ont cultivé un contexte de croissance faible et de chômage élevé, qui n'ont pas cherché à réduire les profondes inégalités de revenus, qui ont détruit la classe moyenne à coup de mesures malheureuses et ont à leur actif quantité d'autres délits. Ce sont eux les principaux responsables du recul de la démocratie, de la montée des extrêmes, de la généralisation du populisme.

---

730 Yasha Mounk, *op. cit.* (note 525).

731 *Ibid.*

L'idéal démocratique, par ailleurs, est entretenu par les programmes d'enseignement qui le présentent et l'inculquent aux élèves comme étant le meilleur système de gouvernance qu'un pays puisse avoir, même s'il n'est pas parfait. Or, dans un certain nombre d'économies européennes, en Grèce plus qu'ailleurs, l'éducation s'en est éloignée ces dernières années. Ajoutons que lorsque l'idéal démocratique est imposé aux citoyens d'un pays, ses principes sont supposés être respectés et les infractions punies. Or, dans la plupart des États occidentaux modernes, ces conditions ne sont aujourd'hui pas réunies.

De nombreux changements dans leurs préférences rapprochent les citoyens des économies occidentales modernes du système de gouvernance chinois, et l'on peut imaginer que lorsque celui-ci s'installera, il ne rencontrera pas de résistance particulière.

De spectaculaires bouleversements dans le système capitaliste devraient également survenir dans l'avenir, qui dépendront presque totalement de la façon dont seront combattues les évolutions sans précédent de l'économie et de la société impactées par la généralisation de la robotique. Plus précisément, la substitution du travail humain par des robots révolutionnera l'ordre établi traditionnel qui a prévalu pendant des siècles sur la Terre. Si, en ce tournant historique, c'est le mode de répartition des précieux bienfaits des nouvelles technologies qui est considéré comme un problème majeur et non le chômage généralisé, le capitalisme appartiendra alors au passé. Si, au contraire, c'est la boulimie incontrôlable des peuples, leur besoin d'accumulation et d'exploitation d'avantages conjoncturels qui l'emporte, non seulement le capitalisme survivra, mais en plus il prendra une ampleur des plus désastreuses pour la majeure partie de l'humanité, celle qui n'aura pas de travail ni de toit, sera décimée par le froid et la faim, par le manque de soins médicaux. Ce scénario terrifiant doit être écarté par tous les moyens et laisser la place à un monde juste où le genre humain aura pour esclaves des robots humanoïdes et consacrera son temps libre à satisfaire son esprit et son âme. Le monde, alors, progressera à une vitesse inattendue et « décrochera la lune ».

Malheureusement, la nature humaine est telle que le premier scénario, peu souhaitable, est plus probable que le deuxième.

TABLE des MATIÈRES

*Collection **M**ouvements **E**conomiques et **S**ociaux*

Dirigée par **Claude ALBAGLI**
Président de l'Institut CEDIMES

L'HARMATTAN *et l'***INSTITUT CEDIMES** présentent *la collection « **M**ouvements **E**conomiques et **S**ociaux » pour proposer des analyses de phénomènes économiques, sociaux et culturels faisant émerger des contributions originales sur les mutations de la Mondialisation pour les Entreprises, les Territoires et les Processus de Développement.*

ALBAGLI Claude, ***« Les Boulevards de la Sino-Mondialisation »,*** *Préface de Jean-Pierre RAFFARIN et Avant-Propos du Professeur Zhan SU,* Coll. M.E.S., L'Harmattan, 2020.

NEGREPONTI-DELIVANIS Maria, ***« La fin de la domination économique de l'Occident (et l'invasion orientale) »,*** *Traduit du grec par Caroline LUIGI,* Coll. M.E.S., L'Harmattan, 2020.

HATCHEU Emil Tchawe, ***« Entre Brasilia et la Silicon Valley, l'Afrique en quête de modèle de développement urbain »*** Coll. M.E.S., L'Harmattan, 2020.

LAFAY Gérard (sous la direction), ***« Grèce et Euro : quel avenir ? »*** Coll. M.E.S., L'Harmattan, 2015.

BEN ABDELKADER Fahmi & LABARONNE Daniel, ***« Les institutions de gouvernances dans les pays arabes, Confiance et développement »****, Préface du Professeur Claude MENARD,* Coll. M.E.S., L'Harmattan, 2015.

NEGREPONTI-DELIVANIS Maria, ***« L'assassinat économique de la Grèce et le dernier recours : la drachme »****, Traduit du grec par Caroline LUIGI,* Coll. M.E.S., L'Harmattan, 2014.

TSAFACK-NANFOSSO Roger (sous la direction), ***« Bilan d'une réflexion de quatre décennies et enjeux du futur »,*** Coll. M.E.S., L'Harmattan, 2014.

ZHANG-FERNANDEZ Rong, ***« Précis de civilisation chinoise »,*** Coll. M.E.S., L'Harmattan, 2014.

KOULAKOUMOUNA Etienne, ***« Réglementation et performance, L'enseignement supérieur au Congo »***, Coll. MES, L'Harmattan, 2013.

LEVY-TADJINE Thierry et SU Zhan (sous la direction), ***« Entrepreneuriat, PME durables et réseaux sociaux »,*** Mélanges en l'honneur du Professeur Robert Paturel, M.E.S., L'Harmattan, 2013.

PATUREL Robert (sous la direction), « ***Projets et entrepreneuriat dans des pays émergents*** *»,* Coll. M.E.S., L'Harmattan, 2013.

SU Zhan, « ***Modèles de développement des pays émergents : caractéristiques, portée et défis* »,** Coll. M.E.S., L'Harmattan, 2012.

KIYINDOU Alain (sous la direction) « ***Cultures, technologie et mondialisation*** » Coll. M.E.S., L'Harmattan, 2010.

TRAIMOND Pierre, « ***Le développement aux périls de la finance, Essai*** », Coll. M.E.S., L'Harmattan, 2010.

GASSE Yvon (sous la direction), « ***Vers une francophonie entrepreneuriale*** », Coll. M.E.S., L'Harmattan, 2009.

ALBAGLI Claude, « ***Les sept Scénarios du Nouveau Monde*** », Préface du Sénateur Jean-François LE GRAND, Coll. M.E.S., L'Harmattan, 2009.

TSAFACK-NANFOSSO Roger A. (sous la direction), « ***L'économie solidaire dans les pays en développement*** », Coll. M.E.S., L'Harmattan, 2008.

TRAIMOND Pierre, « ***Jean-Charles BORDA, 1733-1799*** », Coll. M.E.S., L'Harmattan, 2007.

PATUREL Robert (sous la direction), « ***Dynamique entrepreneuriale et développement économique*** », Coll. M.E.S., L'Harmattan, 2007.

GERN Jean-Pierre (sous la direction), « ***Les sciences sociales confrontées au défi du développement*** », Coll. M.E.S., L'Harmattan, 2006.

AUSTRUY Jacques, « ***Islam face au développement*** », Coll. M.E.S., L'Harmattan, 2006.

SCHMITT Christophe (sous la direction), « ***Université et Entrepreneuriat, des relations en quête de sens*** », Coll. M.E.S., L'Harmattan, 2006.

GUERRAOUI Driss & RICHET Xavier (sous la direction), « ***Intelligence économique et veille stratégique, Défis et stratégies pour les économies émergentes*** », Co-édition ARCI, Coll. M.E.S., L'Harmattan, 2006.

COURTHEOUX Jean-Paul, « ***La socio-euphémie, Expression, modalités, incidences*** », AELF, Coll. M.E.S., L'Harmattan, 2005.

DUPRIEZ Pierre (sous la direction), « ***Entreprises roumaines en transition, Etudes de cultures organisationnelles*** », Coll. M.E.S., L'Harmattan, 2005.

HUCHET Jean-François & RICHET Xavier (Coordonnateurs), « ***Gouvernance, coopération et stratégie des firmes chinoises*** », Coll. M.E.S., L'Harmattan, 2005.

TREMBLAY Rodrigue, « ***L'Amérique impériale*** », Coll. M.E.S., L'Harmattan, 2004.

KIM Yersu & ALBAGLI Claude (Coordonnateurs), « ***Corée du Sud, le modèle et la crise*** », Commission Nationale Coréenne UNESCO, Coll. M.E.S., L'Harmattan, 2004.

ALBAGLI Claude (Coordonnateur), « ***Alter-Développements et développements altérés, Hommage à Jacques AUSTRUY*** », L'Harmattan, Coll. M.E.S., 2003.

MAYOUKOU Célestin, **ALBAGLI Claude**, **TORQUEBIAU Emmanuel** et **THUILLIER Jean-Pierre** (Coordonnateurs), « ***Gouvernance du Développement local*** », CIRAD, L'Harmattan, Coll. M.E.S., 2003.

RAJEMISON Sahondravololona & ALBAGLI Claude (sous la direction), « ***Mutations contemporaines et développement*** », Préface du Ministre de l'Enseignement Supérieur et de la Recherche, Jean-Théodore RANJIVASON, L'Harmattan, Coll. M.E.S., 2003.

RUBY Marcel (sous la direction), « ***Une mondialisation humaniste*** », Préface du Ministre Délégué de la Coopération et de la Francophonie, Pierre-André WILTZER L'Harmattan, Coll. M.E.S., 2003.

DELIVANIS-NEGREPONTI Maria, « ***La mondialisation conspiratrice*** », L'Harmattan, Coll. M.E.S., 2002.

ALBAGLI Claude, « ***Le surplus agricole, De la puissance à la jouissance*** », L'Harmattan, Coll. M.E.S., 2001.

INSTITUT CEDIMES

RESEAU ACADEMIQUE INTERNATIONAL FRANCOPHONE

QUELLE HISTOIRE ?

Le premier CEDIMES a été créé, en 1972, soit voici près d'un demi-siècle, par le Professeur Emérite **Jacques AUSTRUY** au sein de l'Université Panthéon-Assas (Paris II). Ce **C**entre d'**E**tudes sur le **D**éveloppement **I**nternational et les **M**ouvements **E**conomiques et **S**ociaux s'est internationalisé en 1992 pour devenir un Institut présidé par **Claude ALBAGLI**. Son siège est, aujourd'hui, à l'Université Paris-Est. Il regroupe plus d'une trentaine de CEDIMES nationaux établis en Europe, Afrique Amérique et Asie. Ces centres ne constituent pas des filiales, mais **un réseau de partenaires**. Près de 2.500 chercheurs s'y sont inscrits ces 20 dernières années. Depuis le début du nouveau siècle, l'Institut a bénéficié de quatre parrainages prestigieux Prix Nobel (Maurice ALLAIS), ancien Chef d'Etat (Abdou DIOUF), ancien Premier Ministre (Jean-Pierre RAFFARIN) et Chancelier de l'Académie Française (Pierre MESSMER).

QUELS BUTS ?

Ce réseau académique a pour tâche de mûrir une réflexion pluridisciplinaire avec une triple orientation :

Le premier axe porte sur les possibilités de **développement durable** et ses aspects **territoriaux** avec la prise en compte des liens entre les structures économiques, sociales et culturelles. L'analyse du renouvellement de la **pensée du développement** en constitue un aspect important.

Le second aborde la **mondialisation** à partir des mécanismes de transition. Un accent particulier est porté sur les processus d'intégration et leurs liens avec les périphéries immédiates sous leurs aspects commerciaux, géopolitiques et démographiques.

Le troisième relève des **dynamiques entrepreneuriales** avec la transformation des structures et de leur logique sous l'impulsion de la mondialisation, les interférences des processus culturels et les effets des nouvelles techniques de communication.

QUEL ESPRIT ?

Le réseau CEDIMES est un lieu de rencontres, d'échanges et de partage où chacun vient, porteur de ses spécificités, mais à l'écoute de celles des autres pour mieux comprendre et les prendre en compte dans l'appréhension de la globalisation.

En utilisant le **français** comme référence, ce réseau s'inscrit dans la francophonie. Dans un espace de convivialité, sa communauté scientifique composée de chercheurs confirmés et d'enseignants de renom, mais aussi de jeunes chercheurs, combine une approche académique rigoureuse à la richesse d'une pensée scientifique internationale diversifiée.

QUELLES ACTIONS ?

- **L'organisation de forums**

  - Un **colloque international fédérateur** centré sur les axes majeurs est organisé annuellement avec l'une des Agences nationales du CEDIMES ainsi au Mali, Croatie, Roumanie, France, Madagascar, Canada, Turquie, Ukraine…

  - Des **colloques régionaux** sur des thèmes plus pointus ou à portée plus locale sont lancés à l'initiative des CEDIMES nationaux ou sont labellisés par l'Institut, pour valoriser une équipe et son ouverture internationale.

- **La diffusion des connaissances**

  - Le réseau de l'Institut CEDIMES participe à des **cursus universitaires** en Licence et Master en Economie et Gestion à Paris, en Afrique subsaharienne, en Europe orientale, en Asie centrale et en Extrême-Orient.
  - La mise en place de **Collèges Doctoraux** réguliers à Paris et au Maghreb permet de stimuler une élite estudiantine internationale et d'accompagner ces jeunes doctorants dans leurs recherches.
  - Des **Universités d'été** en Chine sont organisées annuellement en Chine dans l'une des grandes universités du Yunnan à Kunming pour y découvrir les réalités d'une autre mondialisation

- **La mise en place d'outils**

  - L'annuel **CONJONCTURE,** en partenariat avec le quotidien « **Les Echos** », a passé au crible les cinq dernières années du XXème siècle.

  - **Les Cahiers du CEDIMES** offre une **revue scientifique** semestrielle à comité de lecture, depuis 2007.

  - La collection **Mouvements Economiques et Sociaux** (MES) publie travaux d'auteurs et compilations collectives au rythme d'environ deux ouvrages annuels, depuis deux décennies.

QUELLE VALORISATION ?

- De 2008 à 2015, des **Prix Internationaux de la Recherche** portant sur des mémoire Master et thèses doctorat sur « ***les processus de développement*** », ont été délivrés à des Lauréats de toute origine chaque année avec le soutien d'institutions publiques et parapubliques prestigieuses pour être remis à Paris dans un cadre universitaire.

- L'organisation de réseau thématique particulièrement dynamique comme le **CEDITER** (CEDIMES-Territoires) pour développer en continu des recherches internationale comparées sur des problématiques ciblées.

Réseau CEDIMES : http://www.cedimes.com

Structures éditoriales du groupe L'Harmattan

L'Harmattan Italie
Via degli Artisti, 15
10124 Torino
harmattan.italia@gmail.com

L'Harmattan Hongrie
Kossuth l. u. 14-16.
1053 Budapest
harmattan@harmattan.hu

L'Harmattan Sénégal
10 VDN en face Mermoz
BP 45034 Dakar-Fann
senharmattan@gmail.com

L'Harmattan Cameroun
TSINGA/FECAFOOT
BP 11486 Yaoundé
inkoukam@gmail.com

L'Harmattan Burkina Faso
Achille Somé – tengnule@hotmail.fr

L'Harmattan Guinée
Almamya, rue KA 028 OKB Agency
BP 3470 Conakry
harmattanguinee@yahoo.fr

L'Harmattan RDC
185, avenue Nyangwe
Commune de Lingwala – Kinshasa
matangilamusadila@yahoo.fr

L'Harmattan Congo
67, boulevard Denis-Sassou-N'Guesso
BP 2874 Brazzaville
harmattan.congo@yahoo.fr

L'Harmattan Mali
Sirakoro-Meguetana V31
Bamako
syllaka@yahoo.fr

L'Harmattan Togo
Djidjole – Lomé
Maison Amela
face EPP BATOME
ddamela@aol.com

L'Harmattan Côte d'Ivoire
Résidence Karl – Cité des Arts
Abidjan-Cocody
03 BP 1588 Abidjan
espace_harmattan.ci@hotmail.fr

L'Harmattan Algérie
22, rue Moulay-Mohamed
31000 Oran
info2@harmattan-algerie.com

L'Harmattan Maroc
5, rue Ferrane-Kouicha, Talaâ-Elkbira
Chrableyine, Fès-Médine
30000 Fès
harmattan.maroc@gmail.com

Nos librairies en France

Librairie internationale
16, rue des Écoles – 75005 Paris
librairie.internationale@harmattan.fr
01 40 46 79 11
www.librairieharmattan.com

Lib. sciences humaines & histoire
21, rue des Écoles – 75005 Paris
librairie.sh@harmattan.fr
01 46 34 13 71
www.librairieharmattansh.com

Librairie l'Espace Harmattan
21 bis, rue des Écoles – 75005 Paris
librairie.espace@harmattan.fr
01 43 29 49 42

Lib. Méditerranée & Moyen-Orient
7, rue des Carmes – 75005 Paris
librairie.mediterranee@harmattan.fr
01 43 29 71 15

Librairie Le Lucernaire
53, rue Notre-Dame-des-Champs – 75006 Paris
librairie@lucernaire.fr
01 42 22 67 13

Achevé d'imprimer par Corlet Numérique - 14110 Condé-sur-Noireau
N° d'Imprimeur : 166287 - Juin 2020 - Imprimé en France